21 NEW MEDIA 世纪新媒体专业系列教材

数据新闻概论

操作理念与案例解析

Introduction to Data Journalism

第3版

方 洁 / 著

中国人民大学出版社
·北京·

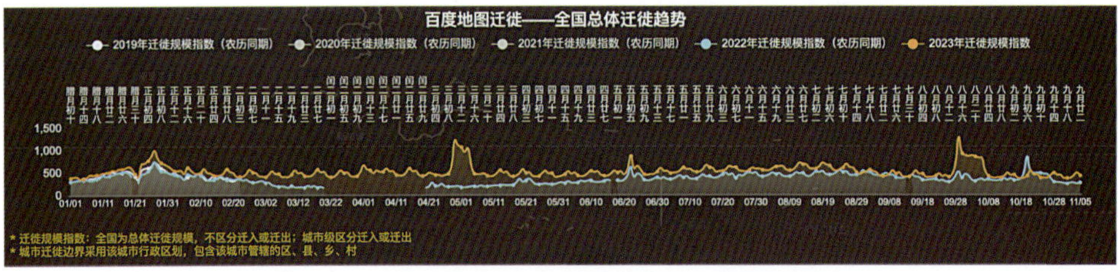

图 1－3　百度迁徙平台呈现的年度迁徙规模指数

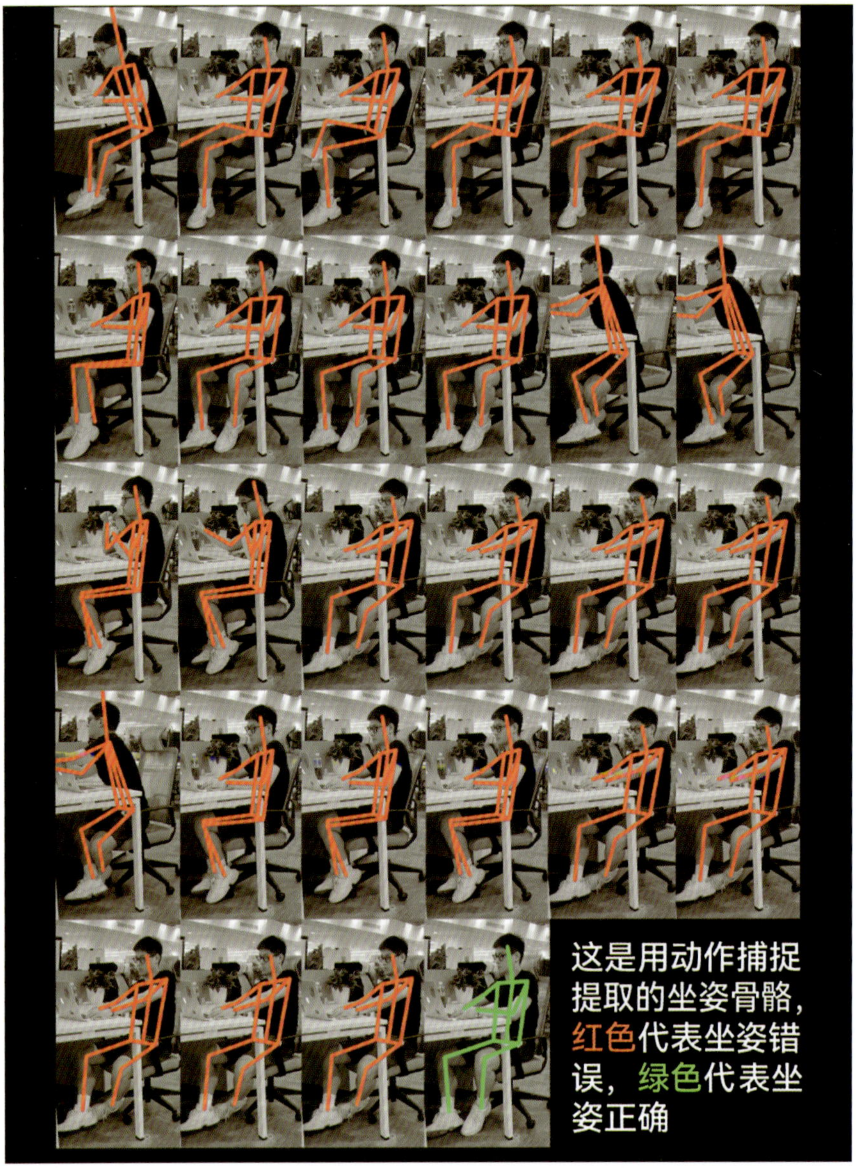

图 3－6　《86 万帧动捕画面告诉你，这样坐就是脖子挂西瓜》作品截图

（来源：澎湃《美数课》栏目）

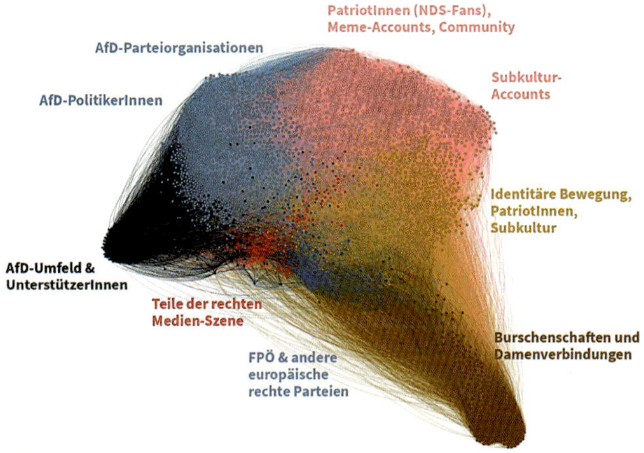

图 3-9　4 501 个右翼极端势力账号组成的网络关系图（来源：CORRECTIV）

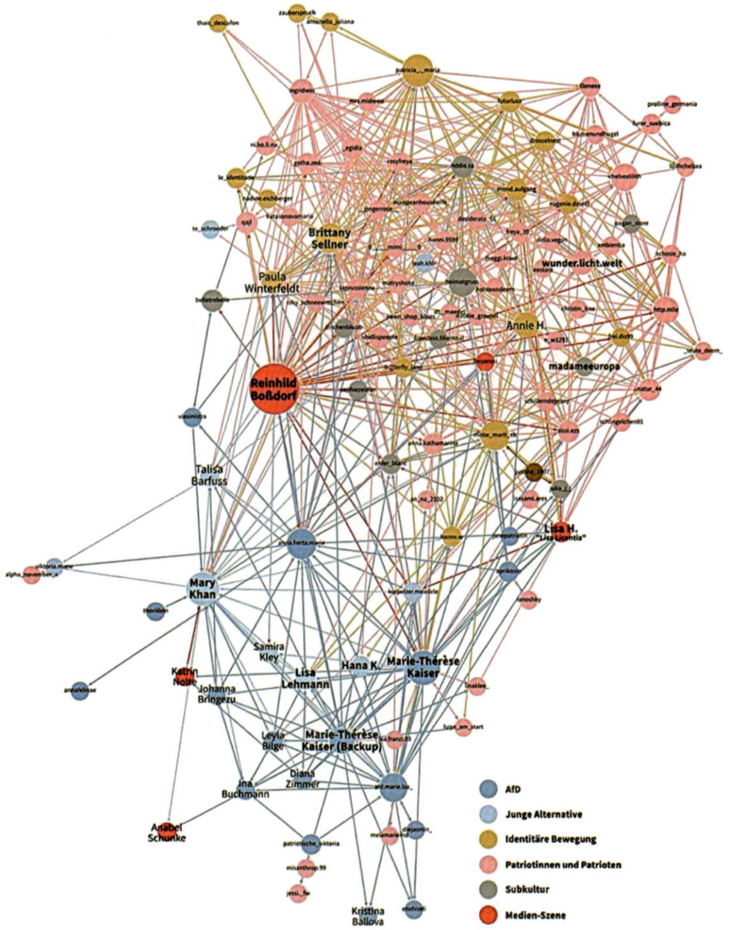

图 3-10　110 个年轻女性右翼极端势力账号组成的网络关系图（来源：CORRECTIV）

注：该图显示了我们数据库中大约 110 个相互联网的相关影响者账户。颜色对应于我们为相应账户分配的类别。点的大小对应于整个网络的该部分中账户的链接功能（介数中心性）的强度。公开场合的人都会被提及名字。

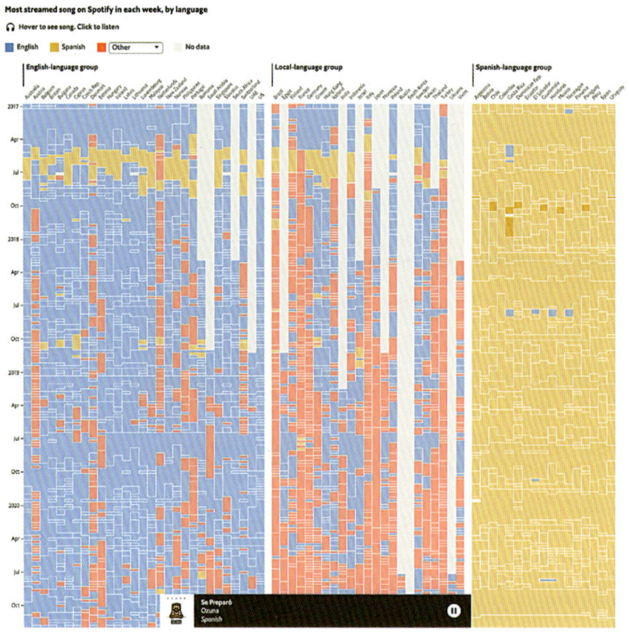

图 3-12 《Spotify 数据如何展现英语的衰落》的主要可视化板块截图（来源：《经济学人》）

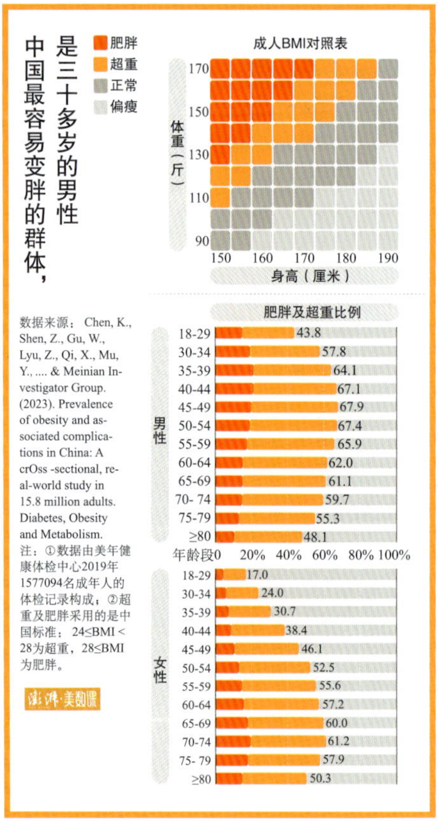

图 3-14 《中国肥胖地图出炉，为什么北方人比南方人更容易胖?》截图（来源：澎湃《美数课》栏目）

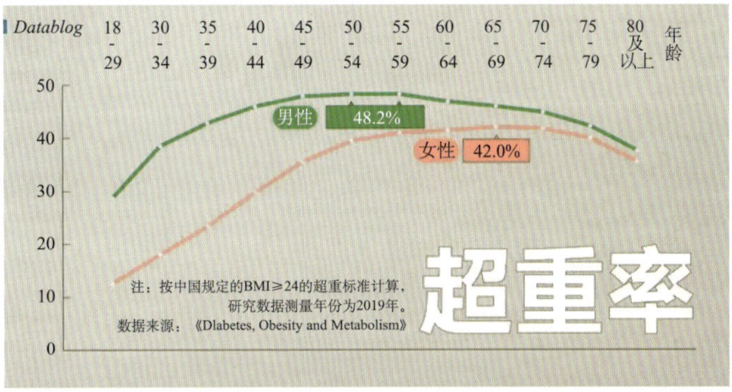

图 3－15 《中国最新肥胖地图，北方人看哭了》截图（来源：网易《数读》栏目）

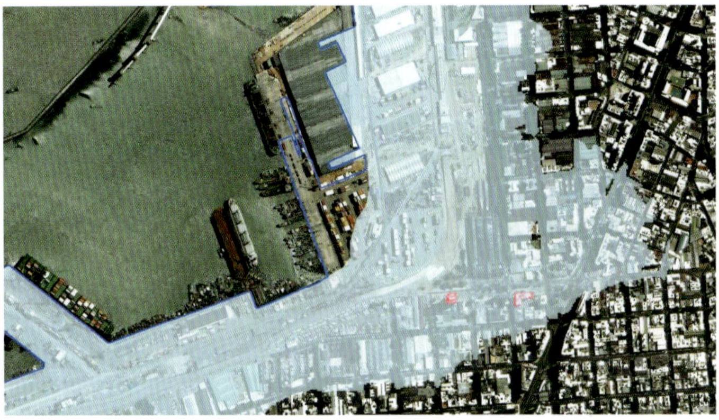

图 3－20 《被淹没的城市》截图（来源：Amenaza Roboto）

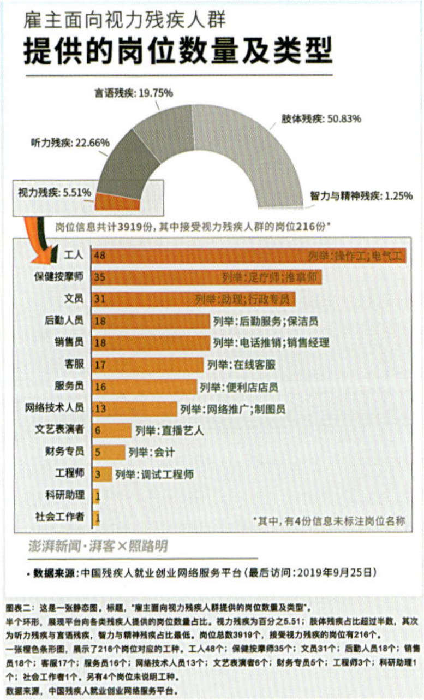

图 3－21 《除了按摩，盲人还可以做什么》截图

（来源：湃客《有数》栏目）

图 4－5 《图解｜北京长峰医院起火楼层内外结构》中的信息图（来源：财新《数字说》栏目）

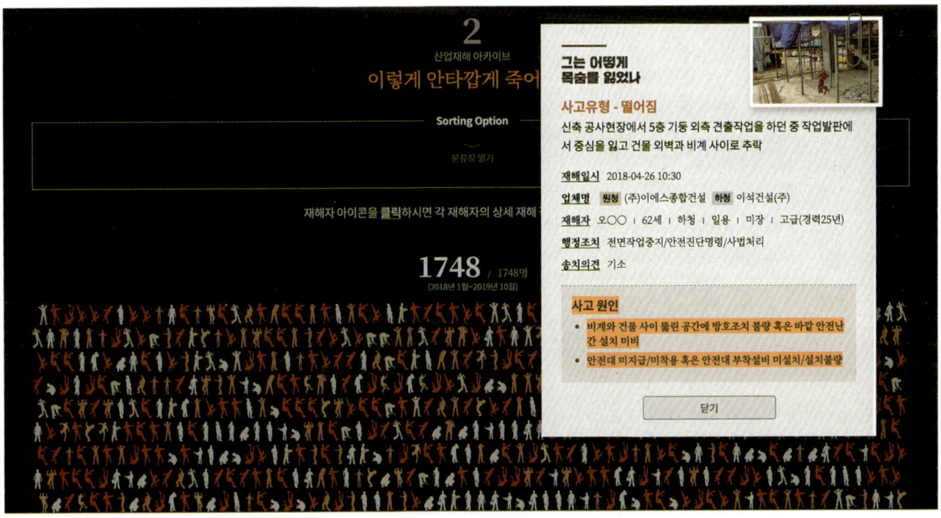

图 5-1 《平均每天有三个工人永远不会下班》报道截图 1（来源：《京乡新闻》）

注：图中展示了 1 748 位工人的死亡记录，点击网页中的人形图标则可以看到每个工人具体的死亡档案，此图卡片里描述了一位 62 岁工人在新的建筑工地加固五楼柱子时失去平衡坠落而亡。事故原因为脚手架和建筑物之间的空地防护措施不完善或外部安全栏杆设置不足，以及未提供安全带或未佩戴/安装安全带连接设备。

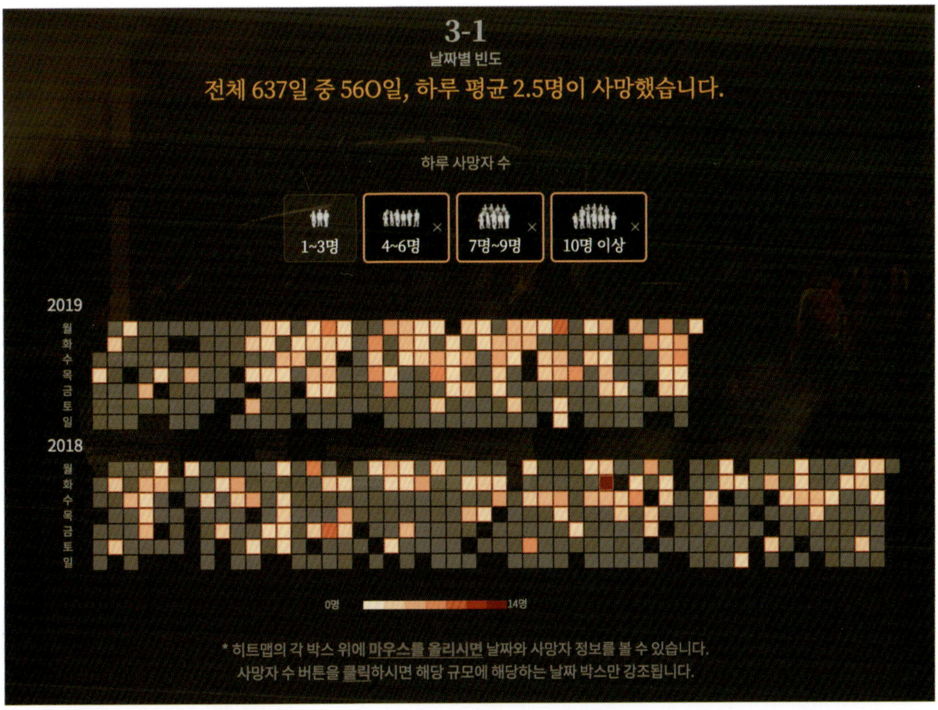

图 5-2 《平均每天有三个工人永远不会下班》报道截图 2（来源：《京乡新闻》）

注：图中是对 2018 年全年和 2019 年前 9 个月的每日工人死亡人数所做的统计，图中显示，一年中除了少数日子，几乎每天都有工人死于事故，死亡 4 人或以上的日子很常见，且 21.7%的死亡事故发生在周末和公共假期。

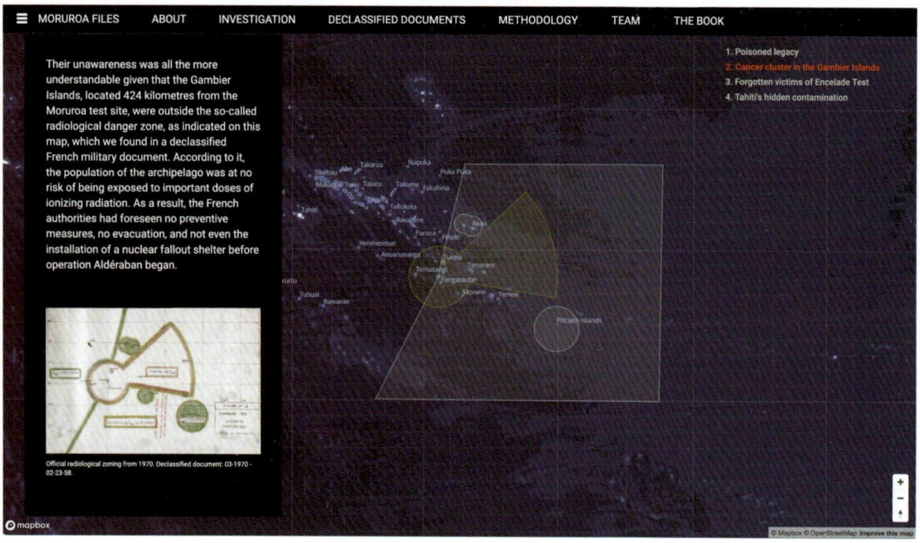

图 5－14 《穆鲁罗瓦档案》报道截图

（作者：纳比尔·艾哈迈德、杰弗里·利沃尔西、塞巴斯蒂安·菲利普等）

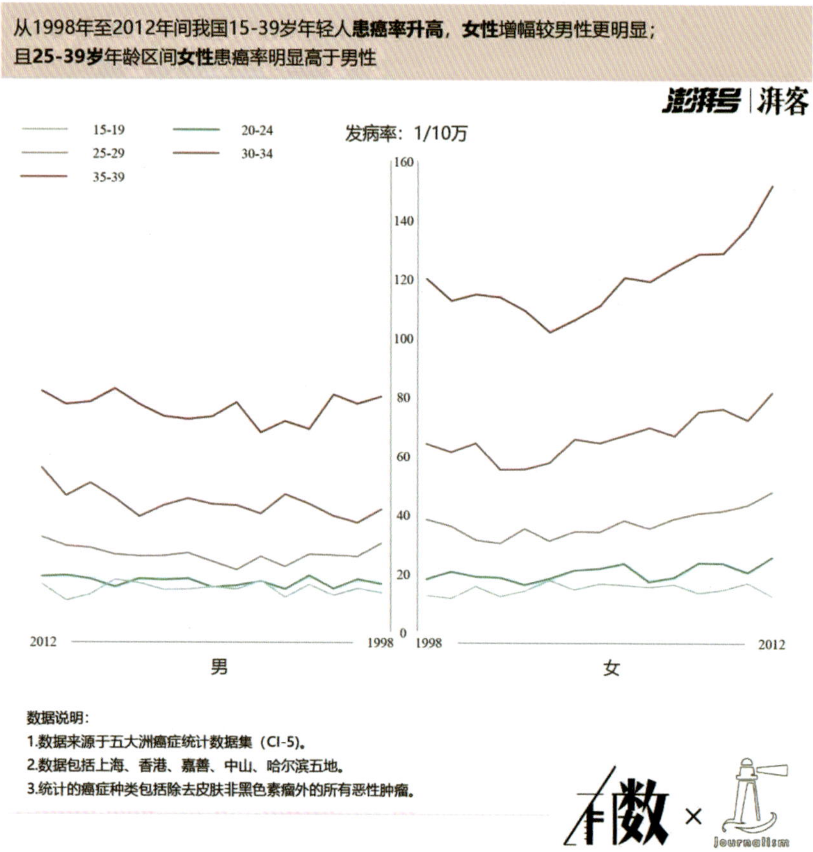

图 5－17 运用分组分析中国 15～39 岁人群中各年龄层不同性别、不同地区患癌率情况

（来源：澎湃·湃客工坊）

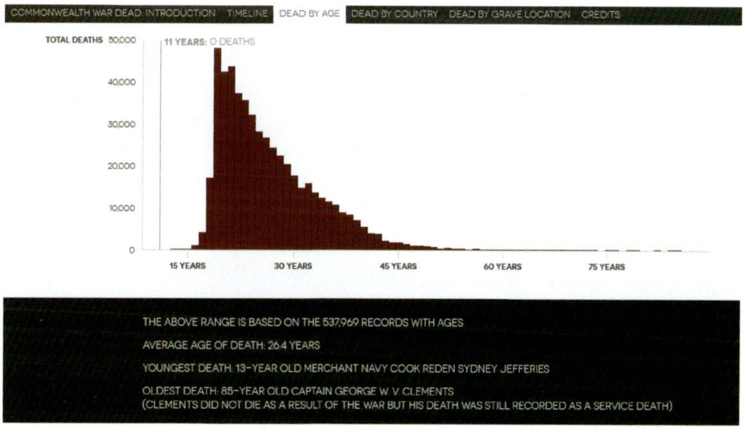

图 7－8　根据英联邦战争墓地委员会统计的一战死亡数据所做的可视化报道的截图
（来源：Codehesive）

图 7－9　报道搜索马航 MH370 黑匣子的可视化作品《深度的难题》的部分截图（来源：《华盛顿邮报》）

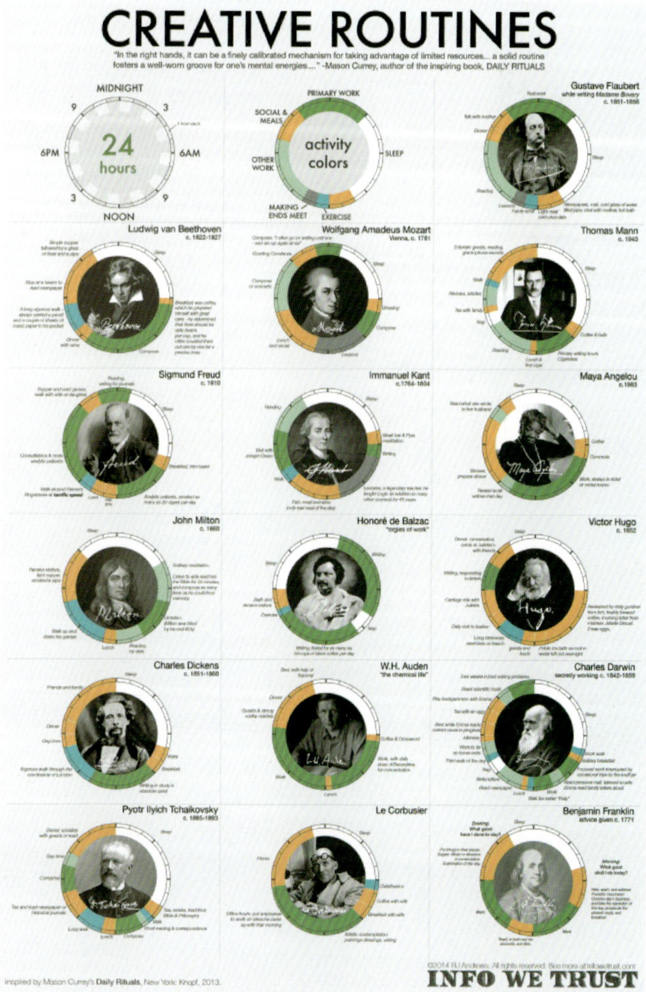

图 7－13　《创意人才的日常生活》的可视化报道截图
（来源：Info We Trust）

图 7-16　用“点”体现投篮的位置分布［作者：B. 萨米亚（B. Samia）］

图 7-17　用“点”展现数据的张力（来源：澳大利亚广播公司）

图 7-18 “点”汇聚成“线”，展示英国政府无人机的飞行轨迹（来源：CNN）

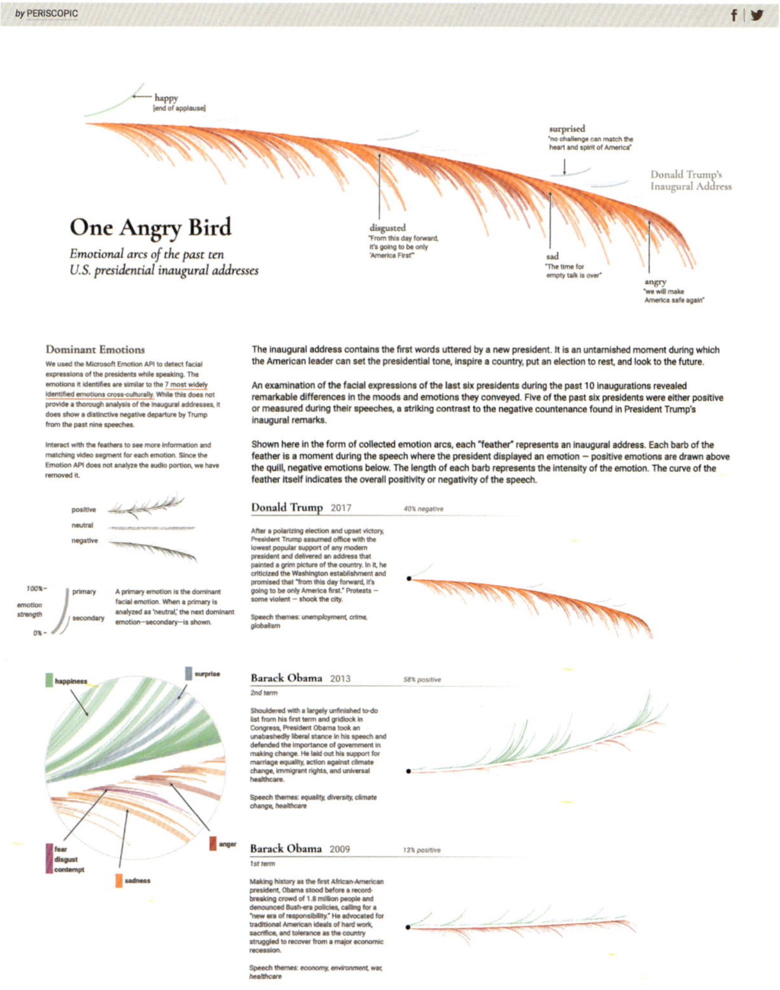

图 7-19 用“线”展示美国总统就职演说时的情绪变化（来源：Periscopic）

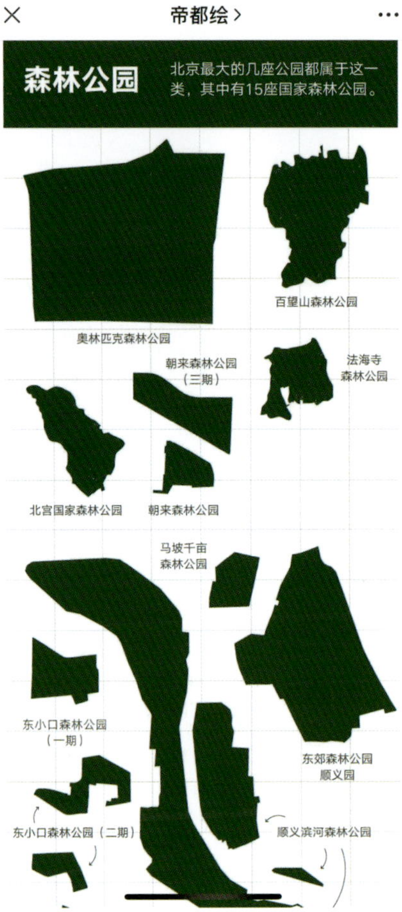

图 7 - 20　用“面”的形状可视化公园的样貌（来源：帝都绘）

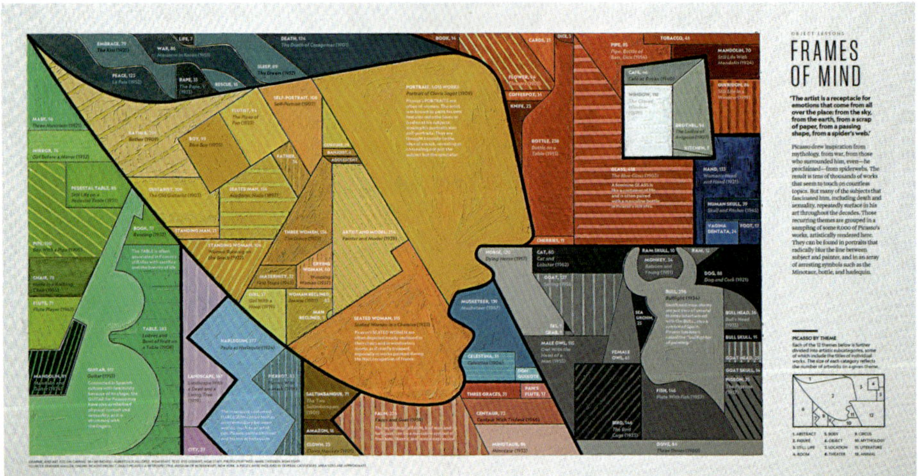

图 7 - 21　用非规则形状展现毕加索艺术（来源：《国家地理》）

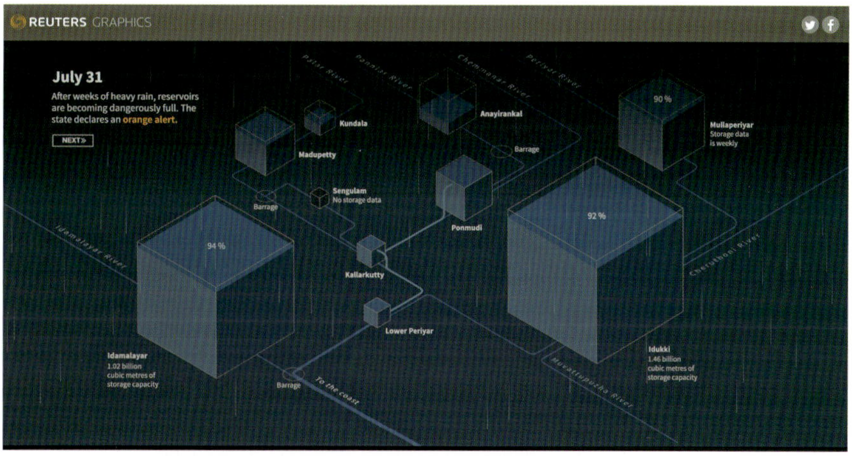

图 7－23　用“体积”作为视觉变量（来源：路透社）

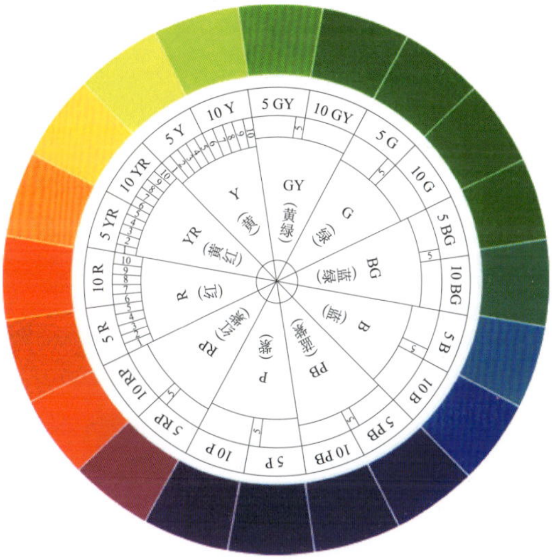

图 7－24　曼赛尔色相环

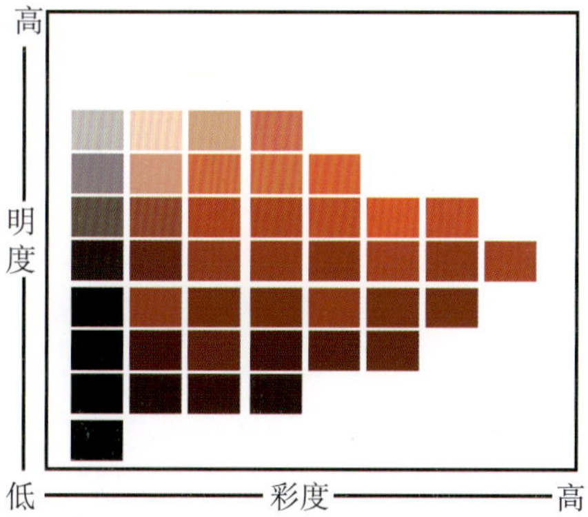

图 7－25　色彩的明度与纯度（又称“彩度”）之分示意图

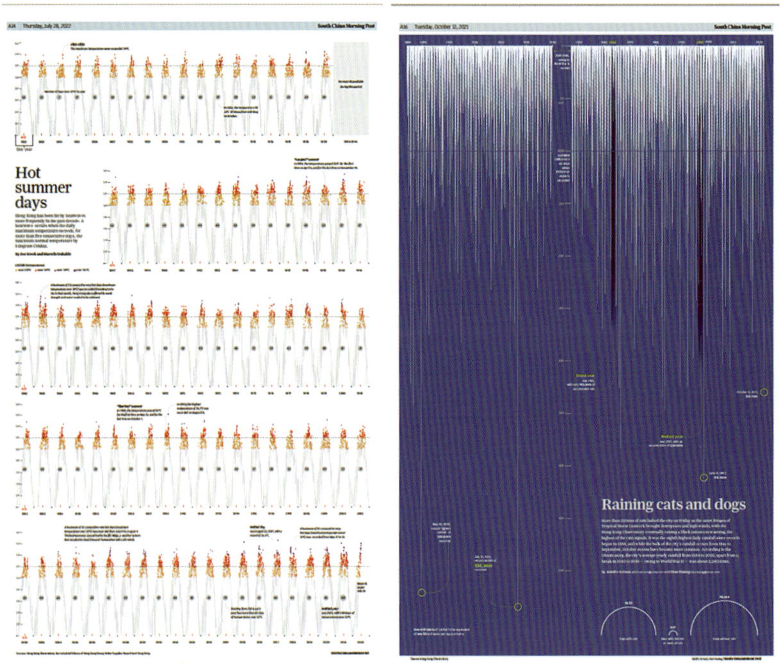

图 7 - 26　借鉴大自然配色的作品（来源：《南华早报》）

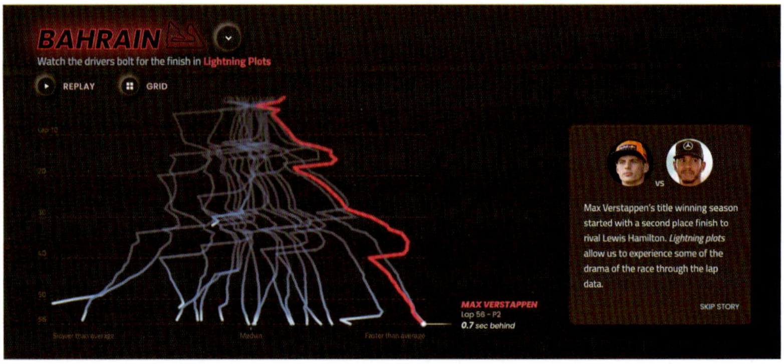

图 7 - 27　《雷霆之路》中的闪电图页面截图（作者：J. 切尔达丘克）

图 7 - 28　《雷霆之路》中的终点线页面截图（作者：J. 切尔达丘克）

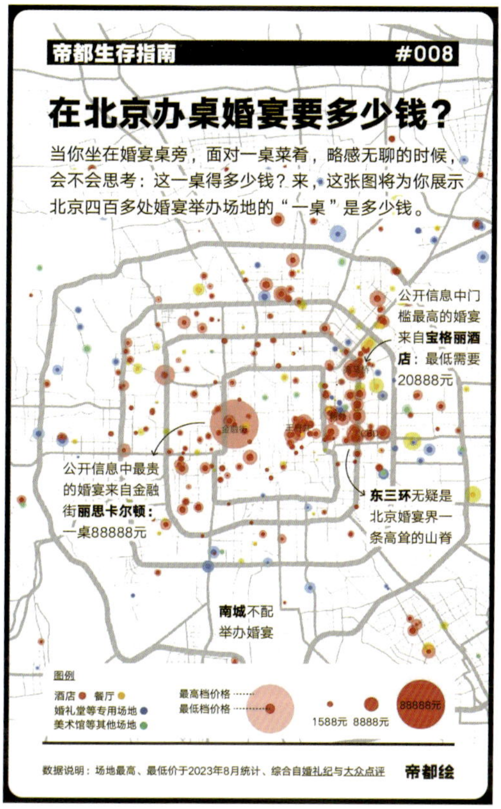

图 7－32 《在北京办一桌婚宴需要多少钱?》部分信息图（来源：帝都绘）

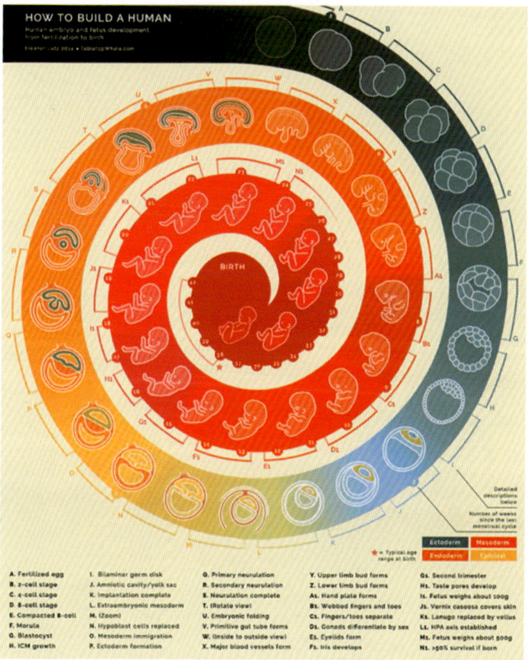

图 7－33 《人是如何形成的》GIF 动图局部截图（作者：埃利诺·卢茨）

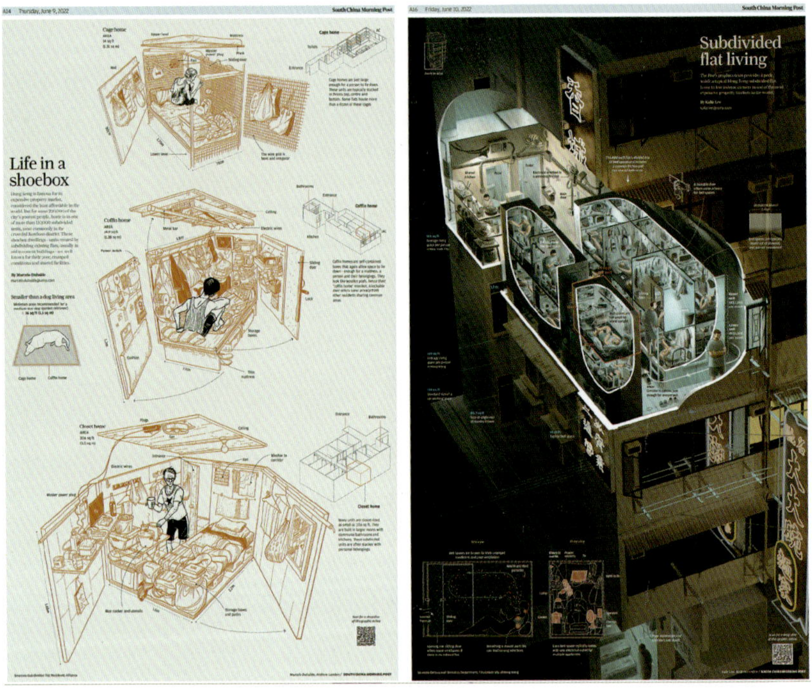

图 7-39　关注香港住宅状况的相关主题报纸信息图（来源：《南华早报》）

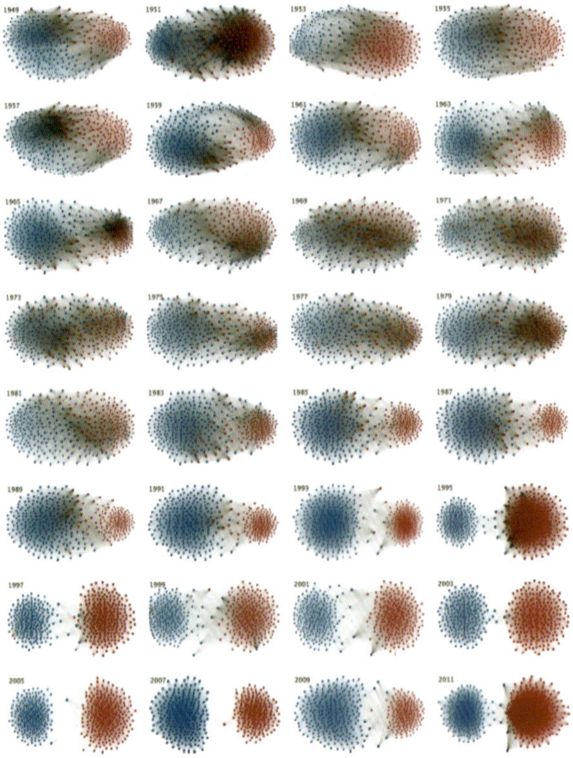

图 7-57　《美国众议院日益严重的党派偏见》中的节点-链接图

［设计师：毛罗·马蒂诺（Mauro Martino）］

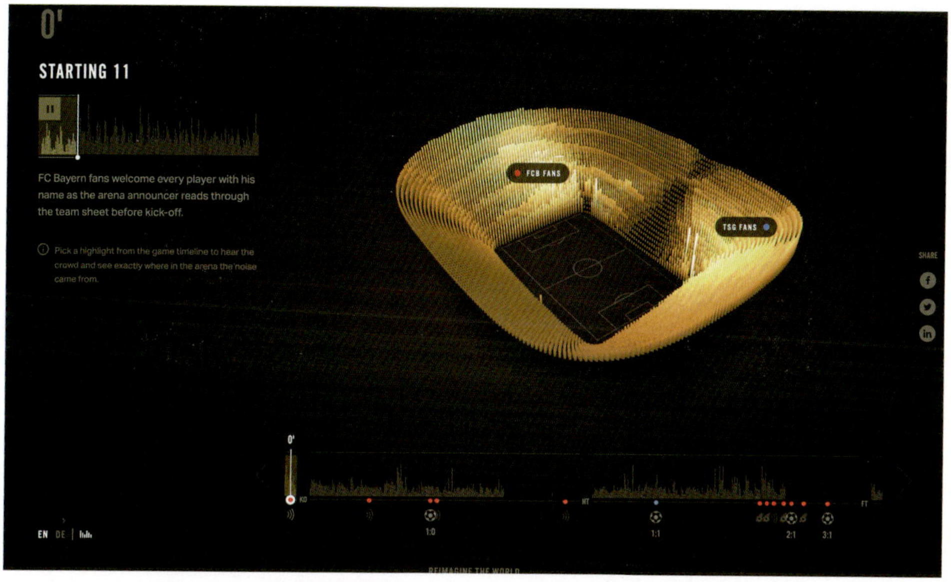

图 7－63　收集球场噪声以创建 3D 声景（来源：《经济学人》）

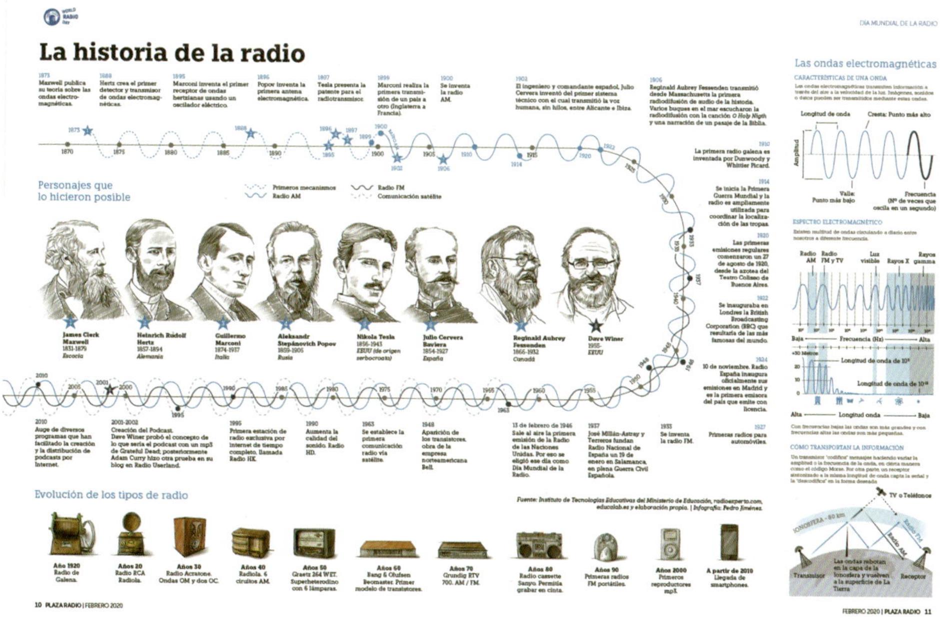

图 7－66　《广播的历史》信息图（作者：佩德罗·希门尼斯）

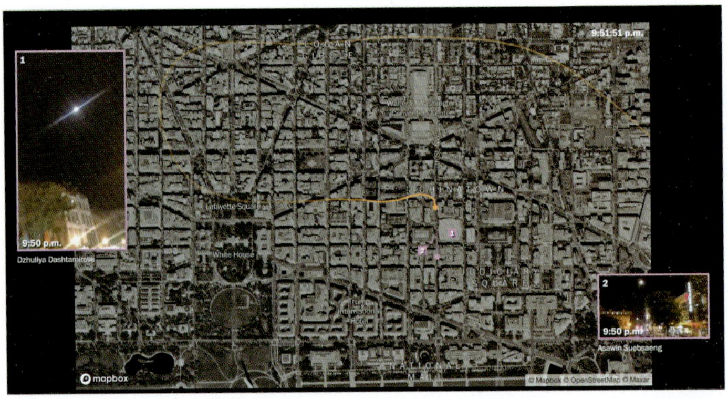

图 7－67 《低空飞行“展示武力”》中的可视化设计截图（来源：《华盛顿邮报》）

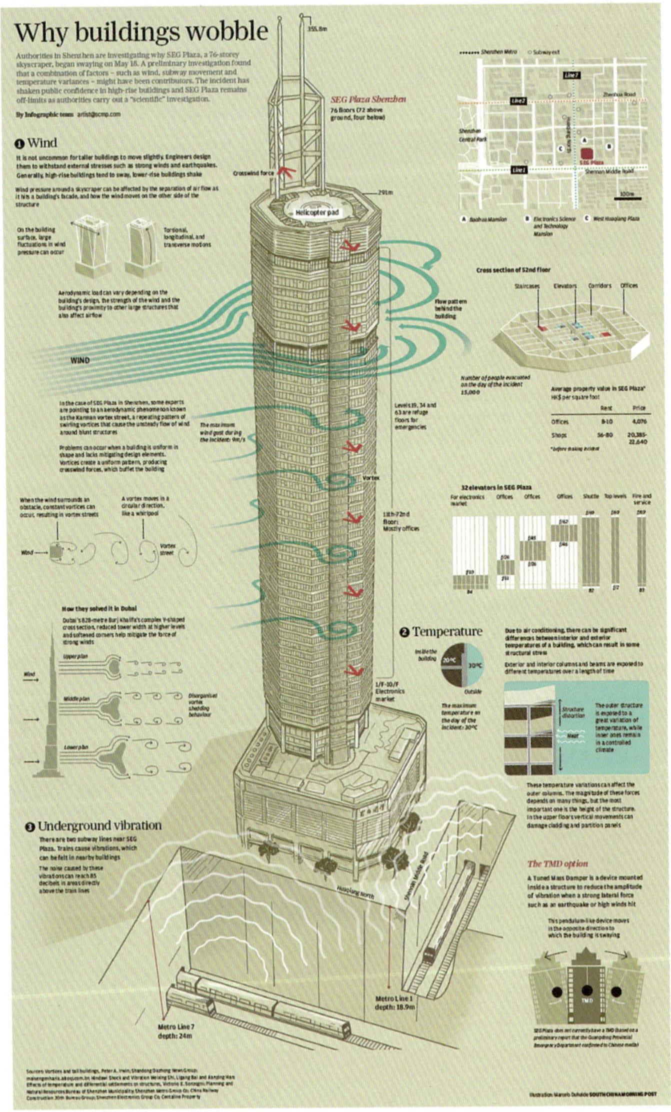

图 7－70 《建筑物为什么会摇晃》信息图（来源：《南华早报》）

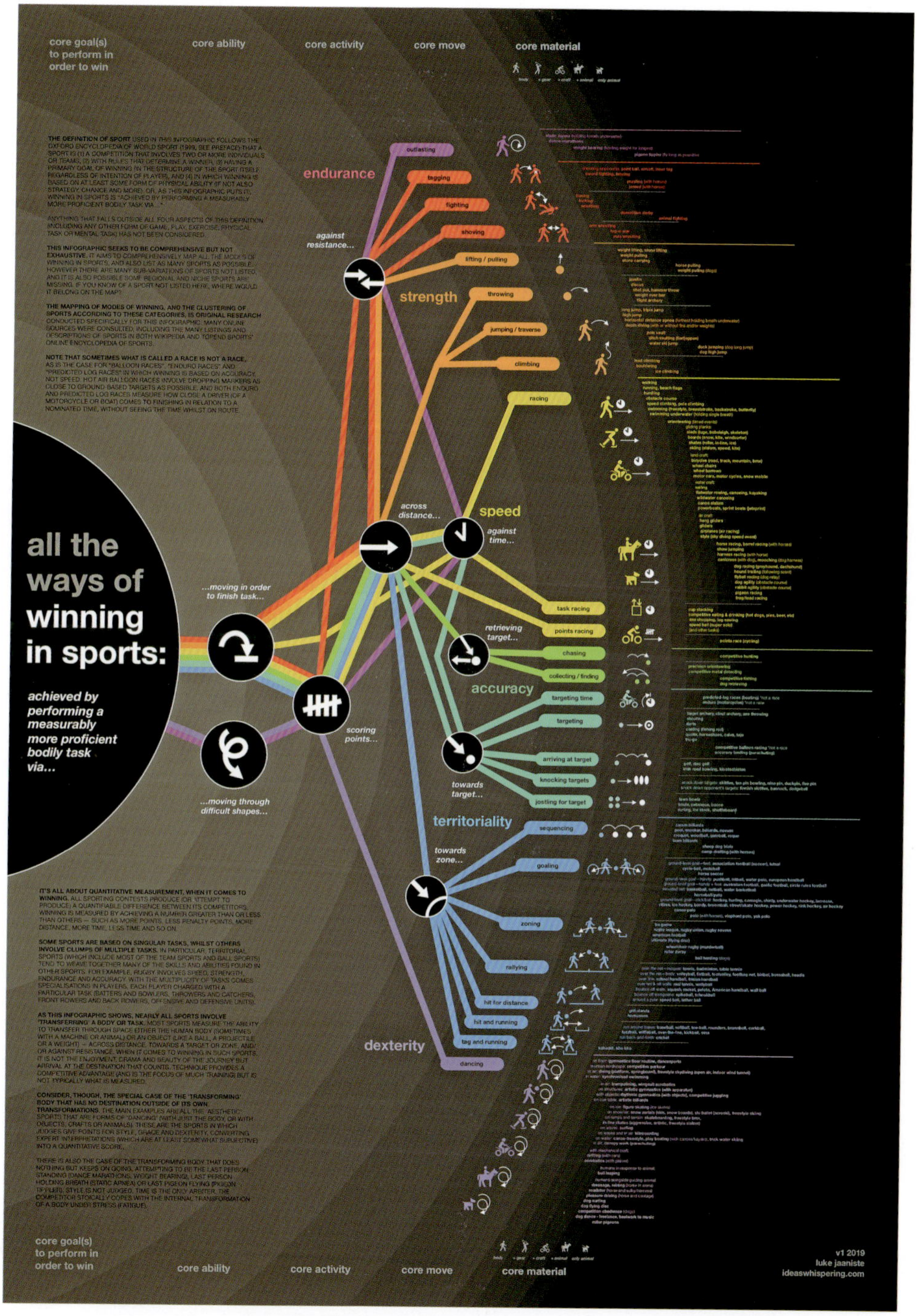

图 7－71 《体育获胜的所有方式》信息图（作者：卢克·贾尼斯特）

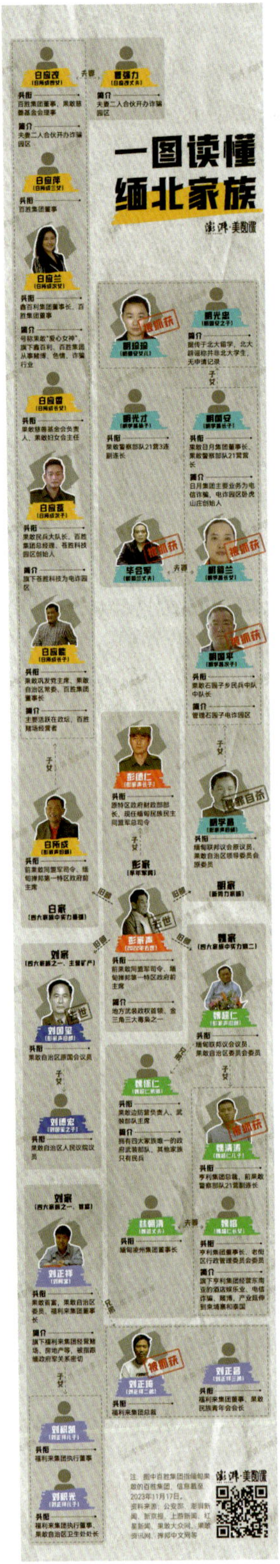

图 7－72 《一图读懂缅北家族关系网》作品截图（来源：澎湃《美数课》栏目）

图 7－73 《自然的实验室》信息图（来源：《国家地理》）

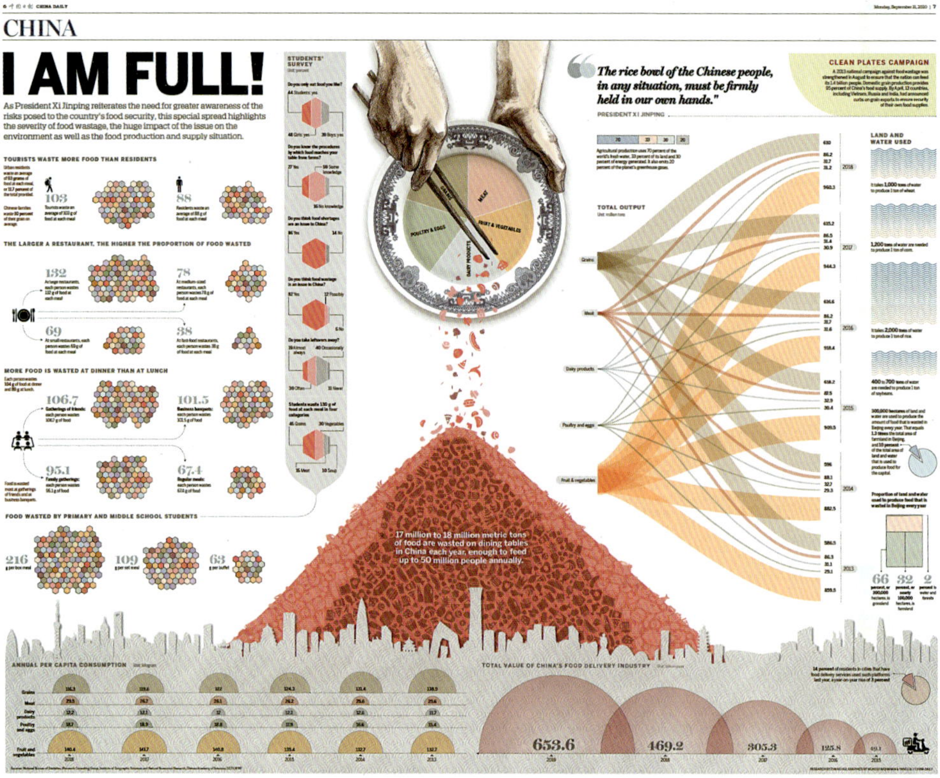

图 7－74　主视觉在可视化设计中的重要性示例（来源：《中国日报》）

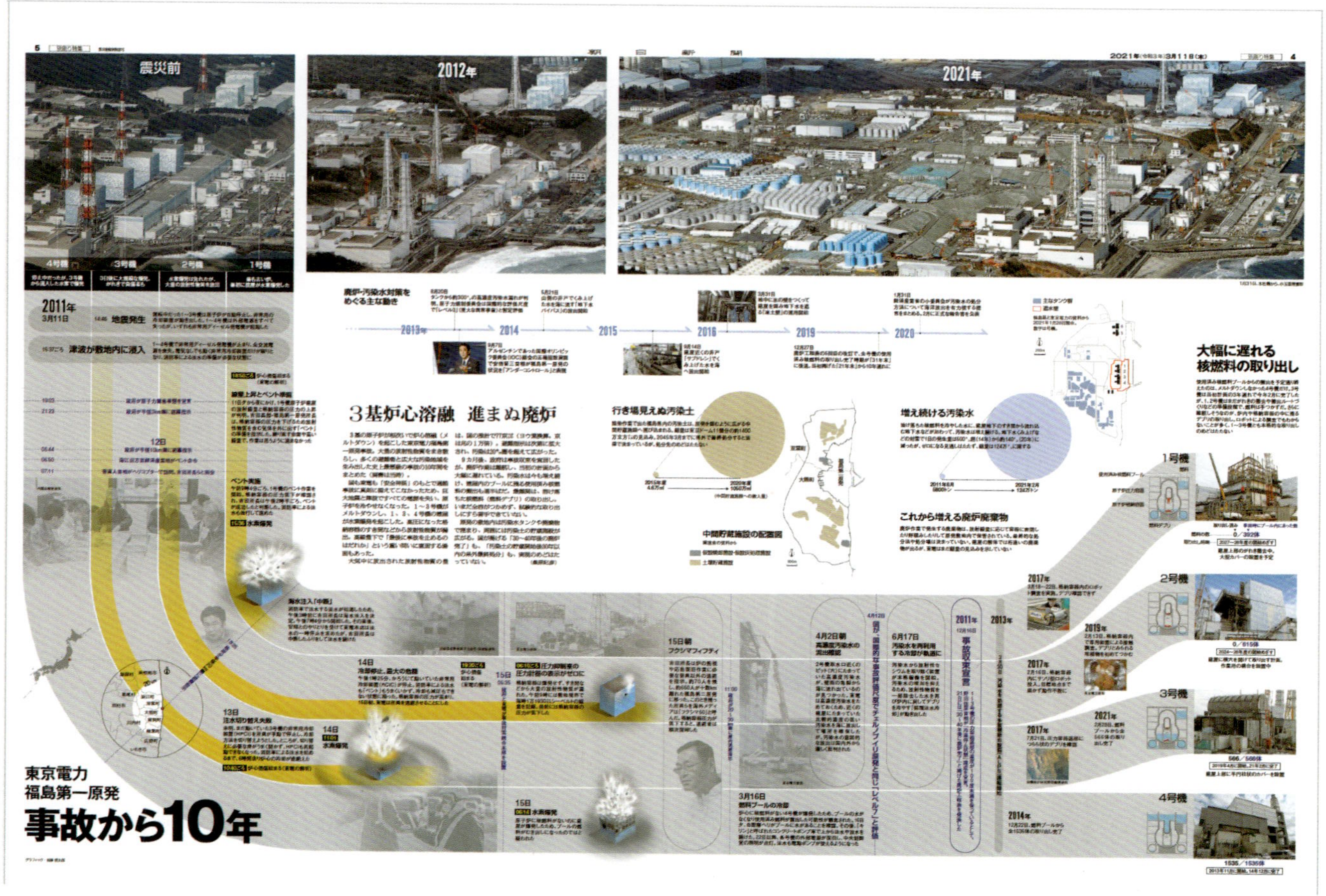

图 7 - 80　使用照片作为视觉素材的可视化设计示例（来源：《朝日新闻》）

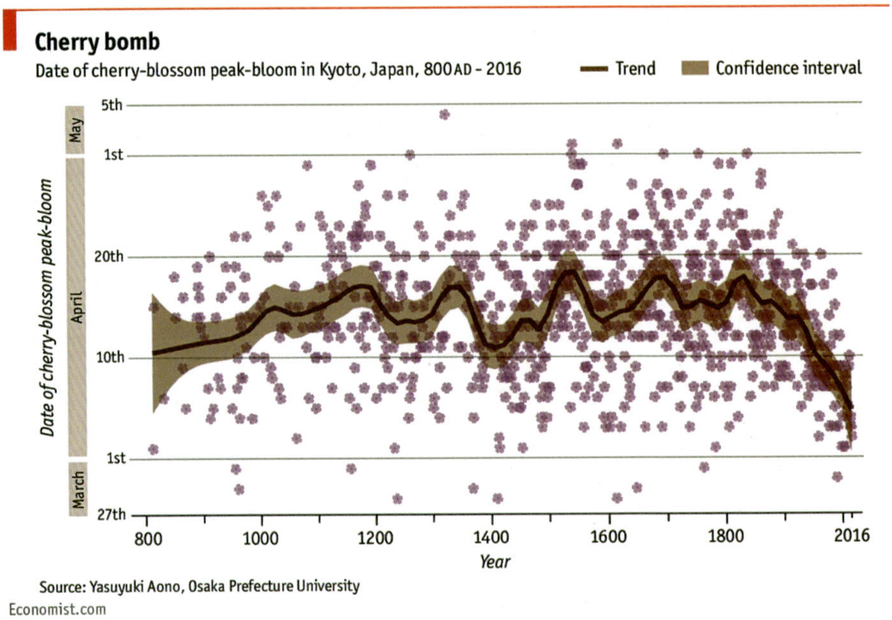

图 7－88 《日本的樱花开得越来越早》作品中的散点图（来源：《经济学人》）

总　序

周锡生

当今世界充满变革与创新。在阐释当今世界变革特征的时候，“新媒体”被时常提及，尽管人们对它的定义还有不少争议。

20 多年来，随着数字技术、信息技术的飞速发展，以互联网为代表的新媒体从诞生到逐步发展壮大，深刻改变了旧有的新闻信息传播方式，系统重塑了新的媒介生态和传播格局。旧媒体时代，新闻信息的传播速度还曾与交通工具竞跑；新媒体时代，昨日甚至数小时、数十分钟之前的新闻，都可能瞬息即逝，转眼间“轻舟已过万重山”。旧媒体时代，“受众”这个词体现了公众被动接受各类新闻信息的地位；新媒体时代，媒体人已经不再是专属的职业称号，自制互动、共享交流成为普遍行为。旧媒体时代，内容占据着绝对的核心地位，其他各个环节只是附属；新媒体时代，内容为王的观念在被继续强调的同时，网络、渠道、平台和终端的作用和价值日渐凸显，服务与市场的理念正在逐步深化。可以说，当今的新媒体已经跨越了媒介形态的界限，跨越了时空的拘囿，甚至也跨越了文化的隔阂。在这种态势下，建设新媒体、发展新媒体，成为传统媒体求生存、寻突破、谋发展的必由之路。

滚滚而来的新媒体浪潮绝不仅仅是改变了传媒业本身，更深刻渗入世界的政治、经济、文化、科技等各个领域。“世界是平的”引发人们无限遐想，平的世界创造了无限的空间。放眼全球，新媒体已经成为世界政治较量的重要因素，成为各国执政者了解社情民意的重要手段，成为社会公众参政议政的重要平台，网络动员、网络聚集、网络拷问在社交媒体上成为常态，新媒体的运用和掌控能力日益成为执政水平的重要衡量标准。与此同时，以互联网产业为核心，逐步形成了包括媒体业、电信业、IT 业等在内的比较完整的新媒体产业链，产业体系也日趋完善，有力地推动了文化创意产业的发展，成为国民经济的有机组成部分，且生机盎然，潜力巨大。新媒体的文化价值也在不断迸发当中，随着平板电脑、电子阅读器的迅速普及，数字阅读、数字出版势不可当，新媒体的文化传播和社会建设功能日益强大，跨界文化交流与合作的作用更加突出，极大地丰富和满足了人们的精神文化生活需求。从这个层面来说，建设新媒体、发展新媒体，已经不再单单是传媒业的职责，更需要从历史发展的宏观视野与现实的综合因素层面加以考量与谋划。

在全球加速向网络化社会、数字化生存转型的过程中，我国的新媒体建设也与世界同步，与时代同行。目前，我国的网民数量已经超过6亿，手机用户突破了12亿大关，均位居世界第一位，且还处于强劲增长当中。如此庞大用户规模的背后，是我国近年来新媒体征程中一个个开拓的脚印与卓然的成效。在当今中国，我们可以看到，新媒体的作用被普遍认可，新媒体的影响被广泛重视，新媒体的理念深入人心，传统媒体加快向新兴媒体战略转型，各类新媒体机构不断涌现且各具特色。从网络、手机、平板电脑到户外大屏、流动媒体，从主流新闻网站到各类商业网站和专业网站，新技术不断涌现，新功能不断被挖掘，新产品不断推出，呈现出万马奔腾、一日千里之势。

当然，新媒体在我国发展的时间还比较短，在采编、经营、技术、市场、管理、人才等方面还处于探索的阶段，实践过程中出现了诸多困惑与迷思，存在着各种矛盾与冲突，远未成熟。尽管如此，新媒体的蓬勃生机让我们对它的未来充满信心，而这蓬勃生机则是来自创新。创新是新媒体时代永恒的主题，谁能够加强创新，谁就能把握未来。新媒体本身就是创新的产物，创新是新媒体的生命力所在。为此，必须根据党和政府提出的新要求，适应时代的新特点，着力把握受众需求的新变化，着力把握技术突破的新契机，着力把握媒体发展的新态势，进一步创新思想观念、创新体制机制、创新内容生产、创新方式手段，加快新兴媒体建设，大力发展新兴业务，从而更好地贯彻落实中央战略部署，为加强国际传播能力建设、构建先进强大的现代传播体系做出贡献，为促进社会主义文化大繁荣、大发展发挥更加显著的作用。

新媒体是推动社会进步的重要力量，同时也要看到，新媒体是一柄双刃剑，随着新媒体地位和作用的日益增强，其所应承担的责任也越来越重要。从某些意义上讲，新媒体所应承担的社会责任甚至比传统媒体还要更重一些。多年来，我一直强调的一句话就是“网络无改稿”。如果说传统媒体的稿件签发后发现了错误，还有时间和可能予以纠正的话，新媒体的稿件一旦签发，几秒钟之内就可与全球不计其数的受众见面，根本没有时间和可能对稿件进行改正。因此，新媒体的把关责任十分重大，这既是对社会公众负责，也是对新媒体本身负责。在强调和开发新媒体的“媒体功能”的同时，有必要进一步强化其“媒体责任”。

新媒体领域日新月异的发展实践，以及在此过程中出现的矛盾与问题，要求理论研究总结规律、升华认识，并从理论层面加以阐释和指引。中国人民大学新闻学院有几位多年来潜心研究新媒体的专家学者，由他们领衔撰写的这套新媒体丛书，对新媒体的理论、技术、经营管理、业务流程、最新发展动态进行了全面深入的研究，反映了国内外新媒体研究的最新成果，对新媒体的管理者、研究者、学习者及业界从业人员都具有重要的参考价值。本套丛书的出版，相信会有助于推动我国新媒体的快速健康发展。

（作者曾任新华社副社长兼常务副总编辑、新华网董事长）
2012年7月

第3版序言

2023年，当提笔对《数据新闻概论》第二版做修订时，距离我写作第一版已过去九年。

这九年，我见证了数据新闻在媒体机构从无到有，又从有到无。一些人进来，一些人坚守，还有一些人离开。

这九年，除了观察和记录，我也和学生们一起，用具身体验的方式实践数据新闻，去直面和感受新闻业的创新与变革。

2019年本书第二版出版时，我曾一度以为不必再做修订。但当我再次提笔时，翻阅曾经写过的篇章字斟句酌，禁不住汗颜，原来自己如此浅薄无知。许多曾经笃定的内容放到当下思考，需要推敲；而持续发展带来的变化，需要关注；更有一些此领域新鲜的技术和方法，需要补充。

近年来，关于数据新闻领域的实践和研究呈现出三个较为显著的发展态势。

其一是伴随新闻传播大环境的变化和技术的发展，“算法”和“人工智能”逐步成为数据新闻界关注和调查的对象。因为技术正在形塑我们的社会和生活，并以“黑箱”的方式保持着不可见性，这促使数据记者、编辑展开反思，并将破解“黑箱”，调查“算法”和“人工智能”技术何以运作且如何提升它们的透明性作为责任，沿此路径发展，已诞生不少佳作。与之相伴，学术圈也开始将研究的重心转向它们，使之成为此领域研究中近年来最显著的“突现词”。

其二是非西方背景国家的数据新闻实践和研究逐步增多。一方面，从全球数据新闻相关奖项的评选中可以看出，参评和最终入选的作品虽然仍以美、英等国媒体为主，但参评的国家和地区越来越多，且入选名单所属国家和媒体的分布也逐渐多元。另一方面，早期的数据新闻研究多聚集于美国、英国等少数西方国家，但越来越多从业者和学者提出，非西方背景的国家面临和美国、英国截然不同的新闻背景、文化传统、市场环境，这些使不同国家的数据新闻实践更具多样性和复杂性，美国、英国的一些模式并不适合这些国家。《伊比利亚美洲数据新闻手册》[①] 和

① PERRY F，PAZ M. Manual de periodismo de datos Iberoamericano.（2014-08-30）[2024-01-16]. https://www.ufasta.edu.ar/biblioteca/files/2017/03/Manual_de_Periodismo_de_Datos_Iberoamericano.pdf.

《南半球的数据新闻》[①] 等书的出版表明越来越多的关注正投注到美国、英国之外，不同路径下的数据新闻实践正在被梳理和研究。

其三是数据新闻领域的研究从初创阶段迈向反思阶段。早期的数据新闻研究多以推介为主，对这种“新兴”的新闻现象颇多褒奖，将之置于新闻“创新”的框架下，对未来充满理想和乐观的预估。近年来更多研究开始反思：之前鼓吹的前景是否真的到来？数据新闻的创新是否真的实现？其中最有代表性的是被视为数据新闻领域开山之作的《数据新闻手册》在2021年出版第二版时，将副标题定为“转向一种批判式的数据实践”。编者提出：“在后真相时代，人们并不能想当然地认为数据或者数据新闻就是真实的，数据并不中立和直观地反映世界，而往往受到政治、文化、资本和权力交织的影响。”[②] 同时，更多的反思性研究也逐步出现在学术论文中，例如罗德里格·扎米斯对《纽约时报》和《华盛顿邮报》日常数据新闻的实证研究发现，无论从透明度、互动性、多样性还是信息来源的角度分析，这两家大报的日常数据新闻似乎都与数据新闻的理想状态有所差距。[③]

面对这些发展态势，本书对第二版做了大幅度的调整、改动和增补，修订的比例接近一半篇幅，修订思路主要依循以下四个原则：

第一，关注数据新闻的在地化实践，建立自主的知识体系。本书自2015年出版第一版时就坚持关注国内的数据新闻实践，书中融入了大量对数据新闻从业人员的采访和优秀案例。此后两版修订时仍保留这一传统，并尝试从被访人员的构成和机构性质上做进一步的扩充，以期更全面地了解中国数据新闻的发展情况，力求让研究“立足中国实际，解决中国问题”。

第二，增加除美国、英国之外的世界其他国家和地区的数据新闻实践的内容与案例。这一版与前两版相比，增加了更多不同背景国家数据新闻实践的内容，在案例的选择上更加注重分布地域的广泛性和国家背景的多样性。除了以往研究中较为重视的美国和英国，本书中还涵盖了俄罗斯、德国、意大利、西班牙、法国、荷兰、瑞士、加拿大、澳大利亚、埃及、阿根廷、巴西、匈牙利、委内瑞拉、韩国、日本、新加坡等国的案例，以展示全球数据新闻实践在不同历史背景和文化环境中如何展开。

第三，聚焦数据新闻领域最前沿的技术、工具和方法。除了前述的“算法”“人工智能”等技术的发展，数据新闻领域中的信令数据、卫星数据的运用越来越普遍，涌现出视觉调查、开源情报调查等新兴的方法，出现了一些新的数据分析和可视化工具。本书对这些内容展开介绍，并结合案例做深度的延展。书中70%以上的案例都做了更新，以反映最新的数据新闻实践。

第四，注重吸纳新的学术研究成果，激发读者思考。在本书做第三版修订之时，数据新闻领域的研究正在逐步摆脱初创期略显肤浅的“乐观”，走向深入反思的成熟期。本书在第三版写作过程中注重汲取这些新的学术研究成果的给养，在分

---

① MUTSVAIRO B，BEBAWI S，BORGES-REY E. Data journalism in the Global South. Switzerland：Palgrave Macmillan，2019.

② BOUNEGRU L，GRAY J. The data journalism handbook：towards a critical data practice. Amsterdam University Press，2021：11-26.

③ ZAMITH R. Transparency，interactivity，diversity，and information provenance in everyday data journalism. Digital journalism，2019，7（4）：470-489.

析如何做的基础上提出更多批判性的问题，以激发读者思考“为什么这样做”以及“这样做可能会带来什么”。

以下介绍各章节具体的修改内容：

第 1 章“什么是数据新闻”主要介绍数据新闻的概念、特征、产生背景、发展历程以及该领域研究的趋势。相比第二版，这一章最显著的变化是修订了“数据新闻”的定义，将其定义为“数据新闻是一种通过对事实材料和统计资料的采集、分析和呈现，以对所要传播的事实性信息或意见性信息提供逻辑推论的依据的计算报道方式，也指一种通过上述方式生产的新闻品类”。这一章的第二个较大的修改是新增了第 4 节“全球数据新闻研究的趋势”，对 Web of Science 核心数据库的相关领域论文做了分析。此外，这一章增补了一些更新的历史研究资料，其中包括我国早期报刊中的数据可视化探索、非西方背景国家的数据新闻实践等。

第 2 章“数据新闻的类型与制作”中一个显著的变化是对数据新闻的分类做了新的梳理，删除了此前两版的“自采数据”和“非自采数据”、“事件选题”和“话题选题”这两种分类，在数据新闻操作方式中增补了“解释型数据新闻”，增加了按照数据新闻呈现形式来划分的“图文类”“交互类”“视频类”数据新闻。新的分类方式更能反映当下的数据新闻实践。这一章的另一个变化是基于对数据新闻新的分类，增补了数据新闻制作中相应的内容，例如交互类数据新闻和视频类数据新闻制作的流程特点，数据新闻团队人员构成的新趋势等。

第 3 章“数据与选题”中增加了“数据新闻中常见的数据类型”这一目内容，以便于读者更全面地理解数据。而在选题策划部分，增加了“数据新闻选题的判断标准”一目，总结归纳了选题判断的基本要素：公共性、关注“热点”、新鲜、有数据支持。在此基础上，对选题策划思路部分做了一定的调整，并更新了其中的案例。

第 4 章“采集数据”篇幅较大。这一章重新归纳了四种主要的数据采集方法：在线搜索和获取数据、通过采访调查的方式采集数据、通过合作或购买的方式获取数据以及运用工具爬取数据。与上一版相比，对采集数据的方法有了新的归纳，一些方法被合并，还有一些新的方法被纳入，如通过模拟测试、开源情报技术等展开在线调查并采集数据。这一章还增加了一些实操案例，在通过 API 接口和代码爬虫来获取数据的部分增加了对代码的介绍。

第 5 章“编辑室里的数据分析”对上一版的内容做了较大幅度的修订。首先，第 1 节“数据清理”结合已有研究成果做了更清晰的界定，并明确了数据清理的六个步骤：观察数据、结构化数据、清洗数据、扩充数据、验证数据和发布数据。其次，第 2 节“数据分析”将编辑室中的数据分析分为统计分析和数据挖掘，对统计分析的分类更加科学，着重讨论了统计描述和统计推论在数据新闻中的运用，并介绍了数据新闻中常见的数据挖掘方法。最后，新增了第 3 节“数据清理和分析过程中的伦理问题”，针对隐私数据处理和透明性这两个数据新闻领域主要的伦理话题展开相对系统的探讨。

第 6 章“数据新闻的文案”为这一版新增章。这一章先分析了数据新闻的三种叙事形式，并对文字在数据新闻中的作用展开阐述。然后，从叙事结构的角度探讨如何写作数据新闻的开头、主体和结尾部分。最后一节则结合案例梳理了文案写作中的注意事项。

第7章“数据新闻的设计”对上一版的第6章和第7章做了整合，同时也添加了很多新的内容和案例。这一章先从“认识数据可视化”开始，介绍数据可视化的定义和由来，分析数据可视化的构成要素，归纳新闻中数据可视化的常见类型。新增的内容主要在第4节“数据可视化的设计要点”，这一节不仅研究了何为好的数据可视化，也对数据可视化设计时的“功能”“流程”和“形式”等三个要点展开深入的分析，并在此节最后介绍了当下较流行的数据可视化工具。

如果你是媒体人，期待你能从本书那些鲜活的同行案例中获得灵感的火花和职业共同体的激励，使那些业已成为常规而重复的工作变得更有探索的空间，更加有趣和有意义。

如果你是学者，书里描绘的是当下新闻行业中极具生命力和创新力的群体，他们正在进行的实践活动或能成为一个窗口，供你观察和研究新背景下媒介社会学中多彩而又复杂的新现象和新问题。

如果你是学生，数据素养是新时代信息素养的重要组成部分，学习数据新闻，使你能够更好地辨析信息的真伪、掌握更多样的沟通工具和方法、更自如和高效地理解和参与公共话题的讨论。

数据新闻领域有一个与其他新闻传播领域略有区别的特点，即这个领域的学界和业界有着更充分和深入的联系。或许是受到开源文化的影响，这个领域的专业人士更倾向于协作和分享。书中介绍的许多数据新闻作品得益于业界和学界专家的通力合作，同样，很多数据新闻的研究也是在双方充分沟通合作的基础上形成的。本书的第一、二、三版在写作过程中得到诸多师友的无私帮助，他们是白净、包特日格勒、蔡静远、陈皓、陈华罗、戴玉、董怀文、杜放、高建定、耿铭钟、郝昊、黄晨、黄志敏、凌慧珊、刘佳昕、刘江、吕妍、马晓青、马轶群、任成英、宋壮壮、田驰、王晨、王帅、韦梦、巫雨松、徐笛、杨涵、杨楠、叶韦明、张静波、张兰太、张梅婷、张勤、张亚彬、张永宁、赵鹿鸣、赵玮雯、郑军杰、钟昊熹、周希，在此致以最真挚的谢意！

本书的写作也离不开我带的几位研究生的帮助。黄思琪、张子涵、林歆瑶、王帆、涂艺秋采访了业内和学界专家，惠一蘅、黄思琪、林歆瑶、王帆为本书修改提供建议和补充资料，邓海滢帮助联系采访。在本书前两版的写作中，刘建坤、肖鳕桐、张浩源、陈钟昊、蒋政旭、袁子涵、杜涵、王若霈、林婷婷、李嵘、周伊雪、杨菲菲等人也给予了很大的帮助，在此一并表示感谢！

感谢中国人民大学出版社的编辑翟江虹女士周到、耐心、细致的鼓励和帮助。感谢本书责任编辑汤慧芸、谢旋辛苦的校对、编辑和付出。他们的专业能力和全心投入，让整本书在编辑出版过程中充满愉快的沟通，我亦收获颇丰。

感谢我的家人一直以来对我爱好的支持。

感谢我的先生王士宇总在我犹豫彷徨之时给我激励，让我坚信自己的选择，不必在意世俗的眼光。

行文至此，难免仍有挂一漏万之处，敬请读者朋友们批评和指正。

方洁
2024年1月于浙江家中

第2版序言

2013 年，我和我的研究生颜冬合作完成的论文《全球视野下的“数据新闻”：理念与实践》在《国际新闻界》发表。短短几天后，我的邮箱收到一封来自报社记者的邮件。这位记者表示，她看到此文后很兴奋，感觉这必将成为新闻界的一种新潮流。我当时也很兴奋，没有想到一篇论文能产生这样的影响力，让远在外地的一位记者产生来信与我交流的冲动。后来，这篇论文的热度伴随“数据新闻”在国内的兴起一直高涨，我一不小心就掉进了“数据新闻”这个“大坑”。

2014 年暑假，在我写作《数据新闻概论》的第一版时，曾根据教育部 2013 年公布的新闻传播学科评估结果，调查了排名靠前的十二所新闻传播院系，发现当时尚无专门的数据新闻课程，只有部分院系开设了与之相关的业务教学课程（当然也有可能一些课程信息没有及时更新在互联网上，后来我得知中国传媒大学和复旦大学已经于 2014 年开设数据新闻课程）。那时，数据新闻刚在国内兴起，无论是媒体还是学界，都在或“拥抱”或“观望”这个新事物。数据新闻到底是什么？数据新闻长什么样？什么是好的数据新闻？这些问题在当时很难做出回答，大家对数据新闻的认知都属于初级阶段。所幸从全球范围看，“数据新闻”一直是一群崇尚“开放”“透明”的人在从事的工作，这群人把他们的所思所想所做及时公布在互联网中，成为我学习的资源。就在这样一种自学的环境下，我梳理了数据新闻领域的知识体系，而我的研究生们则帮助我收集了大量案例，并对当时的业界人士做了采访，这样我完成了这本书的第一版写作。

2015 年本书的第一版付梓，当时国内尚无系统介绍数据新闻理念和产制规律的书籍。虽然“洛阳纸贵”的现象并没有出现，但我依然非常欣喜。因为这是我在新闻学院从事教学以来第一次感觉在做非常有趣的事，它好像给我打开了一扇门，让我可以做我愿意投入和觉得有意义的事。

现在看来，第一版尚显稚嫩。人的认知是一条流动的河流，2014 年的新闻圈和当下的新闻圈，2014 年的媒体和当下的媒体，2014 年的从业者和当下的从业者，2014 年的我和当下的我……这一切都不可同日而语。生活的流动速度快得令人惊诧。有人认为数据新闻经历了早期的快速发展已经停滞了，有的栏目停刊了，有的人离职了。媒体在小心翼翼地实践“不确定”的创新，旧人去新人来。学界想

"大刀阔斧"地创新，但大多雷声大雨点小，开设一门课程，以新入职的"青椒"授课为主。这四年为"数据新闻"褪去了神秘的亮色，反而让它冷静着陆。那些还在坚守的媒体和人逐渐开始显现出自己的特色。这时，我想我应该好好地把我现在关于数据新闻的新想法和新认识写出来，和那些真正想做数据新闻的人来分享。这是我写作第二版的冲动。

相比第一版，这版做了较大幅度的改动：

第一，所有的章节都做了知识更新，一些概念和说法都做了相应的修改、补充和完善。如新版中将"数据新闻"概念定义为"一种运用计算机程序对事实材料和统计资料进行采集、分析和呈现的量化报道方式，也指一种通过上述方式生产的新闻品类"，这是我在多年教学和研究中形成的对"数据新闻"概念更完善的认知。

第二，全书结构做了较大的调整，除了第1章保留原章节名，其他6章的章节名或多或少均有改动。改动幅度最大的当数第3章"数据与选题"、第4章"采集数据"和第6章"数据新闻的呈现与认识数据可视化"。

第三，新版做了大量内容增补：第1章中增加了近年数据新闻的发展趋势；第2章中增加了数据新闻的分类标准和类型；第3章增加了对"数据"的阐述，同时选题策划的部分也是第一版没有的；第4章整合了第一版中第3章和第4章的内容，精简并重新梳理，补充了采集数据注意事项；第5章对数据清理的内容做了完善；第6章增补了数据新闻的呈现部分；第7章对数据可视化的类型和基本形式的阐述都属于新增内容。同时，删除了大量资料性内容和知识陈旧的内容。

值得注意的是，新版增补了数据新闻领域中涉及报道伦理的内容，包括采集数据的注意事项、数据清理中的数据脱敏等。我们不能仅仅知道怎么做，还应该知道为什么这样做，哪些能做哪些不能做，我希望这本书能带给大家更多的思考。

第四，新版采访的内容更精当。第一版中的采访内容除了少数保留以外，绝大部分被最新的采访内容替代。新版的采访对象中大多数已在数据新闻领域耕耘多年，且是所在媒体数据新闻部门的负责人，属于此领域的顶尖专家。

如果你是媒体人，本书会让你看到同行们是如何"玩"数据的，他们怎样把那些新奇想法付诸实践，一步步扩展"新闻"的边界。

如果你是学者，本书描绘的是当下新闻行业中最具生命力和创新力的群体之一，这样的群体以及他们的实践活动值得学界投入更多的关注。

如果你是学生，你想获知的内容或许就在本书里，看看别人的故事，说不定其中某个资料或链接会为你打开通往新领域的大门。

如果你只是不小心"打了酱油"，这里有耐人寻味的数据故事和匠心独运的可视化美图，欢迎你和我一样跳进这个"大坑"。

当我落笔之时，心中略有遗憾。受学科背景的限制，书中对当下涉及大数据的数据挖掘、算法、机器学习等领域的实务内容，对各种程序语言和工具的具体操作虽有提及，却非常粗浅。但是，多年的教学经验使我发现，在数据新闻领域，学会怎么做很重要，但是如果不知道为什么这样做，那么也没法真正做好。所以在有限的篇幅里，我写出了这几年来自己积累的对这个领域的所思、所想，尝试解答"什么是数据新闻""为什么要做数据新闻""怎么做数据新闻"这三个在我看来最根本的问题。

感谢以下的媒体人在本书新版的写作过程中给予的帮助：戴玉、黄晨、黄志敏、吕妍、马晓青、马轶群、任成英、王帅、巫雨松、张永宁、赵玮雯、周希。你们使我看到国内数据新闻领域虽然不再热闹，却在走向更加专业和多元化。限于篇幅，采访中充满思想的“灵光”难以完全置于书中，敬请谅解。

感谢我的硕士研究生们。刘建坤、肖鳕桐、张浩源、陈钟昊、蒋政旭、袁子涵帮助我采访了上述专家，并查询了案例资料。在第一版中杜涵、王若霈、林婷婷帮助我收集材料，她们和李嵘、周伊雪、杨菲菲一起采访了第一版中的专家。

感谢中国人民大学出版社的编辑翟江虹女士，在她的耐心帮助下，我终于完成了这项修订工作。

最后，感谢每一位与我在纸上相逢的读者！

方洁

2018 年 8 月初稿于北京家中

2019 年 1 月定稿

目 录

第 1 章　什么是数据新闻

数据新闻（data journalism），也被称为“数据驱动新闻”（data-driven journalism），这一概念于 2000 年初发端于新闻实践领域。西方主流大报和一些独立新闻机构（如 ProPublica 网站[①]）成立了专门团队来设计一些新型的新闻形态，即运用各种技术软件来爬取、处理、分析数据，并以数据可视化和新闻应用等方式呈现，从而翻开了数据新闻实践领域的第一页。

第 1 节　数据新闻的概念与特征

一、概念的提出与辨析

2006 年，《华盛顿邮报》的软件开发人员兼 Every Block 网站创建人阿德里安·哈罗瓦提（Adrian Holovaty）率先提出了“数据新闻”的理念，被业界人士视为“数据新闻的创立者”（patron saint of data journalism）。[②] 在一个媒体组织的论坛中，哈罗瓦提做了名为《报纸网站变革的一种基本方法》的演讲。在这场演讲中，他并没有直接给出“数据新闻”这个概念，但已经提出了相关理念。他表示，“报纸应该结束以叙述故事为核心的世界观”。他提倡媒体通过计算机处理原始数据，为公众提供更重要、更有参考价值的报道，使之更深刻地理解世界。他认为这种报道方式将与以叙述故事为核心的报道方式形成互补，以适应当下媒介变革的需要。[③] 哈罗瓦提曾在芝加哥《劳伦斯日报》工作，并在业余时间创建了名为“芝加哥犯罪网站”（chicagocrime. com）的项目，结合谷歌地图和芝加哥警方发布的数据为用户搭建了一个具有交互功能的犯罪信息数据库，这个项目使其成为早期程序员记者中的标杆人物。[④] 哈罗瓦提的观点启发了《坦帕湾时报》华盛顿分社主管比尔·阿代尔（Bill Adair）和马特·韦特（Matt Waite），他们一同于 2007 年创办了事实核查网站 PolitiFact. com，该网站于 2009 年获得普利策奖。

2010 年，“数据新闻”的概念开始逐步兴起。首先，最具代表性的是 2010 年 8 月在荷兰阿姆斯特丹召开圆桌会议正式提出“数据驱动新闻”的提法，来自业界的数据记者和编辑在这次会议中交流了从事数据新闻的经验，并对之做了初步诠释。其次，一些在互联网中具有影响力的人士开始在公开场合提及“数据新闻”，如有

---

① ProPublica 是美国一个独立的非营利新闻编辑部，为公共利益进行调查报道。它于 2008 年开始运营，有专业的调查记者团队，并与多家传统主流媒体合作，2010 年和 2011 年均获得普利策奖，是首家获此殊荣的网络媒体，其网站为 http：//www. propublica. org/，介绍详见网站中的 About Us 板块。

② HOWARD A. The art and science of data-driven journalism. Tow Center for Digital Journalism，2014：7.

③ HOLOVATY A. A fundamental way newspaper sites need to change.（2006 - 09 - 06）[2024 - 03 - 28]. http：//www. holovaty. com/writing/fundamental-change/.

④ 厄舍．互动新闻：黑客、数据与代码．郭恩强，译．北京：中国人民大学出版社，2020：73 - 77.

“互联网之父”之称的蒂姆·伯纳斯-李（Tim Berners-Lee）宣称，分析数据将成为未来新闻的特征。他的这一表述被广泛地转载，“数据新闻”亦开始进入政府和公众的视野。与此同时，受到维基解密等事件的促发，媒体的数据新闻作品开始受到关注。2010年，《卫报》《纽约时报》《明镜周刊》等对维基解密披露阿富汗战争的报道成为当时业界数据新闻的典范，随后“数据新闻”这个称呼迅速在媒体世界中广泛传播开来。

在传统新闻业不断受到网络技术发展、用户需求改变和数据扩张等挑战的时代大背景下，类似《纽约时报》、《华盛顿邮报》、《卫报》、英国广播公司（BBC）这样的老牌新闻机构正需要一种创新性的新闻表达，以确保其对权威知识的持续性关联和主张，而这个时候诞生的数据新闻实践无疑很好地满足了这一需求。与此同时，基于数据统计分析的新闻网站如 FiveThirtyEight. com 和 Vox. com 纷纷创立，使数据新闻真正进入主流话语。尽管如此，关于数据新闻的概念，仍无定论。

尼基·厄舍（Nikki Usher）曾在《互动新闻：黑客、数据与代码》中提及，新闻编辑室对数据新闻的称呼并不相同，相比欧洲，美国的很多新闻机构往往将数据新闻称为“互动新闻”。①

有人从数据新闻与其他新闻相区别的角度分析，如德国伯明翰城市大学的保罗·布拉德肖（Paul Bradshaw）指出数据新闻“简言之就是一切通过数据处理的新闻”，它与其他新闻的不同之处在于当你将传统的新闻嗅觉、讲述扣人心弦的故事的能力与庞大的数据信息结合在一起时，新闻报道能呈现出许多新的可能。②

有人则从数据新闻对新闻叙事创新的角度阐述，如曾就职于《纽约时报》的阿隆·菲尔霍夫（Aron Pilhofer）表示，“在我看来，数据新闻是一个概括性术语，它囊括了一套仍在不断增多的用于新闻叙事的工具、技巧与方法，涵盖了从传统的计算机辅助新闻报道（使用数据作为‘信源’）到最前沿的数据可视化和新闻应用等一切叙事方式。其统一的目标是新闻业意义上的：提供信息和分析以帮助告知我们一天内所有最重要的事件”③。文卫华、李冰则概括指出，“数据新闻在形式上以图表、数据为主，辅之以必要的少量文字；在实际操作中，记者主要通过数据统计、数据分析、数据挖掘等技术手段或是从海量数据中发现新闻线索，或是抓取大量数据拓展既有新闻主题的广度与深度，最后依靠可视化技术将经过过滤后的数据进行融合，以形象化、艺术化的方式加以呈现，致力于为读者提供客观、系统的报道以及良好的阅读体验”④。

还有人则从数据新闻改变传统新闻工作方式的角度剖析，如德国之声电视台的米尔科·劳伦兹（Mirko Lorenz）认为，“数据新闻是一种工作流程，包括以下基本步骤：通过反复抓取、筛选和重组来深度挖掘数据，聚焦专门信息以过滤数据，可视化地呈现数据并合成新闻故事。数据新闻可被视为一个不断提炼信息的过程，

---

① 厄舍．互动新闻：黑客、数据与代码．郭恩强，译．北京：中国人民大学出版社，2020：124.

② BRADSHAW P. What is date journalism? //BOUNEGRU L，CHAMBERS L，GRAY J. The data journalism handbook：how journalists can use data to improve the news.（2012－03）[2024－03－28]. https：//datajournalism. com/read/handbook/one.

③ 《数据新闻手册》，见 http：//datajournalismhandbook. org/1. 0/en/introduction _ 2. html（翻译选自在线出版的中文版）。

④ 文卫华，李冰．大数据时代的数据新闻报道：以英国《卫报》为例．现代传播，2013（5）：139－142.

在这一过程中，原始数据转换成有意义的信息。只有把复杂的事实组织成条理清晰、易于理解和记忆的故事，公众才能获取更多益处”①。国内学者陈昌凤也指出，“数据新闻是围绕数据站点和服务展开的生态系统工具和实践的一部分，已然成为世界新闻业正在极力建设的一项新事业”②。

本书第二版曾对“数据新闻”做了如下定义：“数据新闻”是“一种运用计算机程序对事实材料和统计资料进行采集、分析和呈现的量化报道方式，也指一种通过上述方式生产的新闻品类”。然而，正如英国社会学家鲍曼在《流动的现代性》中所勾勒的：现代社会的发展趋势和走向正从固态化的现代性转向液态化的、流动性的现代性。在这种时代背景下，新闻业亦在经历“流动”和“液态”的变革过程，新闻活动呈现出弱边界、高融合的特点。③ 而学者赫米达（A. Hermida）和杨（M. L. Young）也建议在“流动新闻的框架内考虑数据新闻”，“它涵盖了重叠及不同的组织头衔和职责。它体现了角色和就业的流动性。它包括不断开发的工具、技术和平台。作为一个研究领域，这些提供了一个镜头，来研究新兴领域的学者和专业人士所面临的问题。在该领域，流动性是新闻流程、实践、立场和产品的决定性因素。它与印刷和广播等早期媒体中描述更加清晰和明确的角色和责任形成鲜明对比。关于数据新闻的本质、谁是数据记者以及什么才算数据新闻的卓越性的争论，远远超出了学术话语的练习。它说明了这样一个事实，即不断变化的领域为新闻业的认识论、专业知识、经济学和伦理学的竞争创造了机会”④。从这个角度出发，结合“数据新闻”近年来呈现出的新的发展特征，本书对此定义做如下修订：

> 数据新闻是一种通过对事实材料和统计资料的采集、分析和呈现，以对所要传播的事实性信息或意见性信息提供逻辑推论的依据的计算报道方式，也指一种通过上述方式生产的新闻品类。

概念 数据新闻是一种通过对事实材料和统计资料的采集、分析和呈现，以对所要传播的事实性信息或意见性信息提供逻辑推论的依据的计算报道方式，也指一种通过上述方式生产的新闻品类。

理解这一概念需要把握四个关键点：其一，数据新闻中的“数据”（data）不是人们熟悉的数字（number），它是指能够被计算机程序储存并处理的事实材料和统计资料。因此包含数字的报道并不一定是数据新闻，而没有数字的报道未必不是数据新闻。在互联网技术大发展的今天，现实生活中的所有事物都可以被量化，并通过计算机程序对之进行分析，这就是数据新闻学在台湾地区也被译为“资料新闻学”的原因。对数据的重视和围绕数据所做的采集、分析与呈现工作构成了数据新

---

① 这是劳伦兹于2010年在阿姆斯特丹召开的第一届国际数据新闻圆桌会议（the Conference of Data-Driven Journalism Amsterdam Round Table）上的发言，该会议由欧洲新闻学中心（European Journalism Centre）和荷兰阿姆斯特丹大学（the University of Amsterdam）主办。参见 LORENZ M. Status and outlook for data-driven journalism//EUROPEAN JOURNALISM CENTRE. Data-driven journalism: what is there to learn? A paper on the data-driven journalism roundtable held in Amsterdam on 24 August 2010.（2010-08-24）[2024-03-28]. http://mediapusher.eu/datadrivenjournalism/pdf/ddj_paper_final.pdf。

② 陈昌凤．数据新闻及其结构化：构建图式信息：以华盛顿邮报的地图新闻为例．新闻与写作，2013（8）：92-94.

③ 李泓江，杨保军．“液态”理论的旅行及其对新闻学研究的启示．社会科学战线，2019（9）：254-261.

④ HERMIDA A，YOUNG M L. Data journalism and the regeneration of news. Routledge，2019：32-33.

闻的本质。媒体要推行数据新闻业务，首先要解决数据处理理念和技术的问题。其二，数据新闻的关键是数据“驱动”新闻，数据的采集、分析和呈现将为所要传播的事实性信息或意见性信息提供逻辑推论的依据，无论是否被量化处理，这些数据都是还原事实的证据链或支持论证的逻辑链中不可或缺的部分。其三，数据新闻这种新闻体裁并不局限于报道新闻事实，也可作为新闻评论传播意见性信息。其四，数据新闻的概念既指向一种报道方式，也指向一种新闻品类。当作为报道方式来理解时，数据新闻融合了新闻逻辑和计算逻辑，这种报道方式旨在帮助报道者透视数据信息的结构，提供新的洞察视角。当作为一种新闻品类来理解时，数据新闻是结合了数据证据构成的一种计算新闻类型。

二、数据新闻的特征

作为大数据时代新闻学发展形成的新领域，数据新闻包含以下特征：

> **你怎么看**
>
> 作者认为数据新闻中所说的“数据”不是一般意义上的“数字”。你对此有何看法？

1. 以服务公共利益为目的

这是数据新闻的出发点，所有数据的处理和呈现归根究底是为了让公众理解我们身处的大数据时代中数据变迁的内涵，了解抽象数据如何影响具体的人。

2. 以开放的数据为基础

这是数据新闻存在的前提，如果政府、社会其他组织不公开信息或者没有以开放数据的标准向公众开放大量权威数据，那么缺乏数据分析材料，数据新闻也难以推行。

3. 以数据处理分析的结果作为驱动报道逻辑的核心

依靠特殊的软件程序对数据进行处理，发掘隐藏于宏观、抽象数据背后的意义，找寻数据背后的关联，并将之作为报道叙事逻辑的驱动因素。这是数据新闻和一般新闻相区别的核心特征。

4. 以可视化作为其主要的呈现方式

这是数据新闻的主要展现形式。得益于科学可视化的发展，数据新闻可以将复杂、抽象、难懂的数据转化为形象、具体、生动的新闻报道。需要注意的是，数据可视化不是数据新闻唯一的呈现形式，不要简单地在这两个概念之间画等号。

第2节　数据新闻产生的背景

“数据新闻”作为新闻传播界一个新兴的概念，其诞生于特定的社会历史环境之中。了解其产生的特殊背景，有助于我们加深对数据新闻的理解。

一、社会背景：大数据时代重新定义数据的价值

近年来，在我们生活和工作的不同领域，数据量的爆炸式增长都令人惊叹。“人类存储信息量的增长速度比世界经济的增长速度快4倍，而计算机数据处理能力的增长速度则比世界经济的增长速度快9倍。”① 这意味着我们生活在一个充斥

---

① 迈尔-舍恩伯格，库克耶．大数据时代．盛杨燕，周涛，译．杭州：浙江人民出版社，2013：13.

着数据的时代，一切事物都可以被量化，因而“世界可以通过数字和数学而获得解释”①。这个时代被形象地称为“大数据时代”，它要求我们以全新的视角去审视身处的世界。

“大数据时代”意味着一切皆可被数据化，世界成为可以理解的数据海洋。如果说20世纪60年代麦克卢汉提出的“媒介即讯息”的观点在振聋发聩的同时也引发争议的话，那么“数据即讯息”已经成为这个时代的共识。数据的商业价值和管理价值正在得到前所未有的重视与开发。

首先认识到大数据的商业价值的是一些互联网公司。互联网刚刚兴起的时候，很多人还沉醉于“匿名”交流的喜悦中，殊不知你偶然为之的网页点击、搜索引擎中的关键字查询、购物网站中的浏览痕迹等这些无足轻重的举动都给了互联网公司获取你的相关数据、加深对你的了解的机会。后者据此开发出一系列服务，使数据转变成生意。

国际知名互联网电商亚马逊能从每一位客户身上捕捉到大量数据，包括购买记录、浏览记录、浏览时间，并从这些杂乱的数据中找到产品的关联性，从而产生亚马逊推荐系统，将最适合用户的产品推荐给用户，极大地提升了用户的购物体验。

IBM公司开发的大数据分析工具SlamTracker，是采用IBM SPSS预测分析技术的实时比分统计、分析的可视化平台。这个平台主要包括比赛制胜关键因素（keys to the match）、态势分析（momentum）和比赛统计（match statistics）。从2005年开始，SlamTracker追踪记录了网球四大满贯赛事的所有数据并对之做出统计分析，这项大数据分析技术应用于网球比赛转播中，为球员和教练合理制定训练和比赛计划提供参考，也帮助转播机构传递精彩赛况，给球迷带来更为酷炫的观赛体验（见图1-1）。

国内知名电商阿里巴巴占据了中国网购的主要市场，消费者在其旗下的淘宝或天猫上的每一次消费记录，都会被数据仓库记录在案，交易以及信用数据成为这家企业的一手材料。通过数据仓库的清洗、整理、过滤、排序等技术手段，这些海量的数据形成了具有商业价值的业务信息，并生成反映最新市场现状的统计分析数据报表。阿里巴巴由此推出了数据地图、电子金融等一系列基于数据开发应用的细分商业服务。

同时，大数据在公共管理领域展现出的价值也在逐步为人们所重视。2013年，斯诺登曝光的监听丑闻是一场国际政治风波，也彰显着数据在这个时代之于公共管理领域的价值。英国《卫报》就此事件做了题为《解密美国国安局文件：曝光事件对你而言意味着什么》的报道，用一系列惊人的数据报道我们的生活是如何被记录和监控的。其中提及如果某人被视为恐怖对象受到监控，那么和他相关的三级以内的朋友圈都会“遭殃”。用户可以根据自己在脸书（Facebook）上的好友数判断将有多少人牵涉其中。比如某人在Facebook上有209个好友，

> **你怎么看**
>
> 作者认为，互联网企业因其所掌握的大数据和分析技术具有非常强大的内容生产的潜力，它们将逐步成为未来新闻传播中不容小觑的新生力量。你认为这会改变新闻传播业的格局吗？互联网企业会不会取代媒体成为这个行业中最具内容原创能力的信息生产者和提供者？

① 迈尔-舍恩伯格，库克耶．大数据时代．盛杨燕，周涛，译．杭州：浙江人民出版社，2013：126.

这些好友共有 34 150 个好友和这些好友的好友共有 5 580 110 个好友即“三级好友”，那么他们都会被纳入监控范围（见图 1-2）。

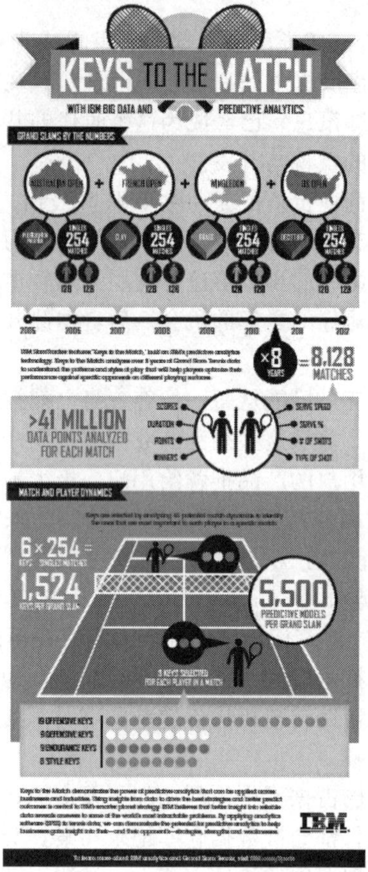

图 1-1　IBM 公司以可视化形式诠释其提供的“比赛制胜关键因素”是基于大数据统计分析的结果

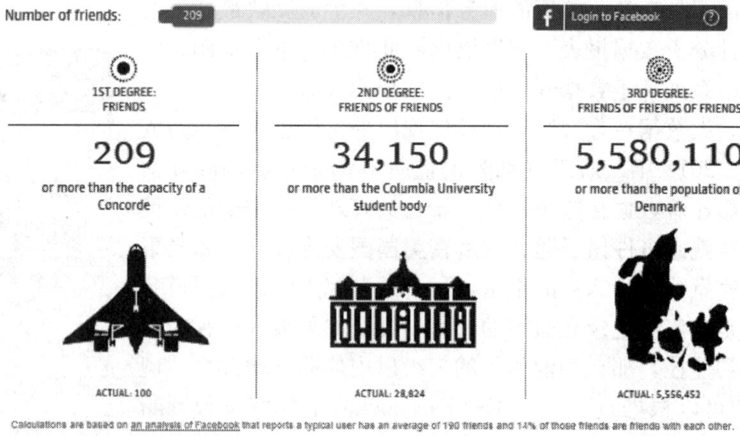

图 1-2　《卫报》专题报道《解密美国国安局文件：曝光事件对你而言意味着什么》的网页截图

近年来，人工智能（AI）技术的发展使大数据在公共治理领域的应用前景更为广阔。例如，百度公司推出的“百度地图慧眼”包括“城市人口地理大数据平台”“通勤监测大数据平台”“智慧文旅大数据平台”“人口地理大数据接口服务”“交通大数据接口服务”等产品和服务，它们依托地理位置数据，并借助人工智能技术，越来越普遍地应用于智能交通、智能物流、智能工业和智能城市等领域（见图1-3，文前彩色插图）。

人们无论是乐意还是抗拒，都被数据化的洪流裹挟着向前狂奔。而新闻媒体担负着传播信息、监测环境、对周遭世界的变化做出解释的职能，应运而生的数据新闻正是全球媒体应对大数据时代变迁所做出的关键革新。

二、技术支持：互联网开源软件市场的成熟

开源（open source），指在互联网上开放分享软件的原始代码即源代码，可以让别人自由地浏览、评价、修改和重新发布。开源软件指所有向公众公开源代码的软件，它源于一些软件技术发烧友出于技术展现目的或者说是对软件的一种热爱，将自己辛勤开发的软件源代码无私地发布到互联网社区上与社会共享。他们坚信，好的软件应该是开放的，应该由任何有能力的人参与共同完善，这就是开源技术的理念。

概念 开源（open source），指在互联网上开放分享软件的原始代码即源代码，可以让别人自由地浏览、评价、修改和重新发布。

实际上在计算机出现早期，几乎所有软件都是开源的，但是随着以微软为代表的企业开始运营纯软件产品的商业模式，不向公众提供源代码，与开源软件相对的商业软件逐步在市场中成为主角。1985年10月，美国人理查德·斯托曼创办了非营利组织自由软件基金会（Free Software Foundation，FSF）。在斯托曼理念的感召下，1991年，林纳斯·本纳第克特·托瓦兹（Linus Benedict Torvalds）发布了Linux内核第一版，他使用自由软件基金会项目旗下的GNU/GPL许可证分发这一作品，此举成就了全球盛行的Linux操作系统。与商业软件的版权制约不同，任何个人和机构只要在遵循GNU通用公共许可证的基础上都可以自由地使用Linux的所有底层源代码，也可以自由地修改和再发布。Linux可以运行在服务器和其他大型平台之上，目前全球前500名超级计算机都运行Linux内核系统。Linux也广泛应用在嵌入式设备上，如手机、平板电脑、路由器、电视和电子游戏机等。

2005年以来，以谷歌为代表的大型IT企业开始陆续推出开源软件，其中包括Chrome浏览器以及Android操作系统等。早在2012年，世界排名前10 000的网站中就有74.6%的网站由运行开源软件的网络服务商提供支持。① 我们熟悉的许多国内外知名互联网站如谷歌、新浪、百度、淘宝等都在使用并发布开源软件。

你怎么看

开源运动并非得到所有人的支持，比尔·盖茨就曾对之提出批评。他认为软件的开发应该专有和封闭，不付费用就享用别人辛苦开发的软件会破坏软件业的发展。你对此有何看法？

2021年，“开源”首次被明确列入国家“十四五”规划，当年11月，工业和信息化部印发了《“十四五”软件和信息技术服务业发展规划》，提出到2025年建设2～3个有国际影响力的开源社区。据GitHub 2021年度报告数据统计，美国以13 551 846的总用户数持续排名第一，中国则以7 555 311的总用户数排名第二。GitHub开发者中10.3%来自中国。而2021年Gitee注册开发者增长180万，总用户数量超过800万。②

① 75% of top 10k websites served by open source software. (2012-05-22) [2024-03-28]. https://www.pingdom.com/blog/75-percent-top-10k-websites-served-by-open-source-software/.

② 中国信息通信研究院．全球开源生态研究报告（2022年）.（2022-09）[2024-01-22]. http://www.caict.ac.cn/kxyj/qwfb/bps/202209/P020220916644891972234.pdf.

如今开源软件市场已趋成熟，其低成本性和代码的公开与透明为热心从事数据新闻报道的媒体和公众提供了高效快捷的工具，如：在数据获取时采用 Scrapy 软件快速从网络中提取结构化数据，运用 Tabula 软件获取 PDF 格式文件中的表格信息并将内容转化为 CSV 文件或者微软 Excel 电子表格；在数据整理时运用 OpenRefine 实现数据排序、自动查找重复条目或完成数据记录；在数据统计分析领域运用 R 语言，其主要用于统计分析、绘图的语言和操作环境；而在可视化阶段盛行的开源软件更是种类繁多，不一而足。这为数据新闻的产生和兴起打下了坚实的技术基础。正如记者大卫·麦克坎德莱斯（David McCandless，《信息之美》一书的作者）所言："数据正变得越来越重要，这并不是因为数据的量大，而是我们拥有了工具和能力去分析数据，找出模式、结构并揭示趋势。"① 在一个采取探索性采访分析来观察先锋记者的研究中，被访者认为，数据新闻实践的开展很大程度上归功于开源运动，开放知识基金会（Open Knowledge Foundation）受到"软件开发文化"的启发，比传统新闻业更强调提倡共享文化。这种共享包括在线上和线下的各种活动中，数据记者通过在线交流保持一种"松散"的合作感"互相支持"，同时又通过参加一些该领域的线下聚会来做分享。②

【知识窗】 蒂姆·奥莱利和他的奥莱利媒体

蒂姆·奥莱利

蒂姆·奥莱利（Tim O'Reilly），1954 年 6 月出生于爱尔兰，出生六周后即随家人迁往美国加利福尼亚州旧金山市。奥莱利酷爱文学，1975 年以优异的成绩获得了哈佛大学古典文学专业学士学位。

1978 年，奥莱利成立了旨在提供科技写作咨询的奥莱利媒体（O'Reilly Media）公司，并开始发行一系列关于计算机和互联网使用指南的书籍。奥莱利信奉世界的发展要依靠互联网上的集体智慧和创造，他是开源运动的坚定支持者。1998 年，在奥莱利的倡导下，许多软件项目的领导者一同参加名为"自由软件峰会"的会议，该会议也被称为"开源峰会"。如今，"开源峰会"已与奥莱利媒体旗下的另一大型会议合并成为知名的"奥莱利开源大会"（O'Reilly Open Source Convention）。

除了组织一些大型会议以外，奥莱利媒体还出版了大量有关互联网技术创新的书籍。奥莱利认为自己的出版公司与其说是一个书籍的在线出版社，或是会议组织者，不如说是传播知识和创新的技术变革者。在如今新兴的数据新闻领域中，奥莱利媒体出版了大量有借鉴价值的书籍，这个领域的第一本指南——《数据新闻手册》（*Data Journalism Handbook*）就是由奥莱利媒体负责出版的。

---

① ROGERS S，GALLAGHER A. What is data journalism at the Guardian？.（2013－04－04）[2024－03－28]. https：//www. theguardian. com/news/datablog/video/2013/apr/04/what-is-data-journalism-video.

② HEPP A，LOOSEN W. Pioneer journalism：conceptualizing the role of pioneer journalists and pioneer communities in the organizational re-figuration of journalism. Journalism，2021，22（3）：577－595.

三、政治环境：全球“开放数据”运动的蓬勃兴起

伴随互联网技术的发展，越来越多的程序开发员和软件公司加入了开源运动，这带动了开放数据运动的兴起。开放数据（open data）与开源不同，它不限于软件领域，而是直指政府对公共领域数据的公开，这些公开的数据不受著作权和专利权的限制，任何人都可以自由运用。

各国政府在世界各地开展的开放数据活动中首当其冲，而向公众公开的政府数据为媒体制作数据新闻提供了重要的内容来源。

全球开放数据运动始于美国。2004 年，美国普林斯顿大学的一位名为乔舒亚·陶伯拉（Joshua Tauberer）的本科生创办了首个民间公开数据的网站 GovTrack. us，帮助人们获取美国国会的相关数据，以及追踪美国国会的所有法案数据（见图 1-4）。

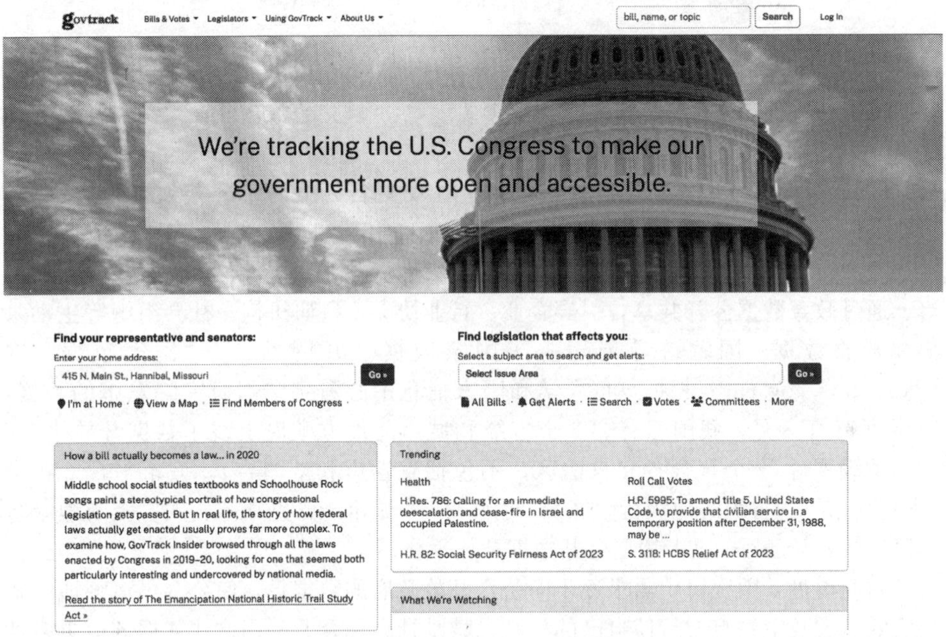

图 1-4 乔舒亚·陶伯拉创办的 GovTrack. us 网站的首页截图

2009 年 1 月，时任美国总统奥巴马签署了《开放透明政府备忘录》，要求建立更加开放透明、参与、合作的政府。同年，数据门户网站 data. gov（全球首个一站式政府数据开放平台）上线，美国行政管理和预算局向白宫提交的《开放政府令》获批准。2011 年 9 月 20 日，巴西、印度尼西亚、墨西哥、挪威、菲律宾、南非、英国、美国等 8 个国家联合签署《开放数据声明》，成立开放政府合作伙伴组织。截至 2024 年 1 月，全球已有 75 个国家加入开放政府合作伙伴组织。①

建立统一的政府开放数据门户，集中开放可加工的数据集是各国数据门户网站的一个普遍做法，除此以外，各地方和部门也建立了独立的开放数据门户。以英国为例，2010 年英国政府的数据开放网站 data. gov. uk 正式创建，所有政府部门要公

---

① 开放政府合作伙伴组织官网：https：//www. opengovpartnership. org/our-members/＃national。

开的数据都可以在这个网站上找到。针对政府未公开的数据，媒体可通过《信息自由法》申请有关部门公开数据。如非营利机构开放知识基金会制作的英国税收报道《我的钱去哪儿了？你的缴税都如何花费?》，用户可通过选择自己年薪的数额来看自己缴纳的税款都用在何处（见图 1-5）。

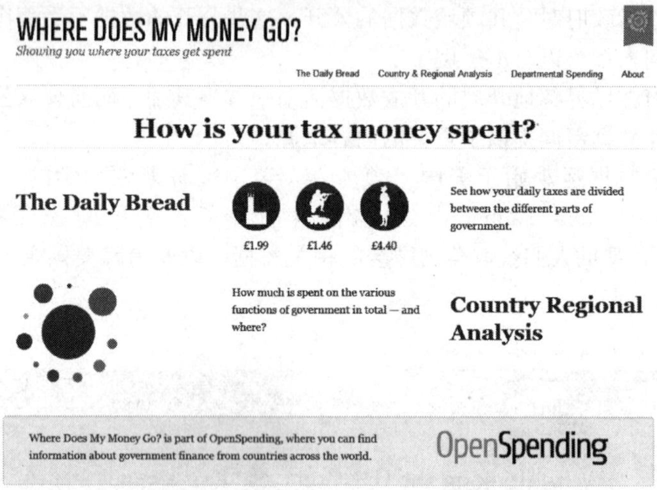

图 1-5 英国《我的钱去哪儿了？你的缴税都如何花费?》报道的网页截图

2012 年 6 月，上海市政府数据服务网（现更名为上海市公共数据开放平台）上线，成为中国内地首个政府数据开放平台。2015 年 9 月，国务院印发《促进大数据发展行动纲要》，提出要加强顶层设计和统筹规划，大力推动政府部门数据共享。通过政务数据公开共享，引导企业、行业协会、科研机构、社会组织等主动采集并开放数据。国家统计局建立了国家数据公开网站——“国家数据”网（data. stats. gov. cn）。根据复旦大学和国家信息中心数字中国研究院发布的数据，截至 2023 年 8 月，我国已有 226 个省级和城市的地方政府上线了数据开放平台，其中省级平台 22 个（含省和自治区，不包括直辖市和港澳台），城市平台 204 个（含直辖市、副省级与地级行政区）。我国 337 个城市（含直辖市、副省级与地级行政区）中，60.53% 已上线了公共数据开放平台。①

由此可见，围绕民生需求逐步向公众开放政府的数据集，使公众更清晰地了解政府的执政政策并有效行使自己的权利，鼓励社会和企业利用这些数据创造更多社会价值，已经成为全球的大势所趋。

四、传播语境：从“信息传播”向“知识传播”的转型

“我们被信息淹没，但却缺乏知识。”② 如果说“信息”是以有意义的形式排列和处理的数据，“知识”则是经过加工处理，用于指导实践的信息。知识不是信息的简单积累，它是人们在改造世界的实践中所获得的认识和经验的总和。知识是将诸多信息材料进行加工提炼，发现其内在联系，并对之做出综合分析，从而得出的

① 复旦大学数字与移动治理实验室．中国地方公共数据开放利用报告：城市（2023 年度）.（2023-11-01）[2024-01-16]. http：//ifopendata. fudan. edu. cn/report.

② 语出卢瑟福·罗杰（Rutherford D. Roger），转引自黑斯蒂，等．统计学习基础：数据挖掘、推理与预测．范明，柴玉梅，昝红英，等译．北京：电子工业出版社，2004：前言。

系统结论。长期以来，传媒担负着传播信息、监测环境、对周遭世界的变化做出解释的职能，每天专注着报道海量的信息，但是瞬息万变的信息使受众置身于信息爆炸的环境中，却感觉“浮光掠影”，并未触及最终解决问题的关键。应运而生的数据新闻正是全球媒体应对大数据时代变迁所做出的实践探索，它意味着我们正从“信息传播”向“知识传播”转型。

从“信息传播”向“知识传播”转型也是媒体应对公民新闻兴起带来的挑战和困境的有效途径。新传播技术的普及使公民记者大量出现，在一些重大新闻事件中，他们总是比记者更迅速地提供第一手的事实材料，比媒体更迅速地推动信息在社交媒体的扩散，这挑战着专业媒体的权威。当普通人都能拿起手机随时记录新闻，上传至互联网进行传播时，媒体如果还仅仅专注于告诉公众“发生了什么”，而不是探究“为什么”的话，那么如何行使其作为“瞭望者”的职能？如何成为整个社会系统沟通交流中不可或缺的一环？英国的独立多媒体记者亚当·韦斯特布鲁克（Adam Westbrook）在接受欧洲新闻学中心（European Journalism Centre）的采访时明确表态：数据新闻是未来新闻业最具发展潜力的领域之一。对此，他解释道，数据新闻使新闻回归本质：挖掘公众无暇处理的信息，核实信息，厘清信息的内涵后将之向公众发布。如果更多的记者这样工作（而不是依赖于新闻发布会上提供的数据），公众将更加文明和有见识。① 在被信息淹没的时代，从“信息传播”向“知识传播”转型要求媒体不能仅做片段和碎片式的报道，而要挖掘信息背后的价值，赋予其深层的解释，使受众可以更富有成效地思考，从而让“信息”升华为对受众更具参考价值的“知识”。

概念 知识不是信息的简单积累，它是人们在改造世界的实践中所获得的认识和经验的总和。知识是将诸多信息材料进行加工提炼，发现其内在联系，并对之做出综合分析，从而得出的系统结论。

大数据背景下整个社会充斥着数据信息，如果没有媒体作为沟通的桥梁，公众往往就难以理解这些庞大、零散的信息到底有何意义。媒体有责任帮助公众进行信息的提纯和加工，采用科学的方法分析数据，从纷繁复杂的数据中理出头绪和规律，告知公众这些数据对他们意味着什么，与他们有何联系。正如“精确新闻学”的创始人，美国北卡罗来纳大学教堂山分校荣休教授菲利普·迈耶所评价的，“当信息匮乏时，我们的大部分精力都投入到寻觅和采集信息上。现在信息丰富了，处理信息就显得更加重要”②。

你怎么看

作者认为从“信息传播”向“知识传播”转型是媒体应对传播环境变化所做的积极变革，你赞同吗？你认为在大数据时代媒体应如何生存和发展呢？

在大数据背景下，媒体实现从“信息传播”向“知识传播”的转型得益于以下两个重要的因素：

第一，过去大部分媒体公布的调查数据基本来自抽样统计和分析，有的是报道相关机构已经公布的调查和统计结果，有的则是自身开展统计调查。后者往往采用非概率抽样，有时甚至是缺乏科学性、偏差较大的方便抽样，这使得很多以报道数据为主题的新闻出现了相互矛盾、不够准确的弊病。进入大数据时代，一方面，媒

① EUROPEAN JOURNALISM CENTRE. Data-driven journalism: what is there to learn? A paper on the data-driven journalism roundtable held in Amsterdam on 24 August 2010. (2010-08-24) [2024-03-28]. http: //mediapusher. eu/datadrivenjournalism/pdf/ddj _ paper _ final. pdf.

② BOUNEGRU L. Date journalism in perspective//BOUNEGRU L, CHAMBERS L, GRAY J. The data journalism handbook: how journalists can use data to improve the news. (2012-03) [2024-03-28]. https: //datajournalism. com/read/handbook/one.

体获取数据的渠道和手段更加多元和丰富，使报道素材得到很大的充实；另一方面，数据调查和统计中的“全体样本”分析或接近“全体样本”的分析也成为可能，这有助于促进某些类型的研究，“其中包括对稀有事件的研究、对异质性水平的估算以及对细微差异的发现”①。

第二，美国知名网络研究权威艾伯特-拉斯洛·巴拉巴西在《爆发：大数据时代预见未来的新思维》一书中指出，在大数据背景下，人类的很多行为都是可被预测的。从这个角度看，人类的行为并不是互不相关的独立事件，而是相互关联的数据网络中的片段。在这张数据大网之下，许多事件的相关性与其发展的规律变得有迹可循。这种思维的转变意味着我们如果单纯运用传统的新闻表达方式，不考虑事件背后的关系，报道就有可能陷入“只知其一，不知其二”“只见树木，不见森林”的尴尬境地，停留在支离破碎的片段真实上，难以探寻到潜藏在事件背后的信息的深层内涵，无法探寻世界的“真相”。

第3节　数据新闻的发展历程回顾

虽然“数据新闻”是一个新生的概念，但数据在新闻报道中的运用历史却可以追溯很远。麦克·赖利（Mike Reilley）和萨曼莎·苏尼（Samantha Sunne）认为，早在一个多世纪以前，一些记者就掌握了数据报道技能，他们收集数据来帮助讲述新闻故事，但一直到20世纪中晚期，伴随技术的发展，计算机辅助新闻报道和今天我们所理解的“数据新闻”才真正开始逐渐被新闻编辑室所采纳。他们以美国历史上知名的调查记者艾达·贝尔·韦尔斯（Ida B. Wells）为例，讲述了她在19世纪90年代后期冒着生命危险揭露当时骇人听闻的白人对黑人滥用私刑的报道。为了完成这组报道，她进行实地调研，收集了很多报纸数据，并进行了采访。虽然韦尔斯没有采用当下这些新颖的数据工具，但她的报道展现了她对数据新闻的理解——如果要呈现某个问题的规模，就需要使用数据。②

英国《卫报》网站数据博客（Data Blog）前主编、谷歌数据编辑西蒙·罗杰斯（Simon Rogers）是全球知名的数据记者，在一篇回顾《卫报》数据新闻历史的文章中，他指出，“虽然我们现在有新的分析数据的工具，但是早期媒体记者使用数据、分析数据的动机与我们并无不同”。1821年5月5日《卫报》（时名《曼彻斯特卫报》）在其创刊号上发表了被视为该报最早的“数据新闻”③。

该报道以数据表格的形式呈现，刊于《读者来信》（Letter to the Editor）栏目中，内容是当时曼彻斯特和索尔福德两座城市中各所小学的学生人数及年度开支数据。这些数据事关小学教育及社会扶贫相关政策的制定。当时官方公布的数据指出

你怎么看

作者认为数据在新闻报道中的运用可以追溯到19世纪早期的报纸新闻中，你能不能在当时除《卫报》以外的其他报纸上找到类似的运用数据分析报道的案例？

① 萨尔加尼克．计算社会学．赵红梅，赵婷，译．北京：中信出版社，2019：27.

② REILLEY M，SUNNE S. Data+journalism：a story-driven approach to learning data reporting. Routledge，2023：1-2.

③ ROGERS S. The first Guardian data journalism：May 5，1821.（2011-09-26）［2024-03-28］. https：//www. theguardian. com/news/datablog/2011/sep/26/data-journalism-guardian.

接受免费教育的小学生人数为 8 000 人，但媒体报道指出该官方数据是错误的，接受免费教育的小学生数量接近 25 000 人。该报道揭示了当时一个严重的社会问题，即曼彻斯特地区政府依据错误数据制定的教育和社会扶贫相关政策不能满足当地社会的实际需求。报道中提供的数据信息让当时的人们了解了社会的真实状况，使政府决策者避免做出错误的决定。

除上述数据表格外，早期《卫报》报纸中也曾出现多篇含数据图表的报道。《卫报》数据博客曾经整理刊发了该报早期历史上的 27 幅数据图表①，由于当时技术的限制，这些数据图表大多是手绘的，视觉效果无法与如今的数据新闻相比，但其使用数据的理念与当代数据新闻并没有很大区别（见图 1－6）。

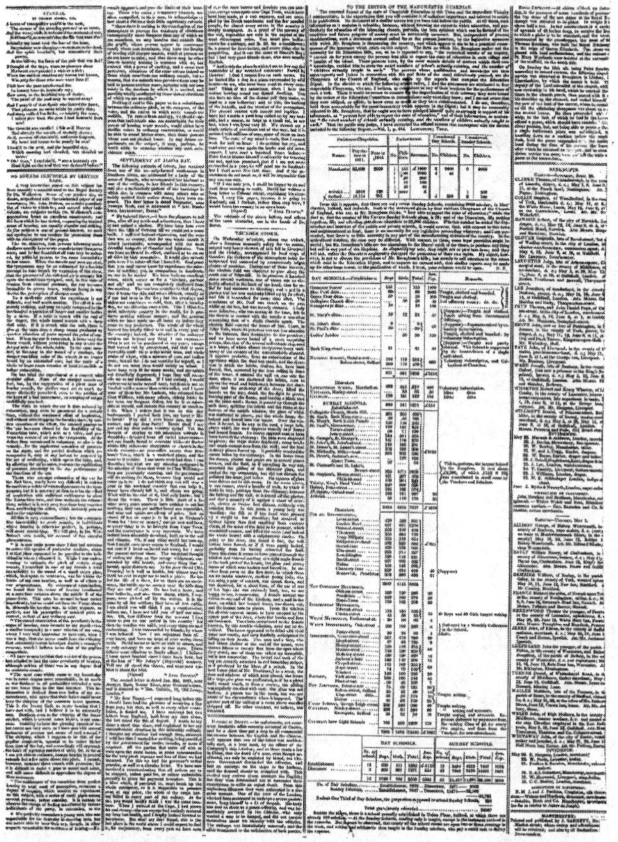

图 1－6 《卫报》最早的数据新闻报道以表格的形式呈现

而在大洋的另一端，美国报纸也早在 18 世纪就开始用表格追踪记录股票价格和商品的进出口情况。19 世纪 70 年代，报刊上已经有体育运动的得分表，而随着 19 世纪晚期专业化商业报刊的发展，一些更复杂的数据图表开始出现，另有带着选举信息的地图在报纸头版刊发。② 然而当时刊发的数据图表更多地作为背景材料，起辅助新闻的作用，人们对其使用也是零散的，缺乏系统的认知。

① ROGERS S. Black and white and read all over：27 Guardian graphics from its history.（2013－01－15）［2024－03－28］. https：//www. theguardian. com/news/datablog/gallery/2013/jan/15/historic-infographics-history.

② 厄舍 . 互动新闻：黑客、数据与代码 . 郭恩强，译 . 北京：中国人民大学出版社，2020：89.

【案例】 《卫报》报道泰坦尼克号首航时的数据图表

1912年4月14日，《卫报》发表了关于泰坦尼克号的报道，当时泰坦尼克号启航前往美国纽约，这艘当时世界上最大的豪华客轮的处女航引发了许多媒体的关注。令人遗憾的是，第2天客轮撞击冰山后遭遇海难。

在上述报道发表时附有一张数据图表（见图1-7），标示了历史上不同年代知名游轮尺寸的变化，通过对比形象地呈现了泰坦尼克号的尺寸之大，而当时人们对于这艘巨型“梦幻客轮”的喜爱由此也可见一斑。报道中另一有趣的细节是将伦敦圣保罗大教堂的高度与游轮长度作比较，让读者对游轮尺寸有更直观的认知。

资料来源：详见相关资料 ROGERS S. Black and white and read all over：27 Guardian graphics from its history.（2013-01-15）[2024-06-26]. http：//www. theguardian. com/news/datablog/gallery/2013/jan/15/historic-infographics-history。

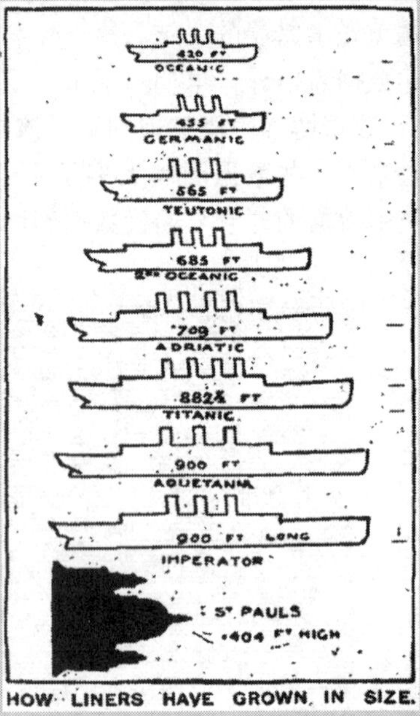

图1-7 《卫报》报道泰坦尼克号的数据图表

数据在新闻报道中真正被视为“主角”是从“精确新闻”和“计算机辅助新闻报道”的兴起开始的。我们有必要梳理这两种相关新闻业务的发展历史，从中认识数据新闻兴起的历程。

一、国外数据新闻发展历程回顾

（一）精确新闻与计算机辅助新闻报道

> **概念** 精确新闻是20世纪60年代在美国兴起的新闻概念，指在新闻实践中运用社会科学的研究方法，通过科学抽样收集资料，对之进行分析，并用数据来验证事实的报道方法。

“精确新闻”（precision journalism）是20世纪60年代在美国兴起的新闻概念，是由美国学者菲利普·迈耶（Philip Meyer）提出来的。在多家媒体有着丰富报道经验的菲利普·迈耶出版了专著《精确新闻报道——记者应掌握的社会科学研究方法》（*Precision Journalism：A Reporter's Introduction to Social Science Methods*），并于1981年转入美国北卡罗来纳大学任教。该书详尽地叙述了精确新闻报道的调查方法、统计技术和写作要求，已译有中文版[①]，被美国《新闻学季刊》（2000年）列为20世纪新闻学与大众传播学领域最重要的35本书之一。

精确新闻标志着新闻界认识到数据在新闻报道中处于非常重要乃至主导的地位，第一次大规模、系统且科学地开发数据的价值。精确新闻指在新闻实践中运用社会科学的研究方法，通过科学抽样收集资料，对之进行分析，并用数据来验证事

① 迈耶．精确新闻报道：记者应掌握的社会科学研究方法：第4版．肖明，译．北京：中国人民大学出版社，2015.

实的报道方法。在迈耶看来，精确新闻在新闻实践中运用了社会和行为科学的研究方法。他认为新闻记者与科学家有着相似的社会责任，应该致力于破除迷信、维护理性和平稳的社会秩序，因而新闻学应该迈向科学，把握数据获取与分析的科学方法，探寻可被证实的真理。① 也有学者认为，“精确新闻和传统新闻报道一样，是一种探寻世界的方法”②，但这种报道需要采用社会科学研究方法获取新闻，如问卷调查、内容分析等。

精确新闻产生于美国并非偶然，其与19世纪在美国兴起的民意调查不无联系。1810年3月，《北卡罗来纳州明星报》刊登了一项问卷调查，调查美国北卡罗来纳州东西两区民众的农产品生产、销售价格及居民生活状况等，旨在探寻两区民众相互隔绝、不愿交流的原因。这项调查被视为美国媒体早期民意调查的典型案例。1824年，《哈里斯堡宾州人报》（也被译为《宾夕法尼亚人报》）在威尔明顿市进行了美国总统选举的民意调查，并把调查结果刊登在报纸上，此举开启了新闻媒体报道选举活动民意调查结果的历史。不过，这些媒体早期进行的民意调查实践采用的方法是较为粗糙的，其结果的科学性也存在争议。

1936年，盖洛普准确预测了民主党候选人罗斯福将在总统大选中胜出的结果，一时名声大振。③ 相比当时投入大量精力，寄出约1 000万张模拟选票却意外预测错误的《文学文摘》，盖洛普只调查了约50 000人。他对当时流行的民意测验方法做了改进：一是摒弃了“以多取胜”的原则，代之以配额抽样的方法，即按照全国居民在性别、年龄、居住地、收入等方面实际构成的同等比例抽取调查对象，以便使样本更具代表性；二是改变了调查实践方式，用调查员直接面对调查对象的方式取代流行的邮寄问卷方式，从而提高了调查问卷的有效回收率。盖洛普的两项改革提升了民意测验的科学性，随之诞生了世界上最早一批专业民意测验机构。

1935年，《财富》（*Fortune*）杂志刊登的一篇调查报告被视为媒体第一次采用科学调查方法所形成的报道。这篇报道调查了美国人的吸烟品牌喜好、购车意向和“是否愿意与他人分享财富”等问题。④ 1939年，《读者文摘》（*Reader's Digest*）采用田野调查的方法采访了诸多修理汽车、手表和收音机的商店，发现超过一半的商家存在诊错问题和过度收费的情况，这是美国媒体第一次采用田野调查方法获取新闻。

20世纪60年代，美国洛杉矶瓦特、纽瓦克和底特律地区先后发生种族骚乱，当时社会有两种流行观点解释骚乱的原因：一种观点认为参加骚乱者是那些处于社会经济底层的人，这些人感到沮丧，看不到未来的希望，他们没有其他方式提升自己的社会地位或是表达自己。这种观点在媒体评论员中尤为普遍。另一种观点认为种族骚乱的根源在于美国南部黑人在融入北部文化时遭遇困境，因为这些黑人长期以来受到南部黑奴制度的影响，是社会上的被动者，当离开美国南部到北部时，他们终于找到机会宣泄长期受压迫的情绪。为了验证上述观点，《底特律自由报》于

---

① MEYER P. The new precision journalism：chapter 1. [2024 - 03 - 28]. https：//carolinadata-desk. github. io/pmeyer/book/Chapter1. htm.

② DEMERS D P，SUZANNE N. Precision journalism：a practical guide. SAGA Publications，1987：9.

③ 林贤郁．统计基础知识读本．北京：中国统计出版社，2008：150.

④ 同②11.

1967年开展了一项问卷调查。菲利普·迈耶和两位社会学家采用随机抽样的方法对居住在底特律种族骚乱地区的437名黑人进行调查，并把调查结果输入电脑进行分析。

调查发现被调查者中中学辍学的人和大学文化程度者参加骚乱的比例相同，这就意味着参加骚乱的黑人不受受教育程度的限制，不一定处于社会经济底层。调查还发现相比在美国南部长大的黑人，那些在美国北部长大的黑人参加骚乱的比例更高（详见表1-1）。这些经数据验证的结论有力地驳斥了之前在媒体盛行的观点，打破了人们对种族骚乱原因的固定成见，并因此获得了1968年的普利策新闻奖。迈耶本人称这组报道为“精确新闻”报道，“精确新闻”也由此得名。

表1-1　　底特律地区种族骚乱报道中的调查数据表

受教育程度			
	中学辍学	高中文化程度	大学文化程度
参加骚乱者	18%	15%	18%
未参加骚乱者	82%	85%	82%
合计	100%	100%	100%

你在何处长大?		
	美国南部	美国北部
参加骚乱者	8%	25%
未参加骚乱者	92%	75%
合计	100%	100%

资料来源：MEYER P. The new precision journalism：chapter 1. ［2024-03-28］. https：//carolinadatadesk. github. io/pmeyer/book/Chapter1. htm.

从20世纪70年代开始，美国报业对“精确新闻”进行了广泛的探索，大多数美国新闻院系将“精确新闻学”作为专业课程，足见其对美国新闻业的影响。

但是精确新闻并不等同于数据新闻，这与两个概念提出的时代背景不无关系。首先，“数据”之于20世纪六七十年代的美国和当下全球的意义有很大差别。相比前者，如今无论是数据的量还是人们认识数据、呈现数据的手段都有了飞跃。有学者指出，“数据新闻学是精确新闻学的进一步延伸，数据新闻学使新闻生产过程更为精细化，它对新闻工作者的技能要求除传统的文字写作、音视频制作外，还包括社科研究方法，计算机数据抓取、处理、可视化，平面/交互设计，计算机编程等多个领域”①。其次，互联网的快速发展使线上、线下社会相融合，网络文化的盛行改变了知识生产的传统模式。如果说精确新闻更多的是从媒体的专业性角度出发，探寻的是如何采用社会研究方法获取新闻中的数据并利用数据增强报道的准确客观性，那么数据新闻则更多的是从用户的角度出发，探寻数据对于用户有何意义，而用户也从新闻的被动接收转向主动获取、参与制作。他们在数据新闻产制中占据重要的地位，这其中数据可以是由媒体调查获取的，也可以是政府或其他机构已经公开发布的。最后，从影响的范围看，精确新闻的概念由菲利普·迈耶提出，其理念传播和实践范围主要在美国，虽对世界其他国家有影响，但影响的深度和广

① 郭晓科．大数据．北京：清华大学出版社，2013：30.

度有限，而数据新闻这个概念兴起于遍布全球的数据记者群，其影响的范围更广。

另一个与数据新闻相关的概念是“计算机辅助新闻报道”或“计算机辅助报道”(computer-assisted reporting，CAR)。计算机辅助新闻报道是用计算机来辅助收集和处理信息的新闻报道方式。其发端于20世纪50年代，伴随计算机技术的发展，对CAR的认识经历了使用大型机处理政府数据库、发现和调查新闻事实的早期阶段，再到20世纪70—80年代通过PC机普及、商业和政府数据库进一步开放形成的“以新闻报道为目的，对任何计算机化的信息来源的处理和使用行为”的第二阶段，发展到20世纪90年代中期以后利用互联网进行新闻采集、分析和制作的第三阶段。①

在美国，“计算机辅助新闻报道”是许多新闻院校学生的必修课，因为运用计算机辅助新闻报道过程中的数据采集、处理和分析已经成为记者必备的素养之一。计算机辅助新闻报道不仅能辅助前面提及的精确新闻报道，还能辅助其他类型报道，并在各种类型的新闻及新闻制作各环节中发挥作用。正如知名数据记者、德国之声电视台的米尔科·劳伦兹所强调的，计算机辅助新闻报道主要是一种辅助工具，而不是影响整个新闻生产流程的基本方法，运用计算机搜索大型数据库仍然是调查性报道需要的重要技能，但是数据新闻是一个完全不同的概念。②

从国外新闻业发展的历史看，计算机辅助新闻报道是最早出现的概念，其次是精确新闻，然后才是数据新闻，三者有一定的延续关系，但并没有相互取代。鉴于计算机在数据收集处理过程中的普及化运用，当下无论精确新闻，还是数据新闻，都不能脱离计算机辅助新闻报道。但是正如前面提及的学者所言，计算机辅助新闻报道更偏向于一种辅助工具，强调一种方法和运用，它不是一种独立存在的新闻报道方式。从这个角度看，数据新闻代表着一种新闻发展的形态，其概念的内涵和外延比计算机辅助新闻报道更加广阔。

【知识窗】 精确新闻学之父——菲利普·迈耶

1930年10月27日，菲利普·迈耶出生于美国内布拉斯加州。1952年，他在堪萨斯州立大学获得了技术新闻学的学士学位，并于1958年获得北卡罗来纳大学政治科学的硕士学位。1966年至1967年，他成为哈佛大学尼曼学者(Nieman fellow)。他于1981年开始任大学教职，现为北卡罗来纳大学教堂山分校的荣休教授。进入大学任教前，迈耶有着丰富的媒体从业经验。1950年，他就已成为堪萨斯一家地方报纸的记者，并先后在《迈阿密先驱报》(*Miami Herald*)、《阿克伦灯塔杂志》(*Akron Beacon Journal*)、奈特-里德报系(Knight Ridder)等媒体工作。

除了前面提及的精确新闻学的奠基之作，迈耶还出版了《伦理新闻学：学生、新闻业者和受众的指南》(*Ethical Journalism: A Guide for Students, Practitioners and Consumers*)、《正在消失的报纸：如何拯救信息时代的新闻业》

① 卜卫．计算机辅助新闻报道：信息时代记者培训的重要课程．新闻与传播研究，1998 (1)：11-21.

② LORENZ M. Status and outlook for data-driven journalism//EUROPEAN JOURNALISM CENTRE. Data-driven journalism: what is there to learn? A paper on the data-driven journalism roundtable held in Amsterdam on 24 August 2010. (2010-08-24) [2024-03-28]. http://mediapusher.eu/datadrivenjournalism/pdf/ddj_paper_final.pdf.

（*The Vanishing Newspaper*：*Saving Journalism in the Information Age*）等具有很强社会影响力的著作。

菲利普·迈耶被视为“精确新闻学之父”，美国计算机辅助新闻报道协会（National Institute for Computer-Assisted Reporting）每年都颁发“菲利普·迈耶新闻奖”（Philip Meyer Award），以表彰当年此类新闻报道中的优秀作品。

2015年1月，菲利普·迈耶所著《精确新闻报道——记者应掌握的社会科学研究方法（第四版）》由中国人民大学出版社翻译出版（见图1-8）。

图1-8 菲利普·迈耶和他的著作《精确新闻报道》

（二）走向全球的数据新闻实践

21世纪初，国外媒体开始较为系统地推行“数据新闻”。

以《纽约时报》为例，2007年，该报建立了一个记者加程序员的团队，即后来的“互动新闻技术部”（Interactive News Technologies Department），交叉于技术和采编部门之间，探索在线新闻的报道形式。这个团队在《纽约时报》网站上为总统选举、奥运会等重大新闻制作推出了大量动态、互动的信息图表，每一张图表都以数据作支撑。[①]《纽约时报》网站为此专门在“多媒体报道”板块下开辟了“互动”频道，汇总此类报道。

2014年，《纽约时报》推出了“The Upshot”栏目，主打数据新闻，其内容涉及政治、经济和体育主题。这一年，该报的数据记者团队进一步壮大，除了由全球知名的黑客记者组织Hacks & Hackers[②]的联合创始人阿隆·菲尔霍夫担任团队负责人的21位程序员构成的新闻分析团队，该报还有一个由5～6人构成的计算机辅助新闻报道团队，以及一个由约15人构成的图像编辑室，这些人共同构成了一个动态的数据记者团队。[③]

如今，《纽约时报》网站的数据新闻作品主要被集纳于“Graphics”（图像）频

① 徐涛，苏希杰.《纽约时报》实验.第一财经周刊，2013（4）.

② 该组织是一个聚集大批程序员和深度报道记者的全球性组织，目标是推动用数据发掘有影响力的报道。

③ TOW CENTER. Aron Pilhofer on data journalism，culture and going digital.（2014-03-27）[2024-06-26]. https：//medium. com/tow-center/aron-pilhofer-on-data-journalism-culture-and-going-digital-409c 7c43c0f8.

道（见图1－9）。2022年3月，该报发文称将扩充数据新闻团队，文中表示数据新闻已成为《纽约时报》新闻报道的基础且已普遍运用于日常报道，拟再招聘十多名数据记者和编辑，其中包括日常新闻和企业新闻中的数据岗位、选举数据岗位和气候数据岗位等。① 这些体现了媒体实践数据新闻的一种思路：建立专业的数据团队，由这个团队带动，推进数据新闻向整个机构扩散。该报的相关资料显示，2018年，报社为了推进数字化转型，让数据团队开展对报社记者和编辑的全面培训，为期18个月的培训帮助60多位记者、编辑学习掌握了数据报道的相关技能。②

图1－9 《纽约时报》网站的“Graphics”（图像）频道集纳了该报的数据新闻和其他可视化作品

与之相比，英国《卫报》清晰地采用“数据新闻”的概念并对这一理念进行大力推广。2009年，《卫报》网站创办了数据博客（Datablog）。这在《卫报》的数据新闻发展历史中具有重要意义，同时也被视为数据新闻发展的一个里程碑。

对于创办数据博客的原因，负责创办数据博客的首任主编西蒙·罗杰斯曾解释说：“我们处在一个被信息淹没的时代，互联网的发展让我们接触到更多的信息，但要快速找到对我们有用的信息反而更难。《卫报》每天都要处理来自全球各地的大量数据，然而，这些经过分析处理的数据只是在报纸出版当天具有价值，之后就被丢弃在历史档案中。创建数据博客，就是要将最新获得的数据开放给读者，与读者共享数据。”③ 在创办数据博客之后，诸如议员开支丑闻、阿富汗战争和伊拉克

① BAQUET D，KAHN J，DUENES S. Expanding our data journalism ambitions.（2022－03－14）[2024－06－26]. https：//www. nytco. com/press/expanding-our-data-journalism-ambitions/.

② COOK L R. How we helped our reporters learn to love spreadsheets.（2019－06－12）[2024－06－26]. https：//open. nytimes. com/how-we-helped-our-reporters-learn-to-love-spreadsheets-adc43a93b919.

③ ROGERS S. Welcome to the Datablog.（2009－03－10）[2024－03－28]. http：//www. theguardian. com/news/datablog/2009/mar/10/blogpost1.

战争的数据新闻报道让《卫报》获得了业界的赞誉。

西蒙·罗杰斯于2013年4月出版了《事实是神圣的：数据的力量》(*Facts Are Sacred：The Power of Data*）一书。这本书展示了《卫报》数据记者如何分析数据，阐述了数据对世界带来的影响。他提到数据改变的不仅是新闻业，而且使得做新闻和其他行业之间的界限消失，以至于整个世界都在数据的影响下。

如今，《卫报》仍保持数据项目团队，但数据博客已于2015年停更。2021年，《卫报》数据项目编辑帕梅拉·邓肯（Pamela Duncan）在一篇回顾该报数据新闻发展历史的文章中提及，数据已经成为《卫报》新闻中一个重要的组成部分，数据项目团队和其他编辑室成员一起工作，不再需要作为一种“新”的特殊的新闻形态存在。[①]

伴随数据新闻的兴起，新闻业开始探索它的规律和规范。2011年，在伦敦Mozilla[②]大会（Mozilla Festival）上的48小时工作坊中，来自全球诸多媒体的数据记者们齐聚一堂，他们的讨论产生了一个初步构想，即写作一本有关数据新闻的小册子，以介绍各媒体的数据新闻实践理念和案例，并通过互联网在全球传播。这就是后来人们所看到的《数据新闻手册》，该书由欧洲新闻学中心和开放知识基金会倡导，通过几十位来自BBC、德国之声、《卫报》、《纽约时报》、美国在线新闻、ProPublica等机构的数据新闻倡导者与操作专家以网络协作方式编写而成，并由奥莱利媒体（O'Reilly Media）出版，可在“知识共享署名-相同方式共享协议”（Creative Commons Attribution-ShareAlike license）下在线免费阅读。该书不仅尝试解答数据新闻是什么，为什么会出现数据新闻的问题，还展示了国际各大主流媒体如何运营数据新闻的案例。此举意味着数据新闻已经不再是某一些媒体零散的实践和尝试，这种新闻形态正在走向全球。

2021年，由《数据新闻手册》的两位编写者莉莉安娜·博内格鲁（Liliana Bounegru）和乔纳森·格雷（Jonathan Gray）共同编写的《数据新闻手册》（第二版）面世（见图1-10）。这本新版手册的副标题是“转向一种批判式的数据实践”（Towards a Critical Data Practice）。他们在序言里表达了出版第二版手册的初衷：在后真相时代，人们并不能想当然地认为数据或者数据新闻就是真实的，数据并不中立和直观地反映世界，而往往受到政治、文化、资本和权力交织的影响。在这样的背景下，我们需要时刻保持批判性的思维，不仅学习如何制作数据新闻，更要理解和思考人们是如何在社会、文化、政治、经济等复杂因素影响的环境中实践数据新闻的。[③]

另一个同样值得关注的事实是“数据新闻奖”（Data Journalism Awards）的设立。“数据新闻奖”由非营利组织“全球编辑网络”（Global Editors Network）主办，谷歌给予支持，是第一个专门为数据新闻报道设立的奖项。该奖项从2012年开始在全球颁布，当年参与评奖的作品达到286个之多，主要涉及全球21个国家

---

① DUNCAN P. “Numbers you can tell stories with”：a decade of Guardian data journalism.（2021-09-13）[2024-03-28]. https：//www.theguardian.com/membership/datablog/2021/sep/13/numbers-you-can-tell-stories-with-a-decade-of-guardian-data-journalism.

② Mozilla是一个全球化的、非营利的，致力于创建自由、开源技术的新型软件公司，“火狐浏览器”是其最具影响力的产品。该公司每年一届的大会（Mozilla Festival）汇集了数百名创新技术人员。

③ BOUNEGRU L，GRAY J. The data journalism handbook：towards a critical data practice. Amsterdam University Press，2021：11-26.

图1－10 《数据新闻手册》第一版和第二版的封面

和地区。到了2018年，全球“数据新闻奖”提交的参赛作品数量达到630个，覆盖了全球58个国家和地区。财新数据新闻中心荣获了“全球最佳数据新闻团队奖”，成为首次获得此奖项的中国媒体。2020年，原“数据新闻奖”因运营方资金困难而终止，由谷歌新闻项目（Google News Initiative）赞助的名为“Sigma数据新闻奖”（Sigma Awards）的奖项诞生，继续对全球优秀数据新闻作品进行表彰。据该奖项官网资料，2023年，Sigma数据新闻奖共收到参赛作品638件，覆盖了80个国家和地区的332个机构。虽然参赛作品总数并未显著增加，但参赛者分布的国家和地区明显更加多元化了，足见数据新闻在全球范围内得到了广泛的实践。

数据新闻实践的开展催动新闻教育的跟进。一方面，一些高校、科研机构与媒体合作，为媒体收集、处理数据信息提供智力支持，共同完成规模较大的数据新闻报道；另一方面，部分高校和科研机构开设相关的研究中心，专门从事数据新闻业务的研究。一项针对美国新闻与大众传播教育认证委员会认证的113个新闻教育项目的研究数据显示，截至2016年3月，全美已有59所高校提供至少一门数据新闻相关课程，其中32所高校已开始提供两门及以上的数据新闻课程。①

尽管如此，不同国家背景下的数据新闻实践仍存在很大的差异，根据埃斯泰·阿佩尔格伦（Ester Appelgren）等人的研究，塑造全球数据新闻业的三个重要的背景因素是新闻文化、媒体市场和政治环境。首先，西方新闻价值观并不适用于新闻背景不同的国家和地区；其次，媒体的市场结构也很重要，例如不同国家的新闻机构未必拥有投入数据新闻创新的资源，而许多国家的记者缺乏数据素养；最后，在很多国家，政治机构开放数据的理念和程度不同，这也在一定程度上影响记者获取数据的维度，限制这些国家的数据新闻实践。因而，数据新闻虽然已经很普遍，但并未席卷全球的新闻媒体。在很多国家，自称数据记者的群体仍然是小众群体，数据新闻实践和教学都处于起步阶段。探索英、美等国开创性的数据新闻实践具有很大的价值，但我们仍有必要扩大空间范围，聚焦更多非西方背景的国家，了解数据

---

① JURICH J. Teaching data journalism：a survey & model curricula.（2016－03－12）[2024－01－16]. https：//gijn. org/stories/teaching-data-journalism-a-survey-findings-model-curricula/.

新闻实践的地区差异。①

2014 年，《伊比利亚美洲数据新闻手册》(*Manual de Periodismo de Datos Iberoamericano*)② 面世，这本手册最初设想做成前述《数据新闻手册》的拉丁美洲版，但编者发现该地区的新闻业环境不同，因而将目标改为记录拉丁美洲地区数据新闻业的多样化实践，使之成为进入这个领域的新记者和希望用数据支持讲述故事的人的工具书。2019 年，布鲁斯·马茨维勒（Bruce Mutsvairo）等人编写了《南半球的数据新闻》一书，重点关注非西方国家的数据新闻实践，书中对非洲、中东、亚洲和拉美等地区国家的数据新闻实践的研究发现，这些国家的数据新闻发展面临的阻碍和对数据新闻的采纳程度都存在差异，但是作为一种新的调查方式，数据新闻正在逐渐巩固。显然，过往研究中总结的西方数据新闻模式并不适用于这些国家，它们需探索如何应对当地的挑战，走出适合本地发展的路径。③

你怎么看

数据记者如何在非西方国家探索本土化的数据新闻实践？

二、国内数据新闻发展历程回顾

在国内，尽管冠以“数据新闻”称谓的报道直到 2012 年左右才开始兴起，但是媒体以往刊发的报道中并不乏重视数据和数据分析的部分，对数据和信息图表的尝试可以追溯到近代报刊时期。

（一）早期的信息图表与民意调查

早期的中文报刊以政论文为主体，鲜有图表，但随着近代大众传媒和印刷技术的发展，报刊传播信息的功能逐渐突出，图表作为一种更为高效和直观的信息处理方式，其传播效力逐渐被认识。20 世纪早期，各种地图、商业指数统计图和现代统计图表已经开始出现在中国报刊中（见图 1-11）。正如有学者分析的，图表“在近代报刊的传播形态中成型，又构成了当今‘大数据’的逻辑基底——统计、数据、变量、算法、可视化，用一套理性化的方法将世界抽象为纯粹的数，并将这些数以视觉的方式呈现出来以昭示某种规律”④。

与此同时，一些留美学者归国后，将在西方学到的民意测验方法应用于国内。如 1922 年，我国留美归国的心理学硕士张耀翔就曾主持过一次民意测验，并将结果发表在当时的《晨报》上。⑤ 1936 年底至 1937 年初，上海民治新闻专科学校校长顾执中主持了“上海报纸和上海读者调查”，第一次派访问员入户调查。1942 年 10 月，《大公报》主持了关于中国民众对抗战前途问题看法的民意测验，调查共收

---

① APPELGREN E, LINDÉN C-G, VAN DALEN A. Data journalism research: studying a maturing field across journalistic cultures, media markets and political environments. Digital journalism, 2019, 7 (9): 1191-1199.

② PERRY F, PAZ M. Manual de periodismo de datos Iberoamericano. (2014-08-30) [2024-01-16]. https: //www.ufasta.edu.ar/biblioteca/files/2017/03/Manual_de_Periodismo_de_Datos_Iberoamericano.pdf.

③ MUTSVAIRO B, BEBAWI S, BORGES-REY E. Data journalism in the Global South. Switzerland: Palgrave Macmillan, 2019.

④ 段书晓．信息图表与近代中国的世界像．新闻传播，2016 (18): 4, 6.

⑤ 胡斌．精确新闻：一种新的报道理念．青年记者，1997 (2): 5-7.

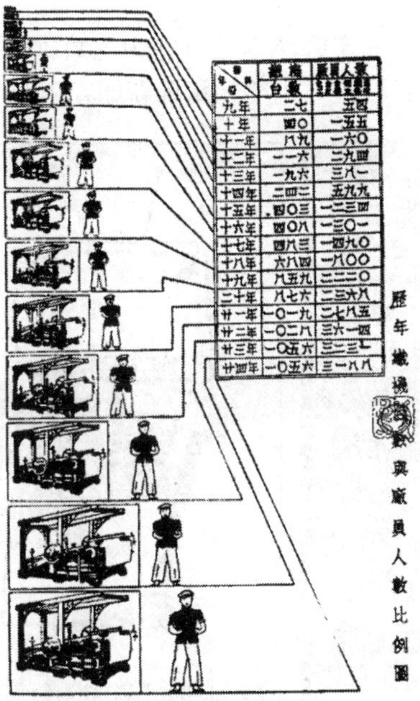

图1－11 《新闻报》1935年10月10日刊发的历年织机台数与厂员人数比例图

到读者回复答卷1 230份。[①]

经历了战争和动乱年代，直到“文化大革命”结束，中国新闻改革开始深入，西方传播理论和实证研究方法才得以引进并影响国内媒体的发展。有学者统计，1978年至1988年，我国由新闻学术研究机构和媒体发起组织的有影响的受众调查达30多次，其中许多调查的结果都见诸媒体。[②] 较为知名的有1982年6月至8月，由北京新闻学会、中国社会科学院新闻研究所以及《人民日报》《工人日报》《中国青年报》组成的调查组，首次对北京地区进行科学的受众调查，开启了中国内地新闻史上采用科学统计抽样方法和计算机技术辅助调查的先河。该调查结果被《中国日报》等国内媒体先后刊登在显著位置，成为我国媒体以科学的受众调查结果为新闻的起始。[③] 与此同时，民意调查机构也在国内兴起。1986年10月，中国第一个非官方的舆论和新闻调查机构——中国人民大学舆论研究所成立。1993年，世界知名的盖洛普调查公司进入中国内地市场。

民意调查机构的兴起及媒体与之的合作使各种以受众调查结果为新闻的报道开始频繁见诸报端，一些媒体更是推出了报道此类新闻的专版或专题节目。如1990年，中央人民广播电台与中国社会调查所联合推出了《调查与回声》专题节目。1993年，《中国青年报》社会调查中心成立，成为中国第一个专司民调的媒体机构，该报每月专辟两版刊登该机构所做的民意调查结果。[④] 1994年1月，《北京青年报》推出每周一期的“公众调查”版（见图1－12），公布各种民意调查和社会研究结果。是年1月6日，该版推出调查报道《1993年，北京人你过得还好吗?》。有统计显示，到1995年岁末，全国已经有20余家报纸开办了类似《北京青年报》

① 章永宏，黄琳．重建客观：中国大陆精确新闻报道研究．北京：中国书籍出版社，2013：66.
② 姜秀珍．中国的改革开放与精确新闻报道．现代传播，1997（1）：73－78.
③ 同②.
④ 同①67.

“公众调查”版的专版。

受限于历史条件，当时的实践尚不足以称为“数据新闻”，谈及媒体系统地认识到数据之于新闻报道的重要性，则要从精确新闻在国内的兴起说起。

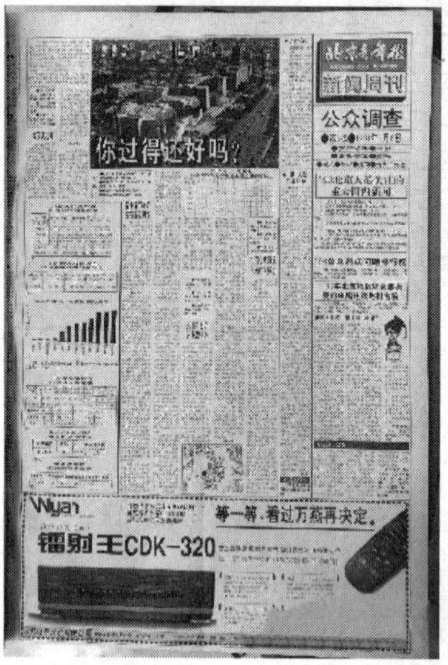

图 1-12　左图为《北京青年报》“公众调查”版，右图为“公众调查”版曾刊登的漫画

（二）精确新闻的兴起与式微

尽管早在 1984 年，上海的《新闻记者》杂志第 9 期上就刊登了一篇由丁凯撰写的名为《精确新闻学》的文章，率先将美国兴起的“精确新闻学”引入国内，并对精确新闻学派的观点做了简介，类似国外精确新闻的报道也已经在媒体初露端倪，但当时并没有媒体将这类报道冠以“精确新闻”的命名。直到 1996 年 1 月 3 日，《北京青年报》将《1995 年，北京人你过得还好吗?》以《精确新闻》栏目的名称刊登在“公众调查”专版上，国内报纸才开始明确使用“精确新闻”的名称。曾任《北京青年报》“新闻周刊”主编的刘鹤认为，精确新闻报道比较多地采取抽样问卷调查方式，这种方式给受访者提供说真话的环境，使受访者处于一种“匿名”的状态，有利于受访者坦诚表达自己的观点。[①] 1997 年 8 月 16 日，中央电视台《中国财经报道》栏目推出了“每周调查”，电视媒体的精确新闻报道也开始起步。

2000 年前，精确新闻报道一度在国内风行，然而进入 21 世纪以来，除了《中国青年报》等少数媒体仍然坚持出版调查性的专版，持续定期地发布类似报道以外，精确新闻逐渐淡出媒体的固定版面和重要时段。仍以《北京青年报》为例，2001 年该报停办“公众调查”版，原因之一就是报道成本较高，面向大量受众做问卷调查需要很高的费用，每年的预算多达近百万。之后该报虽不定期推出类似报道，但在调查实施中多以街头偶遇抽样方法操作，自我采集稿件的数量也急剧减少。[②]《北京青年报》的经历恰似当年诸多国内媒体的缩影。与此同时，国内学界业界开始反思媒体在精确新闻报道中出现的诸多问题，如“精确新闻不精确”的现

① 樊大彧．精确新闻：透过数据解读真相．北京青年报，2011-07-05.

② 章永宏，黄琳．重建客观：中国大陆精确新闻报道研究．北京：中国书籍出版社，2013：173.

象日益严重，即使《中国青年报》这样拥有自己的社调中心和调查网站的媒体，其所推出的精确报道也面临抽样方法、调查过程、数据分析和结论判断等方面的诸多不尽完善之处。① 可见，精确新闻在我国经历了20世纪90年代下半期短暂的繁荣后已经遭遇瓶颈，影响式微。

(三) 数据新闻在国内的兴起与发展

数据新闻在国内的兴起与国外数据新闻的发展几乎是同步的。2011年，搜狐网上线了《数字之道》栏目，随后2012年，网易创立了《数读》栏目，新浪创办了《图解天下》栏目，腾讯的《数据控》栏目上线。2013年，新华网成立了新华网多媒体产品中心数据新闻部，是年3月推出《数据新闻》专栏。2015年，该栏目获得了当年中国新闻奖"新闻名专栏"一等奖。

> **你怎么看**
>
> 精确新闻在中国遭遇的困境会不会影响当下的数据新闻实践？你对此有何看法？

除了网站，报刊等传统媒体也开始尝试数据新闻报道。2012年，《南方都市报》在佛山读本开设了"数读"版。《北京晚报》也是从这一年开始重视数据报道，推出了《什刹海由白变黑的"板儿爷"》《青年租房调查》等基于采访和相关部门研究报告的报道，在报道中初步尝试用可视化的方式传达数据信息。从2012年9月开始，《新京报》每周日在B叠"地球周刊"的其中一个整版推出"新图纸"版面，2013年4月19日开始将其移至C叠"星期五周刊"的最后一版，视情况在这两个周刊中不固定出现。"新图纸"版面内容涉及政治、军事、财经、体育、文化娱乐等各个方面，其特色是使用大量数据，并采用图片或电脑制图设计图解数据。这个版面的推出标志着《新京报》突破了以文字叙述和讲故事为主的传统报道新闻方式，让数据新闻在版面上占据了一席之地。2013年8月26日，该报网站导航栏的新闻分类中推出了全新的栏目《图纸》来专门操作数据新闻，该栏目以数据新闻为主，并附有资料来源和制图人员说明。同时该报的新浪微博账号还开辟了《图个明白》栏目，推出数据信息图。

财新数据新闻团队自2013年成立以来，持续推出原创数据新闻报道，并取得了较高的业界认可度。如财新推出《数字说》栏目，以"新闻轻松看"为口号，用数据解读和展示新闻。其先后推出的《三公消费龙虎榜》《星空彩绘诺贝尔》《中央纪委巡视风暴》等报道均在业内具有较强的影响力。2014年，财新发布了题为《周永康的人与财》的数据报道，资料翔实，内容体量达到数万字，以动态互动信息图表的形式让用户理清了周永康家族敛财的脉络。这一数据报道，一周内获得了约400万次的访问量，推荐这一报道的微博被转发约5万次，阅读量超过2 000万次。

2012年，中央电视台在《新闻30分》栏目中曾推出了《数字十年》报道。2014年1月25日，《晚间新闻》栏目中又推出了《"据"说春运》报道，这种报道春运大迁徙的新形式令人印象深刻。此后该栏目又推出《"据"说春节》《"据"说"两会"》等系列，结合大数据阐释新闻，成为国内最早尝试数据新闻的电视媒体。"据"说系列是央视与包括百度、新浪、腾讯等多家互联网企业展开数据合作的作品，开启了电视新闻中令人耳目一新的叙事方式，受到了电视观众的好评。

---

① 陈阳．精确新闻是否精确：对我国精确新闻现状的反思．青年记者，2010 (1)：23-26.

除了媒体之外，一些新闻爱好者也开始关注数据新闻。有人尝试将《数据新闻手册》翻译为中文，并在互联网平台免费在线出版；还有人合作创办介绍数据新闻的网站，如一批来自媒体和国内外高校的年轻人合作创建了“数据新闻中文网”(djchina.org)①。该网站定期为读者分析海内外优秀的数据新闻作品、报道数据新闻业界会议、翻译授权的学习课程及资料、组织线下的讲座培训、介绍国内外的奖学金及工作机会。数据新闻领域还兴起了一些提供数据新闻生产和培训服务的企业，其中比较著名的有数可视、镝次元等。

在新闻学界，数据新闻也逐步成为热门话题，国内的学术期刊相继推出关于数据新闻的专题论文，中国传媒大学、复旦大学、中国人民大学、北京大学、清华大学等高校在2014—2015年间开设了数据新闻相关课程，随后更多的高校也加入了数据新闻教学的行列。这些都是学界对业界的发展变化和趋势所做的积极回应。

总体上看，经过十多年的发展，国内的数据新闻领域已经形成了更清晰的定位区分。有的持续在数据新闻领域深耕，探索其在公共表达中的价值。如澎湃的数据新闻部门，他们拥有配备完善的团队，包括数据编辑、设计师、开发人员、编导、3D建模师、多媒体设计师、插画师等，角色分工合理，所做的数据新闻产品内容和形式都有很强的创新性。有的逐步向数据研究院、智库研究方向转型，如南方都市报社于2018年成立了南都大数据研究院，除了生产数据新闻，业务还拓展到智库产品（包括调研报告、榜单测评、民意调查等）、数据应用以及组织智媒活动等领域，形成了数据新闻、数据评价、数据应用、数据产业四类产品矩阵。② 有的从数据新闻向更广阔的数据内容转变，如网易《数读》栏目已成为“一个做数据可视化的科普栏目，新闻属性不是那么强”，“《数读》已经不是严格定义上的数据新闻栏目，因为我们做的很多内容和新闻的关系没有那么大，可以说是数据内容或数据可视化栏目。虽然不完全是数据新闻，但我认为还是有必要遵循新闻生产的伦理规范，因为新闻生产的伦理规范也是为了保证新闻的真实性、准确性，我们做数据内容也需要一套专门的规范来保证这些东西，否则这个数据可能就是错的，或者内容是不真实的”③。

谈及数据新闻领域的发展前景，《中国日报》视觉中心设计副总监田驰表示，“好的因素就是关注的人越来越多了，对信息的获取越来越迅速，大家从原来的读文字到现在开始读图，通过与美学相结合，数据可以直观地传递给受众。数据可视化代表了媒体报道数据新闻的综合能力。我真心希望数据可视化在媒体上越做越好，大家交流也越来越多”④。

澎湃新闻数据新闻主编吕妍则感受到技术不断发展给这个领域带来的冲击，她认为数据新闻从业者不仅无法再享受初创期“创新特赦”的红利，反而要面对更多硬指标考核的压力：“数据新闻作为一种形态，在一些实践较早的媒体已经开始常态化。这就意味着，曾经给予这种形态的‘创新特赦’将逐渐消失，‘新闻’的属性要求则逐渐增强。数据新闻将与其他新闻形态一样，面临传播力和商业化的硬指

---

① 该网站已于2016年关停。

② 参见2023年8月和2024年3月对南都大数据研究院秘书长凌慧珊的采访。

③ 参见2023年6月对网易《数读》栏目主编巫雨松的采访。

④ 参见2023年9月对田驰的采访。

标审视。所以，数据新闻的日常运营需要在压缩成本、增强传播的目标引导下提高标准化水平。数据新闻团队，则需要在上述目标之外，泛化出‘极客＋创意视觉’的身份标签，在新一轮技术创新的潮流中，向智能新闻（AI辅助新闻）、元宇宙（AR/VR）等领域拓展。”①

财新数据可视化总监韦梦更具批判视角，她认为，国内新闻行业（大多数）尚未将数据新闻融入整个机构的各个新闻条线中，而是将其独立成一个栏目或一个部门，以设计为主，做设计上的翻新。因为数据新闻不在任何一个深耕的领域，所以深度必然受限。而像《纽约时报》、路透社等外媒其实已经没有一个所谓数据新闻的概念了，它们把图表或交互的形式融入所有新闻报道里，只要报道需要这样的东西，就会找这个团队中有相应技能的人一起做项目，这是她希望看到的国内数据新闻发展的方向，她也一直非常努力在财新内部和其他条线记者交流这种理念。“我觉得我们从业人员需要解决这个问题，同时更大的一个层面就是对读者的培育，把大家的认知提升到一个层级，让读者对于新闻品质、精美程度的认识和读图能力能够得到提升，这和整个大学的教育、流行文化的渗透都息息相关。”②

第4节　全球数据新闻研究的趋势

为了了解全球数据新闻研究的趋势，我们以“data journalism”（数据新闻）和“data-driven journalism”（数据驱动新闻）为主题在Web of Science核心数据库进行检索，共得到截至2023年10月31日的353篇论文样本，以此为基础展开分析。

在Web of Science核心数据库中，第一篇收录的论文发表于2012年，随后论文的数量持续上升，在2016年达到26篇，2017年短暂回落后在2018年数量又再度增加到53篇，并在2019—2022年保持在每年44篇以上。

从发布的期刊来看，主要是新闻传播学领域的学术期刊，其中最多的是《数字新闻》（*Digital Journalism*）、《新闻实践》（*Journalism Practice*）和《新闻学》（*Journalism*）三本期刊（见表1-2）。

表1-2　数据新闻论文主要来源期刊

来源期刊	发文数量
Digital Journalism	49
Journalism Practice	34
Journalism	23
Journalism Studies	14
Asia Pacific Media Educator	11
Profesional De La Informacion	10
Brazilian Journalism Research	6
Doxa Comunicacion	5

① 参见2023年11月对吕妍的采访。
② 参见2023年8月对韦梦的采访。

续前表

来源期刊	发文数量
Journal of Applied Journalism & Media Studies	5
Journalism & Mass Communication Quarterly	5

在论文发表作者方面，以研究者为节点进行网络分析，发现网络的中心度只有0.004，是一个非常松散的网络，可见数据新闻研究者内部并没有进行紧密合作的关系，大多数是以个人或者固定团队合作的方式进行研究。研究者主要来自以下国家：美国、西班牙、德国、英国、中国、澳大利亚、巴西、瑞典、法国、芬兰。

利用CiteSpace对所有的论文进行关键词频次计算和度中心性分析（见表1-3），可以发现除了“data journalism”（数据新闻）以外，最多的关键词是“data visualization”（数据可视化）、“computational journalism”（计算新闻）、“data-driven journalism”（数据驱动新闻）、“big data”（大数据）、“digital journalism”（数字新闻）、“open data”（公开数据）等。

表1-3　　关键词出现频次和度中心性

关键词	频次	出现年份	度中心性
数据新闻（data journalism）	233	2013	71
数据可视化（data visualization）	27	2015	21
计算新闻（computational journalism）	25	2014	20
数据驱动新闻（data-driven journalism）	24	2013	13
大数据（big data）	20	2015	13
数字新闻（digital journalism）	18	2016	14
公开数据（open data）	15	2014	8
内容分析（content analysis）	12	2017	9
新闻教育（journalism education）	11	2016	5
计算机辅助报道（computer-assisted reporting）	10	2013	22
自动化新闻（automated journalism）	10	2018	7
人工智能（artificial intelligence）	10	2015	7
调查性新闻（investigative journalism）	8	2013	8
数据素养（data literacy）	5	2018	8
协作新闻学（collaborative journalism）	5	2018	5
社交媒体（social media）	5	2021	3
数据挖掘（data mining）	4	2018	5
数据记者（data journalists）	4	2016	5
信息可视化（information visualization）	4	2015	4
新闻角色（journalistic roles）	4	2014	4

通过在CiteSpace工具中使用节点可视化功能，得到如图1-13所示的数据新闻研究关键词共现网络图。一个关键词用一个标有该词的圆表示，圆的直径代表该

关键词的出现频率，圆边缘的厚度代表该关键词的度中心性大小。连线代表所连接的两个圆圈所代表的关键词间存在关联，关键词间的关联越强，则圆圈间连线越密集。可以发现，“data journalism”（数据新闻）的聚集圆最大，在其之后是“data visualization”（数据可视化）、“computational journalism”（计算新闻）、“data-driven journalism”（数据驱动新闻）、“big data”（大数据）、“digital journalism”（数字新闻）等。目前全球数据新闻研究的内容多元，不仅涵盖了新闻生产的主要流程，还有大量有关计算科学、人工智能的研究，并且不同关键词之间的联结紧密，形成了一个比较完整的网络。

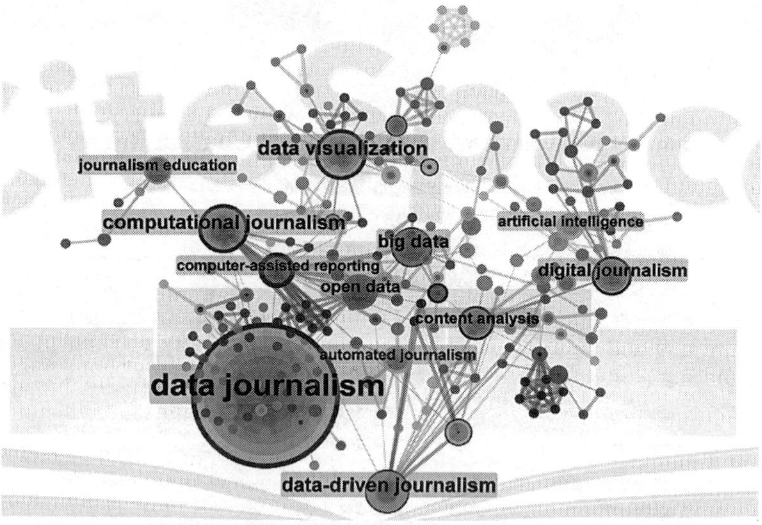

图1-13 关键词共现网络图

在CiteSpace中使用可视化聚类功能，得到数据新闻研究关键词聚类图（见图1-14)。该工具以模块度Q（Modularity Q）和平均轮廓系数（Mean Silhouette）两项指标衡量聚类效果。模块度Q反映聚类的模块性，模块度Q越接近于1，聚类效果越好。平均轮廓系数反映聚类集群的同质性，平均轮廓系数越接近于1，聚类效果越好。数据新闻研究关键词聚类的模块度Q为0.754 2，平均轮廓系数为0.577 7，表明聚类效果合理。

关键词聚类的结果显示研究主要有以下几个方向：数据新闻教育、数据新闻商业模式、人工智能应用、数据新闻生产、数据可视化、社会科学方法、算法和计算新闻。可以看到这些研究主要涵盖新闻业和计算科学、社会科学三个学科范畴，一方面强调新闻业的生产研究，另一方面也引入了包括大数据、人工智能、算法在内的计算学科研究。

CiteSpace的突现词（bursts）用于发现某一个主题词、关键词衰落或者兴起的情况，借此可以反映出数据新闻研究在各个时期新的研究趋势和特点。对这些论文进行突现词分析，得到强度最高的突现词如图1-15所示。

从时间的维度来看，2013年“计算机辅助报道”成为数据新闻领域的第一个研究热点，但是到2015年这一关键词就逐步开始减少。2015年起，大数据、信息可视化、公开数据、新闻教育、体育新闻等关键词开始兴起。2020年以来，突现的关键词包括“虚假新闻”“人工智能”“社交媒体”，这些领域的数据新闻研究正在成为热点。

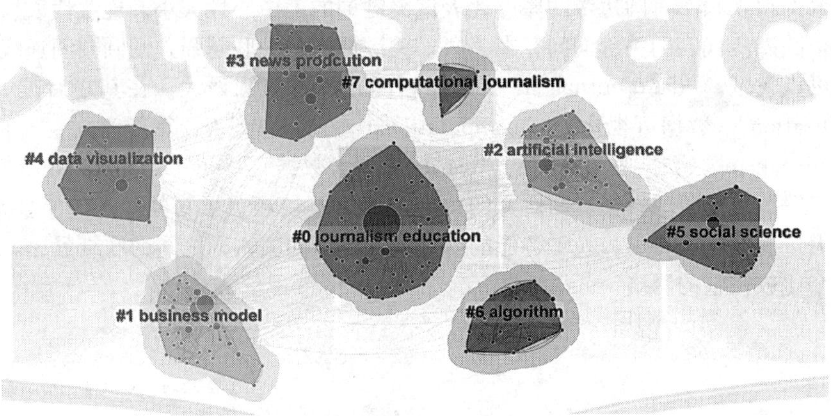

图 1-14 关键词聚类图

Top 10 Keywords with the Strongest Citation Bursts

Keywords	Year	Strength	Begin	End	2012 - 2023
computer-assisted reporting	2013	1.71	**2013**	2015	
big data	2015	2.73	**2015**	2018	
information visualization	2015	1.93	**2015**	2017	
open data	2014	3.71	**2016**	2019	
journalism education	2016	2.17	**2018**	2019	
sports journalism	2019	1.86	**2019**	2020	
data visualisation	2020	1.34	**2020**	2021	
fake news	2020	1.34	**2020**	2021	
artificial intelligence	2015	2.73	**2021**	2023	
social media	2021	2.22	**2021**	2023	

图 1-15 关键词突现统计图

【本章小结】

本章介绍了数据新闻的概念与特征，数据新闻产生的背景和数据新闻在全球的发展历程。虽然“数据新闻”是一个新兴的概念，但是在新闻发展的历史中，人们很早就开始尝试用数据解读事件、现象和问题，所以理解当下的“数据新闻”，不能割裂其发展的历史，也不能忽略其兴起的特殊的时代背景。只有将本章的四节内容结合起来阅读和理解，才能真正掌握和解答“什么是数据新闻”这一问题。

【本章学习与思考】

1. 你如何理解数据新闻的特征?
2. 你了解开放数据运动吗？你认为这对数据新闻的兴起有何影响?
3. 你如何看待数据新闻和精确新闻、计算机辅助报道之间的关系?
4. 你认为国内媒体开展数据新闻实践可能遭遇哪些困难?
5. 你如何看待中国数据新闻发展的前景？请说明理由。

第 2 章　数据新闻的类型与制作

本章将介绍数据新闻的类型及其制作流程。首先，依据不同的标准对当下的几种主要的数据新闻操作方式进行梳理和分类，因为不同类型的数据新闻，其制作流程也有所差异。其次，着重介绍数据新闻在制作流程中的关键环节。本章还将探讨如何构建数据新闻制作团队，以及其人员构成与分工具有怎样的特点。

第 1 节　数据新闻的类型

数据新闻的类型与其制作具有相关性，所以有必要理清数据新闻的分类。数据新闻可以按照不同的分类标准划分为多种类型。根据支撑报道的数据的性质来划分，可将数据新闻划分为“大数据新闻”和“小数据新闻”；按照数据新闻的操作方式来划分，可分为“调查型数据新闻”“解释型数据新闻”和“常规型数据新闻”；按照数据新闻的呈现形式来划分，目前国内主流的数据新闻类型有“图文类数据新闻”“交互类数据新闻”和“视频类数据新闻”。

一、“大数据新闻”与“小数据新闻”

根据支撑报道的数据的性质来划分，数据新闻可以划分为“大数据新闻”和“小数据新闻”两种类型，而这两类数据新闻的差别就在于两类报道中所处理的数据对象是隶属于“大数据”（big data）的范畴还是“小数据”的样本。

大部分专家赞同大数据有如下三个基本特征：

（1）海量数据（volume）：相比传统数据或小数据，大数据拥有庞大的数据量。到底多少数量级的数据才能被称为大数据呢？关于这一点业内尚无统一说法，一般认为 10TB～100TB 是成为大数据的门槛。2012 年，互联网数据中心（IDC）为大数据设立的标准中就确定大数据的数据体量需超过 100TB[①]。

（2）类型多样（variety）：相比传统数据多以文本数据作为主要类型，大数据的类型更为多元化，其包含了网络日志、图像数据、文件数据和各种复杂的记录信息。

（3）高速处理（velocity）：数据量的增长速度很快，需要处理的速度和响应的时间越来越快。

相比“大数据”，传统数据也被称为“小数据”，美国学者朱勒 · J. 伯曼（Jules J. Berman）博士[②]在其《大数据的实现原理》（*Principles of Big Data*）一书

---

① 数据量通常使用千字节（kilobyte，KB）、兆字节（megabyte，MB）、吉字节（gigabyte，GB）、太字节（terabyte，TB）和 PB（petabyte）、EB（exabyte）等来衡量。1KB=1 024B，1MB=1 024KB，1GB=1 024MB，1TB=1 024GB，1PB=1 024TB，1EB=1 024PB。

② 拥有美国麻省理工学院的两个学士学位、在美国天普大学获得博士学位的朱勒 · J. 伯曼博士曾在美国国家癌症研究所从事大数据项目的研究，曾任美国病理学信息协会的主席，并于 2011 年获颁该协会终身成就奖。现为自由撰稿人，主要从事信息学、计算机编程技术、病理学方面的写作工作。

中将两者做了对比，认为它们存在以下十个方面的差异。①

（1）目标（goals）：小数据经常被用来解释特定的问题或是针对特定的目标；而大数据在收集时考虑的是一个整体的目标，目标可能是灵活的，并非具体的。因此，尽管可能没有人能说清楚这些数据的阈限在哪里，到底有哪些种类，最终的目标是什么，但是大数据的分析往往会给人带来出乎意料的结果。

（2）存储位置（location）：小数据通常存储于某一机构、某台电脑或某个单独的文件中；而大数据通常遍布于整个电子空间，只要有互联网架构的地方都可能存储大数据。

（3）数据结构和内容（data structure and content）：小数据通常是高度结构化的数据，数据域被限制在一个单一的学科或分支学科内，以统一的格式记录；而大数据包含各种非结构化数据（如任意的文本文档、图像、音视频等），这些资源的主题可能跨越多个学科，或是与其他大数据资源存在相关关系。

（4）数据准备（data preparation）：小数据多为数据使用者为自己的使用目的所准备的数据；而大数据则可能有许多不同的来源，涵盖许多人的数据准备，而且准备数据的人未必是最终使用数据的人。

（5）数据生命周期（longevity）：小数据的数据生命周期较短，一般相关的项目结束，或是数据保留的年限到期，数据可能就会被丢弃；而大数据的数据生命周期更长，常被永久性地存储，许多大数据项目都会延伸到未来和过去，包含和累积大量前瞻性和回顾性的数据。

（6）衡量（measurements）：小数据的质量和结果可以通过一组实验来测量，其内容可以通过标准的方法来解析和读取；而大数据中各种类型的不同数据提供了多种格式，需要不同的协议来解读，这成为大数据管理的难点。

（7）可重现性（reproducibility）：小数据项目通常可以重现，如关于数据的质量、数据的重现性、数据结论的准确性存在问题，整个项目可以重新做，产生一套新的数据结论；而重现大数据项目基本不可行，大多数情况下，人们都期望在一个大数据资源中将发现的错误标记出来。

（8）成本（stakes）：小数据项目的成本和代价是有限的，如果发现问题，重启或放弃的代价都有限；但大数据项目的成本和代价高昂，如果大数据项目失败了，则可能导致企业破产、体制崩溃和大规模裁员，其资源中的数据即刻解体。

（9）自省（introspection）：小数据中的各个数据坐标都是通过数据在电子表格和数据库中的行和列来定位的，如果知道行和列，就可以轻松找到相应的所有数据；与之相比，大数据中资源的内容和组织都是经过精心设计的，对于数据组织内部信息的完全访问方式，可通过一种称之为“自省”（指一种计算机技术，通过内部的一种机制可以查询到数据的各种上下文）的技术来实现。

（10）分析（analysis）：在小数据中，通常整个项目中的数据都可以一次性全部参与到分析中；而在大数据中通常要通过分布式的方式进行分析，数据会经过提取、评估、聚合、归化、转换、可视化、诠释等不同方法进行分析。

“大数据新闻”是指在报道中采用大数据量级的数据作为分析对象或是引用大数据研究结果的数据新闻。“大数据新闻”一般应用于报道对象较为复杂，牵涉面

① BERMAN J J. Principles of big data：preparing，sharing，and analyzing complex information. Elsevier，2013.

广，需要采用庞大数量的样本分析，而非小规模抽样样本的选题。其数据的量级巨大，数据类型构成多样。与“大数据新闻”不同，“小数据新闻”是指在报道中采用小数据量级的数据作为分析对象或引用小数据研究成果的数据新闻。目前业界的数据新闻实践多以“小数据新闻”为主，其数据来源较为单一，采用抽样样本，数据量级有限，数据的类型构成简单，对数据处理技术的要求也相对较低。对于大多数从事新闻报道的记者、编辑而言，小数据新闻投入成本小，操作时限短，技术门槛较低，更便于在媒体操作和推广，但这并不意味着小数据新闻不如大数据新闻，它们具有不同的特征，需要具体问题具体分析。

> **概念** “大数据新闻”是指在报道中采用大数据量级的数据作为分析对象或是引用大数据研究结果的数据新闻。“小数据新闻”则是指在报道中采用小数据量级的数据作为分析对象或引用小数据研究成果的数据新闻。

因为大数据新闻处理的数据量级较高，需要投入的人员、技术和资金成本相对较高，所以这类报道往往出现在具有很强社会影响力的新闻选题中。报道的实施者或是具有一定数据资源和经济实力的媒体，或是一些由不同媒体的数据记者组成的报道团队，或是媒体和研究机构组成的联合报道团队，并经常受到来自基金会等机构的资金支持。

【案例】 早期的大数据新闻：《卫报》如何报道英国骚乱？

2011年8月，伦敦发生大骚乱，参与骚乱者运用手机和社交媒体进行联系，并使骚乱在短时间内蔓延到英国六大城市，让英国政府大伤脑筋。人们对骚乱发生的原因和如何应对骚乱进行激烈的辩论，《卫报》网站认为不能仅仅依靠主观判断轻易下结论，而应该通过科学的研究方法对参与骚乱者和受骚乱波及的人群进行研究，以实在的证据帮助人们解读这场骚乱。该报网站与伦敦政治经济学院合作，组成了一个拥有一百多名记者、学者和研究人员的报道团队，并得到开放社会基金会（Open Society Foundation）和约瑟夫·朗特里基金会（Joseph Rowntree Foundation）的资金支持，历时一年多完成了《解读骚乱》(Reading the Riots）的全媒体报道（见图2-1）。

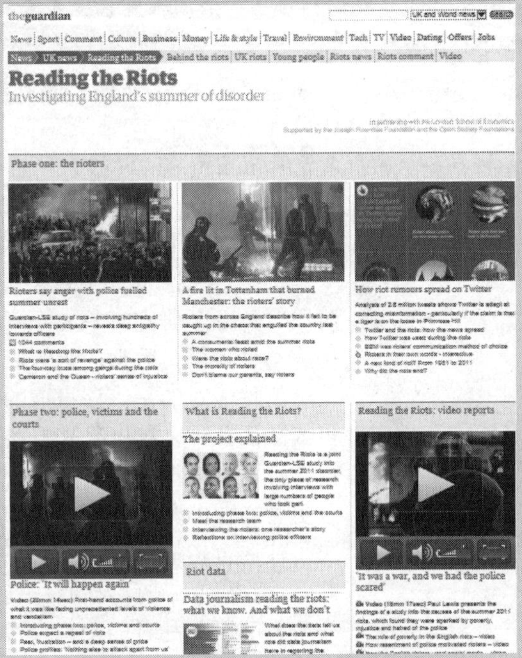

图2-1 《卫报》制作的《解读骚乱》专题的页面截图

《解读骚乱》的报道历经了两个研究阶段。第一个阶段的成果发表于2011年12月，集中在探寻骚乱产生的原因上，报道团队先后采访了六大城市中约270位骚乱参与者。值得一提的是这一阶段中的另一项重要内容，报道团队对约260万条与骚乱相关的推特（Twitter）信息数据进行了统计分析。《卫报》数据团队运用交互图的方式呈现了大骚乱期间在社交网络中流传的七大谣言是如何传播扩散的。这则名为《骚乱谣言如何在推特中传播》的数据新闻报道将谣言用支持、反对、质疑、批评四种态度量化，谣言的起始是一个圆点，随着谣言的扩散，圆点会演变成圆圈，并聚合成集群。图2-2中针对每个谣言设计了时间轴，伴随时间的移动，用户可以看到各个谣言生成、扩散、消亡的过程。这一形象的展示方式基于数据团队和科研人员对来自推特的谣言数据的全体样本研究所得，科学呈现了社交网络中谣言从生成到消失的过程。这则报道最大的影响是修正了人们运用经验判断的误差，用数据分析证明社交媒体具有一定的谣言自我澄清机制，人们虽然借助社交平台传播和扩散谣言，但同时用户对这些谣言的反对、质疑和批评也会产生一定的反作用，并最终驱散谣言。

该报道的第二个研究阶段基于对300多名受骚乱波及的人的采访，其中包括130名警察、40名骚乱受害者、25名"义警"（一些认为警察没法控制骚乱而自发组织邻居保卫社区的人）、50名骚乱者的辩护律师和25名英国皇家检控署的律师，另外就布里斯托和利兹这样未引发大规模骚乱的城市如何保持秩序这一问题，报道团队还采访了33人。

这一系列报道的推出在一定程度上影响了英国政府对社交网络管理的公共政策，《卫报》网站也因之获得了2012年度"数据新闻奖"。

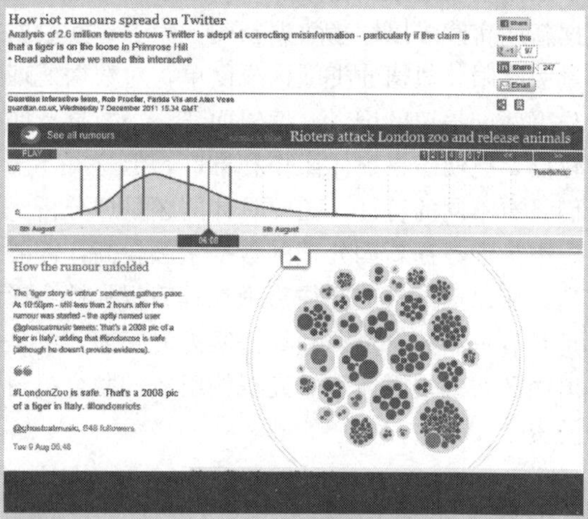

图2-2 报道《骚乱谣言如何在推特中传播》的页面截图

资料来源：相关报道详见 Reading the riots. [2024-06-26]. http://www.theguardian.com/uk/series/reading-the-riots，文中资料来源为《卫报》网站，详见 http://www.theguardian.com/uk/2012/jul/01/introducing-phase-two-reading-riots。

2011年英国《卫报》对英国骚乱的报道是早期大数据新闻的典型案例。在这一案例中，无论是对与谣言相关的约260万条推特信息的数据分析，还是两个研究阶段对数百名研究对象的深度访谈和问卷调查资料的处理，其所涉及的数据来源和构成类型多样，数据的量级庞大，仅参加骚乱者的采访录音材料就有130多万字。

值得注意的是，该报道的成功离不开三大因素，而这也是大数据新闻实践中不可或缺的条件。第一是来自科研机构的协助。伦敦政治经济学院全程参与和提供研究支持，作为世界知名的社会科学教育和研究机构，该学院的分析师为采访文本做了更为专业的分析处理。曼彻斯特大学的研究者则对推特数据进行内容分析，并解决了让谣言传播过程可视化的难题。第二是来自媒体对整个报道的规划和全程投入。《卫报》网站首先确定了以调查研究方法来解读此事件的报道方向，旨在破除一些人解读骚乱时的刻板印象。在报道筹备阶段，该报对研究人员进行招募和培训，并在报道的两个阶段负责联系和实施采访调查，尽可能说服人们接受采访，在报道中与研究机构合作分析数据并尽量以多媒体、可视化的方式呈现调查结果。第三是来自其他机构的资助。大数据的处理成本较高，如果没有一定的资金支持，往往难以开展。

综合上述诸多"大数据新闻"运作的要求，在媒体实际展开的数据新闻实践中，大数据新闻相对较少出现。但是，随着人类处理大数据技术的进步，媒体对数据新闻的重视和越来越多数据人才的引入，"大数据新闻"在数据新闻中的比例正在逐步提升，"大数据新闻"处理的数据对象也不局限于互联网平台的社交数据，而是朝着遥感卫星数据、手机信令数据、地理位置数据、轨迹数据等多种大数据类型发展，使数据的来源获得了时间和空间双重维度的拓展，得以“上天入地”。

近年来，国内的新华社、中央广播电视总台等媒体都在大数据新闻领域做出了有益的尝试。例如，新华社于2019年组建了国内新闻传媒领域第一个卫星遥感团队——新华社卫星新闻实验室，开始进行遥感卫星数据新闻的探索，并于当年推出了作品《60万米高空看中国》。2020年，该实验室被纳入媒体融合生产技术与系统国家重点实验室，并逐步发展成为国内传媒行业具有自主技术能力的卫星遥感和时空大数据团队，先后出品了《非同寻常30天》《C位是怎样炼成的》《太空的见证》《从太空看“一带一路”》等刷屏作品（见图2-3）。

图2-3 《60万米高空看中国》和《太空的见证》作品海报

据该实验室副主任钟昊熹介绍，遥感卫星数据在展现大范围、长时间跨度这类刻画时代变迁的故事中很有优势，因为它们非常直观，可以让受众目睹场景的历史变化，带给人震撼的观感，也让人更信服。这些数据来自卫星传感器，是人类记者难以采访获取的，从这个维度看，采用这类大数据进行新闻报道能突破时空限制，深入报道一些以往难以获取报道素材的选题。近年来，新华社陆续推出了一系列对外报道，其中包括用高分辨率遥感图像揭示美国本土拘禁非法入境未成年人的《美国的秘密营地》，用20年卫星影像报告来全面反映阿富汗战争给当地带来惨痛伤害的《最漫长的战争》，用卫星调查报道的《曝光俄乌冲突背后的黑手》等，这些报道在国际舆论场中主动设置议题，取得了较好的传播效果。

据介绍，新华社媒体融合生产技术与系统国家重点实验室提供的信息服务除了生产新闻作品以外，还包括撰写内参和做智库研究。钟昊熹认为，处理大数据，最重要的是数据的可获得性，即设想的数据是真实存在的，也是可以通过一定的渠道来获取和分析的。在遥感卫星数据的处理上，他们已经积累了很多经验，但是大数据并不限于此，还有很多种，他们也在不断拓展数据渠道，融合多种数据的开发和应用。再者，需要读懂数据，发现其背后的价值。这个团队的人员配置包括三类背景，分别是遥感科学背景、算法背景和新闻传播背景，这种人员结构也可以更好地解析数据，充分发挥数据的价值。①

此外，该实验室还有一支学术专家团队，并与很多高校展开合作。以《从太空

① 参见2023年11月对钟昊熹的采访。

看“一带一路”》为例，这个作品立意宏大，涉及的数据类型多样，需要处理和分析的数据量级庞大，对其中的重要年份集装箱航线数据，实验室专门邀请了华东师范大学地理科学学院的科研团队参与，后者“从近50亿条船舶轨迹数据中，精准定位出两个时间段比雷埃夫斯港和科伦坡港挂靠的船舶轨迹近100万条，并以船舶编码和时间序列为原则将百万条轨迹清洗、排序，从而精准地提取出案例港口的集装箱船轨迹”①，对作品的数据分析给予了学术支持。

二、调查型数据新闻、解释型数据新闻与常规型数据新闻

你怎么看

你如何看待大数据新闻的前景？

在一项通过深访英国、美国和芬兰等国六位知名数据记者的研究中，乌斯卡利（Turo Uskali）和库蒂（Heikki Kuutti）发现数据新闻的操作主要有两种模式——“调查型数据新闻”（investigative data journalism）和“常规型数据新闻”（general data journalism）。他们认为两者存在以下区别（见表2-1）。

表2-1 调查型数据新闻与常规型数据新闻的区别一览表

区别	调查型数据新闻	常规型数据新闻
耗时	时间充裕，报道经常需要耗时几月甚至几年	只有数天或者几小时来进行报道
数据技能	经常使用包括编程等复杂的数据处理技能，需要团队协作	只需基础的数据处理技能，包括使用Excel和部分数据分析工具、可视化工具等
报道逻辑	故事的主题和观点决定了记者如何收集和处理数据	数据集是报道的起点，记者根据数据集的内容决定报道的主题和观点
数据来源	非官方数据和机密数据在调查中起着关键作用； 需要多源数据； 需要核查、交叉比对和证实来自不同渠道的数据	大量的政府数据和可公开获取的数据决定了报道的方向； 数据来源较为单一，数据集经常就是数据来源； 数据集被视为值得信赖的数据来源，经常不经过数据核实的工作
其他资料	记者收集的事实材料和记者的解释在报道中不可或缺	仅需依靠计算机辅助的数据分析即可
选择数据的优先权	编辑室有独立的权力决定使用哪些数据集来报道	编辑室的选择优先权让渡，因为开放数据本身具有传播的广泛性和获取的便利性，不需要编辑把关传播

资料来源：USKALI T，KUUTTI H. Models and streams of data journalism. The journal of media innovations，2015，2（1）：77-88.

而在另一项2017年发表的研究成果中，西蒙·罗杰斯等人通过访谈数据新闻从业者，将数据新闻的类型划分为三种。②

① 方勇．王列辉教授团队参与新华社“从太空看‘一带一路’”制作．（2023-11-09）[2024-03-13]．https：//mp.weixin.qq.com/s/u1fjcZHWS5fq9VXH6xDXrA.

② ROGERS S，SCHWABISH J，BOWERS D. Data journalism in 2017：the current state and challenges facing the field today.（2017-09-01）[2024-03-29]．https：//newslab.withgoogle.com/assets/docs/data-journalism-in-2017.pdf.

第一种是被数据充实的新闻。在“后真相时代”，记者需要使用数据来丰富、验证或说明现有的报道内容，为新闻事实或观点提供证据。在这类新闻报道中，数据起的作用是丰富和强化新闻事实或观点。

第二种是调查型数据新闻。这类数据新闻需对数据展开较长时间的深入调查，从而找到新闻故事，而这类新闻故事往往隐藏在规模较大的数据集中，需要从业者具有更专业的数据处理技能，其中包括数据收集、分析和可视化技能，也包括特定领域的专业知识，这样才能充分了解数据及其潜在影响。调查型数据新闻还可以向读者提供完整的数据，使读者能够通过交互式工具进行进一步的探索。

第三种是对数据展开解释的新闻。随着数据可用性的增加和更好的数据工具的出现，越来越多的数据需要被解释，这正成为数据新闻发展的驱动力。在此类报道中，数据记者成为降低数据复杂性并诠释数据意义的把关人和桥梁。该类数据新闻还包括允许读者自行探索大型数据集的新闻项目。

综合这两项研究成果和我们对国内数据新闻从业者的调研，我们认为按照新闻的操作方式来划分，数据新闻可分为调查型数据新闻、解释型数据新闻和常规型数据新闻。

在国外的数据新闻领域，调查型数据新闻是受到数据新闻从业者普遍认同的数据新闻类型。这与数据新闻兴起的背景有着密切的联系，而且在历年的全球数据新闻奖中，都有大量的获奖作品隶属此类。调查型数据新闻是一种运用较复杂的数据分析以深入、系统地报道社会事件、现象或问题的数据新闻。此类数据新闻往往具有鲜明的调查目标，记者从目标出发，收集多方数据进行深入的分析，数据是此类报道的关键，但在数据之外，记者收集的其他事实材料和记者的解释也成为建构报道逻辑的重要因素。这种数据新闻耗时较长，一般需要团队协作完成。

【案例】 跨国协作的调查型数据新闻《欧洲边境和海岸警卫局参与非法驱逐数百名难民》

当戴着头套的男子到达时，阿姆贾德·纳伊姆（Amjad Naim）快要到达萨摩斯岛了。那是2020年5月13日，纳伊姆坐在一艘不稳定的橡皮艇里。这名巴勒斯坦人与其他近30名难民一起前往希腊。他后来在电话中回忆道，他已经可以看到海岸了。再过几米，他的旅程就结束了。

纳伊姆听到头顶上一架直升机的噪声。这时一艘大船靠近了。纳伊姆记得船上和小艇上的希腊国旗。他说，蒙面男子随后发起攻击。

纳伊姆说，这些人向水中开枪，用钩子击打橡皮艇，摧毁了发动机，使橡皮艇停了下来。他说，直到那时他们才把难民带上船。纳伊姆哭了，他把手机藏在内裤里。

纳伊姆的一个视频记录了一起犯罪行为。纳伊姆拍摄了55秒。视频显示，他和其他难民乘坐两艘充气救生筏，被希腊海岸警卫队遗弃在海上。他们坐的方形平台是一个摇摇晃晃的橡胶救生筏，没有马达。

一艘长18米的希腊海岸警卫队船只将救生筏拉向土耳其。另一艘船陪伴这艘船执行任务。视频还显示水渗入纳伊姆的救生筏中。

然后，正如视频中所示，希腊海岸警卫队解开了绳子，让难民们在爱琴海中部听天由命。几个小时后，土耳其海岸警卫队才营救了受惊且口渴的难民。

阿姆贡德·纳伊姆那天早上拍摄的内容就是人权活动人士所说的一种反击：寻求庇护者被遗弃在欧盟外部边境、希腊领海之外的海上。这样，他们就无法在欧盟申请庇护。此类行动是非法的，违反国际、欧洲和希腊法律。自 2020 年 3 月以来，在欧盟的欧洲边境和海岸警卫局的帮助下，希腊海岸警卫队一直在系统地实施这些抵制行动。

这是《欧洲边境和海岸警卫局参与非法驱逐数百名难民》（Frontex Involved in Illegal Pushbacks of Hundreds of Refugees，见图 2-4）的报道开头，它用一个难民的故事引出一段历时近两年的调查。2020 年春开始，德国《明镜周刊》和《灯塔报道》、瑞士媒体 SRF Rundschau、意大利《共和报》及法国《世界报》等机构展开跨国合作，对欧洲边境和海岸警卫局（Frontex）内部数据库进行联合调查。该团队通过信息自由请求获得了内部联合行动报告应用程序（the internal joint operations reporting application，JORA）数据库，并进行了数据驱动的调查。

团队将数据库中的条目与驱赶行动的照片和视频进行了比对，首次揭露了欧洲边境和海岸警卫局对希腊在爱琴海大规模非法驱赶难民行动的全面支持。调查显示，2020 年 3 月至 2021 年 9 月期间，该局参与了至少 22 起可核实的案件，涉及 957 名难民的非法驱逐。而在该局协助下希腊进行的实际抵制行动数量和涉及的难民人数可能更高。

团队还发现，这些非法阻挡难民的行动被整齐地记录在数据库中，但总是用虚假的、不显眼的表述粉饰。这表明欧洲边境和海岸警卫局内部的 JORA 数据库被修改了，这个数据库原本旨在提供欧盟边境局势的准确情况，但现在却成为掩盖希腊抵制难民以及与欧盟机构共谋的工具。

因为提供的证据令人震惊，欧洲边境和海岸警卫局执行董事法布里斯·莱杰里（Fabrice Leggeri）在调查发布后第二天辞职，该局不得不宣布更换新的领导层"重新开始"。这个项目"证明了跨国协作式的调查型数据新闻在揭露滥用权力和追究当权者责任方面的重要性"（语出 2023 年 Sigma 数据新闻奖颁奖词）。

图 2-4 《欧洲边境和海岸警卫局参与非法驱逐数百名难民》截图（来源：《明镜周刊》）

资料来源：相关报道详见 CHRISTIDES G，LÜDKE S. Frontex involved in illegal pushbacks of hundreds of refugees.（2022-04-28）[2024-06-26]. https://www.spiegel.de/international/europe/frontex-involved-in-illegal-pushbacks-of-hundreds-of-refugees-a-9fe90845-efb1-4d91-a231-48e fcafa53a0，部分资料参考了团队提供给 Sigma 数据新闻奖评选的材料。

相比国外，国内的新闻传播行业历史传统和环境有所不同，针对罗杰斯等人的划分类型，不少数据新闻从业者认为自己所做的数据新闻中第二种并不多。如腾讯新闻谷雨数据编辑郝昊说："通过挖掘大量数据能够找到一个很好的线索把它呈现出来，这是最理想的。但是这样的选题极少，实际执行中一和三也比较多，甚至一的占比更大。因为一是由话题驱动的，是完全可以执行的。三是看有什么好的线索，大家讨论比较多的，值得去深挖的线索。比如说之前做房地产相关的选题，对于报道中可能会产生误区的，如读者可能认为这个现象很严重之类，（我们会做一些解释）。这种选题，我们会做得比较多一些。从一个优先级来说，我们肯定希望做第二种，其次就是第三种，实际的话，第一种会比较多一些。”①

乌斯卡利和库蒂的研究仅将数据新闻分类为调查型数据新闻和常规型数据新闻，本书第二版也借鉴了这种分类方法，但参考西蒙·罗杰斯等人的研究成果，结合近年来对国内外数据新闻领域的观察，这个领域中已经涌现出越来越多的解释型数据新闻，这类数据新闻对人们生活中复杂的、专业的、难以理解的数据展开解释，将数据的生成过程及其背后的故事以受众可感知和理解的方式传达出来。正如哈恩（Oliver Hahn）和斯塔夫（Florian Stalph）在《数字调查新闻：国际报道中的数据、视觉分析和创新方法》一书中所提出的，技术的持续快速发展以及人们对计算工具所释放的广泛潜力的认识不断增强，迫使新闻界开始审视如何应对信息时代的信息冲击，以新的媒介和形式来实现新闻业帮助社会了解自身的核心功能。在一个几乎所有事物都开始产生数据足迹的社会中，数据新闻业迎来了一个自然的机会，它似乎处于开拓新风格的独特地位。虽然采访只能以文本（或录像）的形式呈现，但一系列相关的事实和数据在包装方面呈现出巨大的可能性，如使用图表或交互式地图。而且当数据本身可以消除不确定性时，就没有必要尝试采用传统的采访，依靠权威的叙述或断言。“现代数据和解释型新闻的出现，源自多种冲动的结合：一方面，简单且准确地浓缩复杂及信息量大的概念，并以传统文章之外的格式呈现这种浓缩信息（如交互式地图这类以前难以想象的形式）；另一方面，以权威的方式来呈现信息，帮助公众理解某些事物是可知的且可以通过这样的方式来讲述。”② 总体上看，解释型数据新闻和调查型数据新闻都属于数据新闻中的深度报道类型，两者的报道目标不同，但操作方式有相近之处。

【案例】 典型的解释型数据新闻《藏在身份证号里的秘密｜为什么有人最后1位是X?》

搜狐四象工作室在2022年11月4日发布的数据新闻《藏在身份证号里的秘密｜为什么有人最后1位是X?》（见图2-5）是一个典型的解释型数据新闻。这个作品从日常生活中经常接触到的问题出发，对身份证最后一位数的数值含义及其计算方法做出了科学的解释，回答了“为什么有人最后1位是X”这一经常困扰公众的疑问。并由此问题生发，对人们日常遇到的商品条形码的校验码、二维码的计算方法等做了解释。

作品运用视频的形式呈现，动画设计简洁清晰，解说娓娓道来，用轻松的方式帮助观众快速理解了生活中的数据问题。

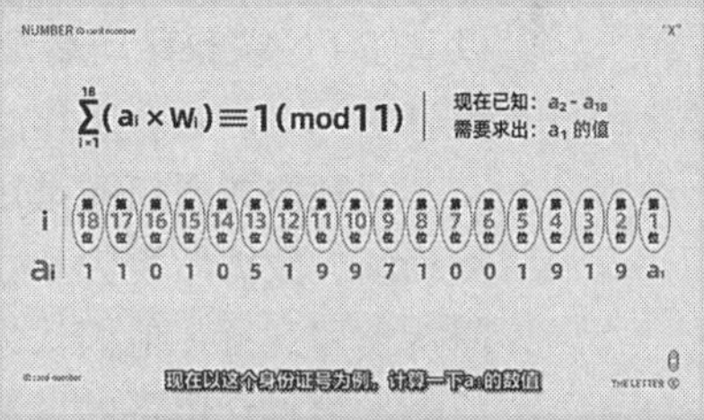

图2-5 《藏在身份证号里的秘密｜为什么有人最后1位是X?》截图（来源：搜狐四象工作室）

资料来源：相关报道详见搜狐四象工作室．藏在身份证号里的秘密丨为什么有人最后1位是X?.(2022-11-04)[2024-06-26]. https://www.bilibili.com/video/BV1gD4y1t7US/。

---

① 参见2023年8月对郝昊的采访。

② HAHN O, STALPH F. Digital investigative journalism: data, visual analytics and innovative methodologies in international reporting. Passau: Palgrave Macmillan, 2018: 44-45.

与这两种数据新闻相比，常规型数据新闻是一种运用简单的数据分析完成日常选题的数据新闻，被数据充实的新闻也隶属此类。这类数据新闻的数据来源较单一，往往依赖二手数据，并采用比较简单的数据分析和可视化手段来处理和呈现。由于操作便捷，能维系日常的产出，常规型数据新闻被众多新闻机构广泛采纳，也是当下新闻编辑室里一种常见的形式。曾有学者对《纽约时报》和《华盛顿邮报》2017年上半年的常规型数据新闻做研究，发现这些数据新闻往往来自小团队制作，专注于“硬新闻”，提供较为简单的数据可视化，交互性弱，主要依赖机构来源的数据，很少提供原始数据集，仅包含平均两种数据来源，且这些数据来源以不够透明的方式披露在作品中。无论从透明度、互动性、多样性还是信息来源的角度分析，常规型数据新闻似乎都与数据新闻的理想状态有所差距。① 与之相比，国内媒体的常规型数据新闻具有相似的特点，但在选题角度上更偏向“软新闻”。

三、图文类数据新闻、交互类数据新闻和视频类数据新闻

如果按照数据新闻的呈现形式对其进行分类，则当下国内主流的数据新闻可以划分为图文类数据新闻、交互类数据新闻和视频类数据新闻三大类。

图文类数据新闻指以图片和文字这两种传播符号的组合作为呈现形式的数据新闻。这种数据新闻又细分为两种形态。一种是以图为主、文为辅的静态信息图，这类数据新闻在传统纸媒较为普遍。伴随移动端的兴起，一种针对移动端设计的长条形漫画——条漫也开始流行起来，但实际上条漫也可被视为一种纵向设计的信息图，它与基于传统纸媒的信息图相比，载体虽有不同，但设计理念本质上是相通的，因而也可被归类在信息图中。另一种则是以文为主、图为补充的图文报道，在纸媒或网页（如微信页面）上都颇为常见。

交互类数据新闻指通过设计人机交互的接口，使用户能与新闻界面之间形成交流互动，从而为用户提供一种动态、开放、探索体验的数据新闻。这类数据新闻可以基于PC端和移动端设计开发，目前在国外媒体较为流行，在国外的数据新闻奖赛事中，大多数获奖作品皆为此类数据新闻。

视频类数据新闻是以视频的形式来呈现的数据新闻。这类数据新闻中包括数据类动画、数据短视频和数据长视频等。早期的数据记者和编辑大都对视频类数据新闻持批评意见，他们认为这种呈现形式相比图文和交互设计，播放是线性的，稍纵即逝，给观众留下的思考时间太短，不利于观众接受较为复杂的数据信息。但是随着网络视频的发展和公众阅听信息习惯的变化，如今，除了电视台等机构在制作视频类数据新闻，也有越来越多的数据新闻机构开始尝试制作视频类数据新闻。与国外不同，国内对视频类数据新闻更为重视，中央广播电视总台、新华社、《中国日报》、《新京报》、澎湃新闻、《南方都市报》、网易、搜狐等机构的数据新闻栏目都在尝试用视频的方式来解读和呈现数据。

在上述三类数据新闻中，图文类数据新闻的团队分工和制作流程都更为简单，交互类数据新闻则要求开发人员的参与，对项目的后期测试要求也比较高，而视频

---

① ZAMITH R. Transparency, interactivity, diversity, and information provenance in everyday data journalism. Digital journalism, 2019, 7 (4): 470-489.

类数据新闻的团队构成工种更为复杂，制作流程也与前两者存在较大的差异。

【案例】 网易《数读》栏目如何探索不同呈现形式的数据新闻

《数读》栏目最早是在 2017 年左右开始做条漫的，印象比较深的是 2018 年做的《重庆到底有多少层》。当时条漫刚好开始流行，这个作品的数据特征没有特别明显，不属于数据特别多的类型，我们把重庆从地上到地下抽象出来估算大概有多少层，再把每一层有什么东西用插画的形式展现出来，虽然不完全是数据新闻，但在当时收到了大量好评。

数据视频大概是 2022 年夏天左右开始做的，效果也还可以，有一些达到了四五十万的播放量。现在这个时代，对很多人来说，读完一篇文章其实是比较难的事情，视频的优势首先在于用更多的素材和精美的设计在视觉上讨好读者，其次是视频的叙事会注重讲故事，也更吸引人看下去。但视频的不足之处在于同等文案字数下，信息量不如图文充足。

《钮祜禄·瑞幸，卷死星巴克》（见图 2－6）是《数读》做过的比较有代表性的视频作品①，总结这个作品热度较高的原因有三个：一是瑞幸品牌本身的关注度较高（门店多，品牌事件多，比较传奇，产品比较热门，且是国货），大家会对这个话题好奇；二是作品标题起得好，电视剧《甄嬛传》中女主角复仇和瑞幸打翻身仗这件事有点像，拿瑞幸和星巴克对比也是一个热门的话题点；三是内容做得比较扎实，把财报分析融合进了一个讲翻身的故事里，所以最后达到了比较好的传播效果。

像 H5 这种开发型项目②对于《数读》栏目来说也不是一个会去主动尝试的形式，因为它的成本和收益很难成正比。我们更看重社交平台的传播，而现在能够在社交平台上广泛传播的 H5 很少是严肃内容，大多数还是类似于人格测试这类搞笑好玩的内容。也不能说数据新闻不适合做 H5，而是从中国社交平台的传播现状来看，数据新闻做成 H5 是很难得到传播的。

我认为目前来看，视频会是未来的发展方向，而条漫已经是一个衰退的形态了。具体来说，视频有长有短，虽然也有长视频的需求，但目前短视频的市场是更大的，至于数据新闻如何以短视频的方式去做，我觉得还需要各家去探索。其实现在短视频平台上能够称为数据新闻的作品不是特别多，可能有一些比大小、列数据的，但都比较单一，还没有很成熟、内容质量高、传播也较好的样板出现。因为在抖音这些平台上，热门的视频往往只有一分钟，你想要一分钟讲清楚数据，其实讲不了太多，可能只能讲一些很零散的东西。

图 2－6 视频类数据新闻《钮祜禄·瑞幸，卷死星巴克》截图（来源：网易《数读》栏目）

资料来源：相关报道详见长颈鹿鹿，黄可乐，等. 钮祜禄·瑞幸，卷死星巴克.（2022－09－15）[2024－04－13]. https://mp.weixin.qq.com/s/on1ZF2MV0VhfFUjvkWVAdw，以上内容来自 2023 年 6 月对网易《数读》栏目主编巫雨松的采访。

---

① 除了视频作品，网易《数读》栏目的《钮祜禄·瑞幸，卷死星巴克》系列作品还包括一个图文类数据新闻。

② 此处指交互类数据新闻。

第2节　数据新闻的制作流程

许多业界人士认为数据新闻的兴起改变了长期以来新闻的惯常操作模式。那么数据新闻的产制与以往新闻采编人员熟知的“确定选题—采访写作—编辑改稿—定稿发布”的制作流程有何不同？

一、确定选题仍然是数据新闻生产的第一步

数据新闻制作流程的第一步是确定选题，从这个角度看，数据新闻与传统的新闻报道方式之间并不存在差异。

由于数据新闻强调以“数据”为核心，这容易让人产生误解，认为操作数据新闻必须先有数据，再从数据中寻找具有新闻价值的选题。其实这是一种误解。“定选题”和“找数据”首先不是两个完全割裂的过程。在传统新闻报道制作流程中，看似定选题在调查采访之前，但实际上选题的确定也多是基于有了相应的新闻线索，调查采访只是进一步进行确认和完善事实与观点的过程。从这个角度看，没有必要对二者做人为的切割，“找数据”和“定选题”经常是相辅相成的过程，可能基于一些已有的数据而确定数据新闻的选题，但也不排除是对一些新闻话题感兴趣后再派记者通过调查采访等方式去获取相应的数据，这两种情况在实际的操作过程中都存在。

二、以采集、分析和呈现数据为核心

在数据新闻制作过程中，数据成为记者、编辑面对的材料，它们往往不是某个具体的新闻事件，而是一系列看似零散和不相关的资料，如何发现其中具有新闻价值的部分，采集、分析并对之进行呈现，就成了生成数据报道的关键。

业界知名的数据记者米尔科・劳伦兹绘制了示意图展示数据新闻的制作过程（见图2-7）。在他看来，制作数据新闻首先应该对原始数据进行清理，过滤掉冗余的数据，留下具有新闻价值的数据；其次对数据展开可视化分析，从而发现蕴藏其中的异常、规律或趋势；最后则是以新闻故事的方式报道，使公众能够阅读和接受。对于公众而言，原始数据是没有多少价值的，但是通过过滤、可视化和新闻故事的包装等，其价值逐步提升，并最终成为对公众有意义的数据报道。

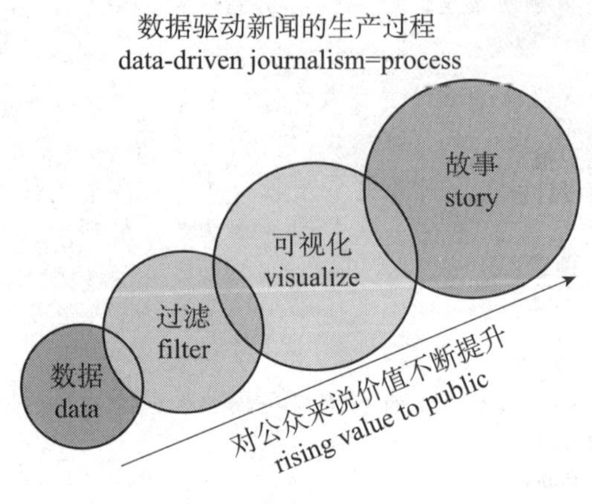

图2-7　数据新闻的制作流程图

资料来源：LORENZ M. Information architect. [2024-06-26]. http://www.mirkolorenz.com/?id=6.

以《卫报》制作数据新闻的步骤为例，“数据博客”的前主编罗杰斯总结其操作流程包括四步：分享数据（share data）、电子数据表（spreadsheets，即整理与筛选数据）、分析数据（perform calculations on the data）和呈现数据（output data）（见图2-8）。谷歌的凯瑟琳·赫尔利（Kathryn Hurley）在准备参加奥莱利媒体举办的年度Strata大会（该会议的宗旨是“让数据运转”，“用数据改变世界”）时对该报“数据博客”频道的工作流程和方法进行了为期一周的观察，她总结《卫报》数据团队工作的三个步骤：获得数据、讲故事、分享数据。[①] 比较这两个关于同一团队的经验总结，罗杰斯所说的前两个步骤被赫尔利合并为“获得数据”，后两个步骤则被赫尔利视为“讲故事”。虽然赫尔利所说的“分享数据”的理念渗透在制作过程中，但具体工作则将在下一个数据新闻的“传播”环节里完成。

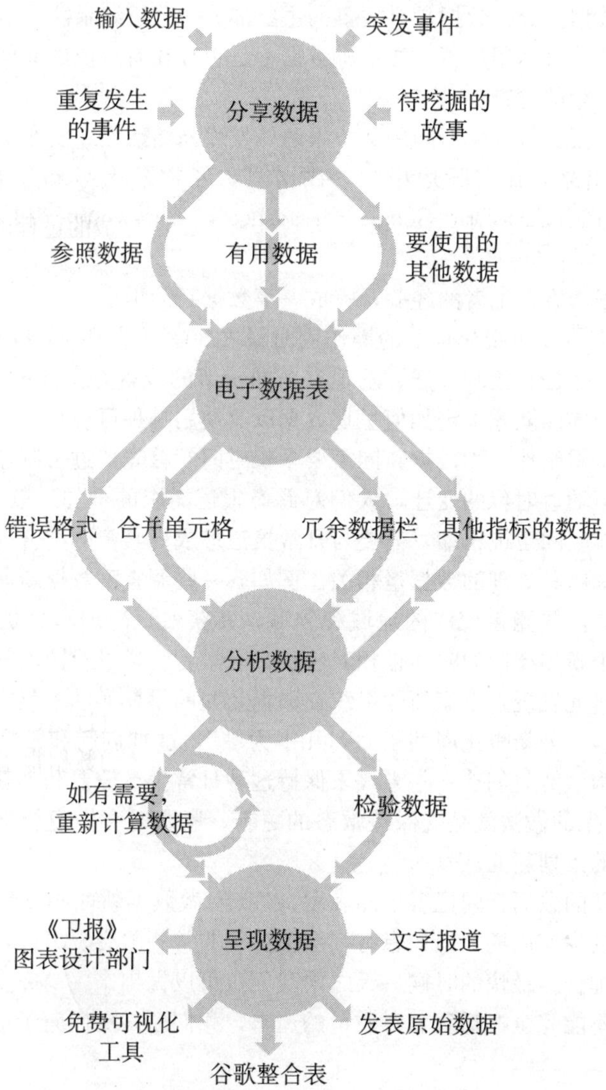

图2-8 《卫报》数据新闻的操作流程图

资料来源：该流程图由《卫报》图表设计师马克·麦考密克（Mark McCormick）设计，参见ROGERS S. Data journalism broken down：what we do to the data before you see it.（2011-04-07）[2024-03-29]. http：//www.theguardian.com/news/datablog/2011/apr/07/data-journalism-workflow。

① HURLEY K. Think like a data journalist.（2012-11-14）[2024-03-29]. https：//www.theguardian.com/news/datablog/2012/nov/14/think-like-data-journalist.

下面结合对上述两者的观察，总结该报制作数据新闻的具体步骤以供大家参考。

（1）发现和获取数据。《卫报》获取数据的来源多样：当数据团队察觉到重要的新闻事件时，记者、编辑就会到互联网上搜索相关的数据；同时，记者、编辑还经常关注包括国家统计局（Office for National Statistics）和世界银行（World Bank）等政府数据库和公共数据源，以从数据中找到潜在的待挖掘的故事。

（2）整理和清洗数据。获取数据后记者、编辑要对数据进行初步的分析，识别数据的用途，看其能否与其他数据源相互关联，能否展示在某个时段内的变化趋势。在分析的基础上对数据分类整理，通过 GoogleRefine（现更名为 OpenRefine）和 Data Wrangler 等工具对数据做初步处理，清除无用信息，将有用数据、参照数据和关联使用的其他数据录入电子数据表，为进一步分析数据做准备。

（3）分析数据。分析数据是讲故事的主要部分，分析结果能帮助大众理解故事和数据。这个环节将运用运算方法找出数据中是否存在有价值的新闻，并对整个分析过程做细致完全的检查。

（4）呈现数据。将数据新闻用文字报道、发表原始数据、发布信息图表、可视化等方式呈现出来。在实际运用中，数据团队经常采用 Google Fusion Tables、Google Maps API、CartoDB、Google Spreadsheets、Datawrapper 和 Tableau 等数据可视化工具。

根据“数据博客”记者的经验，完成一篇数据新闻报道，花在搜集和筛选数据上的时间占到70%，可视化环节的操作用时只占30%。在那70%的时间里，数据新闻团队要完成数据收集和筛选、发现有新闻价值的线索并据此整合数据等工作。完成后，数据新闻团队才决定如何呈现数据以及使用哪种可视化工具。①

采用这些步骤制作一则数据新闻需要多长时间？首先，过去制作一则数据新闻至少要数天，但随着时代的变迁，人们对此类报道需求的增加，以及技术的革新，数据新闻的制作时间也被压缩，需要与日常报道形成更紧密的配合。其次，这与数据新闻的报道选题和处理的数据量相关。例如，一些调查型数据新闻的数据需要通过采访调查获取，并涵盖较广的地域和领域，其获取、清理和分析数据的时间较长，会导致整个新闻产制的时间也相对较长。有学者曾通过对国内三家新闻组织采纳数据新闻的研究发现，三家新闻组织在数据新闻的早期实践中就“迅速将其纳入常规化的轨道”，“创新孵化周期压缩到几乎为零”，这种创新和常规化约束之间的矛盾使这些机构“努力创造一些方式来保持这种日常生产需要和创新需要之间的平衡”，其中最常见的做法就是既保持常态的更新，紧跟时事做短线项目，又挤出时间做一些长线的策划新闻。②

例如，财新的数据新闻记者杨涵表示：“我们做数据新闻相比纯文字报道，必定会包含更长的生产周期。但如果有社会关注度非常高的突发事件，我们也会在内部进行多人员配合，最快的时候一天之内我们也可以做出来一篇完整的报道。但追求时效可能并不能完全概括我们对质量的追求，我们还是更倾向于把一个报道做深

---

① ROGERS S. A data journalism workflow. (2013-01-27) [2024-03-29]. https://simonrogers.net/2013/01/27/a-data-journalism-workflow/.

② 李艳红．在开放与保守策略间游移：“不确定性”逻辑下的新闻创新：对三家新闻组织采纳数据新闻的研究．新闻与传播研究，2017（9）：40-60，126-127.

【案例】 完成一个视频类数据新闻项目需要几步?

在视频类数据新闻项目中,除了前面所述的各个环节,还需要加入前期的拍摄、分镜设计、找画面素材、配音以及后期动画制作、合成素材、合配音音效和背景音等流程。分工更细,流程更为繁复。

据中央广播电视总台新闻中心经济新闻部记者刘佳昕介绍,如图 2-9 所示的流程图“是比较初级的制作状态,现在现实中的版本是,面对突发选题,流程可能会压缩到 48 小时甚至更短的时间内,分镜和后期动画有可能同步进行。还有很多情况下,有前端代码的同时操作,面对更复杂的需求,还需配合绿幕背景下的前端开发、录屏,再动画合成等”①。

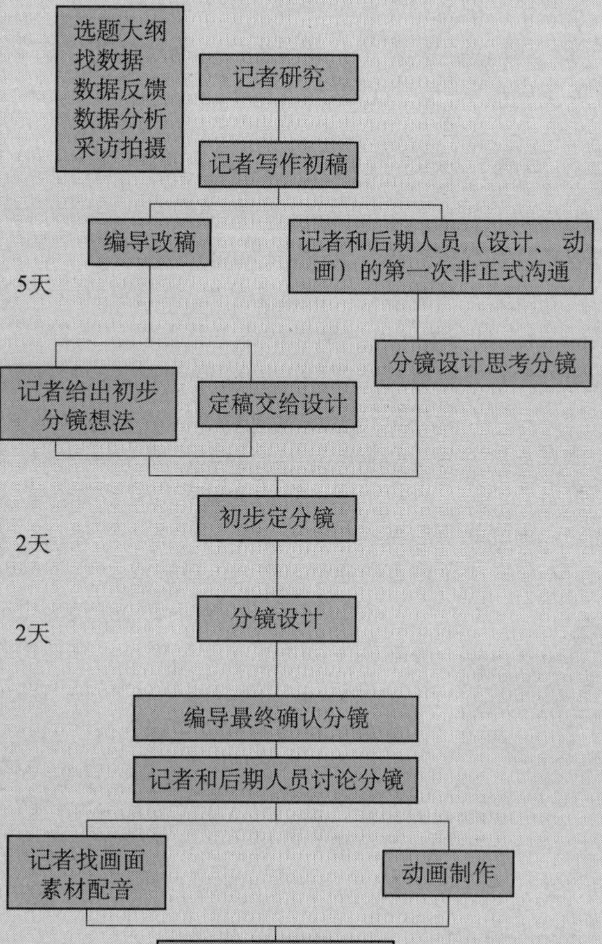

图 2-9 视频类数据新闻的制作流程图示例

① 参见 2023 年 11 月对刘佳昕的采访。

入一些。”财新网助理总编辑耿铭钟则说：“我们目前最快的是关于疫情政策图解的报道，疫情刚放开那段时间出台了很多政策，我们会快速地做一下比如‘二十条’‘新十条’之间的区别对比。长期选题就是我们一直坚持的策划类选题，我们会采访专家，让数据更翔实。”①

南都大数据研究院的做法也与之相似，“我们对时效的要求非常高。比如《精算狮》栏目是希望当天落地的，根据当天热点迅速地进行二次落点和数据延展，当天完成产品生产并发布。不过有时候数据挖掘并非那么容易，当中可能遇到各种各样的状况，产品制作时间延长，未必能当天发布。当一个热点新闻已经过了一天，这个时候我们会思考这个落点是不是已经滞后，是否还有新闻价值，于是我们可能会去寻找另外一个新的角度来呈现，重新做延展。在报道社会热点的数据新闻之外，我们也会推进大型数据新闻策划以及长期数据产品选题，有一些深度新闻观察选题，是基于南都数据库长期挖掘、积累的数据基础。比如聚焦2023年大热的演唱会经济，我们基于长期从互联网平台上采集的演唱会票价等数据，进行数据深度观察产品生产，获得很好的反响”②。

三、传播：决定数据新闻影响力的关键环节

数据新闻的传播是由媒体成品到流通环节的关键步骤。在互联网时代，新闻传播界需要用“互联网思维”来取代传统的传播思维，其中最重要的一点即尊重用户的体验。在过去，传媒奉行“内容为王”，一度认为生产出内容过硬的新闻报道就是传播的关键，但是，“互联网讲的不是把东西卖给谁，而是如何提供有价值的服务，和我的用户永远保持连接”③。在这种背景下，不仅“内容为王”，而且传播平台的搭建、与用户关系的构建都成为新闻传播业改变运作模式所必须思考的环节。因此，激发受众参与（audience engagement）成为新闻业的重要使命，新闻从业者对媒体的价值链进行了重新审视，将受众放在媒介产品生产、传播，媒介机构建设的重要地位，围绕受众的需求和体验对新闻产品进行设计。从这个角度看，数据新闻的影响力不仅取决于内容的质量，也与传播技术、形式、渠道等多重因素密切相关。

> **你怎么看**
>
> 为什么说传播是决定数据新闻影响力的关键环节？

对数据新闻传播环节描述较为全面和细致的是前文提及的互联网专家保罗·布拉德肖，在他绘制的数据新闻操作架构图中明确标示了“制作”和“传播”两个不同的环节。在这幅名为“数据新闻的倒金字塔结构”（The Inverted Pyramid of Data Journalism）的图中，左边的倒金字塔标注了类似劳伦兹所绘的制作流程，包含了“编辑”“清理”“情境”“综合”等步骤，通过这些环节逐步生产出一则数据新闻（见图2-10）。与劳伦兹不同的是，布拉德肖的图形中特别强调了“传播”的环节，为此他专门写了一篇博文详细说明这一环节。④

---

① 参见2023年8月对财新数据新闻团队的采访。

② 参见2023年8月对南都大数据研究院秘书长凌慧珊的采访。

③ 白雪．周鸿祎：互联网思维是常识的回归．中国青年报，2014-10-08.

④ BRADSHAW P. 6 ways of communicating data journalism（the inverted pyramid of data journalism part 2).（2011-07-13）［2024-03-29］. http：//onlinejournalismblog. com/2011/07/13/the-inverted-pyramid-of-data-journalism-part-2-6-ways-of-communicating-data-journalism/.

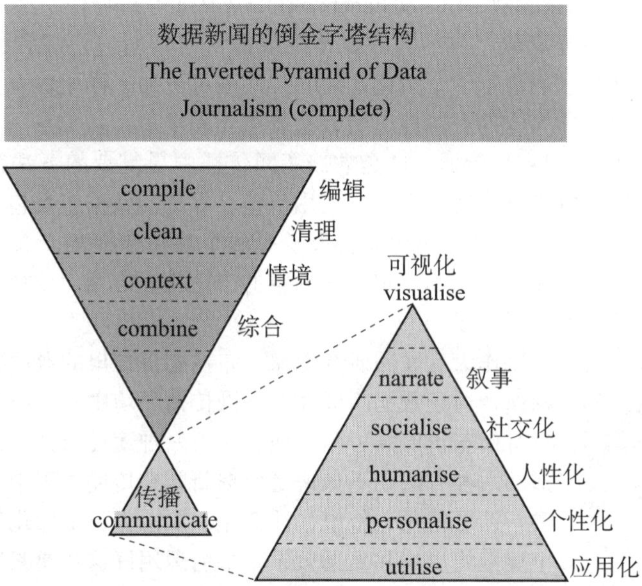

图2-10 保罗·布拉德肖的数据新闻操作架构图

资料来源：BRADSHAW P. The inverted pyramid of data journalism.（2011-07-07）[2024-03-29]. http://onlinejourna lismblog. com/2011/07/07/the-inverted-pyramid-of-data-journalism/. 此处采用章戈浩所做的汉化图，参见章戈浩. 作为开放新闻的数据新闻：英国《卫报》的数据新闻实践. 新闻记者，2013（6）：7-13。

布拉德肖认为数据新闻的传播有六种途径：

（1）可视化（visualise）传播。可视化是传播数据新闻最快、最高效的途径。它的缺陷是人们一般不愿花费时间细读信息图，因而虽然传播有效，但用户参与度差。运用可视化传播需要可视化作品提供消息来源的链接，并确保用户点击链接后能看到可视化图表所包含内容之外更为丰富的信息材料。

（2）叙事（narrate）传播。虽然传统的叙事方式在数据新闻传播领域所用范围已经很狭小，但用心写作的新闻故事依然能够吸引用户。采用这种方法进行传播时要注意增添报道的意义，让用户感受到与数据相关的联系。

（3）社交化（socialise）传播。除了可视化信息图表能在社交媒体快速传播外，数据本身也适合社交媒体的传播。一些媒体尝试通过社交媒体终端进行传播，如ProPublica的App终端可为用户提供基于其在Facebook属性的个性化产品；还有一些媒体在制作数据新闻时就引入用户的参与，采用众筹的方式在社交媒体获取用户给予的数据，当此类新闻传播时，用户也会基于之前的参与而更加积极地在社交媒体分享报道。

（4）人性化（humanise）传播。这里所谓的“人性化传播”主要指两点：第一要增加基于计算机制作的动画表格的使用频率，布拉德肖认为这种动画新闻可以减少人们获取数据报道的压力，使报道以更加形象的方式解读数据。第二要增加采访个人受数据影响的案例，让庞大的数据故事对个人的影响以典型的个体案例的形式呈现出来，而不要让数据湮没于总体数据概述这种宏大叙事中。

（5）个性化（personalise）传播。互联网时代为个性化传播提供了多种方式：一是互联网为新闻报道的传播提供了诸多交互方式，数据报道可以采用这些交互方式，当用户输入不同的关注要素时，报道可提供基于用户关注细节的差异化内容。二是提供基于地理特征的个性化内容。用户通过选择自己所处的地理信息（如邮政编码、地区代码等），可以找到与所处地域相关的针对性报道。三是提供完全基于用户兴趣的内容，网站通过测试用户的兴趣推送其感兴趣的内容。四是和第三方站点（多为影响广泛的社交媒体，如Facebook、Twitter等）合作，通过它们提供的用户属性描述和地理定位，在不同的媒体终端提供迎合用户喜好和所处地域的新闻。随着互联网技术的进步，个性化传播的方法还将更加多样化，而且个性化传播和社交化传播也存在一定的交融性，两者总是相伴相生。

（6）应用化（utilise）传播。这是数据新闻传播中最复杂的方法，因为它要求为报道提供某种数据工具，使数据更具实用价值。常见的数据工具包括计算器和基于GPS定位的地理数据工具。应用化传播总是和个性化传播相交叉，但是应用化传播更关注数据的实用性，而不一定专注内容的个性化。应用化传播也常和可视化传播等其他传播方式一同出现。

你怎么看

作者认为布拉德肖提出的数据新闻传播的六种途径实际上是指其在传播过程中的六个关键要素，你赞同这种说法吗？

作为互联网研究专家，布拉德肖提出的数据新闻传播的六种途径对于数据新闻在互联网传播环境中的发布与扩散提供了具有借鉴价值的思路。他所说的六种途径与其说是数据新闻传播的六种方法，不如说是数据新闻在传播过程中需要关注的要素，即可视化、叙事、社交化、人性化、个性化和应用化等六个要素将影响其传播效果。如何运用好这些要素以促进数据新闻的传播，如何在制作和传播数据新闻的过程中考虑上述要素的作用，如何在报道中增加某个或是某些要素并使其尽可能发挥作用，实际上是数据新闻团队对多种传播渠道进行整合时所要思考和解决的重要内容。

第3节　数据新闻团队的发展趋势与基本构成

数据新闻报道可以由某个记者、自由撰稿人或研究者独立完成，也可以由一个团队协同合作生产。这种团队工作模式类似于广播电视的新闻报道，与传统纸媒的新闻报道有所区别，后者的采写工作多由记者独立完成，编辑主要起策划、把关和后期加工的作用。

一、数据新闻团队的发展趋势

根据欧洲新闻学中心2022年①和2023年②发布的针对全球数据新闻从业者的问卷调查，除了《经济学人》、《纽约时报》、《金融时报》、路透社、BBC等全球知名的新闻机构拥有数十人以上的数据团队，大多数被调查者所在机构中数据新闻团队的规模为3～5人，其次则为1～2人。43%的数据新闻项目由2～5人完成，相对的，还有33%的项目由1人独立完成，而大型团队合作的项目并不多，只占7%。

以拉美地区为例，一方面该地区“从事数据工作的记者投入了时间、精力和资源，以追求进一步掌握和理解技术的技能，从而挑战自己，克服缺乏资源和人员的状况”。这类数据新闻团队不急于聘请其他专业人士，单个成员就能成为“一人乐

① ABELLÁN A. State of data journalism survey 2021：11 surprisinng findings.（2022-02-16）[2024-01-22]. https：//datajournalism. com/read/blog/data-journalism-survey-2021#small.

② ABELLÁN A. Top 10 insights from our 2022 state of data journalism survey.（2023-02-15）[2024-01-22]. https：//datajournalism. com/read/blog/keypoints-data-journalism-2022.

队”，负责多项职能。另一方面，类似阿根廷《民族报》（*La Nación*）这样的传统新闻机构则拥有强大的数据新闻团队，团队由技术专家、记者和其他背景的专业人士构成，且主要以女性为主，与一些人认为的“技术会带来长期边缘化女性的有毒文化”的发展方向相反。①

国内的情况比较相似。在我们调研的数据新闻团队中，南都大数据研究院的规模最大，有 40～50 人。其主要由三个部门构成：数据研发部、政商数据部以及可视化部。数据研发部的日常工作包括数据新闻和智库产品（包括调研报告、榜单测评、民意调查等）开发、数据应用生产，以及智媒活动组织等。每位团队人员其实都会参与这些工作，没有非常明确的分工，但每个人会有各自相对精准的研究领域，也形成不同的课题团队，比如音视频直播研究小组、数字政府研究小组、网络及数据安全研究小组、营商环境问效研究小组、网络内容生态治理研究小组等。除了南都大数据研究院，《南方都市报》其他一些部门也在开展智库研究，比如北京新闻中心设置了个人信息保护研究中心，针对网站与 App 的隐私政策进行合规测评，已积累数万条测评数据，举办超过 20 场主题研讨，发布《个人信息安全年度报告》等对社会有益的调查研究成果，这些也是《南方都市报》智媒转型成果。②

澎湃也有一支人员配备较为全面的数据团队，截至 2023 年 7 月，共有 23 位成员，比 2018 年调研时的人数有所增加。这个团队分为两个组：数据组和动画组。其中数据组有 1 名主编、6 名数据编辑（其中 1 名是湃客《有数》栏目编辑）、2 名设计师和 2 名开发人员；动画组有 1 名主编、4 名动画编导、2 名 3D 建模师、3 名多媒体设计师，还有 2 名插画师。③

有的机构拥有多个数据新闻团队，分布在不同部门。如《新京报》的数据新闻产品形态较为丰富，除了涵盖日常新闻热点、社会性议题的《图个明白》《有理数》栏目是由数据新闻团队负责，还有数读财经内容隶属于“贝壳财经”部门，数据动画视频属于“动新闻”部门。

与此同时，也有一些团队的人员在收缩，或者一直保持一种比较小的规模。如 2018 年调研时拥有 20 人左右的财新数据新闻团队目前收缩到 5 名固定成员，“之前我们的设计和写稿是分开的，现在团队中两位数据新闻记者可以自己作图、写稿，变成一体化了”④。网易《数读》栏目、腾讯新闻谷雨数据等机构则一直维持着小团队的规模，前者“团队内包括内容编辑、视觉设计师、前端工程师、数据采集师、视频制作人员五个工种，还会有一些外部作者”⑤，后者则“纯粹是一个编辑主导的小团队”，需要与外部撰稿人展开紧密的合作。⑥

总结数据新闻团队的构成，我们发现有三个较为明显的趋势：第一，出现了比较显著的两极分化：一部分大型媒体因实力雄厚，资源丰富，创新驱动力较强，构

---

① DE-LIMA-SANTOS M-F，MESQUITA L. The strategic value of data journalism//SALAVERRÍA R，DE-LIMA-SANTOS M F. Journalism，data and technology in Latin America. Switzerland：Palgrave Macmillan，2021：111－112.

② 参见 2023 年 8 月和 2024 年 3 月对南都大数据研究院秘书长凌慧珊的采访。

③ 参见 2023 年 7 月对澎湃新闻数据新闻主编吕妍的采访。

④ 参见 2023 年 8 月对财新数据新闻团队的采访。

⑤ 参见 2023 年 6 月对网易《数读》栏目主编巫雨松的采访。

⑥ 参见 2023 年 8 月对腾讯新闻谷雨数据编辑郝昊的采访。

建了规模较大的数据新闻团队；而不少媒体则比较谨慎地收缩规模，将人数控制在四五人之内。第二，一些数据新闻团队虽然人员较少，但他们通过将项目的某一个或多个环节外包给机构内其他部门，或者其他社会机构和个人，从而实现正常的运作。例如网易《数读》栏目和腾讯新闻谷雨数据都属于此类，他们的外部作者主要来自机构外。还有的团队会寻求机构内部的合作，如中央广播电视总台新闻中心经济新闻部的数据新闻团队，日常有 2 个制片人、4 个数据记者、1 个实习生、2 个后期制作人员，一旦要完成专题片之类的大项目，则会“以我们团队为推动力量，调动台属公司，我们这边是做内容生产、样片把控，像是一个孵化器，动画剪辑以及连带后面可外包的内容就给外包去做。我也会用自己的人脉，比如说让之前认识的两三个开发人员去帮我们写一些代码，可能看到我们的团队是 2＋4＋1＋2，但其实为我们这个项目工作的人远不止这些，外包人员没办法算，他们可能是我们团队的 2 倍或 3 倍”。尽管如此，“我们发现制作和开发都是好外包的，重要的需要传承力量的、需要内部沟通的就是数据新闻记者。这个人才是最核心最重要的，要去培养去细心抓好团队的一个部分”①。第三，数据新闻领域正涌现出越来越多的自由撰稿人，他们往往一个人就能胜任多重角色，可独立完成整个数据新闻项目。例如拥有自媒体账号“照路明”的自由撰稿人赵鹿鸣在国内的数据新闻圈小有名气，他喜欢一个人的工作风格，一般创作一篇稿件的周期在 3～5 天，曾为多家数据新闻机构供稿。在他看来，数据新闻领域会有更多自由撰稿人，因为“数据和可视化可以看作数字新闻业的工具箱之一，转型不只是发生在数据新闻机构内部，而且是整个数字新闻领域。合作撰稿会成为一个非常重要的渠道。一方面可以补充机构的生产量，另一方面维持机构的韧性。当记者没有精力去完成一些选题时，可以采取合作转移的方法完成”②。

二、数据新闻团队的基本构成

结合国内外的数据新闻实践，一个基础的数据新闻团队至少需要包含以下三类专职人员。

（一）团队决策人/负责人

团队决策人/负责人也常被称为“主编”或“产品经理”，他们承担整个数据新闻产品的内容设计和制作的决策和管理，协调与进度控制，是一个数据新闻团队的领导者。他们应该善于进行流程管理，做好不同角色成员之间的沟通和协调，并激发出成员的创造力。

一个优秀的团队决策人首先应该是一个好的数据记者/编辑。2013 年 5 月，曾创建英国《卫报》网站的西蒙·罗杰斯转投推特旗下（现已为谷歌旗下），成为该公司的一名数据编辑，这一度成为当时业界一大新闻。这与罗杰斯在《卫报》的杰出表现不无关系，其早在 2005 年担任该报新闻编辑之时，就致力于沟通编辑部门和信息图制作部门，将新闻可视化。2009 年，在总编的鼓励下，罗杰斯创办了《卫报》的“数据博客”，并开设“数据商店”。他秉持“开放新闻”的理念，发起

① 参见 2023 年 7 月对中央广播电视总台新闻中心经济新闻部记者刘佳昕的采访。

② 参见 2023 年 8 月对赵鹿鸣的采访。

众包新闻和向受众开放海量的报道原始数据。“数据博客”对数据进行分析并可视化，关于维基解密和英国骚乱的数据报道使这家报纸成为数据新闻界的佼佼者。同时他写作《事实是神圣的：数据的力量》一书（见图2-11），推广《卫报》数据新闻操作的经验。《卫报》的数据新闻获得了诸多大奖，而罗杰斯的表现也为其赢得了荣誉，其中包括英国皇家统计学会（Royal Statistical Society）颁发的“运用统计学的卓越新闻奖”（Journalistic Excellence in the Use of Statistics），牛津大学牛津互联网学院（Oxford Internet Institute）颁发的“英国最佳互联网记者”（Best UK Internet Journalist）称号等。

图2-11 西蒙·罗杰斯编著的《事实是神圣的：数据的力量》一书封面

（二）数据记者/编辑

一个好的记者应该具有新闻敏感性，善于调查采访，揭露事实真相，能够写作和报道故事，引导公众参与。数据记者/编辑的职责与一般记者/编辑相似，他们承担确定新闻选题，从新闻的视角分析和编辑数据的工作。他们应该善于发现数据中有新闻价值的元素，拥有很好的传播沟通能力，懂得如何将数据中隐含的信息挖掘出来，从用户的视角赋予数据以故事情节，使之成为具有吸引力的报道。

数据记者/编辑需要掌握怎样的技能？

早在2010年，“在线新闻博客”的保罗·布拉德肖就提出数据记者应该有以下四项技能。①

第一，寻找数据的能力。拥有专业知识，掌握计算机辅助报道的基本技能，并懂一些运用MySQL或Python获取数据的技能。

第二，处理数据的能力。了解和数据处理相关的专业术语、背景和相关知识，会统计学，能熟练使用电子数据表。

第三，数据可视化的能力。布拉德肖认为可视化设计和编程的工作过去由专业人士承担，但现在越来越多的记者/编辑开始掌握这些技能，这说明记者/编辑们逐

① BRADSHAW P. How to be a data journalist.（2010-10-01）[2024-03-30]. http://www.theguardian.com/news/datablog/2010/oct/01/data-journalism-how-to-guide.

渐意识到这项能力的重要性，也说明编程和可视化并不像我们想象的那么困难。

第四，混搭数据的能力。运用 Many Eyes 或 Yahoo Pipes 之类的工具对数据进行融合分析和呈现。

国内研究数据新闻的学者沈浩也认为，“如果新闻记者不具备良好的数据新闻素养，一是会造成重要信息的遗漏，二是会得出错误的结论而误导受众。因此，具备良好的数据新闻素养，是数据新闻记者应该具备的首要能力”。他总结数据记者应具备的素养包括三个方面：有效地获取数据，科学地分析和解读数据，准确直观地传达数据。他提倡“在大数据时代，数理统计、计算机编程等理工类课程也应纳入新闻教育课程体系中来”①。

也有专家认为数据记者/编辑未必需要掌握编程等复杂技能，但他应该明白自己在一个团队中的角色定位，掌握一些基本的信息搜索、数据挖掘和分析、可视化呈现的技术，从而能与数据工程师和可视化设计师进行有效的沟通，表达自己的意愿和需求。

西蒙·罗杰斯就认为：“你可以做一个顶尖的程序员。但是最重要的任务是你能用记者的视角看数据，而不只是以分析师的视角看数据。你要能识别数据中有哪些有趣的内容，有哪些富有新意的内容，如果将内容与其他资料联系起来会产生怎样的结果，能回答这些问题才是最重要的。”②

财新数据新闻中心前主任黄晨认为：“记者虽然不必太懂技术，但是需要能够描述目标需求，而且知道对方需要什么。比如他知道一份可以被工程师调用的结构化数据是什么样的，所以他按照这样的内容去整理好数据就可以。但如果配合还不默契，或者说记者不是训练有素的话，他可能不知道该怎样去提炼和整理数据，那就有问题。所以记者可以不懂复杂技术，但应该知道怎么样提供给对方需要的东西。”③

在一项 2016 年展开的针对北京、上海和广州三地数据新闻从业者的调查中发现，受访者认为数据新闻制作中所需各项能力的重要程度排序如下：良好的新闻判断、团队合作、统计分析、写作能力、熟练使用计算机软件、设计能力、采访能力和编程能力。其中被视为传统新闻记者核心的采访能力被降低要求，而编程能力排在末尾，略高于中值。与此同时，该调查还发现数据新闻制作强调不同工种间的协作，具有跨界工作能力的从业者是业界的稀缺资源。④ 而在欧洲新闻学中心所做的 2022 年数据新闻从业者的问卷调查中，被调查者认为最需要培训的是数据可视化技能（78%）和数据分析技能（71%），这也是被调查者最想提高的技能。相对的，虽然有一半左右的被调查者认为机器学习和数据清理（data wrangling）这两项技能的提升很有必要，但只有 13%和 14%的被调查者曾接受过这两个领域的技能培训。⑤

---

① 沈浩，谈和，文蕾．数据新闻记者的数据素养．青年记者，2014（21）：17－18.

② ROGERS S. Data journalism at the Guardian：what is it and how do we do it?（2011－07－28）[2024－03－30]. http：//www.theguardian.com/news/datablog/2011/jul/28/data-journalism.

③ 参见 2018 年 5 月对黄晨的采访。

④ 徐笛，马文娟．中国内地数据新闻从业者调查：基本构成、所需技能与价值认知．新闻记者，2017（9）：22－33.

⑤ ABELLÁN A. Top 10 insights from our 2022 state of data journalism survey.（2023－02－15）[2024－01－22]. https：//datajournalism.com/read/blog/keypoints-data-journalism-2022.

总的看来，虽然学习更多处理数据的技能对于数据记者/编辑越来越重要，但数据记者/编辑更需要培养的仍然是新闻敏感性和判断力，以及从事新闻报道的能力。正如美国迈阿密大学传播学院教师，知名的数据可视化专家阿尔贝托·开罗（Alberto Cairo）所言："我给数据新闻专业的从业者和学生的建议是，永远不要忘记，数据的背后是人，这是我们的核心目标。不要只关注编码和编程技术，因为这些都是很快就能理解的，应该尝试学习系统化的数据统计，采取人文主义的视角理解数据。数据新闻不是为了呈现数据，而是为了服务于数据所呈现的那些人、为了告知公众。数据只是一种媒介、一种实现目标的手段，而目标是理解，即一个群体用他们的理解去实现一些事情，这将是最终的目的。之后显然需要学习编码、学习设计、学习编程，这些是坚实的工具，这对任何人都是有用的。但不要忘记数据只是一个来源，就像与人交谈一样，可以说是各种信息来源中的一种。所以永远不要忘记新闻业的主要目标是什么。"①

（三）可视化设计师

> **你怎么看**
>
> 你怎么看待数据记者/编辑应具备的基本技能？

可视化设计师有时也被称为"信息设计师"或"视觉设计师"。他们负责整个数据新闻产品最终的呈现形态和传播平台的构建。他们是报道和用户之间沟通的桥梁，完成一则数据报道最后的雕琢工作。可视化设计师应该了解数据新闻记者的报道需求，并掌握认知科学知识，了解用户喜欢怎样的信息呈现方式。他们同时还能以美观、充实、新颖、高效的方式对报道形态进行精雕细琢，在赋予报道传播效力的同时给予其一定的艺术表现力。

国内的财新是数据新闻实践领域中的先行者之一，于 2013 年开设了"数据新闻与可视化实验室"，实验室前设计师、视觉艺术家任远曾在一篇名为《做数据新闻的体会》的文章中谈及可视化设计师应具备的能力时这样写道：

> 可视化设计师和传统的 UI 设计师、平面设计师、交互设计师有些区别。作为可视化设计师首先要学会分析数据，具有一定的数学统计思维，因为你在对数据可视化的时候需要了解你所设计的图形图表，或者是更大的展示系统是基于什么数据结构体现的。没有清晰地理解数据结构和数据关系，你是无法设计出正确的可视化系统的。你还需要有交互设计的理论，这样可以正确引导你用各种交互手段来把数据结构化到视觉框架层面，整理出用户正确理解和分析数据的逻辑。还需要一些视觉设计方法，帮助你用很美观的视觉语言来展示数据。这里的视觉设计比传统平面设计更严谨，在进行视觉设计时，应用的对比、平衡、韵律等设计手段都要符合数据结构和数据关系。还要了解程序知识，编程思想可以很好地帮你建立结构化的逻辑思维，有利于你前期理解数据和进行可视化设计。另外还可以利用程序生成设计的方法来做可视化设计。所以我认为一个优秀的可视化设计师需要同时具备数据分析、交互设计、视觉设计和程序开发的知识。这也是我一直以来寻求的目标和方向。②

---

① 林思婕，陆奕钒，周钰千，等．数据新闻和传统新闻，没那么不同 | 专访 Alberto Cairo.（2023-02-22）[2024-03-15]. https：//mp. weixin. qq. com/s/Omg56TO8SCgSObeeszfaRw.

② 任远．做数据新闻的体会．（2013-12-21）[2018-12-10]. http：//datanews. blog. caixin. com/?p=29.

而在2022年的一篇访谈录中，任远谈及做数据新闻设计时应遵循“适合”的原则，“我觉得做数据新闻的原则就是适合。报道一件事情时，如果它完全可以用文字描述，你就用文字描述；你觉得有一些数据需要展示，可以用简单的图表展示清楚，你就用最简单的图表静态地去展示出来；你觉得可能有一些内容讲不清楚，需要动态展示，那你就添加一些动态效果；当你觉得有一些必须要用户交互的时候，再加交互。做数据新闻的思维过程，不是一上来就说我要把它做成数据新闻，做成交互产品，做成多媒体的东西。数据新闻应该是用数据来辅助新闻报道，而不是为了炫而炫”①。

由此可见，成为一个数据新闻团队的可视化设计师需要具备多种技能，这已超过了传统媒体的美编或视觉设计人员的基本技能需求。因而当下传媒转型期间设立数据新闻团队，找到合格的可视化设计师亦是一件难事。

拥有以上基础人员配备的团队，就可以完成图文类数据新闻作品了。有些可视化设计师会编程，能做前端开发，这样还能实现交互设计效果。上述三种角色在构建完整的数据新闻团队时不可或缺，但是值得注意的是，这些角色之间并不是泾渭分明的，有时也存在着相互融合和转化的可能。比如一个优秀的数据记者/编辑不仅仅善于从新闻的视角发现选题和讲新闻故事，也能够较好地掌握数据技术人员拥有的数据获取、清理和分析的技术，能有效地获取数据、科学地整理和分析数据。甚至他们还可能是可视化设计师，能够设计出用户喜爱的可视化产品。

（四）其他角色

然而，如果媒体要做较多的交互项目，则需要考虑专职的开发人员。一般而言，前端开发人员往往是具有专业技术背景的数据工程师。数据新闻团队中的工程师主要有两种：一种是前端工程师，他们的工作重点是做页面设计和实现交互。做前端开发需要了解用户的使用习惯，做符合用户浏览习惯的页面，在一些新闻应用和交互作品的设计中也经常需要前端工程师的加入。另一种是后端工程师，他们的工作重点是负责后台维护以及与大数据相关的数据挖掘工作。

韦梦是财新数据可视化总监，曾在财新的多个数据新闻项目中担任开发角色。她表示：“交互的生产流程与一般类型稿件的制图和文案前期有相似之处，而特殊之处在于：（1）设计师和交互的前端开发人员会更早介入项目流程。负责交互的开发人员会先从互联网产品或H5的角度做原型草图，将每个页面的架构、交互产品的实际操作形式画出来，回过去让记者给每一部分填充需要的相应内容。（2）需要一个比较漫长的测试流程，会找组里的同事请大家用不同型号、品牌的手机测试，看看是否会有bug。静态图和文字放在任何手机上都相似，但H5经常会因为不同手机而有不同的bug产生。”②

不仅仅是交互类数据新闻，一些生产视频类数据新闻的团队，所需的人员分工更细更多。例如，前面提及的澎湃数据新闻团队，除了数据编辑、设计师、开发人员，还拥有动画编导、3D建模师、多媒体设计师和插画师等角色。而在《美数课》

---

① 程柏冰，等．数据新闻十年访谈录｜任远：不会做新闻的数据工程师不是好艺术家．(2022-05-03)[2024-03-15]. https://mp.weixin.qq.com/s/tvIM6k3TbpXNjC0sp07f4w.

② 参见2023年8月对财新数据新闻团队的采访。

栏目的一则视频类数据新闻的版权页上，一共有监制、编导、文案、分镜、制作、拍摄、调色、配音、音乐等九个工种，这还没有将一些作品中的数据分析、动画制作、剪辑等角色包括在内。

在数据新闻团队中，还有一类非人工行动者，它们所起的作用亦无法忽视。如伴随人工智能技术的发展，一些数据新闻团队开始开展与 AI 的合作，在选题策划、数据采集分析、作品设计等环节充分利用 AI 技术进行人机协作。例如 CGTN 的《穿越千年来见你》① 结合 AI 技术详细、生动地介绍了中国传统文化，设计充满趣味性，能带给受众很强的沉浸感。澎湃《美数课》栏目的作品《图解｜一票难求的上影节，近十年怎样走过?》② 则将如何与 AI 协作的过程记录在后记中，颇具启发性。这或将成为未来数据新闻团队构成的一种趋势。而这样一种构成背景多元和复杂的团队会形成各具特色的亚文化，这种数据新闻团队的亚文化如何与整个新闻机构的文化相融合，正成为业界和学界所关注的话题。

综上所述，媒体往往根据自身的定位需求来构建数据新闻团队，最精简的团队可以少数人为主导，在重大项目中开掘外包资源，这样能降低操作的成本，但对团队成员的要求较高，往往需要一专多能；而一个规模较大的团队可以分工细致，便于同时应对日常和创新项目，但这类团队人员成本较高，回报也更高。

你怎么看

你觉得数据新闻团队的未来发展趋势是团队越来越小，人员趋向一专多能，还是团队越来越大，走向更加细分?

【本章小结】

本章介绍了数据新闻的类型，制作数据新闻的步骤与关键环节，如何组建媒体的数据新闻团队。对数据新闻类型的区分有利于我们了解不同类型的数据新闻在实践操作中具有哪些不同的特点。数据新闻的操作流程与传统新闻报道的操作流程既存在相同之处，也存在差异，其以确定选题作为第一步，并以对数据的处理为核心，尤其需要关注传播中的六种要素。对于大型媒体而言，建立一支完整的数据新闻团队显然更有利于此项业务的开展，但这并不意味着中小型媒体就无法投入数据新闻报道，书中也介绍了相应的解决方案。

【本章学习与思考】

1. 列举近年来给你印象最深的“大数据新闻”作品，并说明理由。
2. 找一家媒体的数据新闻栏目，看看哪种类型的数据新闻在该栏目中占据主体? 为什么?
3. 找一个数据新闻案例，通过采访深入了解数据新闻的制作流程。
4. 人工智能将在数据新闻团队中扮演怎样的角色? 为什么?
5. 你认为数据新闻人才应具备哪些素养和能力?

---

① CGTN. History traveler. ［2024－01－22］. https：//historytraveler. videostory. com/story.

② 陈志芳，卫瑶．一票难求的上影节，近十年怎样走过?．（2023－06－09）［2024－01－22］. https：//mp. weixin. qq. com/s/2xtB-ynFnF2xW916f68Orw.

第 3 章　数据与选题

本章着重解决两个问题：一是解答“什么是数据”的问题，分析数据新闻中“数据”的内涵与外延、构成与分类；二是解答制作数据新闻的过程中“如何找选题”的疑问，介绍结合“数据”找到选题的主要方法，从而解释“数据何以驱动新闻报道”。

第 1 节　理解数据

“数据”是数据新闻概念的核心关键词，要制作数据新闻，首先需要明确什么是数据，其次还需要了解数据新闻中有哪些常见的数据类型。

一、谈谈“数据”一词的翻译

“数据新闻”的概念最早兴起于欧美新闻圈，对于国内来说它是舶来品，在引入和翻译概念的过程中，“data journalism”中的“data”被翻译为“数据”。这种翻译本无可厚非，但是由于汉语和英语在一些词汇上没有完全对等的内涵，实际上汉语中的“数据”和英语中的“data”一词也不能完全等同。“data”一词最早出现于17世纪中叶，是拉丁文“datum”（指“一条信息”）的复数形式，在哲学层面被视为“假定为事实的事物”①。为了解释什么是数据，我们查询了牛津词典，发现它对“data”一词作了如下的解释（为了使读者尽可能了解英文原意，以下采用中英对照的方式）：

“data”是指“facts and statistics collected together for reference or analysis”（收集的用以参考或分析的事实材料和统计资料的集合）。在这个概括性的解释之后，牛津词典进一步解释“data”具有的两重内涵：

> a. The quantities，characters，or symbols on which operations are performed by a computer，which may be stored and transmitted in the form of electrical signals and recorded on magnetic，optical，or mechanical recording media.（计算机可以处理的大量数值、字符或符号，可以电子信号的方式存储和传输，能被磁性的、光纤的或机械的记录介质所记录。）
>
> b. Philosophy：things known or assumed as facts，making the basis of reasoning or calculation.（哲学层面：被视为是能构成推理与运算基础的事实材料。）

由此可见，英文中的“data”具有几个关键特征：其一，它既包括我们所熟悉的统计数值，也包括其他事实材料；其二，它以数值、字符和符号的形式存在，并可被计算机处理，可通过电子信号的方式存储和传输，还可被一些记录介质记录；其三，从本质上看，它是构成推理和运算的基础。

---

① CRESSWELL J. Oxford dictionary of word origins. 3rd ed. Oxford University Press，2021.

与之相比，在汉语中，“数据”一词的内涵显然没有那么丰富。在《现代汉语词典》中，“数据”被认为是“进行各种统计、计算、科学研究或技术设计等所依据的数值”①。尽管对于具有相关领域知识背景或从事数据相关工作的人而言，从广义的角度理解数据并不是难事，但是在大多数人看来，“数据”一词很容易和“数值”画等号。这种狭义的理解从很多媒体的数据新闻作品中可见一斑。不少以“数据新闻”冠名的报道实际上和数据没什么关系，报道中看不到对数据的处理和分析，只是简单罗列了一些数字，或是对数字作了显著排版而已。所以，从某种角度看，将“data”翻译为“数据”，从而将“data journalism”翻译为“数据新闻”，这个过程的确损耗了一定的信息量，容易让人产生曲解。

你怎么看

你如何理解汉语中“数据”一词的概念？你赞同作者的观点吗？

另外，与大陆翻译“窄化”词义相比，香港、澳门和台湾地区等地对“data”的翻译则出现了词义的“泛化”。如将“data”翻译为“资料”，而台湾地区的学者将“data journalism”译为“资料新闻”，在维基百科中称其是“通过对大量数据集进行分析与筛检后来产出新闻报道（故事）的一种新闻进程”②。显然“资料”的这种译法虽然避免了“数据”译法对“data”一词的窄化倾向，但是它无法诠释“data”与现代信息科学之间存在的联系，将所有资料都视为“data”当然也不尽合理。如果按照这样的逻辑，任何新闻报道都离不开对资料的处理，但是却不是所有新闻报道都能称其为“数据新闻”。

二、计算机中的“数据”及相关概念

早期计算机主要用于科学计算，处理和加工的对象往往是表示数值的数字，如今在大数据时代，信息技术快速发展，现代计算机的应用越来越广，能加工处理的对象已经不仅仅是数字，还包括更多形式的数据。因此，专家认为数据是对现实生活的抽象表达，现实生活中的各种信息都可被数据化。

数据已经与我们的日常生活息息相关，如当下流行的一种生活方式——“量化自我”（quantified self），这是一种用各种传感器记录个人身体状态数据的“新运动”，从心跳、体温、血压、心理状态到每天吃的食物、睡眠品质和时间等等都被量化并记录下来以作为调整生活方式的参考。与此同时，世界正在走向“量化生活”（quantified life）的阶段，即我们生活周遭的一切，不只是自己的身体，也包含自己所住的房子、所开的车，甚至走路经过的地方和路边的景色，都可以被收集、量化、记录和分析、应用。从这个角度看，数据源非常广泛。但是来自数据源的信息并不能直接输入计算机进行处理和分析，还需经历数字化的过程，即采用编码的方法将信息转换为计算机可以存储和处理的数据格式。

计算机中的数据包括数值数据和非数值数据两类：数值数据是指可以参加算术运算的数据，而非数值数据则指不能参加算术运算的数据或者无值的数字。计算机

① 中国社会科学院语言研究所词典编辑室．现代汉语词典．7版．北京：商务印书馆，2016：1218.

② 维基百科中对“资料新闻学”词条的解释，参见 http://zh.wikipedia.org/wiki/%E8%B3%87%E6%96%99%E6%96%B0%E8%81%9E%E5%AD%B8。

中所有数据必须采用数字化编码的形式进行存储、处理和传输。而这种编码的形式就是采用“0”和“1”两个基本符号组成的二进制。可以说，二进制是计算机表示数据的方法，也就是一种机器语言。要了解信息如何通过数字化过程转变为数据，需要先谈谈计算机中数据的存储单位。

概念 计算机中的数据包括数值数据和非数值数据两类：数值数据是指可以参加算术运算的数据，而非数值数据则指不能参加算术运算的数据或者无值的数字。

（一）数据的存储单位

1. 位（bit 或 b）

位也称“比特”，是计算机中二进制数最小的单位，也是计算机内部数据储存的最小单位。

一个比特可表示 0 与 1 两种状态，二个比特可表示 00、01、10、11 四种状态，而 n 个比特可表示 2^n 种状态。

2. 字节（Byte）

人们规定 8 位二进制数为一个字节（简称 B，1B=8bit）。计算机中的数据存储以字节为基本单位，常见的信息存储单位有千字节（KB）、兆字节（MB）、吉字节（GB）。其中 1KB=1 024（2^{10}）B；1MB=1 024（2^{10}）KB=1 024 * 1 024（2^{20}）B；1GB=1 024（2^{10}）MB=1 024 * 1 024（2^{20}）KB=1 024 * 1 024 * 1 024（2^{30}）B。

3. 字

在计算机处理数据时，一次存取、处理和传输的数据长度称为字，字是二进制数码作为一个整体参加运算或处理的单位，一个字通常由一个或多个字节构成，用来存放一条指令或一个数据。

4. 字长

字长是指计算机中每个字可包含的二进制的长度。一般来说，计算机在同一时间内处理的一组二进制数称为一个计算机的“字”，而这组二进制数的位数就是“字长”。字长是计算机的一个重要技术指标。字长总是 8 的整数倍，通常计算机的字长为 16 位（早期）、32 位、64 位。

（二）信息的数字化

要用计算机处理信息，就需要将信息数字化。数值数据都需要运用二进制表示，而字符、图像和图形、音频、视频和动画则需通过编码来转换成可被处理的二进制数，从而构成非数值数据。下面简单介绍一下几类信息如何经过编码构成计算机能够存储和处理的数据。

1. 字符

ASCII 码（美国信息交换标准代码）：这是目前普遍采用的西文字符的单字节编码系统。ASCII 码采用指定的 7 位或 8 位二进制数组合来表示 128 种或 256 种可能的字符。标准 ASCII 码使用 7 位二进制数来表示所有的大写和小写字母，数字 0～9、标点符号以及特殊控制字符。

汉字编码：在计算机中，一个汉字通常用两个字节的编码表示，国标码是我国制定的计算机进行汉字信息处理和交换的标准编码。在全部国标汉字及符号组成的 94 * 94 的矩阵中，每一行称为一个“区”，每一列称为一个“位”，区码和位码组合构成“区位码”，从而确定一个汉字或符号。

相比西文字符编码，汉字编码更为复杂，因为键盘上没有汉字，需要输入码来对应，汉字在计算机中的存储需要机内码来表示才能便于查找，而汉字量大，字形多变，还需要对应的字形码来存储。

Unicode编码：由苹果公司发起，为满足跨语言、跨平台进行文本转换和处理所制定的字符集编码，也称“统一码”或“万国码”。

2. 图形和图像

计算机中的图形和图像分为位图和矢量图两种类型。

位图：又称点阵图像、像素图或栅格图，是由称作像素（图片元素）的单个点组成，像素点的信息有序存储到计算机中来保存整幅图的数据。这里的像素是指在由数字序列表示的图像中的最小单位。

位图图像善于重现颜色的细微层次，色彩和亮度变化丰富，可逼真地再现各类实物。但是位图文件庞大，不能随意缩放，一旦放大图像，像素点也会随之放大，而每个像素点表示的颜色单一，放大后就会出现类似马赛克状的图像（见图3-1）。位图图像面积越大，文件字节数越多；色彩越丰富，文件字节数越多。

图3-1　位图示例

常见的位图文件类型包括bmp、png、gif、jpg、tif、psd、pcd、cpt等。同样的图形，存盘成不同格式的文件时，文件的字节数会有一些差别。bmp格式文件不采用任何压缩，占用空间最大，但图像中的资料不会丢失。而jpg格式可以把文件压缩到最小，但是图像中重复或不重要的资料会丢失。png格式支持半透明效果，gif格式支持透明度、压缩、交错和多图像图片（动画gif），不支持半透明效果。

矢量图：以数学向量方式记录图像，矢量文件中的图形元素被称为对象，每个对象都是一个自成一体的实体，具有颜色、形状、轮廓、大小和屏幕位置等属性。矢量图根据几何特性来绘制图形，矢量可以是一个点或一条线。矢量图中保存的是线条和图块的信息，与分辨率和图形大小无关，只与图像的复杂程度有关，所以图像文件所占的存储空间较小，能重现清晰的轮廓，线条光滑、具有良好的缩放性，即使无限放大图形中的细节也不会失真。

但是与位图相比，矢量图无法像照片那样真实再现色彩丰富和生动的实物景象。

矢量图文件的主要格式是cdr和ai。cdr是CorelDraw软件使用中的一种图形文件保存格式，必须匹配软件使用。ai格式文件则适用于Adobe公司的Illustrator软件。此外还有SWF（Flash中的矢量动画格式）、SVG（基于XML的矢量图形语言）、WMF（常见的图元文件格式）、EMF（Windows 32位扩展图元文件格式）、EPS（可同时存储矢量图和位图的ASCII码文件格式）、DXF（AutoCAD中的矢量文件格式）。

矢量图和位图之间可以相互转换，通过软件，矢量图能更方便地转换为位图，但位图转换为矢量图则需要较复杂的数据处理，生成的矢量图质量也无法和原图比拟。

你怎么看

位图和矢量图各有优劣势，在你的日常工作中更多接触哪一种图？

3. 音频

声音信号是一种连续的模拟信号，计算机无法直接进行处理，必须将这种模拟信号转换为离散的数字信号，这个过程也称声音信号的数字化，而数字化的声音信号就是能被处理的音频数据。

将声音信号数字化一般需要经过采样、量化和编码这三个步骤。采样是用每隔一定时间的信号样本值序列来代替原来在时间上连续的信号；量化是指给采样值分配值；而编码则是按照一定的规律，将量化值转换为二进制数。这个数字化的过程也被称为“脉冲编码调制”，一般用 A/D 转换器完成。

数字音频的质量与采样频率和量化位数相关，采样频率越高，量化位数越多，数字化后的音频质量越高。

常见的音频文件格式包括：mp3（常见音频压缩格式，有较高音质和文件占用内存较小）、wma（微软公司推出的一种音频文件格式，属于有损压缩文件格式，文件占用内存较小，方便存储和传输）、wav（微软公司专门为 Windows 开发的一种标准数字音频文件，属于无损音频文件格式，但文件占用内存较大）、flac（无损音频文件压缩格式，占用内存很大，适用于大存储设备）、aac（常见于移动设备、音乐流媒体和互联网广播的音频编码格式，具有良好的音质和文件占用内存较小）。

4. 视频和动画

视频和动画是由一系列静态图像沿时间轴更换显示而形成的有运动实感的动态图像，其中每幅静态图像称为“帧”。当序列中每帧图像由人工或计算机产生时，称为动画；当序列中每帧图像摄取于自然景象或活动对象时，称为影像视频或视频。

动画是通过 15～20 帧/秒的速度顺序播放静止图像帧以产生运动效果的，根据每帧的颜色和背景变换，就可以产生实物运动的效果。视频的速度可达到 25 帧/秒或 30 帧/秒，其是内容随时间变化的一组图像。

视频信号来源于电视接收机、摄像机、录像机、影碟机等输出设备。其也分为模拟视频和数字视频，如果要用计算机来对视频源的信号进行处理，就必须通过采样、量化和编码的方式对视频信号进行数字化，其数字化的原理和声音信号数字化的原理相似。

（三）属性和数据集

当我们对数据进行挖掘操作和处理分析时，还会涉及两个重要的概念——属性和数据集，它们具有怎样的含义？

概念 属性（attribute）是一个数据字段，表示数据对象的一个性质或特性。

1. 属性

数据集（datasets）是一组数据的集合，它由数据对象组成，每个数据对象代表一个实体。数据对象又称样本、实例、数据点或对象。属性（attribute）是一个数据字段，表示数据对象的一个性质或特性，它因对象而异，或随时间变化。① 这个概

① TAN P-N，STEINBACH M，KUMAR V. 数据挖掘导论：完整版．范明，范宏建，等译．2 版．北京：人民邮电出版社，2011：15.

念与统计学中的变量类似。

在做数据挖掘时，分清数据属性的类型很有必要。因为不同的属性需要使用不同的数据操作方法，如果方法不当，得出的结果就可能没有意义。数据对象的属性可划分为四种类型，分别是标称（nominal）属性、序数（ordinal）属性、区间（interval）属性、比率（ratio）属性。正如前面所说的，计算机中的数据包括数值数据和非数值数据。其中标称属性和序数属性被视为分类的或定性的属性，这类属性即使以数字的形式标注，也应该将其中的数字视为符号对待，并不具有数值意义。而区间属性和比率属性则是数值的或定量的属性，这类属性用数字表示，可以将之视为数值对待（详见表 3－1）。

表 3－1　　不同的属性类型

属性		描述	例子	操作
分类的（定性的）	标称	标称属性的值仅仅只是不同的名字，即标称值只提供足够的信息以区分对象（=，≠）	邮政编码、雇员ID、眼球颜色、性别	众数、熵、列联相关、卡方检验
	序数	序数属性的值提供足够的信息确定对象的序（<，>）	矿石硬度、成绩、街道号码	中值、百分位、秩相关、游程检验、符号检验
数值的（定量的）	区间	对于区间属性，值之间的差是有意义的，即存在测量单位（+，－）	日历日期、摄氏或华氏温度	均值、标准差、皮尔逊相关、t 或 F 检验
	比率	对于比率变量，差和比率都是有意义的（*，/）	绝对温度、货币量、计数、年龄、质量、长度、电流	几何平均、调和平均、百分比变差

资料来源：TAN P-N，STEINBACH M，KUMAN V. 数据挖掘导论：完整版．范明，范宏建，等译．2 版．北京：人民邮电出版社，2011：17.

2. 数据集

数据集是数据的集合，常见的数据集包括记录数据、基于图形的数据和有序的数据。

概念　数据集是数据的集合，常见的数据集包括记录数据、基于图形的数据和有序的数据。

在实际生活中，我们最常接触的是记录数据，这类数据集多以表格文件的形式存在，数据即为文件中的记录，而每个记录都对应固定的字段（即属性）。以表 3－2 为例，在这张成绩表中，从横向看，除表头外每一行都是学生的基本情况与成绩，从纵向看，每一列都描述了一类数据。其中，表格最上方的“姓名”“英语”“数学”“政治”“化学”“总分”就是字段，描述了事物或现象的某种属性（在统计学中被称为变量），而每名学生的姓名和成绩就构成了一条条“记录”即数据。

表 3－2　　记录数据示例表

姓名	英语	数学	政治	化学	总分
梁明	70	70	80	85	305
陈文	98	99	89	98	384
童笑	87	75	86	82	330
楚楚	95	89	88	95	367
邓书	95	89	85	95	364
……	……	……	……	……	……

有时数据集未必都以表格文件的形式存在，比如图形有时更便于展现数据对象之间的联系，因而就出现了基于图形的数据。一些数据对象本身具有数据结构，那么以图形的方式来表示这类数据更有效率。如诸多化合物的结构都以图形的方式表示，而以研究一组行动者的关系为目标的社会网络分析通过对行动者的海量数据的抓取和分析以图形的方式展示其关系模式（见图 3-2)。

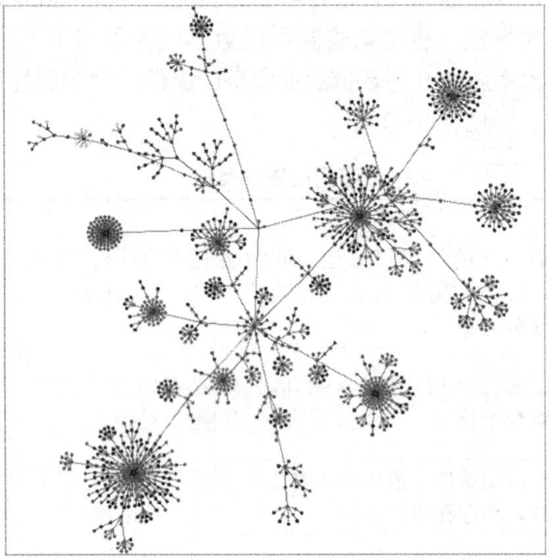

图 3-2 某学者制作的社会网络分析图

此外，还有一类数据，其属性具有涉及时间或空间序的联系，这类数据集被称为有序的数据。如我们所熟知的基因组序列数据集，标注股票价格变化走势的金融数据集，记录二维或三维空间点上测量数值的地理科学数据集都属于有序的数据。

三、数据新闻中常见的数据类型

在数据新闻中，数据可以按照其体量划分为大数据和小数据，也可以按照其属性特征划分为数值数据和非数值数据，还可以按照数据记录对象的特征划分为时序数据、空间数据、关系数据、文本数据和跨媒体数据。因为前两种分类方法我们在第 2 章和本章前述内容中已经提及，所以此处将着重介绍第三种分类标准下的数据类型。

(一) 时序数据

时序数据指随着时间变化、带时间属性的数据，人类社会的所有微观活动和历史事件都能构成随时间变化的数据。此类数据可以告知受众伴随时间的改变什么成为过去，什么依然保持不变，变化的规律何在，有无循环模式或意外的波动。

一般而言，时序数据以记录数据的形式呈现。例如，表 3-3 呈现的是国家统计局对我国（不含港澳台）31 个省、自治区和直辖市历年的乡村医生和卫生员人数所做的统计数据集，时间跨度为 2010—2018 年。通过这份时序数据，我们可以发现：第一，全国范围内乡村医生和卫生员的数量在这一时间段总体上呈现逐步减少的趋势；第二，各省区市之间乡村医生和卫生员人数的变化趋势不尽相同，一些省区市人员减少的趋势非常显著，而部分省区市的乡村医生和卫生员数量则不降反升。为何会出现这种变化趋势？背后有何潜藏的原因？我们如果持续追问并对这一话题展开采访调查，就可能形成一个调查型数据新闻作品。

表3-3　　时序数据示例

指标：乡村医生和卫生员人数（万人）

地区	2010年	2011年	2012年	2013年	2014年	2015年	2016年	2017年	2018年
北京市	0.37	0.37	0.37	0.35	0.34	0.34	0.34	0.32	0.30
天津市	0.43	0.48	0.48	0.46	0.52	0.52	0.51	0.50	0.46
河北省	8.46	8.56	8.48	8.38	8.35	8.24	8.23	7.97	7.27
山西省	4.51	4.34	4.16	4.09	3.95	3.85	3.86	3.79	3.56
内蒙古自治区	1.96	2.01	1.93	1.95	1.84	1.83	1.79	1.81	1.76
辽宁省	2.68	2.70	2.71	2.56	2.46	2.46	2.51	2.40	2.19
吉林省	1.52	1.94	1.91	1.93	1.90	1.75	1.72	1.61	1.48
黑龙江省	2.53	2.63	2.54	2.51	2.44	2.38	2.35	2.17	2.02
上海市	0.13	0.10	0.08	0.08	0.08	0.09	0.08	0.08	0.07
江苏省	5.74	5.50	4.49	3.98	3.78	3.46	3.25	3.09	2.70
浙江省	1.10	1.08	0.98	0.89	0.85	0.82	0.80	0.78	0.73
安徽省	5.57	5.53	5.32	5.16	4.83	4.59	4.33	4.09	3.76
福建省	2.90	2.86	2.82	2.79	2.72	2.69	2.65	2.53	2.33
江西省	4.35	4.84	4.88	4.75	4.68	4.61	4.51	4.34	3.96
山东省	12.91	13.59	13.19	13.44	13.22	12.87	11.83	10.97	10.11
河南省	12.88	13.22	12.39	12.13	11.93	11.65	11.38	10.95	10.33
湖北省	4.15	4.41	4.30	4.29	4.23	4.09	4.04	3.95	3.74
湖南省	4.83	4.93	4.76	4.85	4.80	4.79	4.71	4.45	4.00
广东省	3.42	3.52	3.47	3.33	2.85	2.60	2.50	2.41	2.31
广西壮族自治区	3.64	3.74	3.74	3.71	3.68	3.61	3.50	3.41	3.26
海南省	0.27	0.28	0.29	0.34	0.36	0.34	0.33	0.30	0.34
重庆市	2.46	2.42	2.33	2.34	2.28	2.23	2.16	2.01	1.79
四川省	7.40	7.56	7.44	7.39	7.30	7.04	6.55	6.48	6.29
贵州省	3.15	3.46	3.67	3.63	3.63	3.60	3.47	3.51	3.41
云南省	3.62	3.57	3.53	3.59	3.57	3.57	3.60	3.73	3.84
西藏自治区	0.43	0.91	1.02	1.04	1.11	1.14	1.09	1.27	1.27
陕西省	3.88	3.88	3.71	3.47	3.34	3.32	3.27	3.19	2.94
甘肃省	2.04	2.10	2.14	2.20	2.17	2.14	2.11	2.14	1.93
青海省	0.59	0.64	0.66	0.67	0.69	0.70	0.65	0.71	0.68
宁夏回族自治区	0.40	0.39	0.37	0.37	0.39	0.36	0.36	0.32	0.31

续前表

地区	2010年	2011年	2012年	2013年	2014年	2015年	2016年	2017年	2018年
新疆维吾尔自治区	0.87	1.09	1.29	1.43	1.53	1.46	1.55	1.59	1.56

数据来源：国家统计局网站。

（二）空间数据

空间数据指带有物理空间坐标的数据，数据对象大多来源于科学计算和实验探测。地理数据是空间数据中一种最常见的类型，其主要形式是记录数据和基于图形的数据。其中记录数据通常是指存储了经纬度等地理坐标相关信息的数据，在使用过程中大多会被处理成矢量数据，再进行展示。而基于图形的地理数据包括矢量数据和栅格数据。矢量数据是由一系列点构成的数据集，需存储在GeoJSON（.json）、Shapefile、KML（.kml/.kmz）等特定格式的文件中，且点、线、面不能同时存在一个文件里，需单独存储在不同文件中；而栅格数据就是图片，其中每个图的像素映射上了地理坐标。

当前，在移动互联网、卫星定位技术、LBS（基于位置的服务）等数据技术快速发展的背景下，空间数据的外延获得了很大的拓展，出现了海量轨迹数据（见表3-4）。这种轨迹数据是“具有时空特征的，通过对一个或多个移动对象运动过程的采样所形成的数据信息，一般包括采样点位置信息、采样时间信息、速度等。轨迹数据来源多样并且复杂，可以通过GPS定位器、手机服务、通信基站、信用卡、公交卡等，也包括射频识别、图像识别、卫星遥感和社交媒体数据等不同方式来获取”①。

表3-4　轨迹数据的类型

大数据	概述	具体数据类型举例
人类活动轨迹数据	人们基于GPS定位技术主动分享位置信息或通过社交网络的照片分享、邮件来往等记录的一系列活动轨迹；人们在无意间开启基于基站定位服务而暴露的具有时空特征的轨迹数据；运用动作捕捉技术，还原物体或人体在真实三维空间中的运动姿态和运动轨迹的数据	手机信令数据：记录手机用户在发生通话、收发短信、位置更新等事件时手机连接的基站位置信息 社交媒体签到数据：来源于社交平台，具有地理位置信息 动作捕捉数据：使用惯性测量单元、光学摄像机、深度摄像机等传感器来捕捉人体关节的位置、旋转和角度等数据 卫星遥感数据：利用卫星作为遥感平台获取的人类活动信息
交通工具活动轨迹数据	在城市环境中基于车载GPS技术的移动轨迹数据	公共交通刷卡数据：记录乘客的卡号、上下车位置和时间等信息 出租车轨迹数据：记录地理位置、时间和是否载客等信息

① 高强，张凤荔，王瑞锦，等．轨迹大数据：数据处理关键技术研究综述．软件学报，2017（4）：959-992.

续前表

大数据	概述	具体数据类型举例
动物活动轨迹数据	为了研究动物迁徙特征、行为特征和生活习惯而通过传感器获取动物的活动轨迹数据	传感器数据：利用传感器装置获取的运动轨迹信息 卫星遥感数据：利用卫星作为遥感平台获取的动物运动信息
自然现象活动轨迹数据	通过收集的台风活动轨迹、海洋事件信息等来探索自然现象的活动规律	卫星遥感数据：利用卫星作为遥感平台获取的地球表面信息

资料来源：表中内容参考了高强，张凤荔，王瑞锦，等．轨迹大数据：数据处理关键技术研究综述.软件学报，2017（4）：959－992，杨延杰，尹丹，刘紫玟，等．基于大数据的流空间研究进展．地理科学进展，2020（8）：1397－1411。

【资料窗】 手机信令数据

当手机用户进行通话、收发短信、上网或者携带手机移动等动作时，都会和运营商基站发生通信联系，相关数据会被完整记录下来，这类数据被称为手机信令数据。

手机信令数据的数据字段不仅包含用户行为发生的时间和空间位置信息，也包括通话、短信和上网日志等内容，数据价值很高，是研究群体性行为规律和空间分布特征的高质量数据源之一。

目前，手机信令数据不仅在新闻界和学术界都获得了广泛应用，而且已有国内外学者利用手机信令数据在城市空间结构、建成环境的评价、职住关系、交通通勤行为、消费行为、活动模式的识别等领域展开研究。

资料来源：许致远，张慧．应急管理场景中的手机信令数据应用探索．移动通信，2022（10）：77－81；钟炜菁，王德，谢栋灿，等．上海市人口分布与空间活动的动态特征研究：基于手机信令数据的探索.地理研究，2017（5）：972－984.

【案例】 捕捉动作轨迹数据的新闻作品

捕捉动作轨迹数据在新闻领域的运用已有十多年的历史。早在2012年，《纽约时报》的报道《将音乐和姿势联系起来》(Connecting Music and Gesture）就尝试使用这一技术，用可视化的语言对指挥家的肢体动作展开解释。

该报道在报纸及其网站上同步发布，报道得益于报社和纽约大学动作研究室的一次跨界合作。报道以对纽约爱乐乐团著名指挥艾伦·吉尔伯特（Alan Gilbert）的访谈为核心，纽约大学动作研究室在林肯表演艺术中心茱莉亚音乐学院的一个演播室中装了动作捕捉高速相机，并在艾伦·吉尔伯特的全身装了反光设备。然后将吉尔伯特指挥的所有动作进行记录，并将之转换成动作数据。研究人员通过计算机软件对指挥的各种复杂动作数据进行分析，并由此揭示这些动作与音乐之间的联系。最后该报知名图表编辑格雷厄姆·罗伯茨（Graham Roberts）带领图表团队设计了整个报道的可视化呈现。不但记录了采访和演奏视频，还以动态图形的形式捕捉和呈现其演奏中的各种姿势，并将这些数据资料制作成视频和图表发布在报道中。

报纸刊登的特稿报道将捕捉的动态影像图叠加后形成了特殊的视觉效果图，并将吉尔伯特重要指挥手势的动作分解图绘制出来以便于读者了解这些手势背后的含义。网站的视频报道通过动态捕捉展现了指挥者指挥演奏中的关键技术环节，并对报纸特稿报道中的信息图表添加互动元素（见图3-3至图3-5）。

2023年5月，澎湃结合动作捕捉技术与医学分析，在上海大学盛博教授团队和上海龙华医院脊柱病研究所骨科医师孙悦礼博士等专家的协助下，在世界脊柱健康日推出了数据新闻《86万帧动捕画面告诉你，这样坐就是脖子挂西瓜》（见图3-6，文前彩色插图）。该作品通过分析大量坐姿动捕画面，发现了普通人办公室坐姿中存在的主要问题：久坐、身体前倾、跷二郎腿、高低肩等。作品采用图片+视频的方式呈现。动捕技术的运用极大地增加了报道这一日常健康话题的科技含量，使之更可信。

资料来源：相关报道详见GRAHAM R，XAQUÍN G V. Connecting music and gesture.（2012-04-06）[2024-06-26]. https：//archive. nytimes. com/www. nytimes. com/interactive/2012/04/06/arts/music/the-connection-between-gesture-and-music. html，Demystifying conducting：the connection between gesture and music.（2013-01-04）[2024-06-26]. https：//www. youtube. com/watch? v=hGwhmjqnGOY，吕妍，等. 86万帧动捕画面告诉你，这样坐就是脖子挂西瓜.（2023-05-21）[2024-01-22]. https：//mp. weixin. qq. com/s/CTgrGMRdCBBVXLN5CFyW9w。

图3-3 《纽约时报》报道《将音乐和姿势联系起来》的报纸特稿报道的截图

图3-4 《纽约时报》报道《将音乐和姿势联系起来》的报纸特稿报道中的信息图表

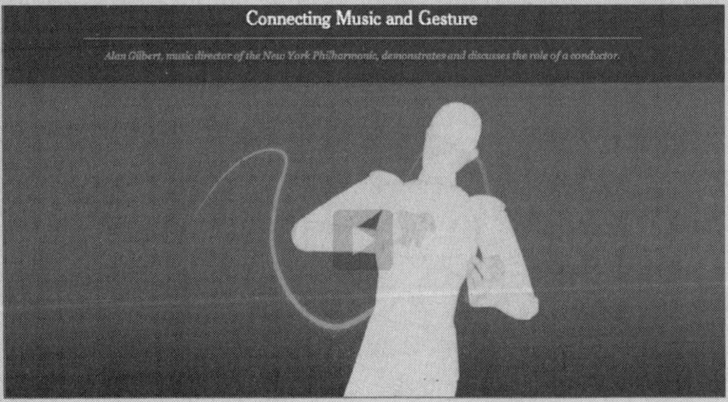

图3-5 《纽约时报》网站报道《将音乐和姿势联系起来》的视频截图

【案例】 在自然灾害报道中运用卫星遥感数据和手机信令数据

2023 年 7 月底 8 月初，受台风“杜苏芮”的影响，华北地区出现强降雨天气，时间超过 72 小时。受到连续强降雨和上游洪水过境影响，河北涿州地区的灾情非常严峻。8 月 5 日，央视新闻发布了一则题为《大数据发现：24 小时，1.7 万人来到涿州》的视频类数据新闻。记者运用卫星遥感数据发现了河北涿州在暴雨之后受灾最严重的地区（见图 3-7），同时运用手机信令数据发现在 24 小时内有近 1.7 万人从外地赶往涿州（见图 3-8）。这看似是一种“违背常理”的“逆行”现象，其实这些人是从四面八方赶赴涿州展开救灾的人。

这个案例较好地诠释了轨迹数据在数据新闻作品中的运用。凭借轨迹数据，记者快速找到了最有新闻价值的信息点，并突破时空的限制，及时地对这一突发事件做了有效的报道。可以想见，如果没有大数据的支持，记者在当时的环境下要深入一线采访具有一定的困难，且也很难通过传统的采访调查快速发现这样的新闻素材。

资料来源：相关报道详见张勤，刘佳昕，董怀文，等．大数据发现：24 小时，1.7 万人来到涿州．(2023-08-05)［2024-01-22］. https://content-static.cctvnews.cctv.com/snow-book/video.html?item _ id=578522022 5564104414&toc _ style _ id=video _ default&track _ id=02C7999C-D30E-4270-8B88-E381F 43C340B _ 7129318 17204& share _ to=wechat。

图 3-7 《大数据发现：24 小时，1.7 万人来到涿州》
作品中卫星遥感数据的呈现（来源：央视新闻）

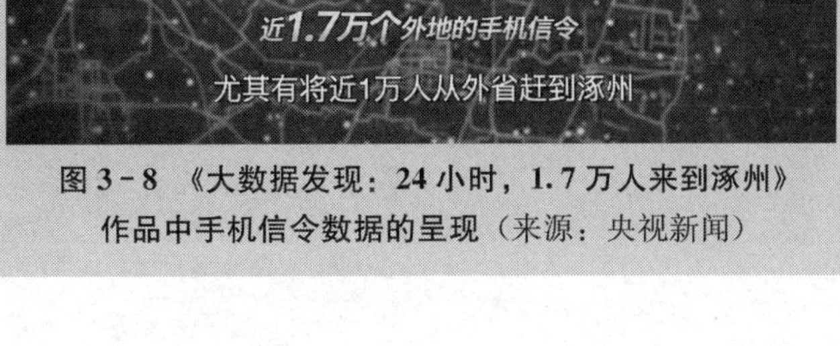

图 3-8 《大数据发现：24 小时，1.7 万人来到涿州》
作品中手机信令数据的呈现（来源：央视新闻）

（三）关系数据

关系数据指表达个体之间关系的数据，可以细分为层次数据和网络数据。如果个体之间存在包含和从属的层次关系，这类关系数据就属于层次数据；如果个体之间不具备层次结构，这类关系数据就统称为网络数据。

【案例】 利用关系数据揭示极端政治势力如何在社交网络上建立联系

2020年，德国媒体CORRECTIV发布作品《右侧无滤镜：右翼势力如何应用Instagram招募年轻人》（Kein Filter für Rechts：Wie die rechte Szene Instagram benutzt，um junge Menschen zu rekrutieren），通过对4 500余个Instagram账号的分析，发现了德国极端右翼势力正在利用这类社交媒体的漏洞招募年轻人。

在这个作品中，制作团队通过数月的分析，绘制了Instagram上的德国右翼势力的关系图谱，并揭示了他们中的关键人物是谁，以及他们如何于社交媒体推销自己。

研究之初，团队首先需要圈定研究的社交媒体账号范围。他们手动选择了呈现右翼立场的原始账号281个。然后，团队从这些账号的时间线中收集了他们的自我描述，发布图文的描述、评论，以及这些账号关注的其他账号等一系列数据。通过这种方式，这个关系网络包含的账号迅速增长到超过58 800个，而这个数据量对于团队而言太大了。为了仅在这个关系网络中包含相关账号，他们设计了一条规则：这个关系网络应仅包含至少有三个原始账号关注的账号。这样，最终确定研究的网络账号数量缩减至4 532个。同时，为了在研究中纳入对281个原始账号很重要的账号，他们分配了某些点值，根据以下模式计算了281个原始账号附近的每个账号的值，只有那些得分达到2.5及以上的账号才会受到进一步调查：

- 如果该账号是281个原始账号中某账号的好友，则赋值系数1。
- 如果该账号与某账号是好友，而后者至少关注了三个原始账号，则赋值系数0.1。
- 如果该账号关注至少一个原始账号，或被至少一个原始账号关注，则赋值系数0.01。

通过这种方法，账号数量再次增至10 805个，其中不到三分之一是没有公开可见信息的私人账号。最后，团队使用了一个定制的界面，在该界面中逐个浏览这些账号，并将它们分配到与研究“相关”或“不相关”的类别。在这一过程中，网络自动排除了部分链接，将账号减少到8 000个左右，而人工筛选过程持续了大约五周，最终确定了包含4 501个相关账号的关系网络。

团队采用开源软件Gephi的模块化类社区检测算法和Force-Atlas-2-Layout算法，为这4 501个账号组成的关系网络提供可视化的形式（见图3-9，文前彩色插图）。同时，他们还找出了4 501个账号中110个具有影响力的女性账号，发现这些右翼极端势力中有影响力的年轻女性账号之间也存在网络关系（见图3-10，文前彩色插图）。

这个团队由几名记者、一名数据记者和一名研究员组成，他们观察Instagram上的右翼极端势力长达八个多月，开发了多种工具和方法来分析平台数据，这些方法还经过了两名研究人员的同行评审。作品不仅揭示了右翼极端势力在社交媒体上的关系网络，还发现社交媒体存在的算法偏差和漏洞正被这些势力所利用，如利用一些标签、图像和文本来避开社交媒体的内容审核，以达到宣传极端右翼观点的目的。

该报道刊发之后，Instagram宣称将对此展开调查，并加强相关内容的审核，德国政界人士则以此为契机，讨论平台监管话题。作品获得了2021年的Sigma数据新闻奖。

资料来源：相关报道详见 Kein filter für rechts: wie die rechte szene Instagram benutzt，um junge menschen zu rekrutieren.（2020-10-06）[2024-01-22]. https://correctiv.org/top-stories/2020/10/06/kein-filter-fuer-rechts-instagram-rechtsextremismus-frauen-der-rechten-szene/。相关材料详见该报道团队所做的数据介绍即 https://correctiv.org/top-stories/2020/10/06/kein-filter-fuer-rechts-instagram-rechtsextremismus-daten-so-sind-wir-vorgegangen/#daten-daten-daten-so-sind-wir-vorgegangen。

（四）文本数据

文本数据是一种在数据新闻作品中频繁出现的数据类型，遍布我们的生活，其可获取性比较好，且相对容易被分析。文本数据大致可以分为单文本、文档集合和时序文本三类。对这类数据的挖掘和分析可以从词汇、语法和语义角度入手，采用分词算法、句法分析算法或主题抽取算法等方法展开。

【案例】 文学作品如何定义男性和女性的身体特征

对文学作品展开文本数据的挖掘和分析是一种常见的数据新闻操作思路，获得2022年“信息之美”奖人、语言和身份类银奖的作品《甜美与苗条，油腻与冷酷：文学中这样定义男性和女性的身体特征》（Sweet & Slim，Greasy & Grim：The Physical Traits That Define Men & Women in Literature）就是这样一个颇为有趣的作品。

这个作品源自数字杂志《布丁》（*The Pudding*）的读书俱乐部阅读的一部文学作品——帕特里克·罗斯福斯（Patrick Rothfuss）的《智者之惧》（*The Wise Man's Fear*）。该书在叙述一个平淡无奇的情节中，夹杂了一段长达35页的插曲，讲述了一位极具吸引力的仙女，以令人眼花缭乱的细节描述了她的身体。这让作品创作团队思考：文学作品中是否更频繁地提及女性的特定身体部位？描述女性身体的形容词是否与描述男性身体的形容词不同？于是，团队选择了2 000本书，并通过文本挖掘和数据分析，识别出提及身体部位的句子。然后他们提取了身体部位的所有者信息以及描述身体部位的所有形容词，并由此发现了一些清晰的描绘模式。

该团队发现，女性角色的头发在文学作品中被提及的可能性是男性角色的两倍，而文学作品中经常会倾向于描写女性的臀部、腹部、腰部和大腿等身体部位。相对的，对男性身体的描绘也存在刻板印象，拳头、指关节、胸部和下巴这些身体部位会勾勒出一种威严而令人生畏的男性形象，而描绘这些身体部位的形容词也存在性别差异（见图3-11）。

作品中介绍了这次分析的数据集包括1008年至2020年出版的2 000本书；其中大多数是在1900年之后出版的，且约有35%的作品至少有一位女性作者。选书范围包括《纽约时报》畅销书榜单书籍、普利策奖提名和获奖书籍、布克奖入围和获奖书籍、美国高中和大学经常教授的书籍以及经常出现在最佳书单上的书籍。每本书都使用 spaCy 自然语言处理库（一个 Python 和 CPython 的 NLP 自然语言文本处理库）进行处理，以识别文学作品语言中涉及的人物、身体部位和相关形容词，并根据常见的性别代词和名词（例如他、她、叔叔、女王）以及角色名字（例如哈利、赫敏、罗恩）确定该人物是男性还是女性。身体部位则是根据手动编制的列表进行识别的。

这个作品从词汇级别对文本数据所做的分析揭示了文学作品中容易被人忽略但却根深蒂固的性别刻板印象，数据采集和分析的方法严谨科学，令人信服。

资料来源：相关报道详见 DAVIS E. Sweet & slim，greasy & grim：the physical traits that define men & women in literature.（2020-07）[2024-03-28]. https://pudding.cool/2020/07/gendered-descriptions/。

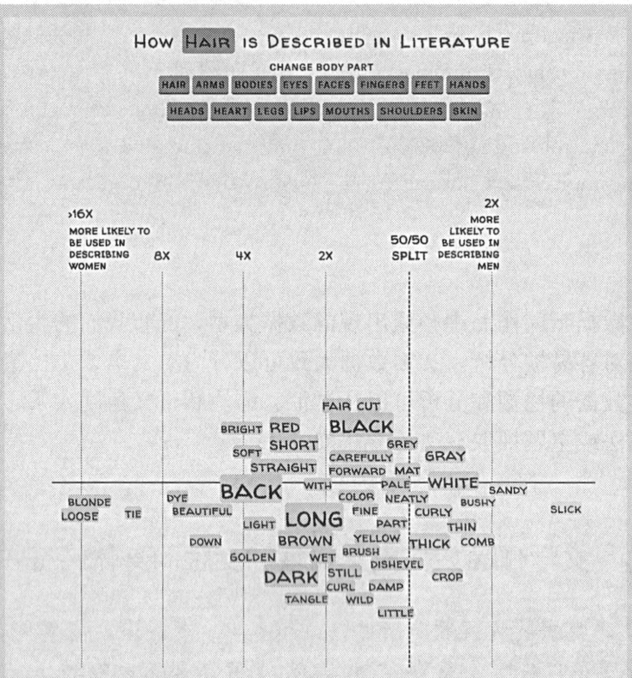

图 3-11 文学作品中描绘男性和女性身体部位的形容词存在性别差异（来源：《布丁》）

(五) 跨媒体数据

跨媒体数据指整合了不同媒体类型的多模态数据，它可以包括文本、图像、音频、视频等数据类型。严格意义上看，文本数据也属于跨媒体数据，但因其特殊性，我们将之单列出来分析。跨媒体数据还包括人们在互联网留下的数字生活数据，前面谈及的轨迹数据中人类在社交媒体中留存的活动轨迹的数据实际上也属于跨媒体数据。如前所述，当下，图像、音频和视频都可被数字化，这就使分析和解读此类数据具备了现实可操作性。

【案例】 用流行音乐数据发现英语在全球地位的衰落

《经济学人》杂志于 2022 年推出了作品《Spotify 数据如何展现英语的衰落》(What Spotify Data Show about the Decline of English)，该作品根据全球知名的在线音乐流媒体播放平台 Spotify 的数据，调查分析了全球流行音乐品味的变化。

《经济学人》团队搜索了 70 个国家/地区每周在 Spotify 榜单上排名前 100 的共 13 000 首热门歌曲，以追踪音乐品味和语言偏好的变化。他们试图根据音乐相似性对国家/地区进行分组。在这个庞大的音乐数据集中，采用主成分分析来评估国家之间的音乐亲缘关系程度，然后使用聚类算法（k-means）对它们进行分组。结果发现全球听众出现了三大集群：其一是英语占主导地位的集群；其二是西班牙语占主导地位的集群；其三是主要喜欢本地语言（非英语和西班牙语的其他语言）歌曲的集群。总体而言，英语在流行音乐中一度拥有的霸权地位正在衰落，这一趋势在后两个集群中表现得尤为明显。

为了展现这个数据集，《经济学人》团队还

制作了融合热门歌曲音频的可视化作品（见图3-12，文前彩色插图）。作品中最主要的可视化板块将英语、西班牙语和其他语言分为蓝色、黄色和红色三种色块，以国家/地区和时间两个维度的数据来建立起坐标系，将当地当时热门歌曲的歌词语种归类到坐标系中，作者既可以从色块的排布看出这些热门歌曲歌词语种变化的趋势，也可以点击这些经过交互设计的色块去聆听热门歌曲，感受这个作品带来的多维度体验。

资料来源：相关报道详见 What Spotify data show about the decline of English.（2022-01-29）[2024-06-26]. https://www.economist.com/interactive/graphic-detail/2022/01/29/what-spotify-data-show-about-the-decline-of-english。

第2节　选题策划

“数据新闻是我做过最挑选题的体裁”，在讲授数据新闻课程的这几年，我经常听见学生们做出这样的表达，同时也深感有一个好的选题对于制作数据新闻而言的确是一个非常好的基础。如果选题合适，则后面的工作开展起来将更为顺畅；而如果选题不合适，则可能使后期工作无法顺利展开，并最终导致作品难以完成。本节将着重介绍媒体在制作数据新闻时的选题策划机制、选题判断标准、常见的选题思路和方法，以及选题过程中容易出现的问题。

一、双线并行的选题策划机制

前文曾提及学者李艳红对国内媒体采纳数据新闻的策略进行研究，发现这个过程是复杂和具有不确定性的。对于媒体而言，数据新闻是一个新的领域，但是其前途未卜，所以媒体往往采用缓冲策略，不会按照数据新闻的制作流程去从根本上改变媒体的机构设置，而多选择以在组织架构之外设计补充性结构的方式来生产数据新闻，我们在上一章探讨的媒体建立的数据新闻团队实际上就是这种补充性结构。① 从目前国内外的实践中都可以发现，一方面数据新闻团队作为媒体中一个创新的独立的结构，需要以相对稳定的产出来作为投资的回报，因而数据新闻团队必须承担常规化的报道任务，同时需要探索出具有创新性的数据新闻作品；另一方面，这个创新的团队又经常在媒体机构中处于比较尴尬的境地，会被视为一个“技术部门”，所以还需要在一定程度上以协作的方式来与其他各个部门进行合作，这实际上增加了团队创新的压力。这种压力反馈到实践工作中就促成了一种日常选题和长线选题相结合的双线并行的选题策划机制。而媒体策划和沟通选题主要是通过选题会来落实的。

以澎湃为例，据澎湃新闻数据新闻主编吕妍介绍，澎湃的数据新闻团队每周开一次选题会，选题分为日常选题和中长线选题，编辑在准备这两种选题时要求有所不同。将日常选题和中长线选题分开，主要是考虑到中长线的选题需要勇敢试错，会面对很多不确定性。但是对一个栏目来说，必须保持一定频率的更新，不可能全部押宝在一些不一定能做成的东西上面，因而需要确保日常选题的稳定产出。

① 李艳红．在开放与保守策略间游移：“不确定性”逻辑下的新闻创新：对三家新闻组织采纳数据新闻的研究．新闻与传播研究，2017（9）：40-60，126-127.

对应这两条线的生产，团队在实践中摸索出了一套轮换的工作方式来减轻压力。数据组每周两个编辑值班，负责操作日常选题。这类选题一般采用常规性和单切面操作方法，要求编辑对选题有比较清晰的预判，在报选题的时候要清楚三要素：选题的由头、切入角度和数据来源。这样值班的编辑目标更加明确，负责专攻那些可预判的选题，选题操作效率可以大大提高，每周能有两篇稳定的产出。

除了值班编辑负责日常选题之外，其他同事可以按中长线选题本身的节奏来走，选题会不要求中长线选题像日常选题那样细致地报题，中长线选题可以比较开放地讨论一些可能性。对于中长线选题，团队的宽容度更高，可能在话题上它选择的是生命力更长的话题，或者在技术上值得突破和探索，需要更多跨部门的协作等。除了线下的选题会，线上的选题沟通也成为一种有益的补充。澎湃的数据新闻团队将报题、分工、写稿、改稿的整个流程都同步到了飞书里，如有日常补充报题，则可以通过线上方式提交，以做到及时沟通。①

与之相似，网易《数读》栏目线下选题会也是每周召开一次，编辑和实习生参与报题，每人每周需要报两个选题。报题时，一方面要写明选题的由头、思路与核心观点，另一方面需要做初步的资料查找，判断选题是否有数据可做。个别涉及节点策划的时候，选题会也需要请设计师或其他工种成员参与。同时，在选题会之外，编辑和实习生看到合适的选题，也会通过线上工作群随时沟通。《数读》栏目的主编拥有判断选题做与不做的权力，所有通过的选题会分配给编辑和实习生，有些也会派发给线上作者，视选题的操作难度和编辑、作者的个人时间安排，一般给予1～2周的操作时限，有的选题也会因为各种原因给予更长的操作时限。②

【案例】 澎湃如何操作突发事件选题

以下内容来自2018年5月和2023年7月对澎湃新闻数据新闻主编吕妍的采访。

案例1：

面对突发事件，我们一般会进入紧急状态，整个大组会进行联动。

以“天津爆炸事件”为例，早晨五点钟醒来我就发现了这个新闻，这个事件按澎湃副总编说的算是“黑色级别”的新闻了，于是我就联系组里的每个编辑让他们尽快赶到办公室。我们首先收集社交媒体上事发地附近用户发布的相关内容，然后都封装到了一个交互的地图里面，当天最开始我们会先定下来可以从哪些角度切入，第一批定下了三四个角度，然后大家就分组去完成。在这个过程中每个人的分工都很细碎，有的人需要去社交媒体上收集用户发布的比较确定的视频、照片等素材，同时另外一些人需要做设计或者搭建H5的页面，以便最大限度提高效率。

另外我们也会定一些比较细的切入点，比如爆炸产生的震动相当于多少TNT炸药爆炸的强度，其实这种角度在地震等相关报道中也经常被使用。于是我们就从这个角度专门做了解释性报道，其中将其他事件的破坏性强度也都转化为以TNT炸药的量来衡量，从而让读者有更直观和更具参照性的对比。其实这篇内容就更偏解释性报道，没有太多的数据图表。同时我们也会看火灾数据，比如火灾发生的原因中，类似此次事件是由不安全品引发的比例有多少，

① 参见2018年5月和2023年11月对澎湃新闻数据新闻主编吕妍的采访。

② 参见2023年11月对网易《数读》栏目主编巫雨松的采访。

消防员伤亡的历史数据，等等。

这些零碎的点加起来，我们当天一共做了七篇内容，后来也在不断追加。在事件发生之后的几天内召开了多场发布会，我们也对发布会中提问和回答的文本进行了分析。

在突发事件中数据新闻的操作方法更偏解释性报道，它的优势在于信息的整合能力，因为在突发事件中，信息量很大但非常碎片化，并且往往是随事件进展动态变化的过程，这个时候读者接触到的点会非常零碎。在这个时候对信息稍加整理，可以帮助读者更好地了解这个事件。

案例2：

再比如在“江歌案”庭审的时候，每天都会有大量碎片化的新闻出来，我们就对每天控辩双方的观点进行了整合。有些人在看新闻的时候将辩方律师提出的观点“刀是刘鑫递给江歌的”认作事实本身，但它其实只是辩方提出的观点而已，辩方律师肯定要站在嫌疑人的立场去讲话。但是当把双方的意见放在一起的时候，你就会明白双方提出的其实都只是意见，至于法官最后采信哪一方会最终决定案件的判决结果。

当时我们还派了插画师到现场做庭审的素描，在制图中也会加上庭审中的一些反应，比如陈世锋的表情、江歌母亲的反应等等。所以其实突发事件中还是有很多可以操作的东西的。

案例3：

在之前长江发生沉船的时候，我们通过船讯网上船舶的轨迹信息发现，“长江沉船事件”中的船只“东方之星”当时掉头了，这个点在其他一些报道中也提出过，但我们是通过数据发现的，并且将船只轨迹的图附在了最开始“一图读懂”的报道中。所以在突发事件报道中通过技术方法比如卫星图等等获取的比较实时的信息，可以为报道增色不少。

数据新闻对时效性的要求很高，很多选题的操作周期都在压缩。不仅是数据新闻，别的形态的新闻要求的速度也在提高。比如说关于齐齐哈尔体育馆坍塌的稿子（见图3-13），以前可能你可以有三四天来出，现在一天就得出。

图3-13 《3D动画｜还原齐齐哈尔中学体育馆坍塌事故》作品截图

（来源：澎湃《美数课》栏目）

二、数据新闻选题的判断标准

什么样的选题适合采用数据新闻的方式来操作？数据新闻也是新闻的一种形态，因此，选题首先必须具有新闻价值。在此基础上，我们对数家数据新闻机构进行调研和访谈后也发现，数据新闻从业者在选题判断标准上常强调以下四个要素：

（一）公共性

选题的公共性是判断其能否操作的一个基础要件。这种公共性指选题应与大多数公众的利益相关，体现媒体为公众发声，维护公共利益的社会责任。

例如，财新数据新闻记者张梅婷表示："财新是新闻媒体，同时又是付费的，所以我们做选题时会同时考量两方面的标准。作为新闻媒体它更需要公共性，把公众关切作为我们需要报道的信息；作为付费媒体也要考虑是否能够获得读者青睐，流量订阅，这也是我们考量的一个标准。但其实公共性和获得市场或者说公众的认可（或者说流量），有时两者是可以吻合的，如果可以做到，其实就是一个比较两全其美的事情。"财新网助理总编辑耿铭钟列举了他们当时关注的选题："就最近的选题而言，我们会更关注社会民生方向的选题，包括一些热点话题，比如高校毕业生就业难、中年人失业这种问题。我们关注社会目前面临的一些亟须解决的问题，像青年失业率暂停公布，也体现出失业问题是相对比较严重的问题。除此之外还有房地产、地方债也是我们关注较多的，以及国际方面的热点，比如俄乌冲突。"《新京报》数据新闻记者陈华罗也认为："数据新闻的核心是新闻，新闻需要为社会大众服务，所以我们更倾向于一些具有社会价值、可以提供公共服务的选题。"

（二）关注"热点"

关注"热点"意味着选题需要兼具时效性和话题性，关注正在发生的重要的新闻事件或现象，且这些事件和现象往往已经在舆论场经过一定的舆论发酵，成为具有较高公众讨论热度的话题。

例如，"能结合当下热点事件，有热度的话题"是网易《数读》栏目的选题标准之一，而在澎湃新闻数据新闻主编吕妍看来，紧跟"热点"也是媒体公共性的体现，"首先一个原则就是紧跟热点，我们开选题会的时候会去扫描当下最热的事情来考量我们能以什么样的方式介入，就是觉得至少不能漏掉题目，这可以说是一种公共性上的考量"。与此相似，南都大数据研究院要求团队成员每天轮值做《精算狮》栏目，"我们每天都在追热点。我们会去看热点话题能不能做，能不能落地，能不能呈现。时政、社会、财经等各个领域都会关注到"，"因为对热点的捕捉是我们作为新闻人的基本素养，……对当天热点的快速落地是对我们自己的一个锻炼。并不要求做的每篇都有几百万、几千万的流量，但可以通过栏目训练来保持我们对新闻的敏感度"①。

（三）新鲜

新鲜意味着数据新闻选题除了报道新生的事物、现象、问题之外，还应该能在人们习以为常的领域提供新的视角和信息增量。好故事应该超出人们的预期或期望，"当故事超出我们的期望时，它们就会引起我们的兴趣。然而，由于不确定期望为什么会被颠覆，读者会寻找答案。故事不断发展，每个新问题都会触发我们寻找解决方案。我们沿着这一串问题进行追踪，直到找到新的答案"，"到目前为止，我们已经确定了一个优秀的故事将意外的原因和已知的结果联系起来，或者将已知

① 参见2023年8月对南都大数据研究院秘书长凌慧珊的采访。

的原因与意外的结果联系起来。这种关系是最好的故事的必要条件”[①]。

在腾讯新闻谷雨数据编辑郝昊看来，“因为有些选题之前已经被报道得很多了，如果判断出我们来操作不会给读者提供一个更大的信息增量的话，即使这个选题很好，我们也会放弃”，“希望我们能够给大家带来更多的新视野、新角度，还有新方向”[②]。因为数据新闻常用比较直观生动的数据可视化呈现，因而也能给一些复杂专业、难以理解的选题提供一种新的切入角度。例如，《中国日报》在处理一些外国读者难以理解的选题时，会优先考虑用数据图表进行表达，“比如党的二十大召开，如果全用文字向外国读者介绍党代会的基本情况，他们很可能会一头雾水，就不如用他们相对熟悉的信息可视化形式来进行介绍——党代会是如何构成的？党代表是怎么选举出来的？他们都来自哪里？他们都是什么情况？通过这种潜移默化的传播形式，讲好了中国故事，讲好了中国共产党的故事”[③]。他们还会在科技和基建等选题方面选用信息和数据可视化来进行表达，如“天问一号”火星探测器、大兴机场投入使用的时候，都是通过3D建模技术来展现内部结构的，使读者了解到肉眼看不到的细节，使新闻报道更加直观和生动。[④]

(四) 有数据支持

相比前三个要素，有数据支持是数据新闻独有的选题判断标准。这意味着在操作数据新闻时，需要考虑数据层面的可操作性，例如：选题能否找到足够支撑的数据，数据能否获取，数据能否带来新的发现。这要求数据记者、编辑在报题前已做了相关的预调研，对数据可能带来的结论有一个前期的判断，所以“报题时这个选题能过，肯定有数据驱动出来的结论做支撑，要不然是这篇稿子中一个典型的例子，要不然就是你这个片子里面最大的一个新闻点，如果没有这个，其实很难立题”[⑤]。

除了以上四个要素，不同媒体还会根据自己的定位和风格来判断选题是否适合。主流媒体机构会更倾向于将“重要性”纳入选题考量的标准，在重大主题报道中运用数据新闻。如《中国日报》会在重大新闻事件的报道时将数据新闻放到整体策划中进行考虑。而偏市场化的媒体则更倾向于考虑“趣味性”，需要读者感兴趣，如网易《数读》栏目要求选题有一定趣味性，“要和读者的生活工作息息相关，也要话题有趣”。腾讯新闻谷雨数据编辑郝昊也强调：“我们更加关心这个选题是否与大多数人有关，或者是否为我们读者比较关心的。因为确实有一些选题公共性很强，但在大众视野中讨论比较少，这样的话，我们去操作就会担心阅读效果。”

三、常见的选题思路和方法

常见的选题思路和方法主要有两种：第一种是从数据出发，通过对一个或多个数据集的分析，发现具有信息增量的数据结论，从而找到新闻故事；第二种是先有大致的选题方向，提出具体的问题，然后针对这个问题展开数据调研，通过数据检

---

① SORIN A M，LUCAS H. Data storytelling is not storytelling with data：a framework for storytelling in science communication and data journalism. The information society，2021，37（5）：312-322.

② 参见2023年8月对郝昊的采访。

③ 参见2023年9月对《中国日报》视觉中心设计副总监田驰的采访。

④ 同③.

⑤ 参见2023年7月对中央广播电视总台新闻中心经济新闻部记者刘佳昕的采访。

验能否回答选题提出的疑问，从而发现新闻故事。

(一) 从数据出发的选题策划

做数据新闻的人应该有一双善于发现数据的眼睛。有时候看到一个挺好的数据集，不舍得错过，就会尝试从这个数据集的角度发掘一个选题，这是数据新闻选题的一个重要的途径。

1. 对专业领域的数据展开新闻视角的解读

如今，形形色色的数据研究和报告充斥人们的生活，这些数据的质量良莠不齐，有的可能是出于商业动机的营销或炒作，有的则可能是研究方法不够严谨的调查结果。排除这些质量较差的研究成果，一些专业人士和权威机构发布的研究成果的确给媒体制作数据新闻带来了契机。数据新闻中有一类选题就是以专业领域的数据研究为依据，挖掘其中的信息量，并通过可视化的方式呈现。

这种选题属于常规型选题，由于研究成果是现成的，省却了媒体自己找数据的时间和精力。不是所有的研究成果都值得拿来做数据新闻，媒体的社会角色决定了其选择报道的研究成果应该能满足公众“应知、预知而未知”的信息需求，媒体将这类有新闻价值的信息以更突出和利于公众接受的可视化方式呈现出来。对于一般公众而言，观看这样的报道既避免了找寻和阅读原报告的不易，也能从中获取“知识增量”。

【案例】 学术研究中的数据宝库

2023年国际医学学术期刊《糖尿病、肥胖与代谢》(*Diabetes*, *Obesity and Metabolism*) 刊出了一项迄今为止在中国进行的最大规模的关于超重和肥胖患病率及相关并发症的研究报告《中国肥胖患病率及相关并发症：基于1 580万成年人横断面调查的真实世界研究》(Prevalence of Obesity and Associated Complications in China: A Cross-sectional, Real-world Study in 15.8 Million Adults)。该研究由解放军总医院母义明教授团队主导，样本来自全国243个城市的2 117万名（有效样本量1 557 094）成年体检者。

以此报告为依托，澎湃《美数课》栏目和网易《数读》栏目先后发布了数据新闻作品。澎湃《美数课》栏目的作品发布于9月1日，恰逢“全民健康生活方式日”，是一篇题为《中国肥胖地图出炉，为什么北方人比南方人更容易胖?》（见图3-14，文前彩色插图）的图文类数据新闻。网易《数读》栏目的作品发布于10月11日，包括一篇图文类作品《中国最新肥胖地图，北方人看哭了》（见图3-15，文前彩色插图）和一个视频类作品《肥胖真相：近一半中国人超重或者肥胖》。

两家机构的作品都着重呈现了该研究中的几个主要的数据发现：2019年，有超三分之一的中国人超重，另外还有14.1%的人有更严重的肥胖问题；超重/肥胖问题在男性群体中变得比女性更普遍；中国北方地区的超重率和肥胖率都高于南方地区；相比BMI（身体质量指数）正常者，超重和肥胖的群体更容易罹患慢性病。

值得注意的是，两家机构也没有局限在这一份研究报告中，它们还引用了更多不同渠道学术研究成果中的数据加以多源对比和分析，其中包括《1993—2005年中国成年人中的超重、肥胖和腹部肥胖趋势》《中国儿童肥胖报告》《中国居民营养与慢性病状况报告（2020年）》《中国饮食模式的地域差异及其与超重/肥胖和高血压之间的关系：2015—2017年中国营养与健康监测调查的发现》《中国肥胖的流行病学及决定因素》等论文和研究报告。例如，澎湃还进一步分析了男性变胖的趋势及其可能的原因及北方人肥胖的饮食原因等，指出了儿童肥胖情况正越来越严重的问题，通过多个渠道的学术数据对单一学术成果做了更多补充，能给读者更充分的知识增量。

资料来源：相关报道详见伍甜甜，卫瑶，陈良贤．中国肥胖地图出炉，为什么北方人比南方人更容易胖？（2023－09－01）［2024－01－22］．https：//www.thepaper.cn/newsDetail_forward_24309503，苏晚水，等．中国最新肥胖地图，北方人看哭了．（2023－10－11）［2024－01－22］．https：//www.163.com/data/article/IGPGELV6000181IU.html?spss=dy_author。

2．发现数据集中的新闻线索，调查潜藏在数据背后的故事

从事数据新闻工作的人应该对数据保持敏感性，经常关注不同渠道的数据，并对数据做多维度的延展性思考。有时数据集本身看起来似乎没有多少新闻价值，但是一旦将数据中的一些发现与其他数据进行比较和交叉分析，就很有可能发现数据背后隐藏的“故事”。

【案例】 从卫星图像数据切入调查和发现新闻故事

2021 年，路透社从一家名为“地出媒体”（Earthrise Media）的分析卫星图像的机构获得了一份独家数据，并据此制作了数据新闻《受到威胁的部落》（The Threatened Tribe，见图 3－16）。

根据这份卫星图像数据，路透社发现，在过去的五年里，位于亚马孙雨林中心的巴西土著亚诺马米保留地的非法金矿开采活动急剧增加，矿区数量增加了 20 倍，保留地内确定的矿区总面积有 1 000 多个足球场那么大。

报道指出，尽管与大规模伐木和农业相比，采矿规模较小，但它对环境具有破坏性。卫星图像显示，在流经亚诺马米保留地的河流沿岸，已经有数十个金矿在开采，有些距离土著社区非常近。由于暴露的黄土和受汞污染的废水池，这些矿井在卫星图像上显示为明亮的金色和绿松石色斑块。报道团队人员分析记录了这些矿区的确切形状、大小和位置，以及卫星图像上首次发现矿区的日期，并对数据展开核实查证。数据显示，2015 年至 2016 年，亚诺马米保留地至少存在 10 个矿井，总面积为 0.25 平方公里。然而，2017 年至 2019 年间拍摄的图像显示，被确定为矿区的数量急剧增加至 207 个。已开采或正在开采的面积增长了 31 倍，达到约 8 平方公里。

报道团队进一步援引其他环保组织和联合国数据指出，亚诺马米保留地的矿区多数为非法矿区，而且这类人工开采的小规模金矿在开采提取过程中使用的高浓度汞常被释放到环境中，而汞中毒会损害人体器官，并导致儿童出现发育问题，这已经严重危及当地土著人的生活。

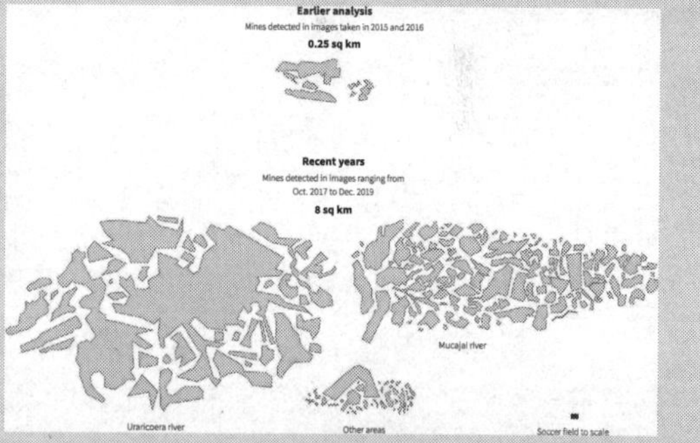

图 3－16 《受到威胁的部落》报道截图

资料来源：相关报道详见 HERNAN DEZ M，SCARR S，BOADLE A. The threatened tribe.（2020－06－26）［2024－06－26］．https：//www.reuters.com/graphics/BRAZIL-INDIGENOUS/MINING/rl-gvdllonvo/index.html。

（二）先有选题方向的选题策划

先有选题方向的选题策划一般分为时效性选题策划和非时效性选题策划两类。

时效性选题策划是基于正在或即将发生的新闻事件提出选题的大致方向，常见的思路包括三种：其一是旨在对新闻事件中涉及数据产生过程或数据构成等与数据相关的疑问作出相应的解释；其二是从数据的维度对新闻事件的过程、成因、结果和影响展开调查；其三是运用数据报道可预见的节日、活动和重大新闻事件的纪念日等。

与之不同，非时效性选题策划并不依托于具体的新闻事件，而是媒体或数据新闻从业者通过数据来报道自身感兴趣且认为重要的话题。这类选题策划思路包括两种：其一是针对具有公共价值的现象、问题展开调研后发布独家数据，其二是对公众熟知的现象或事物进行新角度的开掘。

1. 对新闻事件中与数据相关的疑问作出相应的解释

有些新闻事件本身与数据有很大的关系，这种事件为数据新闻选题提供了很好的空间。比如选题可以从做解释性报道的角度出发，力图为读者提供对事件中引发关注或争议的数据作出的相应解释，解释“数据是如何产生的”“数据的构成是怎样的”“数据能否科学和合理地描述数据对象”“数据有哪些历史变化趋势”“在同类对比中数据处于怎样的水平”等等一系列问题。

【案例】 千年一遇的暴雨到底有多大？

2021年7月18日开始，河南郑州出现历史罕见的暴雨，20日，雨量达到特大暴雨级别，积水一度造成郑州地铁5号线一列车500余名乘客被困，200多辆车被困京广北路隧道。7月21日2时30分起，河南省水利厅将水旱灾害防御Ⅱ级应急响应提升为Ⅰ级应急响应，并指出“7月18日8时至21日2时，河南省部分地区普降暴雨、特大暴雨，最大点雨量荥阳环翠峪雨量站854mm，尖岗818mm，寺沟756mm，重现期均超5 000年一遇”，这一说法引发了公众对于“千年一遇”的疑惑和争议。

就此，网易《数读》栏目和澎湃《美数课》栏目先后于21日推出了数据新闻《千年一遇的郑州暴雨，到底有多大》《“千年一遇”，不等于1 000年才发生一次》。

在《千年一遇的郑州暴雨，到底有多大》中，作者将郑州7月20日的降雨量与以往多个年份的全年降雨量做了比较，发现其在一天内下了以往一年的雨量。作者还将郑州20日16—17时的降雨量与郑州以往雨量最大的时段相比，同时对比了香港和全球范围内城市的极端强降水记录，发现郑州的情况非常罕见。

而在《“千年一遇”，不等于1 000年才发生一次》这篇报道中，作者另辟蹊径，从“重现期”这一科学概念角度入手展开解释，说明“千年一遇”事件并不是千年才发生一次，它指的是每年发生该事件的概率为1/1 000。据此，“千年一遇”在1 000年内发生的概率实际上远高于千分之一，达到63%。

两篇报道从不同角度对这场暴雨中“异常的降雨量”数据展开解释，对公众的疑问做出了及时的回应。

资料来源：相关报道详见贝贝，CZ，土多啤梨，等．千年一遇的郑州暴雨，到底有多大．(2021-07-21)[2024-01-22]. https://mp.weixin.qq.com/s/u1Wx97uuesNs6zvSQuRyKw，徐雪晴，蒋馨尔，卫瑶．“千年一遇”，不等于1 000年才发生一次．(2021-07-21)[2024-01-22]. https://mp.weixin.qq.com/s/V-M_qH_sCp6kktdv2drOHg。

2. 从数据的维度对新闻事件的过程、成因、结果和影响展开调查

当重大的新闻事件发生时，媒体往往会从多个角度切入对事件进行全方位的报道。

但是，有时候由于各种主客观条件的限制，采用传统的报道方式可能难以接近真相，这时数据新闻团队可以从数据的角度切入调查，或是展现事件的原貌，或是还原事实的真相，或是分析其造成的结果和影响，或是运用数据展开事实核查，揭穿谎言。

数据新闻与传统新闻报道的一个重要区别在于此类新闻以数据作为其重要消息来源，在一定程度上拓宽了开展调查性报道的操作空间。首先，数据作为报道中的论证资料相比采访而来的言辞证据要显得更为客观，更具说服力；其次，通过数据挖掘和分析，在调查的路径上有所拓展，这可能带来对选题更深化的认知，找到问题的症结；最后，在一些敏感话题上，依据权威部门发布的数据来展开报道相比依据采访展开报道更具有可操作性。

【案例】 采用视觉调查方式还原新闻事件的真相

2022年6月24日，一群非洲寻求庇护者试图进入北非海岸西班牙飞地梅利利亚的一个边境哨所，在此过程中当地警方和人群发生了冲突，造成至少23人死亡、77人失踪。事后，西班牙和摩洛哥对于所发生的暴力事件没有给予回应，西班牙甚至继续否认在其领土上发生过任何死亡事件。《灯塔报道》（*Lighthouse Reports*）、西班牙《国家报》（*El País*）、法国《世界报》（*Le Monde*）和德国《明镜周刊》（*Der Spiegel*）等机构展开了跨国合作，对该事件进行了视觉调查，并发表《边境的愤怒：揭露梅利利亚死亡事件的真相》（Border Outrage：Uncovering the Truth about Deaths in Melilla，见图3-17）等系列报道，以还原事件的原貌。

据该团队介绍，梅利利亚死亡事件所涉及的震惊、混乱和人数之多留下了支离破碎的数字线索痕迹。然而，这些孤立的痕迹毫无意义，只有对它们在时间和空间中定位，才可能通过法证手段将这些线索拼凑起来，还原一个完整的事件，并可以通过对比发现对事件的相互矛盾的描述。

为此，团队搜索了所有与6月24日事件相关的在线平台，收集并分析了145个视频片段，这些视频片段主要是手机抖动的镜头拍摄的。通过花时间在现场并追踪尽可能多的幸存者和急救人员，他们还获得以前未曾见过的视觉证据，包括来自梅利利亚媒体、政府和警方机密来源的视频。然后，团队对这些材料进行地理定位、同步和排序，并将其放置在时间线上。

同时，团队中的记者冲破重重阻碍进入和采访了位于死亡事件中心的奇诺区边境哨所，并拍摄了关于其内部和布局的镜头，使用这一材料以及LiDAR①（光探测和测距）数据作为参考，他们构建了详细的3D模型来呈现交错的边境及周边地区，使用这个模型来了解事件发生时边境的布局并绘制地图视频证据。3D模型用于帮助幸存者引导记者了解事件，使幸存者们能够将事件发生地定位到边境两侧。

团队在摩洛哥和梅利利亚的双方现场都派出记者追踪调查，采访了当天的40名目击者和幸存者，以收集证词。他们还对西班牙国家警察部队国民警卫队的高级官员进行了秘密采访，这些人为他们手绘了边界草图，并描述了6月24日事件的发生过程。

该报道最初发表在西班牙《国家报》，在该国成为头条新闻，内政部长因此在该国议会受到严厉的质询。后续报道证实了西班牙方面的死亡事件。而故事揭示的寻求庇护者和移民在欧洲寻求保护时面临的挑战也引发了国际的广泛关注。该报道获得了2023年的Sigma数据新闻奖。

---

① LiDAR指一种集激光、全球定位系统（GPS）和惯性导航系统（INS）三种技术于一身的系统，用于获得点云数据并生成精确的数字化三维模型。

资料来源：相关报道详见 SAPOCH J，DA SILVA B R，DEEB B，et al. Reconstructing the Melilla massacre.（2022－11－29）［2024－06－26］. https：//www. lighthousereports. com/investigation/reconstructing-the-melilla-massacre/，Agonía a ambos lados de la frontera de Melilla.（2022－11－29）［2024－06－26］. https：//elpais. com/espana/2022-11-29/agonia-a-ambos-lados-de-la-frontera-de-melilla. html，部分资料来自报道团队提供给 Sigma 数据新闻奖评委会的自述材料。

图 3－17 《边境的愤怒：揭露梅利利亚死亡事件的真相》报道视频截图（来源：《灯塔报道》）

3. 运用数据报道可预见的节日、活动和重大新闻事件的纪念日等

对于媒体而言，重大节日、会议、赛事和活动以及重大新闻事件的纪念日等都属于常规型选题。这类事件可以提前策划，给媒体留下充裕的报道时间。但是这类事件由于几乎年年都报道，因而创新的难度较高。

《中国日报》视觉中心设计副总监田驰在接受采访时曾表示："我们的工作可以分为长期、中期和短期三类。简单来说，我们制作的数据新闻版面属于中期项目，这些图表通常需要一至两个版面的篇幅，从策划、搜集数据、分析和整理数据，直至最终呈现大约需要两周。对于时效较强的新闻，我们可能会采取更快捷的处理方式，更侧重于信息的可视化而不是数据分析，例如经济指数发布等。我们还会策划一些长期项目。为了迎接党的二十大召开，《中国日报》推出八联版回顾十年伟大成就。我们从年初就开始策划，先后推出了 20 个领域的数据单版。在大会前夕，对每个领域的数据重新整合，以 20 朵牡丹花的形式呈现，花蕊为十年数据的可视化图表，以八联版的篇幅呈现出来，给读者一气呵成的阅读体验。这种长期的策划项目，基本上贯穿整个年度。"① 这里所列举的长期项目就是基于可预见的会议所做的长线策划。

选择从纵向角度切入，用历史数据诠释，这是操作此类选题的一种常见思路。比如财新早期的作品《星空彩绘诺贝尔》就是在诺贝尔奖颁发这个时间点对 1901—2015 年所有的诺贝尔奖受奖者、受奖者性别和国别等数据做了完整的可视化呈现。通过这个作品，我们可以直观地看到百年诺贝尔奖的历史变迁，发现奖项的变化规律。这个角度的选题主要是对数据的要求比较高，需要媒体能够采集完整

---

① 参见 2023 年 9 月对田驰的采访。

的历史数据，如果数据有缺失，则难以进行操作。

当然，在这样的纪念日或节日中，采用新颖的方式来纪念也是一种较好的思路。比如澎湃在汶川地震十周年之际展开了“汶川记忆地图”项目（见图 3－18），其在社交媒体上发布名为“征集‘我的汶川记忆’：十年前地震时你在哪里?”的活动，当时征集了 2 000 多条留言，然后将这些文本数据按照发布者的位置属性和情绪属性进行分类，定位在交互地图上，读者可以通过地图查看不同地域、不同情绪的汶川记忆。

在此基础上，澎湃还对这些文本数据进行进一步的分析，发现当地震发生时，人们记忆中最常出现的五个地点是学校、教室、操场、家里、教学楼，记忆中最常出现的人是同学、老师、学生、妈妈。地震时身在四川的人，与身在四川省外的人，记忆中也有许多不同点。在四川省内的人，感受到恐惧，甚至绝望；而在其他省份的人，则是担心和痛心大于恐惧。

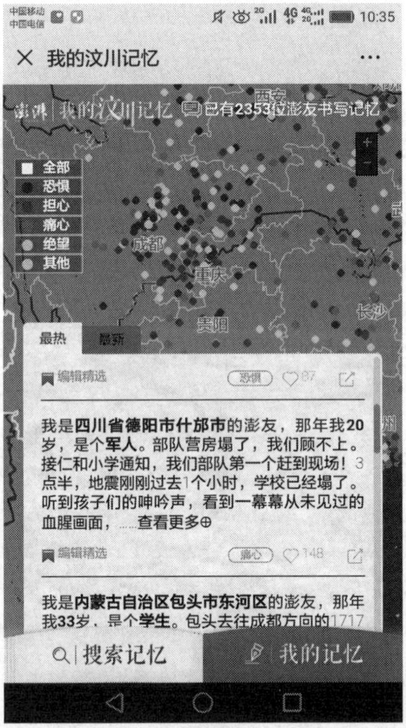

图 3－18 澎湃《我的汶川记忆》报道截图

澎湃从共同记忆的角度切入，运用众包方式征集的数据提升了报道的交互性和亲和力，同时这种对集体记忆的书写增加了报道的历史厚重感，可以说是纪念日报道的一次很好的尝试。

4. 针对具有公共价值的现象、问题展开调研后发布独家数据

选题有时未必来源于新闻事件，也可能来自我们对某个话题或领域的兴趣。这种兴趣可能源于阅读其他媒体的报道时受到的启发，也可能源自对生活中某种现象和问题的持续关注产生的想法，还可能是受到某个新闻现象引发的热门话题的吸引……总之，此类选题一般时效性较弱，但往往具有较多的如重要、趣味和新鲜等其他新闻价值要素。

相比由新闻事件触发的选题，针对具有公共价值的现象、问题展开调研后发布独家数据的选题思路更能体现媒体的个性。

【案例】《粗暴的正义：警察如何辜负性侵幸存者》：揭露澳大利亚警方对性侵事件处理不当的调查

澳大利亚的性侵犯案件数据在八个州和地区分别管理。每个州都有自己的定义和分类系统，但都受到了公众的投诉，认为警方对性侵调查处理不当。澳大利亚广播公司的《粗暴的正义：警察如何辜负性侵幸存者》(Rough Justice：How Police are Failing Survivors of Sexual Assault)是迄今为止唯一一个将澳大利亚所有八个司法管辖区和450多个警察指挥部的记录提炼成完整的全国情况的调查项目（见图3-19)。该数据驱动项目的数据可以追溯到10年至23年间（具体取决于司法管辖区的相关数据记录)。

澳大利亚广播公司通过向该国犯罪统计机构提出数据请求来获取数据，随后，他们与统计学家和犯罪报道标准专家协商，将这些结果分为五类（无根据、撤回、未解决、采取法律行动和未采取法律行动)。他们对数据展开分析，并建立了一个可搜索数据库，其中包含240 973起性侵犯举报的警方调查结果。该数据库允许用户探索详细的统计数据。

《粗暴的正义：警察如何辜负性侵幸存者》揭示了以下几个重要的问题：

第一，越来越多的性侵犯案件从未被警方侦破，而幸存者每次报案需要不断向警方讲述这段痛苦的经历。在澳大利亚最大的司法管辖区，撤回举报和拒绝举报的比率不断上升，而采取逮捕或其他法律行动的报告的比率却直线下降。

第二，截至2017年的10年间，澳大利亚全国范围内警方驳回了9%的性侵举报，拒绝或“毫无根据”的比率因司法管辖区和议会地区的不同而有很大差异，有些地区这一数据高达25%。

第三，在澳大利亚全国范围内，向警方举报的性侵犯案件中，有五分之一的受害者撤回了举报。其中昆士兰州的举报撤回率最高，2018年为33%，相关报告发现昆士兰警方向受害者施压，要求其撤回举报。调查还发现，警方错误地将一些案件的状态从“未解决”改为“毫无根据”。

该报道的另一特色是将数据分析、可视化与实地采访报道、第一人称幸存者叙述很好地结合起来，形成了具有感染力的数据叙事。该报道获得了2022年“信息之美”奖时政类铜奖。

资料来源：相关报道详见TING I，SCOTT N，PALMER A. Rough justice：how police are failing survivors of sexual assault.（2020-01-28）[2024-06-26]. https：//www. abc. net. au/news/2020-01-28/how-police-are-failing-survivors-of-sexual-assault/11871364。

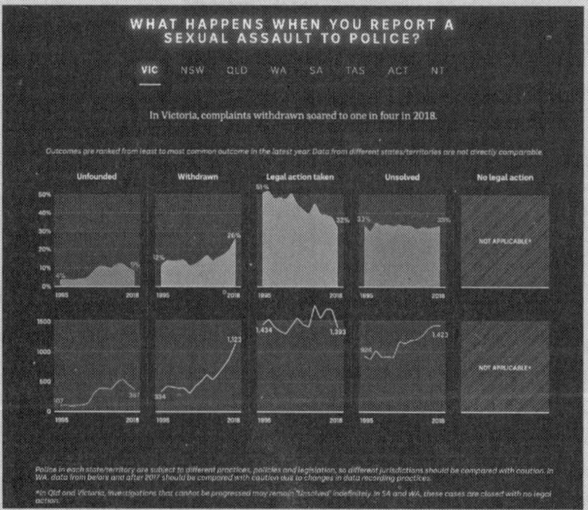

图3-19 《粗暴的正义：警察如何辜负性侵幸存者》报道截图（来源：澳大利亚广播公司）

在这类选题中，有一种特殊的选题，它们不是基于历史的数据对已经出现的规律或问题展开分析和报道，而是通过对历史数据的分析对未来可能的发展方向做出预测和示警。这类预测型选题早期主要运用于天气、选举、体育或金融领域，目前伴随计算能力的发展，也在向更广泛的领域拓展。但是，有研究也发现尽管这类选题已经引发了越来越多数据从业者的兴趣，但他们对是否推进预测型选题仍然犹豫不决。究其原因，一是类似的预测型选题涉及复杂的概率故事讲述，数据从业者需考虑受众易于接受的文本和视觉解决方案；二是预测型选题的操作更为复杂，需要更精确的设计和研究，所消耗的制作时间和人员成本相对更高。“未来的情景往往比过去或现在的数据驱动报道更不可靠、更不确定，甚至增加了对细致工作的需要。在进行预测时，需要额外的时间来妥善处理预测性新闻的缺陷。那时，预测性新闻不再是快速的新闻，而是需要更加情境化的缓慢的新闻。它的产品内容丰富、精心设计、经过彻底研究，是数据新闻的典范，因此超越了方便的日常数据新闻。”①

【案例】 利用数据做出合理预测，为城市改善基础设施建设提供助力

2022年11月，乌拉圭媒体Amenaza Roboto刊发了西班牙语和英语双语版的交互设计新闻作品《被淹没的城市》(The Submerged City，见图3-20，文前彩色插图)。该作品获得了2023年的Sigma数据新闻奖。

这则数据新闻的获奖得益于以下几大因素：

(1) 选题重大，揭示了重要的社会问题。主创团队分析了有关洪水线的不同数据库及其对乌拉圭首都蒙得维的亚市海岸线附近人口和基本设施的影响。调查发现，如果气候变化的影响得不到遏制，该国的关键基础设施、最脆弱的社区和最富裕的社区都将面临被洪水淹没的风险。选题的公共价值很大，此前乌拉圭尚无媒体关注到这一重要问题。

(2) 数据来源丰富，权威可信。报道团队的数据来自权威机构，扎实可信，其中包括从该国环境观测站、国家统计研究所(INE)下载的数据，以及来自社会发展部、蒙得维的亚市政府等机构的数据。洪泛面取自《乌拉圭气候变化和沿海地区变化国家适应计划(2021)》报告。

(3) 开发了一套数据分析方法，以对所调查的问题做出合理的预测分析。报道团队还开发了一套数据分析方法。首先，汇总按年龄和类型划分的人口、最恶劣气候条件下的洪泛面、基础设施和不规则聚落的相关数据。使用ArcGIS软件对基础设施和人口数据进行地理配准。其次，将从上述来源获取的数据用于开发综合数据库。根据国家统计研究所应用的地域划分系统，将收集到的数据与人口网格联系起来。对2004年和2011年人口普查的信息进行交叉比对，以重新分类2011年数据集中不可用的人口网格单元的边界。再次，将前一阶段进行分析的结果在专题地图上进行可视化呈现。为此，团队使用了核密度、栅格数据重分类和栅格计算器等工具。所有信息均通过GIS软件按相同比例重新分类。专题地图表示人口统计和基础设施数据集与根据RCP 8.5路径计算出的2100年洪泛面的交集，重现期为500年。最后，将上述生成的地图与对科学家和政府机构代表的访谈，以及对公共信息的分析等内容结合起来。GIS项目和完整

① PENTZOLD C，FECHNER D. Probabilistic storytelling and temporal exigencies in predictive data journalism. Digital journalism，2021，9 (6)：715-736.

数据集发布在开放数据存储库（GitHub）中。

（4）影响巨大，有很好的示范效果。这一项目的主创团队是一支跨学科和多文化团队，他们来自乌拉圭、阿根廷和墨西哥等国。团队配备了记者、地质学家和数据科学家，使用科学方法收集和分析证据，以显示气候变化将如何影响乌拉圭的不同社区。该项目是乌拉圭历史上最具社会和媒体影响力的数据和气候新闻项目，在社交媒体、学术界和乌拉圭政府都具有较好的影响力，也为气候议题的数据新闻报道树立了标杆。

正如Sigma数据新闻奖的颁奖词中所评价的："《被淹没的城市》是一个有远见的数据新闻项目。乌拉圭媒体Amenaza Roboto制作的这个项目是新闻业推动善行的一个很好的例子，因为该团队的研究结果很可能会影响乌拉圭未来几年的气候政策。这也是一项可以激励世界各地的其他人的数据项目，能启发他们以同样干净且具有视觉吸引力的方式去解决相似的问题。"

资料来源：相关报道详见FARÍAS G，AUBET N，DOBRICH M Á，et al. The submerged city.（2022-11-22）[2024-06-26]. https://amenazar-oboto.com/uruguay2100/montevideo/eng，部分资料来自报道团队提供给Sigma数据新闻奖评委会的自述材料。

当下，由于算法和人工智能技术的发展，越来越多的媒体开始关注这些新技术对生活的影响，出现了一种新的调查型新闻——调查算法等技术"黑箱"的新闻报道。这是因为算法、人工智能技术正在越来越多地影响人们的日常生活，而政府或商业机构在这些技术的透明化上却做得并不理想。正如凯茜·奥尼尔（Cathy O'Neil）在《数学毁灭性武器》一书中所说，许多基于算法的模型"将人类的偏见和误解编码到越来越多管理我们生活的软件系统中。就像神一样，这些数学模型是不透明的，除了它们领域的最高祭司数学家和计算机之外，其他人都看不到它们的工作原理"。因为这种模型具有破坏性特征，她将之形象地比喻为"数学毁灭性武器"，并建议"他们必须提供透明度，披露他们正在使用的输入数据以及他们的定位结果。他们必须接受审核"，而"我们必须齐心协力监管这些大规模杀伤性武器，驯服它们并解除它们的武装"①。学者哈斯尔·法拉斯（Hassel Fallas）也提出："为算法提供支持的设计和数据是由人类产生的，无论是否愿意，都容易出错。这些计算可能包含偏差。如果不了解算法如何工作、如何评估数据库结构及使用的变量和计算技术，那么记者如何监督决定教育、就业甚至正义的方法的结果——它是否包含歧视和排斥特定人群的偏见？在这种情况下，同样重要的是要注意新闻工作不仅仅在机器后面完成。让我们不要忽视我们工作的本质：走进现实世界，看看数据如何影响人们的生活。"②

已有一些数据记者开始尝试运用"反向建构"的方式，借由现有知识、观察和递推来主动挖掘出技术运作模型的过程，通过调查算法等技术"黑箱"的方式来对建立算法的部门和机构进行监督。

2013年，《华尔街日报》曾以这种方法探究电子商务平台是否存在潜在的价格

---

① O' NEIL C. Weapons of math destruction: how big data increases inequality and threatens democracy. New York: Crow, 2016: 11, 183-184.

② FALLAS H. Big data and algorithms: the new path of cross-border investigative journalism//MUTSVAIRO B, BEBAWI S, BORGES-REY E. Data journalism in the Global South. Switzerland: Palgrave Macmillan, 2019: 323.

歧视问题，即将同一商品以不同价格卖给不同人群。[①] 2016 年，非营利机构 ProPublica发表作品《机器偏见》，调查了美国多州使用的对被捕人士犯罪风险评估的软件是否存在算法偏见，发现所谓的评估非常不可靠，且歧视黑人。[②] 2017 年，有媒体对社交平台脸书展开调查，发现在用户为自己建立的脸书档案背后，还有一个影子档案，是利用其他脸书用户的收件箱和智能手机建立的。影子档案数据为脸书提供了动力，使其能够以尽可能多的方式将尽可能多的人联系起来。凭借其庞大的、隐藏的黑名单，脸书可以非常简单地将你与拥有你的联系信息的其他人直接匹配。[③] 前面列举的德国媒体针对极端右翼势力如何利用社交平台 Instagram 的漏洞来扩充势力的报道也属于此类选题。

2016 年，DT 财经（现更名为“DT 商业观察”）曾发表了赵一鸣写作的聚焦北京摇号规则的系列报道，作者采集了从 2011 年到 2016 年 51 期每期的摇号池列表和随机种子，并分析了摇号程序，试图对摇号系统运作是否合理作出解释。根据分析，作者提出观点，认为该摇号系统“并非无懈可击”，并期待政府能进一步公开信息。这是国内早期调查算法的数据新闻中一个较为典型的例子。

2021 年以来，澎湃《美数课》栏目开始系统关注算法，推出了《算法祛魅》的专题。2022 年开始，他们持续关注 AI 技术发展，集纳了多篇报道，开办了《AI 调查局》栏目。据澎湃新闻数据新闻主编吕妍介绍，他们相对系统性地觉察到 AI 的重要性，是从《外卖骑手，困在系统里》[④] 那篇报道开始的，之前曾零星关注过算法、AI，但是直到那篇报道开始才发现“AI”概念出圈，普通人意识到他的生活在某一个侧面被算法左右。同时他们也觉得这是一个很适合采用数据新闻报道的条线，因为以往的数据新闻没有一个条线，它是一个形态，每次要接触不同的数据，尽管他们尝试过很多条线，但都不太行得通。而 AI 相关的报道对于数据记者而言，后者是有天然的优势的。因为数据记者有数据敏感性，有上手精神，愿意去做，也可以做。数据新闻在 AI 领域，有它独特的价值：一方面 AI 是一个时代命题，另一方面这也是非常适合数据记者去深挖的部分。[⑤]

5. 对公众熟知的现象或事物进行新角度的开掘

在非时效性选题中，还有一种选题策划思路是对公众熟知的现象或事物进行新角度的开掘。这类选题可以是采用一些新颖的数据源对人们已经熟知的现象或事物进行新角度的观察，赋予读者一种新的观察视角；也可以是通过数据分析揭示实际情况与公众认知的差异，打破公众对已知现象或事物的刻板印象和固定成见。

---

① 关于调查算法的反向建构方式的解释和《华尔街日报》的案例均来自美国哥伦比亚大学塔尔数字新闻中心 2014 年发布的研究报告《算法可信度报道：调查黑箱》，参见 DIAKOPOULOS N，STARK J. Algorithmic accountability reporting：on the investigation of black boxes.（2014-01-01）[2024-01-22]. https：//towcenter. columbia. edu/news/algorithmic-accountability-reporting-investigation-black-boxes。

② ANGWIN J，et al. Machine bias.（2016-05-23）[2024-01-22]. https：//www. propublica. org/article/machine-bias-risk-assessments-in-criminal-sentencing.

③ HILL K. How Facebook figures out everyone you've ever met.［2024-01-22］. https：//gizmodo. com/how-facebook-figures-out-everyone-youve-ever-met-1819822691.

④ 赖祐萱．外卖骑手，困在系统里．（2020-09-08）［2023-11-29］. https：//mp. weixin. qq. com/s/Mes1RqIOdp48CMw4pXTwXw.

⑤ 参见 2023 年 7 月对吕妍的采访。

【案例】 除了按摩，盲人还可以做什么

在很多人的印象中，“盲人”和“按摩”两词似乎总是自动关联，从事按摩业被不少人视为盲人的唯一出路。但赵鹿鸣的作品《除了按摩，盲人还可以做什么》则打破了公众的刻板印象（见图3-21，文前彩色插图）。

这个作品“试图展现一个更切实的盲人就业图景”，并提出了选题想要解决的问题——有多少人在寻求工作？他们有着怎样的个人背景？雇主提供了哪些岗位可供他们选择？归根结底，盲人的就业，到底有多难？

作者首先厘清了“视力残疾”与“盲”的区别和现状，然后分别从雇主和求职者这两个就业市场的主要主体出发，通过数据解释选题提出的问题。最后，作者认为解决盲人就业的难题应实施融合教育、构建无障碍平台，并需要企业和求职者等多方主体的参与和努力。

在作品中，读者可以发现，除了“按摩”，在就业市场中雇主还提供了“工人”“文员”“后勤人员”“销售员”“客服”“服务员”“网络技术人员”等岗位给视力残疾者，而“学习”在很多求职的视力残疾者发布于求职平台的求职信息自我描述中是提及频率最高的词。这些结论在一定程度上打破了公众对视力残疾群体的偏见，使公众对视障人士的生活有更全面的认知和理解。

据作者赵鹿鸣介绍，这个作品共写了近一个月，是一个规范的长篇深度报道，里面采访了很多人。作者特别喜欢里面的一个小尝试是和残障人士合作，把可视化转成文本描述脚本，因为这样可以让那些残障人士也读懂可视化。他觉得这个设计具有很强的人文关怀。①

资料来源：相关报道详见赵鹿鸣．关注盲人就业｜除了按摩，盲人还可以做什么?．（2019-10-15）[2024-04-04]．https：//www.thepaper.cn/newsDetail_forward_4675068。

四、培养选题能力，避免选题中容易出现的问题

对于数据新闻初学者而言，“万事开头难”，选题往往是一个容易造成困扰的环节，因此培养选题能力就显得尤为必要。

选题能力是一种综合能力，培养这种能力可以从以下五个角度入手：一是增强自己对社会的关注，这样才能更敏锐地捕捉到社会发展的动态，发现那些潜藏的趋势或问题；二是要学习和掌握新闻的基本知识，提升新闻敏感性，使自己能快速判断什么选题具有新闻价值，什么选题缺乏新闻价值；三是培养数据的想象力，对数据有全面的理解，平时注意收藏数据源，能创造性地发现和使用数据；四是要了解公众，也要了解受众，了解公众是因为做新闻需要把握公众情绪，知道什么内容能引起公众的关注，了解受众是要清楚地掌握目标对象的特点，能对之进行更有针对性的选题策划；五是做好前期调研，选题能否立得住，前期调研非常重要，更充分的前期调研可以帮助我们找到同领域其他报道没有挖掘或者挖掘得不够深入的新闻点，从而能够在此基础上做出信息增量，而不是简单重复同质化报道。

此外，对于初学者而言，选题中还需避免一些常见的问题，以下结合一些课堂案例加以说明。

---

① 参见2023年8月对赵鹿鸣的采访。

问题1：选题缺乏公共性。

案例：手机品牌宣传哪家强？

点评：这个选题想通过对多品牌手机宣传文案中的用词（常用词词频）以及代言人的性别比例、年龄、风格做数据分析，从而推导出“手机品牌宣传哪家强?”的答案。这个选题对于专门分析广告宣传的专业媒体具有一定的价值，但是如果放在综合类媒体上，其价值就比较有限，属于缺乏公共性的选题。其实，换个角度，分析手机厂商投入多少钱做手机营销宣传，这些钱在手机盈利额中占据怎样的比重，作为消费者花了多少钱为这些广告买单，这个角度相比单纯比较宣传文案就更有公共价值。

问题2：选题角度与已有报道重复，缺乏新意。

案例：谁养大了这些可爱的大熊猫？

点评：这个选题期待给读者呈现中国大熊猫圈养繁育现状，让读者更了解目前的大熊猫繁育机构、大熊猫圈养数量等信息。选题具有一定的新闻价值，但是学生忽视了已有大量和选题相关的媒体报道，这个选题角度已经被开掘得较为充分，继续挖掘的空间很小。新闻报道是一种文化产品，应该讲究创新性，虽然现在独家选题越来越难获得，但是我们依然应该要求自己从独家角度或者采用某种新的方法和路径来切入，从而给选题带来“信息增量”或“知识增量”，这是做新闻的基本态度。出现这类问题的原因大多在于报道者前期调研不足，所以我们平时一方面应该提高自己对媒体的数据新闻报道的关注度，另一方面也应该提升自己的调研能力，以严谨的态度对待新闻报道，尽可能选择新的角度做新闻。

问题3：选题过于宽泛，角度不聚焦。

案例：由共享单车看背后的共享经济。该选题试图整合关于共享单车的信息，把人与共享单车、社会与共享单车、资源与共享单车联系在一起。其中最重要的是运用发散思维寻找新的亮点。

点评：新闻报道不是学术论文，这个选题缺乏重点，过于宽泛，没有明确需要解答的问题。这种角度不聚焦的选题必然会使后期的操作陷入困境，因为不知如何着手，也难以构建清晰的逻辑框架。在媒体实践中我们也经常看到类似的选题，比如“某某面面观”之类的报道，这种选题体现出报道者缺乏问题思路，没有真正明确自己要做什么和解决什么，而最终作品往往也是简单地罗列或拼凑一些相关数据。

问题4：选题难以量化。

案例：有人提出假设，在短期内，调控政策能遏制房价的大幅度增长，但从长期来看，房价仍会大幅度上涨。选题将通过分析历年政策，比对房价数据，来论证该假设正确与否。

点评：在制作这个选题的数据新闻的过程中，学生发现选题非常难量化，如何将政策对房价的影响进行量化？如何量化短期和长期影响？如何剔除其他的影响因素？这些问题已经超出了学生现有的知识和能力的范畴。从科学角度看，上述假设应该是可以被证实或证伪的，但是这个量化的过程比较复杂，从新闻的角度不易操作。

问题5：选题存在违背法律、政策和伦理的风险。

案例：“985”“211”高校大学生自杀状况调查。

点评：这个选题有违背新闻伦理和道德规范的风险。因为对自杀进行大范围数据报道，一方面可能会对自杀者的家人和好友造成二次伤害，另一方面可能会引发效仿自杀的社会问题。所以从事新闻报道需要注意“有所为有所不为”，这种可能引发广泛的社会争议、带来不良社会效果的报道选题也是不适合操作的。

【本章小结】

“数据”是数据新闻的核心概念，只有正确理解数据，才可能进入数据新闻制作的实践环节。如何理解“数据”？我们经常看到的文本、图像图形、视频和动画、声音是如何转换为计算机中的数据的？数据新闻中常见的数据类型有哪些？本章首先对这些问题做了解答。

本章还聚焦于数据新闻制作中的第一步——确定选题。在这一部分，我们分析了选题策划的运作机制、数据新闻选题的判断标准、选题的思路和方法以及如何培养选题能力。

【本章学习与思考】

1. 请你结合实例谈谈对“数据”的理解。
2. 数据新闻中有哪些常见的数据类型?
3. 为什么媒体要采纳双线并行的选题策划机制?
4. 请找一家媒体的数据新闻栏目，分析该栏目选题的特点。
5. 请用本章提及的选题思路和方法，做 1～2 个选题策划方案。

第 4 章　采集数据

在制作数据新闻的过程中，采集数据是非常重要的一步。数据的准确可靠和完整性将决定我们能否对之进行进一步的分析，也将决定数据新闻作品能否完成。国内外不同媒体在获取数据的来源和方法上有不同的倚重，总的来看，在制作数据新闻时，可以通过以下途径采集数据：在线搜索和获取数据，通过采访调查的方式采集数据，通过购买或合作方式获取数据，运用工具爬取数据。

第 1 节　在线搜索和获取数据

互联网是一个庞大的数据库，在线搜索和获取数据是一种比较快捷的采集数据的方法。

一、在线搜索和获取政府数据

在大多数数据新闻实践中，来自政府部门及其直属机构的数据被视为权威的数据。要获取此类数据，一般有两种主要的途径：其一是直接在政府及其直属机构网站或数据开放平台查询、搜索和获取政府主动公开的数据；其二是申请政府信息公开，获取政府“依申请公开”的数据。

（一）信息权与政府信息公开

“信息权”已被国际上承认为一项基本人权。信息权在早期被视为一项保持社会中信息自由流动的权利，1946 年联合国第一次会议通过的第 59 号决议中声明：“信息自由是一项基本人权，而且……是检测被联合国视为神圣的所有自由权利的试金石。”1948 年联合国大会通过的《世界人权宣言》（Universal Declaration of Human Rights）中规定：“人人有权享有主张和发表意见的自由；此项权利包括持有主张而不受干涉的自由，以及通过任何媒介和不论国界寻求、接收和传递消息和思想的自由。”1966 年联合国大会通过了《公民权利和政治权利国际公约》（International Covenant on Civil and Political Rights）这一具有法律约束力的条约，进一步肯定了信息权。

1993 年，联合国人权委员会设立了联合国思想与表达自由特别报告员（UN Special Rapporteur on Freedom of Opinion and Expression）的职务，该职务的职责之一就是阐明思想与表达自由权利的确切含义。特别报告员在 1998 年的年度报告中表示，表达自由权包括获取国家所持有信息的权利：“寻求、获得、传递信息的权利不容争辩地赋予国家一个明确的责任，即保障对信息，特别是政府在各种存储和索取系统中所保有信息的获取权……”信息权的界定由此从信息自由流动，公民获取信息的自由权利拓展至政府有责任开放信息，公众有知晓政府如何行使公权力的基本权利。

全球许多国家都将对信息权的保护视为包含于宪法对表达自由的宏观保障中。日本最高法院早在1969年即在判例中建立了一个原则：宪法第21条对表达自由的保障也包含知情权。1982年，印度最高法院在涉及政府拒绝披露与法官调任和解聘相关信息一案的裁决中，明确了获取政府信息是言论和表达自由的基本权利中的核心部分。韩国在1989年和1991年的两个案件判决中指出，在某些情况下，当政府官员拒绝索取文件的申请时，可能损害申请人的知情权。在此基础上，包括保加利亚、匈牙利、立陶宛、墨西哥等在内的越来越多的国家在宪法中规定了对信息权的特别保护。

为了保护信息权，一些国家对信息权的实施进行专门立法。其历史可以追溯到200多年前，早在1766年，瑞典的《新闻自由法》中就有了关于信息权的规定，1888年哥伦比亚的《政治和市政组织法典》允许个人索取政府部门或政府档案中保管的文件。美国于1967年通过了《信息自由法》。1990年全球仅有13个国家通过了信息获取权相关的国家法律，而根据2023年发布的《稳步前进：联合国教科文组织2022年公众获取信息报告》中的调查数据，135个联合国成员国已通过信息获取法。在2022年参与调查的123个国家和地区中，93%（114个）表示它们有宪法、法律和/或政策保障获取信息，这比2021年89%的数字略有增长。与此同时，也存在有限范围内受保护利益的豁免，主要涉及国家获取信息保障中明确提及的人权（例如隐私）和公共利益（例如国家安全）。①

即使是通过信息自由法的国家，记者面临的情况也存在很大的差别。例如，美国和欧洲一些国家的数据记者能够通过相关法律规定申请政府信息公开，并构成了这些地区数据新闻的主要数据来源。而在拉丁美洲的一些国家，记者仍然难以获取适当格式的数据，需要花费大量时间扫描政府根据信息自由请求提供的纸质文件。一位危地马拉记者在接受研究采访时表示，他需要将80%（有时高达95%）的工作流程仅用于转录、协商获取数据或将获取的数据转换为数字格式。他认为在拉丁美洲以及中美洲特定地区的数据新闻从业者，在进行分析、报道和讲故事的工作前已经非常疲惫，厌倦了清理、标准化、扫描和获取数据的工作。而洪都拉斯、萨尔瓦多等国与此类似，记者可以申请想要的数据，但问题在于他们获取的不是Excel文件或数据库文件，相关组织会利用Excel或Word等工具创建一个文件，然后打印该文件，在其上盖章、签名，最后形成扫描文档发送给记者，这样记者需要花费近一半时间来转换和系统化这些数据。②

谈及我国境内的政府信息公开的法律法规和制度，属香港地区制定得最早。1995年3月，香港地区颁布实施了《公开资料守则》，后经1995年12月和1996年12月的两次修订，该守则成为政府机构提供资料以及市民获取政府信息所遵循的正式制度依据。该守则适用于所有的政府部门，规定各部门每年均要公布其组织结

---

① UNESCO. A steady path forward：UNESCO 2022 report on public access to information. [2024-01-20]. https://unesdoc.unesco.org/ark:/48223/pf0000385479.

② DE-LIMA-SANTOS M F，MESQUITA L. The strategic value of data journalism//SALAVERRÍA R，DE-LIMA-SANTOS M F. Journalism，data and technology in Latin America. Switzerland：Palgrave Macmillan，2021：118-119.

【知识窗】 信息权实施的九项基本原则

原则一：最大限度公开

该原则意味着信息权的范畴必须广泛，既关系到相关信息和机构的范围和种类，也关系到可能提出维权要求的个人。这里的"信息"应该包括公共机构掌控的全部记录，且不限于任何保存方式。其所涉及的机构必须涵盖政府的各级和各个分支，包括地方政府、经选举产生的机构、法令委任下运行的机构、国有化产业和公共企业、非部门性机构或半官方机构（准政府组织）、司法机构，以及执行公共职能（例如公路维护或铁路线运营）的私人机构。

如果私人机构所掌控的信息在发布后可能减少重大公共利益（如环境和健康）受到侵害的风险，那么，这些私人机构也同样应该被划归公共机构。

原则二：公布信息的义务

信息的有效获取需要依靠相关机构即使在没有收到任何请求的情况下，也能够主动发布和散播关键类别的信息，而不是仅同意满足索取信息的要求。

原则三：促进政务公开

从根本上讲，信息权的实现在于改变一国政府对信息进行封锁的传统保密文化。为此，一些国家开始指派专职监督机构或人员如信息专员、巡察官员或人权委员会，或是指派一个中央政府部门来负责政务公开，以保证这一重要事务得到足够的关注和充足的资源。明确奖惩机制有助于解决保密文化的问题，政府也应该培训官员形成良好的信息管理能力，了解自己掌握的信息和保存状态。

原则四：限制"例外"的范围

评估信息获取权的例外规则的合法范围较为复杂，既不能过于宽泛，也要顾及一些合法的必须以保密方式来保护的利益。应当制定清晰而严密的例外规则，而且必须通过"危害"和"公共利益"的严格检验。"19 条原则"组织认为判定例外信息需要遵循"三要素检测"：信息必须与法律中列出的某个合法目的相关；公布信息必有可能对该目的造成实质性的损害；给该目的带来的危害必定大于发布该信息所带来的公共利益。

原则五：为行使信息权提供便利的程序

公众索取信息的申请应当得到迅速而公正的处理，在申请被拒时应能提供独立的审查。如果公共机构拒绝披露信息，或公共机构没能以指定方式处理申请，那么公众应该可以对呈交申请的公共机构内的更高权力部门提出上诉。而政府应设立一个专门的独立监督机构，进行复审。

原则六：费用

不应使个人因费用过高而放弃索取信息的要求。

原则七：公开会议

公共组织的会议应当向公众公开，信息权的基本原理不仅适用于记录下来的信息，而且适用于公共机构的会议。

原则八：信息公开优先

与最大限度公开原则相悖的法规应当修正或撤销。几乎所有国家的法典中都有一系列保密法规，很多并不符合信息权的上述准则，特别是与例外规则有关的部分。所以各国有义务建立一些机制以解决这一问题。

原则九：保护检举人

如果公务员依照信息权披露了不应公开的信息，而根据保密法他们将遭到制裁，那么他们就可能产生宁可因保密而犯错的倾向。因此许多信息权法出于本意，规定保护出于善意按信息权法规公开了信息的公务员。这种保护对于扭转政府内部的保密文化和建立开放的氛围十分重要。许多国家都对披露坏事的个人或称检举人提供类似的保护。联合国准则也呼吁"对揭露不法行为者提供法律、行政或者与雇佣关系相关的支持"以保护信息权。

资料来源：该基本原则最早见于"19 条原则"组织（Article 19）于 1999 年发布的《公众有权获知：

信息自由法的基本原则》。"19条原则"组织是一个致力于促进全球表达自由活动的国际人权非政府组织，本部设在伦敦。托比·曼德尔（Toby Mendel）曾是该组织法律高级总监。2003年，联合国教科文组织发布了由托比·曼德尔撰写的《信息自由：比较法调查》，再次重申了上述基本原则。相关文献详见：MENDEL T，ARTICLE 19. The public's right to know：principles on freedom of information legislation. Article 19，1999：2－11；MENDEL T. Freedom of information：a comparative legal survey. UNESCO，2003：25－36。

构的详情、所提供服务的资料、其服务表现承诺及履行各项承诺的情况。各部门须指派一名人员担任公开资料主任，负责促进和监督守则的执行。市民可以口头或书面方式（以书函或申请表格的形式寄交有关部门的公开资料主任）提出索取资料的要求，当局应在可能范围内，在接获书面要求后的10日内提供有关资料，或是先给予初步答复，在21日内做出完整回应。澳门地区的信息公开制度始于1999年，当年10月7日由澳门总督韦奇立签发的"行政程序法典"的第三部分第二章"资讯权"包含了行政信息公开的相关规定。台湾地区制定行政信息公开的主要规定是2001年1月1日正式实施的所谓"行政程序法"，根据该规定要求制定并由"行政院"和"考试院"联合发布了"行政信息公开办法"。2005年12月，台湾地区通过了所谓"政府信息公开法"，详细规定了这项制度的适用对象、需要公开的资讯范围及限制、资讯公开的方式、申请行政信息公开的程序等。规定中特别强调受政府机关委托行使公权力的个人、法人或团体视同政府机构。

除了港澳台地区，20世纪初，大陆一些地方政府也开始出台政府信息公开的规章，如《广州市政府信息公开规定》（2002）、《上海市政府信息公开规定》（2004）。2007年1月17日，国务院第165次常务会议通过《中华人民共和国政府信息公开条例》（简称"2007年《条例》"），次年5月1日起开始施行。条例指出，政府信息是指行政机关在履行职责过程中制作或者获取的，以一定形式记录、保存的信息。国务院办公厅是全国政府信息公开工作的主管部门。各级人民政府及县级以上人民政府部门应当建立健全本行政机关的政府信息公开工作制度，并指定机构负责本行政机关政府信息公开的日常工作。条例规定了政府信息公开的范围和方式，以及申请信息公开的程序和监督方式。

根据上述法规条例，国务院办公厅制定了政府信息公开指南和信息公开目录，规定国务院办公厅的政府信息公开方式为《国务院公报》和中国政府网（http：//www. gov. cn/）。前者主要刊载国务院公布的行政法规和规范性文件，国务院批准的有关机构调整、行政区划变动和人事任免的决定，国务院各部门公布的部分部门规章和规范性文件，国务院领导同志批准登载的其他重要文件。《国务院公报》可在中国政府网下载。后者是国务院和国务院各部门及各省（自治区、直辖市）人民政府在国际互联网上发布政府信息和提供在线服务的综合平台，开设了政府信息公开专栏，公众可通过目录导航、简单搜索和高级搜索等方法获得需要的信息。此外，该网站还设有国务院部门和地方政府信息公开专栏链接，公众可转至感兴趣的其他政府信息网络门户中。

2019年4月，中华人民共和国国务院令第711号发布，公布了修订后的《中华人民共和国政府信息公开条例》（简称"2019年《条例》"），自2019年5月15日开始施行。条例第四章"依申请公开"进一步完善了申请信息公开的程序规定，例如第 29 条规定：

> 公民、法人或者其他组织申请获取政府信息的，应当向行政机关的政府信息公开工作机构提出，并采用包括信件、数据电文在内的书面形式；采用书面形式确有困难的，申请人可以口头提出，由受理该申请的政府信息公开工作机构代为填写政府信息公开申请。
>
> 政府信息公开申请应当包括下列内容：
>
> （一）申请人的姓名或者名称、身份证明、联系方式；
>
> （二）申请公开的政府信息的名称、文号或者便于行政机关查询的其他特征性描述；
>
> （三）申请公开的政府信息的形式要求，包括获取信息的方式、途径。①

总的来看，相比于 2007 年《条例》，2019 年《条例》作了扩充，将“依申请公开”和“主动公开”作了区分规定，并进一步完善了“依申请公开”的程序、方式、期限、费用等规定。然而，也有学者认为，整体上 2019 年《条例》仍未改变 2007 年《条例》的基本风格，“针对大数据时代的具体应对仍然略显保守”，“提供的制度供给并不充分”②。

（二）在政府及其直属机构网站或数据开放平台查询、搜索和获取政府主动公开的数据

一般以“. gov”为一级或二级域名注册的，主要是各国政府及其相关部门依据信息公开的相关法律法规建立的网站，其以发布政策信息、政治动态信息、科技信息、宏观经济信息和社会人文信息等为特点。

例如，英、美两国在全球政府信息公开中起步较早，两国都分别建有政府网站和政府数据网站。英国政府从 2001 年 7 月开始试行“政府入口”服务。“政府入口”是将政府部门的后台系统与前端应用系统，如政府网站、政府门户网站等有机连接起来的中间件。它提供统一认证、单点登录，使公民能访问到他想访问的网站和信息，以及实现在线服务。目前，英国 24 个部长级部门，331 个政府其他机构和公共机构的信息都被合并到 GOV. uk 中，英国公众能够从该网站获得所有的政策、公告、出版物、统计和磋商信息。USA. gov（原名 FirstGov. gov，2007 年 1 月更名）是美国联邦政府的官方网站，于 2000 年 9 月上线，是由美国联邦总务管理局下属的联邦公民信息中心牵头组建的一个政府官网。2002 年，美国颁布《电子政务法案》，赋予 USA. gov 以法定地位，由此国会每年拨出一定的款项支持该网站的运作。

另外，美、英两国分别开设了专门的政府数据网站 data. gov（见图 4－1）和 data. gov. uk（见图 4－2）。美国政府开放数据网站 data. gov 主要发布美国联邦政府、州政府和地方政府的数据，提供给用户工具与资源来进行研究，构建应用程序和设计数据可视化。该网站的数据是由包括联邦政府机构在内的数百个组织提供的。data. gov 的数据涉及主题广泛，用户可以根据主题、数据类型、标签、数据格

---

① 中华人民共和国国务院令第 711 号 .（2019－04－03）［2024－03－14］. https：//www. gov. cn/zhengce/content/2019-04/15/content _ 5382991. htm.

② 孟鸿志，张运昊 . 大数据时代政府信息公开制度的变革与走向 . 法学论坛，2021（4）：90－99.

式、机构类型、机构名称等多种方式筛选和查找数据。网站首页右上角设计了“用户指南”导航，对如何使用该网站和获取数据做出指导。

图4－1　美国政府数据门户网站的首页截图

与data. gov相比，英国政府开放数据网站data. gov. uk的首页简洁明了地标注了14个主题，用户可以点击自己感兴趣的主题来查询数据。当点击某一主题之后，用户可以采用三种方式筛选和找寻数据，一是直接用文件名或关键词搜索，二是通过发布方来筛选，三是通过文件格式来筛选。此外，网站还提供用户勾选OGL（Open Government Licence）数据①的选项。

2005年10月1日，中国政府网（www. gov. cn）试开通，次年元旦正式开通。该网站是中国中央政府信息公开平台。

“国家数据”平台（data. stats. gov. cn）是中国国家统计局于2013年9月12日在原有网站的基础上对外界推出的数据门户，是官方认可的国家级数据门户。网站提供的数据涵盖月度数据、季度数据、年度数据，以及地区数据、普查数据、部门

① OGL数据指获得开放政府许可的授权，此类数据允许开发者重新使用政府数据而不受限制。

图 4-2 英国政府数据门户网站的首页截图

数据、国际数据七类统计数据。以月度数据为例，统计指标包括价格指数、工业、能源、固定资产投资（不含农户）、服务业生产指数、城镇调查失业率、房地产、国内贸易、对外经济、交通运输、邮电通信、采购经理指数、财政、金融等 14 大类。用户可通过简单查询、高级查询和搜索等功能来查找和获取统计数据。该网站还详细公布了统计法规、标准制度及统计数据生产过程，但网站没有公布类似“知识共享协议”这样的开放授权说明。一般来说，开放授权说明允许设下两种限制：一是用户必须在使用该网站内容和数据时对所有者进行署名；二是如果对原有内容或数据进行演绎，演绎后的内容和数据也要以相同方式授权。除了上述两点，开放授权一般不会再对用户使用数据进行其他的限制，这就意味着任何人都可以平等地访问和使用数据，即便是拿网站提供的数据做报道或是做商业产品开发，都是可行的。“国家数据”平台没有开放授权说明意味着该网站没有明确其是否开放授权。

除了中央政府推行的官方数据门户，地方政府也设有地方统计网站，且部分地方政府还推出了公开数据的平台。例如，上海市公共数据开放平台（data. sh. gov. cn)、北京市公共数据开放平台（data. beijing. gov. cn)、浙江 · 数据开放（data. zjzwfw. gov. cn/jdop _ front/index. do)、山东公共数据开放网（data. sd. gov. cn)、开放广东（gddata. gd. gov. cn)、贵州省政府数据开放平台（data. guizhou. gov. cn/home）等。据统计，截至 2023 年 8 月，全国所有直辖市，福建省、广东省、广西壮族自治区、贵州省、湖北省、江苏省、江西省、山东省、四川省与浙江省共 10 个省域所有下辖城市都已上线了公共数据开放平台。同时，安徽省内的绝大多数城市也已上线了公共数据开放平台。而陕西省、青海省内的所有城市以及海南省、河南省、吉林省、辽宁省和云南省内的绝大多数城市尚未上线公共数据开放平台。①

① 复旦大学数字与移动治理实验室 . 中国地方公共数据开放利用报告：城市（2023 年度).（2023-11-01）[2024-01-16]. http：//ifopendata. fudan. edu. cn/report.

与大陆相比，香港、澳门和台湾地区的政府开放数据平台构建历史更久。如香港特区政府2007年就上线了门户网站“GovHK香港政府一站通”，并在网站中设立了“资料一线通”的快速连接通道通往香港地区数据开放平台（data.gov.hk/tc/）。而在台湾当局设立的数据门户网站data.gov.tw，用户可通过常用主题、服务分类、机关类别、档案格式和资料集属性等不同的分类条件查询数据。该网站使用了开放授权，用户可以免费且不限时间、地点地复制、编辑和公开传播网站中的数据与内容。

【资料窗】 调用API获取数据

许多政府开放数据平台提供了数据共享方式获取数据，允许用户调用应用程序编程接口（API）访问数据。一般操作的具体步骤如下：

第一步，查询和确认自己所需的数据集。在数据平台通过搜索查询和确认你自己所需的数据集。一般来说，平台会提供数据集的简短描述、数据格式、提供部门、数据集字段名称和描述等信息。

第二步，完成网站注册和数据开放申请。部分数据平台要求实名注册才可进一步申请开放数据。如果无须注册，则可以直接进入下一步。

第三步，查看API信息，确认API的调用地址（url）、所需的请求头和参数信息（如key、Authorization等）、请求方式（如GET、POST）、返回类型（如JSON、XML）。

第四步，使用HTTP协议发送API请求获取并解析数据。以Python语言为例，需提前安装Python，然后安装requests库，这是Python中最常用的HTTP库之一，用于发送HTTP/HTTPS请求，可以方便地发送GET、POST等请求，以及获取返回的数据。这一步可以在安装好Python的电脑终端中输入命令行，代码如下：

```
pip install requests
```

接下来，使用requests库发送HTTP请求获取数据。以申请澳门特别行政区政府数据开放平台提供的公共厕所数据（该数据提供澳门各区公共厕所的使用和位置资讯①）为例，代码如下：

```
import requests
# APPCODE 09d43a591fba407fb862412970667de4
headers = {'Authorization':'APPCODE 09d43a591 fba407fb862412970667de4'}

url = 'https://iam.apigateway.data.gov.mo/facility_toliet'

#发送GET请求获取数据
response = requests.get(url,headers = headers)

#解析和打印JSON数据
data = response.json()
print(data)
```

以上代码中的Authorization、url等相关参数信息都列在网站提供的API信息中。需要注意的是，不同的API可能有不同的请求方法和参数，在使用具体的API时，需要调整上述代码。一些API需要额外的身份验证步骤，例如提供一个访问令牌（access token）。在这种情况下，要按照API提供者的要求进行操作。

第五步，处理异常情况。在调用API的过程中，可能会出现一些错误，如网络错误、超时或API返回的错误状态，这时还需要进行异常情况处理。

除了上述数据门户，还有许多数据散见于中央各部门机构、国务院各部委及其

① 参见https://data.gov.mo/Detail?id=f6a9892d-7e16-49f0-bcd3-573d670cefe5。

直属机构、地方下属政府机关的网站中。这些不同级别的网站都提供相应领域的数据资源。如生态环境部所属网站、最高人民法院创办的中国裁判文书网等都是频繁出现在数据新闻中的数据来源。此外，一些政府间组织提供的数据也被视为具有公信力背书的权威数据。自 1949 年中华人民共和国成立以来，我国已经先后加入了多个具有世界影响力的政府间国际组织，其中最重要的包括国际红十字会、联合国、国际货币基金组织、世界贸易组织等。

联合国是全球最大的政府间国际组织，其网站已经开设了中文版。通过官网能进入联合国“数据库”（http：//data. un. org），它是通往联合国系统的各种统计资源的快速通道。其中，“统计数据”提供较丰富的全球和地区数据。当策划的选题涉及全球、多个国家或地区的横向比较时，这些数据能提供较多的背景材料。“统计数据”主要包括：

社会指标（https：//unstats. un. org/unsd/demographic/products/socind/）：提供对多个国家和地区指标的整合数据，包括人口、健康、住房、教育和工作这五个领域。

联合国商品贸易统计数据库（https：//comtrade. un. org/）：免费提供全球自 1962 年以来的年度贸易统计数据和 2010 年以来的月度贸易统计数据，以及展示上述数据可视化的平台。

国民核算主要指数数据库（https：//unstats. un. org/UNSDWebsite/）：提供包括世界 200 多个国家和地区 1970 年以来完整的、连续的国民核算总量统计数据，以及源于各个国家和地区的分析指标和定量数据。

此外，联合国网站提供的数据还涉及“联合国巴勒斯坦问题信息系统”“环境署资源工具包”“难民文献数据库”“世界和平指数”“世界地名数据库”“裁军条约数据库”“军事支出数据库”“反歧视数据库”“联合国人居中心城市数据库”“残疾统计数据库”“打击有组织犯罪立法数据库”“打击犯罪信息与法律网络分享平台（夏洛克）”等多个领域。

除了联合国提供的数据，世界银行的数据也经常被媒体采纳，作为重要的国际数据来源。世界银行提供免费开放的数据平台 World Bank Open Data（https：//data. worldbank. org/），以便该组织统计的全球发展数据可被更多人士了解和使用。这个数据平台非常人性化地提供了详尽的使用说明，指导用户如何通过多种方式采集数据。人们既可以运用搜索功能、依靠站点地图等较为常见的方式查找数据，还可通过 API 访问数据，这为程序员采集、整合和使用数据提供了更为便利的渠道。

（三）申请政府信息公开

除了政府主动公开的信息，依据信息公开的相关法律法规，所有公民都有权依法申请政府信息公开。

多年来，全球记者通过各国信息公开的相关法律法规，依法申请政府信息公开，获取了大量数据，报道了很多对公共利益至关重要的新闻故事，类似的案例已不胜枚举。例如美国记者杰森·利奥波德（Jason Leopold）利用符合美国《信息自由法》的材料来报道关塔那摩监狱囚犯被强行喂食的事件、美国国土安全部用于监控推特上恐怖威胁的手册以及联邦调查局对纳尔逊·曼德拉的间谍活动。他因为申请政府信息公开的次数和要求过多，被戏称为"《信息自由法》恐怖分子"。他表示："作为一名《信息自由法》恐怖分子意味着积极利用法律来撬开松散的政府文件，并迫使各机构履行其透明义务。我非常认真地对待自己作为《信息自由法》恐怖分子的工作。"① 2017 年，一项针对美国申请政府信息公开的研究发现，记者提出的申请实际上仅占所有申请的 7.6%，而企业、律师事务所和个人才是申请数量最多的用户。尽管如此，媒体是提出申请最频繁的，其中美联社、《华尔街日报》、彭博社、《国家》杂志和《纽约时报》高居前五位。② 2023 年 10 月 5 日，《华盛顿邮报》推出新专栏《揭示记录》（Revealing Records），这是一个由该报《信息自由法》负责人（Freedom of Information Act Director）主持的栏目，旨在帮助读者调查政府文件，揭示藏在那些记录背后的新闻故事。③

【案例】 巴西记者通过申请政府信息公开揭露养老金支付问题

巴西的《信息自由法》于 2012 年生效，依据该法，在政府信息公开的平台可以找到在职公务员的工资数据，但那些不被归类为"在职"的人的相关数据却无从查证。2017 年，巴西一家名为"Fiquem Sabendo"的新闻机构向巴西联邦问责办公室提出申请，要求提供联邦政府的退休金和养老金支出的数据。2019 年 11 月，巴西联邦问责办公室做出决定，政府应公开这一数据。2020 年 1 月，政府公开了这一数据，但数据并不完整，涉及巴西情报局、中央银行和军队公务员的数据缺失，同时，政府没有公布向公务员支付工资的全部历史记录，只披露了最新的情况。随后，Fiquem Sabendo 继续提出新的信息公开申请。2020 年 5 月，政府公开了 1994—2020 年向退休公务员和养老金领取者支出的所有付款历史记录（可在线查询，不包括巴西情报局的数据），这成为通过巴西《信息自由法》获取的最大数据集之一。该数据集包括 27 个文件，超过 1 亿行数据，CSV 格式文件的总量达 60GB。Fiquem Sabendo 召集了两名数据科学专家对数据进行清理，将难以访问的混乱且独立的文件转变为可供记者、研究人员和公民使用的动态且易于访问的在线工具，并及时将发现的数据缺陷问题转达给政府，以促进政府对数据的纠正和更新。

Fiquem Sabendo 组织了一个由四名记者组成的协作工作组来使用数据制作报道。这些记者来自其他媒体，他们都在该领域有所积累，但苦于通过个人的申请未能获得这一数据。在 Fiquem Sabendo 的帮助下，他们发现了数据集中存在的大量异常支付的金额，并据此做了一系列报道，揭露了养老金支付中存在的很多问题，如某联邦税务局审计员的继承人在其去世后的 107 年里仍在领取某种养老金。

---

① MCINTOSH T. Unlocking laws to set information free: GIJN's global guide to FOI and RTI. (2019-02-19) [2024-01-22]. https://gijn.org/resource/unlocking-laws-to-set-information-free-gijns-global-guide-to-foi-and-rti/.

② SCHOUTEN C. Who files the most FOIA requests? It's not who you think. (2017-03-17) [2024-01-22]. https://www.cjr.org/analysis/foia-report-media-journalists-business-mapper.php.

③ New FOIA column "reveals" all in the Washington Post. (2023-10-05) [2024-01-22]. https://www.washingtonpost.com/pr/2023/10/05/new-foia-column-reveals-all-washington-post/?utm_campaign=Need%20to%20Know%20newsletter&utm_medium=email&_hsmi=278145383&_hsenc=p2ANqtz-_ZcQK7rfC1Rvjug9FBuqH5xF-UVTDvnT3Lp7SyVeSoFjmZz9J4YKM1O6Y6mM2Uf7PITuv5E5MwXN6wCZgY6jG0uDh8Nw&utm_content=278145383&utm_source=hs_email.

Fiquem Sabendo 是一个拥有 10 位员工的团队，只有一人是全职工作，该机构每年通过申请政府信息公开向巴西的各级政府提出 2 000～3 000 项请求。

资料来源：相关报道详见 LUBIANCO J. How a journalism agency specializing in Brazil's freedom of information act managed to get 27 years of pension payments released.（2021-07-21）[2024-01-22]. https://latamjournalismreview.org/articles/journalism-brazil-freedom-of-information-act-pensions/。

尽管《政府信息公开条例》在中国已施行多年，但寄希望于依靠这项法规来获取公共信息，目前效果较为有限。据一项以国家中心城市 2008—2017 年政府信息公开年度报告为分析对象，采用文本分析法讨论政府信息公开年度报告中绩效自评估问题的研究，“国家中心城市在主动公开、组织管理有较高的绩效表现，在依申请公开、权力保障的绩效表现却相对较差。这在一定程度上说明，政府信息公开的政绩理念更倾向于彰显在依法履职、组织管理中的努力和成就，弱化和淡化在公众权利救济和依申请公开中的角色与责任”，“国家中心城市倾向于采用量化指标彰显绩效，而对公众需求的内容回应不足”①。

中国媒体申请信息公开的尝试开始于 2006 年。当年出现了中国首例记者起诉政府部门信息不公开的诉讼。2006 年 4 月，上海《解放日报》政法部记者马骋为了采访，先后以传真和挂号信的形式向上海市城市规划管理局递交了采访提纲，均遭到拒绝。马骋于是向上海市黄浦区人民法院提起行政诉讼，要求法院判决上海市城市规划管理局按照《上海市政府信息公开规定》，向其提供由自己申请应当公开的政府信息。上海市黄浦区人民法院经过认定，于 6 月 1 日正式受理此案。这一案件引起了国内外媒体的广泛关注，认为该案具有破冰意义。然而一周后，马骋突然以“放弃对被申请人的采访申请”为由，撤回了诉状。② 据媒体报道，马骋起诉后受到了诸多压力，因而被迫撤诉。即便他已经撤诉，仍然被调整了工作岗位，被安排到解放日报集团下属的《报刊文摘》做编辑，脱离了采编的一线工作岗位。《政府信息公开条例》出台后，马骋再次以个人身份于 2008 年 4 月 8 日向上海市城市规划管理局申请信息公开，于当年 5 月 16 日获取要求公开的信息文件，但文件内容却不符合他的申请要求。马骋交涉未果后，6 月 26 日再次向法院起诉上海市城市规划管理局，7 月 9 日法院明确表示对他的起诉不予受理。2010 年 2 月 22 日，马聘因停车剐蹭的纠纷遭人严重殴打，上海市徐汇区警方 4 月 27 日做出的处理认定为“互殴”。马骋提起行政诉讼后被判决败诉，继而于 8 月向徐汇区公安分局申请公开相关治安处罚案件信息，申请未果后提起诉讼。2011 年 4 月一审判决马骋败诉，5 月底二审维持了原判。③

从国内的数据新闻实践角度看，政府机构的数据被视为较权威可信的数据，但采用申请政府信息公开的方式来获取数据不属于获取数据的主要渠道，更多数据记者会以媒体身份尝试与政府相关部门机构联系沟通获取想要的数据，但这需要所属

① 刘晓洋，钟泽琪．自评估：使政府信息公开运转起来：基于国家中心城市 2008—2017 年政府信息公开年度报告的分析．甘肃行政学院学报，2021（3）：60-70，126.

② 陈建云．采访权与政府信息公开：从我国首例记者起诉政府部门信息不公开案件谈起．新闻记者，2006（10）：70-73.

③ 段宏庆．中国媒体如何推进信息公开．中国改革，2011（9）：55-58.

媒体具有一定的专业和公信力的背书，也带有更多不确定性。据财新数据新闻记者张梅婷介绍："我们目前还是比较依赖于官方机构权威的公开数据，对于一些比较私密、没有公开的，我们也会写申请邮件或者致电政府机关询问能否公开相关数据。……比如说我们之前做地铁相关的报道会致电地铁公司，询问他们是否能提供一些相关数据；还有之前想做但最后没完成的候鸟保护选题，我们致电相关公益组织，一通申请流程下来，那边表示愿意提供这个数据。但是如果稍微敏感一点的选题去询问政府机关的话，可能会遭到拒绝，但还是会有一个回应，这是需要尝试的，也需要我们尽可能多方面地去搜集数据。"① 中央广播电视总台也是通过向相关部门提出具体的数据需求，由有关部门给予反馈这种方式获取一些未在网上公开的数据的，这个过程需要"双方不断论证这个数据是不是你真实要的东西，能否反映你想表达的东西，这是要去验证和来回推演的"②。

依法申请信息公开是一项公民权利，申请程序一般包括以下两步：

第一步：明确所需的数据属于哪级政府部门或机构管辖的范畴，是中央级政府还是各级地方政府，并明确这些数据隶属哪个具体的政府部门或机构的业务管辖范畴。如果所需的数据隶属中央级政府管辖范畴，是国家级数据，则可登录相应的国务院各部委、直属机构、直属事业单位或国务院部委管理的国家局所设立的网站；如果所需的数据隶属各级地方政府管辖范畴，属于地方级数据，则需登录具体的地方政府政务公开网站进行申请。

第二步：登录相应的政务公开网站之后，点击首页的"信息公开"或"政府信息公开"频道，进入该频道后通过指南和方法了解所需的数据是否属于信息公开的范畴，同时按指南要求提交申请。根据《政府信息公开条例》的规定："行政机关收到政府信息公开申请，能够当场答复的，应当当场予以答复。行政机关不能当场答复的，应当自收到申请之日起 20 个工作日内予以答复；需要延长答复期限的，应当经政府信息公开工作机构负责人同意并告知申请人，延长的期限最长不得超过 20 个工作日。"

你怎么看

从现有报道看，我国媒体机构或是个人申请政府信息公开的成功案例还较少，记者是否有必要继续尝试用这种方法来获取数据？

【知识窗】 申请政府信息公开的几点忠告

（1）记者应该明确自己所要获得的信息是否属于和公共利益相关的重要信息，找到与之相对应的信息公开的政府机构。

（2）记者应该在政府信息公开的门户网站上查询清楚，自己所需要的信息是否已经公开，否则就会重复劳动，浪费时间精力。因为一些政府网站的信息检索功能开发程度不同，部分网站不支持模糊检索，可能使记者难以迅速找到自己所需的信息。

（3）记者需要明确自己的报道具体需要哪类数据，需要的数据细节有哪些，在提出信息公开申请时能够将要求写得更加具体和明确。

---

① 参见 2023 年 8 月对财新数据新闻团队的采访。

② 参见 2023 年 7 月对中央广播电视总台新闻中心经济新闻部记者刘佳昕的采访。

(4) 大多数时候以公民个人身份提出信息公开申请比以媒体机构的身份提出申请更可能获得积极的回应。

(5) 预留报道时间。

(6) 在申请政府信息公开的过程中，注意通过当面提交申请或是电话咨询等方式与部门的相关工作人员建立联系。

(7) 如果所申请公开的政府信息恰巧已经被他人申请获得，尽可能从他人那里获取这份资料。

二、在线搜索和获取其他类型网站数据

除了政府数据公开网站，互联网上还有大量社会组织网站、商业网站、媒体网站，以及高校、图书馆和其他学术科研机构网站①，它们也是不可忽略的数据来源。

(一) 社会组织网站

在国外，社会组织多指 NGO (non-governmental organizations) 组织，即“非政府组织”②。这个词最早出现在1945年联合国成立时的一份文件中，兴起于20世纪八九十年代。作为民间组织，其多为公益性质，有时也服务于特定的人群。这类组织处于政府与私营企业之间的制度空间中，是在地方、国家或国际级别上组织起来的非营利性的、志愿性的组织。

如今在全球领域，NGO的数量庞大且涉及的领域广泛，无论是公共政策、经济工商、农业环保领域，还是科技能源、学术文化、慈善或医疗卫生领域，都兴起了大量由民众自创的非营利组织。这些组织中有不少都建立了自己的网站，在网站中经常刊发一些相关领域的新闻、政策或是研究报告。这些都可能成为数据报道中具有价值的数据来源。以1945年创办的飞行安全基金会 (Flight Safety Foundation) 为例，该基金会是一家国际非营利组织，专门为航空航天业提供独立、专业的安全指导和资源，会员包括来自150个国家和地区的1 000多个组织和个人。这家基金会建立的网站“飞行安全网络” (Aviation Safety Network，https://aviation-safety.net/) 提供了全球自1919年以来，涉及客机 (12名乘客以上)、公务机和军用运输机的所有事故和劫持事件的数据库，是报道飞行事故时经常被引用的数据来源。

在我国，社会组织由民政部统一管理。根据民政部的统计，截至2023年第4季度，我国共有社会组织约88.16万个，其中各种不同类别的社会团体共计37.3万个，基金会9 617个，民办非企业单位49.9万个。总体上看，从2010年开始，我国社会组织的数量呈现逐年上涨的趋势。尽管如此，鉴于我国庞大的人口基数，相比西方发达国家，我国人均拥有的社会组织 (尤其是非营利的NGO) 数量仍然处于较低的水平，相关领域的数据记录和维护的理念和水平都有待提升。

(二) 商业网站

这里将商业网站笼统分为两类，一类是企业自身建立的作为内宣和外宣窗口的

---

① 部分公办学校图书馆和学术科研机构具有政府背景，是事业单位，但考虑到它们提供的数据的特殊性，故将之单列在此。

② 虽然从广义的角度看，企业等商业组织也属于社会组织的一种，但此处为了有所区分，采用了社会组织的狭义理解。

网站，另一类则是提供用户网络服务的网络平台，能生成与用户使用相关的大量数据的网站。商业网站多以“.com”为一级或二级域名注册。

在企业自身建立的网站中一般能获取与该企业或是企业所处行业有关的部分数据。这里尤其值得关注的是上市公司的财报数据。

在企业中还有一类特殊的公司，它们自身就是和数据打交道的，即从事数据研究的数据企业。早期比较著名的数据企业是一些市场调研公司，比如AC尼尔森（www.nielsen.com）、央视市场研究（CTR，www.ctrchina.cn）、新生代市场监测机构（SINO Monitor，www.sinomonitor.com）、零点有数（www.idataway.com）、盖洛普（www.gallup.com）等都是其中的佼佼者。如今，数据已渗透到各行各业，成为重要的生产要素，这也催生了大量围绕数据资源开展经济活动的企业从行业中兴起，如在垂直领域颇有影响力的窄门餐眼（www.canyandata.com）、猫眼专业版（https://piaofang.maoyan.com/dashboard），再如提供企业征信数据的服务平台天眼查（www.tianyancha.com）。更多新型数据企业提供的数据服务可涵盖数据收集、数据管理和数据应用的某个或多个环节。

另有一些企业网站由政府相关机构控股的公司主办，如成立于1996年的中经网数据有限公司是国家信息中心控股的有限责任公司，该公司推出的中国经济信息网（www.cei.cn）有统计数据库、产业数据库、世界经济数据库、行业发展报告和地区发展报告、全国宏观经济监测预测系统等产品和服务。

提供用户网络服务的网络平台，能生成与用户使用相关的大量数据的网站主要包括搜索引擎、社交网站、提供B2C和C2C服务的电商平台、共享经济平台等。以搜索引擎门户为例，在全球范围内，谷歌是最大的搜索引擎门户。2018年9月，谷歌推出了“数据集搜索”（dataset search）服务（https://datasetsearch.research.google.com/）。这是一款数据集搜索引擎，用户只需输入关键词，就能在网络上发现托管在数千个存储区中的数据集。谷歌宣称除了使数据集能供用户普遍访问并发挥作用以外，“数据集搜索”还希望打造一个数据共享生态系统，鼓励数据发布者遵循数据集存储和发布的最佳做法，并通过数据集引用功能，让科学家能够展现自己的作品带来的影响力（https://datasetsearch.research.google.com/help）。

你怎么看

作者认为当下新闻人需要具备良好的“搜商”，你赞同吗？

搜索引擎既为我们提供了大量数据源，也是查找搜索数据的重要渠道。搜索信息和数据的技能被形象地比喻为“搜商”，这是当下新闻人必须具备的基本素养，而能熟练使用搜索引擎快速定位和查找数据则是“高搜商”的一大体现。谷歌和百度是我们经常使用的中英文搜索引擎，以下这些常见指令可以帮助我们快速找到我们需要的资源。

【知识窗】 搜索引擎中的快速查找技巧

以下内容以谷歌和百度为例，其中所有涉及的搜索符号均为英文的标点符号。

（1）指令““””。

作用：完全匹配搜索，搜索结果包含双引号

中出现的所有词，连顺序也要匹配，注意所查询的关键词不能太长，否则搜索引擎也可能对之进行拆分。

举例：比较搜索结果——空气污染与“空气污染”

（2）指令“-”。

作用：搜索不包含“-”后面的词的页面。“-”前面必须是空格，“-”后面没有空格，紧跟着需要排除的词。

举例：搜索——空气污染 -雾霾

（3）指令“filetype:”。

作用：限定搜索结果的文件格式。注意以此种检索方式检索的结果中关键词可能出现在标题，也可能出现在内文或网页 url 中。

举例：搜索——疫苗 filetype:pdf

（4）指令“site:”。

作用：限定在特定网站内部搜索。

举例：搜索限定于生态环境部——污染 site:www.mee.gov.cn/

（5）指令“inurl:”。

作用：限定只在含有特定词汇的域名范围内搜索。

举例：搜索限定于政府网站——inurl:gov.cn 疫苗

（6）在初步搜索结果的基础上设定时间范围、文件格式或站点。

在谷歌或百度的搜索工具中可以直接限定时间范围。以百度为例，在搜索结果下，有一个“搜索工具”按钮，点击后可以看到三个筛选条件，分别是“时间不限”“所有网页和文件”“站点内检索”，可以帮助用户在初步检索基础上进行二次筛选。

除了上述常见指令，谷歌和百度也提供高级搜索页面。

（三）高校、图书馆和其他学术科研机构网站

高校网站一般以“.edu”或“.ac”为一级或二级域名注册，其主要包括高校官网和高校下属的科研机构、院系、行政单位网站。这些网站不只提供高校的招生、毕业、专业和学校发展数据，还提供科研和学术资源。此外，高校图书馆是学术资源最集中的地方，多由教育部牵头建设与管理。这些图书馆的馆藏往往与高校的专业设置相关，具有更强的学术性和专业指导性。世界各国知名学府的图书馆也往往历史悠久，入藏丰富，如美国哈佛大学图书馆是美国最古老的图书馆之一，也是世界上藏书最多的大学图书馆。英国剑桥大学图书馆始建于 1424 年，是世界上最大的综合性图书馆之一。中国的北京大学图书馆是亚洲最大的高校图书馆之一，入藏有约 150 万册中文古籍，其中 20 余万册 5—18 世纪的珍贵古籍为世界瞩目。

除了高校图书馆，我国的图书馆还包括国家图书馆及地方公共图书馆、专业（行业）图书馆（如国家科学图书馆、国家工程技术图书馆等）。[①]

国家图书馆是级别最高的公共图书馆。世界各国都有政府设立的国家级公共图书馆，全球最著名的国家图书馆有大英图书馆（The British Library）、美国国会图书馆（Library of Congress）、俄罗斯国立图书馆（Российская государственная библиотека）、法国国家图书馆（La bibliothèque nationale de France）、日本国立国会图书馆（国立国会図書館）等。中国国家图书馆（www.nlc.cn）简称“国图”，它履行国内外图书文献收藏和保护的职责，为中央和国家领导机关、社会各界及公众提供文献信息和参考咨询服务，是国家总书库、国家书目中心、国家古籍保护中心、国家典籍博物馆。国图是国内典藏外文书刊最多的图书馆，是全球入藏中文文

① 邓发云．信息检索与利用．2版．北京：科学出版社，2013：25.

献最多的图书馆。

除了国家图书馆，所有县级以上地方政府都建有公共图书馆。这些公共图书馆虽然从入藏量上无法与国图媲美，但其以服务本地公众为宗旨，具有较多的地方资源和特色资源。以上海图书馆为例，该图书馆成立于1952年，1995年与上海科学技术情报研究所合并，成为综合性研究型公共图书馆和行业情报中心，如今已经是国内最大的省市级公共图书馆。专业（行业）图书馆中最具代表性的是原部委图书馆，但随着政府机构的调整，这些图书馆的性质、名称和服务也发生改变。

图书馆的馆藏一般分为印刷馆藏和数字馆藏两类。印刷馆藏包括图书、期刊、论文、各种研究报告和标准规范等。数字馆藏则涵盖了电子图书、电子期刊和各类网络资源数据库等。伴随数字化技术的发展，越来越多的印刷馆藏资源也在走向数字化，数字馆藏逐步成为图书馆建设和发展的重点。

【知识窗】 图书馆中的学术资料数据库

在数据新闻报道中，最常使用的图书馆学术资料有三类：其一是权威专业的学术期刊论文，这些论文中往往有学者采用科学研究方法获取的数据，也有相关选题的最前沿研究成果；其二是历年的统计年鉴，这类数据采集面广，采集较难，且完整性强，便于做历时维度的分析；其三是新闻报道数据，可以用来分析媒体的报道重心、变化趋势和倾向。以下提供一些中外文数据库，便于查找上述三类学术资料。

中文

万方数据资源系统

集纳了中国学术期刊数据库、中国学位论文全文数据库、中国学术会议文献数据库三个子库，其中中国学术期刊数据库收录了始于1998年的8 500余种期刊，其中包含北京大学、中国科学技术信息研究所、中国科学院文献情报中心、南京大学、中国社会科学院历年收录的核心期刊3 300余种。

慧科新闻搜索研究数据库

通过该数据库可以一站式搜索1 000多种平面媒体和3 000余种网站新闻，其中覆盖超过95%的港澳台地区主流媒体，以及欧美、新加坡、泰国等地核心媒体。包含全国综合大报、党委机关报、都市报、行业报刊媒体，辐射市级媒体，新闻历史可追溯到1998年。

中国知网

始建于1999年6月，是中国核工业集团资本控股有限公司控股的同方股份有限公司旗下的学术平台。该平台提供了中国期刊全文数据库、中国博士学位论文全文数据库、中国工具书网络出版总库、中国经济社会大数据研究平台（原名“中国统计年鉴数据库”）、中国优秀硕士学位论文全文数据库、中国重要报纸全文数据库、国内外重要会议论文全文数据库等系列数据库。

中国资讯行

中国资讯行（China InfoBank）是香港专门收集、处理及传播中国商业信息的企业，为世界各地各行各业的公司和研究机构提供信息。其数据产品包括14个大型专业数据库，内容涉及19个领域，197个行业。以下介绍中国资讯行的几个重要子库：

中国统计数据库：收录1995年以来国家级统计年鉴、各主要行业的统计年鉴、海关统计、经济统计快报、中国统计月报、中国经济景气月报等月度及季度统计资料，其中部分数据可追溯至1949年，亦包括部分海外地区的统计数据。

中国法律法规库：收集并增补中华人民共和国自1949年以来的各类法律法规及条例案例全文（包括地方及行业法律法规）。数据源自中国千余种报章与期刊、部分政府官网及政府部门公报专刊，按行业及颁文机构分类，共包含3个领域53个类别。

香港上市公司资料库：收录香港1 000多家上市公司1999年以来公开披露的各类公告及业绩简述。可按公司代码、行业分类、公告类型进行检索。

外文

EBSCO—Academic Search Complete（ASC）综合学科学术文献大全

ASC是Academic Search Premier（综合学科参考全文数据库）的完整升级版本，是目前世界上学科主题最为广涵的外文全文数据库。

ASC收录16 700多种期刊的文摘；8 400多种全文期刊，其中7 300多种为同行评审（peer-reviewed），还包括800多种非期刊类全文出版物（如图书、报告及会议论文等）。

Factiva道琼斯新闻数据库

Factiva由道琼斯和路透社共同发起建立，现隶属于道琼斯公司，提供全球范围内的新闻和商业信息。它收录了全球最有影响力的通讯社和2 000多种报刊所报道的新闻信息。

Nature自然系列期刊数据库

《自然》（*Nature Weekly*）：创刊于1869年，是全球最知名的科学期刊之一，涵盖各学科领域，已连续10年名列多学科领域影响因子排名第一。截至2023年，已出版了61种"自然"系列期刊（但不包括开放获取期刊*Nature Communications*），其分为"自然"系列研究期刊和"自然综述"系列期刊。"自然"系列研究期刊有38种（包括《自然》），以发表原创性研究文章为主；"自然综述"系列期刊有23种，针对重要的研究工作进行综述评论。

Taylor & Francis期刊数据库

Taylor & Francis出版集团于1798年创建于英国伦敦，该期刊数据库提供超过1 000种经专家评审的高质量期刊，包含商务、管理与经济、媒体、政治、社会学、环境与农业科学、化学、工程、计算及技术、物理学和数学等学科。

Scopus数据库

Scopus数据库是由爱思唯尔（Elsevier）出版社推出的科研管理、学科规划数据库，是全球最大的同行评审期刊文摘和引文数据库，收录来自全球5 000余家出版社出版的22 000多种同行评审的学术期刊、700多万篇学术会议论文、15万种图书，覆盖了自然科学、技术、工程、医学、社会科学、艺术与人文学科。

Springer电子期刊数据库

施普林格·自然集团（Springer Nature）是世界上最大的学术图书出版公司，还是全球具有影响力的期刊出版商和开放获取领域的先行者。Springer电子期刊数据库收录了该集团出版的2 600余种电子期刊，超过60%以上的期刊被科学引文索引（SCI）、社会科学引文索引（SSCI）收录，很多期刊在相关学科拥有较高的排名。

SAGE电子期刊

SAGE出版公司于1965年创立于美国，与全球超过245家专业学术协会合作出版高品质学术期刊、百科全书和专著。SAGE期刊100%为同行评审，其中183种人文社科类期刊被2007年SSCI收录，78种理工科技医药类期刊被2007年SCI收录。

Oxford University Press牛津大学出版社牛津期刊现刊库

该数据库收录牛津大学出版社出版的238种电子期刊，涵盖六大学科专题：医学、生命科学、数学和物理学、法律、社会科学、人文科学。

资料来源：此处参考了中国人民大学图书馆电子资源平台的数据库资料，查询时间截至2024年7月1日。

与高校相比，科研机构网站的构成较为复杂，国内外大多数科研机构网站是政府主办的或受到政府的拨款资助，还有许多科研机构网站属于高校或由其他社会组织创办，另有部分科研机构网站是企业投资创建的。中国科学院、中国社科院都属于政府主办或拨款资助的科研机构，其网站提供了大量的学术科研数据。

（四）媒体网站

媒体网站拥有新闻报道数据，对某一类事件、话题、人物或行业的报道都可以成为可被再利用的数据。而部分媒体网站也在建立自己的数据库，如美国知名的非营利媒体 ProPublica 的网站设有“数据商店”（Data Store）频道，向公众开放自己调查获取的数据，并提供其他的数据服务。可以想见，随着数据共享理念的普及，会有更多媒体网站的数据进一步向公众开放。

出版社是一类特殊的媒体机构，因为其所涉及的内容并不局限于新闻报道领域，而是各行各业、包罗万象，其负责出版的产品既有报刊也有图书，因而实际拥有可观的数据资源。一些出版社也推出了相关领域的专门网站，提供专业信息和数据检索服务。如知识产权出版社主办的中国知识产权网（www.cnipr.com）提供国内知识产权信息的检索、咨询服务，通过该网站还可以检索专利信息，并免费浏览较为丰富的国内外知识产权司法资源。

【案例】《新京报》的作品《“双十一”买的快递丢了，快递公司不给赔偿怎么办?》

2022 年 11 月 17 日，在一年一度的“双十一”购物节之后，快递纠纷不断登上热搜，《新京报》栏目《有理数》的记者编辑发现“快递丢失赔偿”成为投诉中的热门关键词，于是决定做一篇报道（见图 4－3）来观察消费者应该如何维权。该作品的主要数据来源于两处：其一是新闻报道数据。以“快递丢失”为关键词并排除“诈骗”，在慧科新闻搜索研究数据库选择主流媒体 2013 年 1 月 1 日至 2022 年 9 月 20 日间发布的新闻，共得到 393 篇；通过人工检阅，去除掉重复报道、法律案例普及、新闻社论等内容，最后得到了 147 篇关于“快递丢失/损毁”的新闻报道作为主要数据集。其二是裁判文书数据。以“快递”“丢失”“保价”为关键词在中国裁判文书网进行搜索，共得到 2 052 篇判决文书，按照每年数量占比进行抽样共得到 205 篇。此外，主创人员还查询了顺丰、圆通、中通、申通、韵达和 EMS 等 12 家常见快递企业的《快递服务协议》，以及《中华人民共和国邮政法》和《快递市场管理办法》作为补充材料。报道从日常生活的话题视角切入，用数据的方式解答公众的疑惑，体现了新闻的公共价值。

作品的主创人员，《新京报》数据新闻记者陈华罗表示：“当时为什么要做这个作品呢？是因为有个热搜新闻，快递过程中丢失了一名消费者上万元的金条，最后只赔付了几百元，引起了广泛热议，然后我们一搜索发现这样的新闻

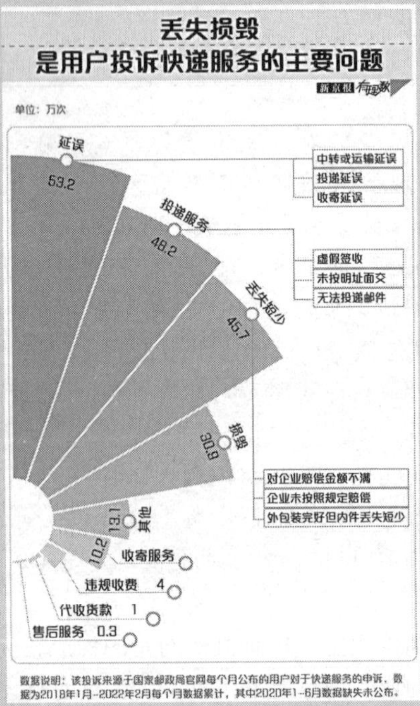

图 4－3 《“双十一”买的快递丢了，快递公司不给赔偿怎么办?》报道截图（来源：《新京报》）

很多、很日常，而且很多时候快递公司只赔付了运费的数倍，就结束了。那我们想从法律层面了解，快递公司这样做到底有没有法律依据。这个话题比较有社会服务价值。报道打破了我们的传统认知，在大多数人眼里，没有保价的快递丢失了要是按照快递公司的格式条款，快递公司是不会提供赔偿的，但通过对样本数据进行分析，我们发现大多数快递公司都是可以对此赔付的。我们决定做这个选题以后，就去挖掘数据，发现很多公司的规定都不一样，就盘点了一遍。然后我们通过翻阅裁判文书总结出来规律，最后通过大量的案例发现，快递公司都是可以赔的，这些特点基于更多的层面是保护消费者的。这打破了我们传统的认知，而且是我们生活中经常会碰到的事。”

资料来源：相关报道详见陈华罗，苗奇卉．“双十一”买的快递丢了，快递公司不给赔偿怎么办.(2022-11-17)[2024-06-26]. https://mp.weixin.qq.com/s/bkgm-44TGVjFnUNrQeo4kA，部分材料来自2023年8月对陈华罗的采访。

第2节　通过采访调查的方式采集数据

数据新闻的兴起并不意味着传统的实地采访和调查方法失去了用武之地，采访和调查仍然是采集数据的一项重要方法，而这种方法在制作调查型数据新闻中更具效率。除了实地采访调查，依靠问卷调查和众包方法以及通过开源情报调查方法采集数据也逐步成为数据新闻团队采集数据的手段。这一节将对这些采访调查方法展开介绍。

一、通过实地采访调查采集数据

长期以来存在一种错误的观念，即认为数据记者的工作完全与现场区隔，数据记者只需要在办公室用电脑处理数据即可。因为大多数媒体机构的数据新闻部门往往独立于其他部门，他们不负责条线采访，如遇采访事宜，则需和其他部门记者合作。这种部门分工在一定程度上限制了数据记者的职业发展，使之难以深入某个垂直领域，做更多积累。其实，虽然不少数据新闻所关注的选题缺乏“新闻现场”，难以给记者提供一种现场采访调查的可能，而且目前很多新技术使记者可以足不出户做采访和调查，但是，“到现场去”仍应该成为记者的职业信条。正如哈斯尔·法拉斯所言：“直觉和旧的研究方法永远不会过时，只是技术加强了它们，它们永远是一种手段，而不是目的本身。”[①] 去现场实地采访调查不仅是一种最基础的采集数据的方法，也有助于提高数据采集的质量，增强数据记者对新闻的认知深度，提升数据新闻叙事的吸引力。

曾报道《破碎的家园：被占领的东耶路撒冷房屋的拆毁数量创下纪录的一年》的记者穆罕默德·哈达德（Mohammed Haddad）在《数据新闻手册》（第二版）中讲述了半岛电视台与联合国合作完成这一作品的过程，他给记者的建议是：“采用数据驱动的方法来报道并不需要高科技或昂贵的支出。有时，简单地跟踪并计算一

① FALLAS H. Big data and algorithms: the new path of cross-border investigative journalism//MUTSVAIRO B, BEBAWI S, BORGES-REY E. Data journalism in the Global South. Switzerland: Palgrave Macmillan, 2019: 324.

段时间内事件的发生次数就可以让你了解问题的严重程度。只要你的数据收集方法保持一致，你就可以获取数据来讲述许多故事。另外，要有耐心。我们收集了一整年的数据来讲述这个故事。最重要的是，在派遣记者前往现场之前，要根据想讲述的故事明确所需的数据。大多数时候你也不需要任何特殊设备。（在这个作品中）我们使用 iPhone 拍摄所有 360 度图像并捕获特定的 GPS 坐标。”①

现场实地采访调查有助于提高数据采集的质量，一方面记者可以通过对新闻当事人、知情人的采访进一步收集资料，拓展未知的数据源，另一方面还可以对已知的新闻素材做事实核查，判断真伪。

在第 3 章中提及的报道案例《边境的愤怒：揭露梅利利亚死亡事件的真相》中，记者们不但在摩洛哥和梅利利亚的双方现场追踪采访调查，采访了当天的 40 名目击者和幸存者，收集了大量证词，还对西班牙国家警察部队国民警卫队的高级官员进行了秘密采访，获得了更多关于事实真相的描述。尤其值得一提的是，记者冲破阻碍进入和采访了新闻现场——奇诺区边境哨所，并拍摄了其内部和布局的镜头，这成为后来搭建 3D 模型和绘制地图进行视频调查的关键。

与之类似，曾获得 2020 年加博奖（Gabo 2020 Award）② 和 2020 年网络新闻奖（Online Journalism Awards）的报道《委内瑞拉，走私者的天堂》（Venezuela，o paraíso dos contrabandistas）③ 也是一则记者通过采访调查获取大量第一手数据资料后制作的新闻作品。这个作品是由 Correo del Caroní（委内瑞拉）、De Correspondent（荷兰）、InfoAmazonia（巴西）、《迈阿密先驱报》（美国）和 Runrun. es（委内瑞拉）等媒体通过跨国协作完成的。作品结合了实地采访调查和深入的统计分析，确定了从委内瑞拉开始的国际走私路线。委内瑞拉的采矿业存在犯罪活动，大部分黄金、钶钽铁矿和钻石通过非法网络进入世界市场，委内瑞拉公民却无法从其自然财富中获益，这些利润被非国家武装团体以及军队和政府的腐败派系索取。通过数据分析和对直接参与贸易的消息来源的采访，记者们发现这一走私路线的最终目的地是美国、欧洲和中东，而哥伦比亚和荷兰加勒比区则是这些矿石走私到达最终目的地的跳板。

据团队介绍，“为了了解这一贸易，我们走遍了与黄金走私路线相同的国际航线。我们见到了贩运者、专家、矿工、政府官员、商人和居住在矿区的受害者，并揭露了一个管理着价值数十亿美元的行业内不为人知的网络”④。

正是因为有了扎实的现场采访和调查，才使作品拥有了丰富鲜活的一手材料，叙事也更加引人入胜。加博奖评委认为，“这部作品叙事性极好，创作大胆，展现出令人惊叹的原创性。作为一项附加值，它提供多种语言版本，优先考虑伊比利亚

---

① BOUNEGRU L，GRAY J. The data journalism handbook：towards a critical data practice. Amsterdam University Press，2021：39 - 40.

② 加博奖是加博基金会创办的奖励拉美地区以西班牙语和葡萄牙语发布的新闻作品的奖项。加博基金会（Gabo Foundation）由记者兼诺贝尔奖获得者加夫列尔·加西亚·马尔克斯（Gabriel García Márquez）于 1995 年创建。

③ MONTIEL A，BENEZRA J. Venezuela，the smugglers' paradise. (2019 - 07 - 23) [2024 - 01 - 22]. https：//smugglersparadise. infoamazonia. org/?lang=en.

④ MONTIEL A，et al. About the project. Online journalism awards. [2024 - 06 - 26]. https：//awards. journalists. org/entries/venezuela-the-smugglers-paradise/.

美洲和葡萄牙语国家之间的连接。虽然这篇文章本身就是一个引人入胜的文本，但该项目还包括视听内容，使故事得到强化”①。

作为一种新闻报道形式，很多时候，数据新闻除了提供数据内容，也需要提供数据之外的其他内容，而这些“其他”部分的素材往往需要通过采访调查来支持，好的实地采访调查能使数据新闻更具现场感，人物和故事更有细节且更丰满，更具说服力。例如，在中央广播电视总台的《这十年》第5集《温暖的中国》中，有一段数据新闻视频是讲述幼儿教育十年变化的，镜头从卫星图像的角度切入，进而拉近到贵州黔西南州望谟县的一块操场，并由这块操场引出了该地十年前后的幼儿园数量的对比。② 在这个作品中，最令人印象深刻的是大量采访镜头的使用，这些镜头不仅记录下幼儿园中孩童们欢快嬉戏的场景，令人感受到幼儿教育蓬勃发展的朝气，而且用孩子们的现场演示使相对常规的数据可视化形式有了充满童趣的呈现（见图4-4），提升了节目的整体视觉效果，使这个讲述幼儿教育事业发展的故事更具人情味。

图4-4 望谟县幼儿园中孩子们现场演示的数据图表画面（来源：中央广播电视总台）

【案例】 通过采访调查还原火灾现场情况

2023年4月18日，位于北京市丰台区的北京长峰医院住院部东楼发生火灾，根据4月19日召开的火灾事故情况通报会通报，火灾造成29人死亡。财新《数字说》栏目于20日发布了《图解｜北京长峰医院起火楼层内外结构》一文，根据长峰医院住院部八层应急疏散图及财新记者现场搜集的资料，还原了长峰医院着火最严重的五层内部结构（见图4-5，文前彩色插图）。

在财新网助理总编辑耿铭钟看来，这是2023年财新数据新闻团队“最有突破”的作品，“是前线和后台部门互相配合的典型操作模板，做的速度相对比较快，完成度也比较高”。

据财新数据新闻记者张梅婷介绍：“当时是视频部、图片部的记者到长峰医院现场拍摄大

---

① Meet the winners of the Gabo 2020 award.（2021-01-21）[2024-04-04]. https://premioggm.org/noticias/2021/01/meet-the-winners-of-the-gabo-2020-award/.

② 《这十年》第5集《温暖的中国》.（2022-10-21）[2024-04-04]. https://tv.cctv.com/2022/10/21/VIDEITcBvDyjmaPm00gKYfNz221021.shtml.

量图片信息，了解整体内部构造，有了这样的基础后，我们商量是不是可以做一个长峰医院内部结构的还原。我们用了一天时间做出来了。在试图还原时，我们手上的素材很难彻底还原当时的情况，但后来我们发现了医院八层有一个平面结构图，包括楼道内部的构造。我们当时认为在楼层建造过程中，不同楼层的构造可能大致相同，因此基于八层的结构图来还原每个房间的状况。我们根据记者拍摄的每个房间的视频，根据拍摄轨迹逐帧去看具体对应哪个房间，最后是吻合上的。这个项目涉及不同部门之间的合作和配合。我感觉财新和其他数据新闻媒体有一个比较大的不同，是我们一线的现场搜集和数据新闻团队的还原现场做得还是比较靠前的。有一线记者去前线调查获取大量信息，有这个基础就能在后面做整体的还原。”

资料来源：相关报道详见张芮雪，张梅婷，杨涵，等．图解｜北京长峰医院起火楼层内外结构．(2023-04-20)［2024-03-25］. https：//datanews.caixin.com/2023-04-20/102021925.html，部分材料来自2023年8月对财新数据新闻团队的采访。

二、通过问卷调查和众包方法采集数据

除了实地采访调查，媒体还可以通过问卷调查和发起众包的方式采集数据。

（一）问卷调查方法的设计和实施

在第1章中有关国内数据新闻发展历程的部分，我们已经介绍了国内媒体开展问卷调查的历史。时至今日，问卷调查已经形成了一套相对完整和系统的体系，成为新闻传播界的一套重要的研究方法，同时也是媒体获取资料的一大途径。

问卷调查的操作一般包含三步：第一是设计问卷，准备调查内容；第二是确定样本，选择调查对象；第三是收集调查数据。

1. 设计问卷

问卷是使调查信息量化的基础。它将调查者的意图以精心设计的问题的形式呈现给调查对象。一般而言，规范的问卷应该包含前言、指导语、问题和答案、调查过程记录这四个部分。①

（1）前言：问卷说明和介绍，一般置于问卷封面或是首页最显眼的位置。前言需向调查对象简要说明调查的宗旨、目的、意义和价值，引起被调查者的兴趣，同时解除他们回答问题的顾虑，并请求当事人予以协助。前言一般包括以下几方面内容：介绍调查者的身份信息，调查者个人身份或调查的主办单位，可以直接开门见山描述，也可以在前言结尾的落款处标识；注明调查内容和目的，说明本次为何开展调查以及调查期望获取哪方面的资料，以简洁的方式向被调查者展示调查的价值和意义，使之意识到后续的问卷包含哪些内容，且能减少对调查的排斥感；介绍调查对象选取的标准和程序，增强调查的透明度，同时打消调查对象的疑虑；告知对方调查会以匿名的方式保护其隐私，不会有损其利益；在结尾部分致谢。

（2）指导语：可以放在前言中交代，也可以在问题开始前进行逐一提示，它是为了指导调查对象如实填答问卷而设置的。问卷的指导语说明了问卷限定答案的选

① 有关问卷设计的内容参考了支庭荣、张蕾《传播学研究方法》一书第3章（暨南大学出版社，2008年，103～108页）调查相关的内容。

择范围，如是多选还是单选，是否要按照重要程度排序等；指导回答问题的方法，如使用打钩或是其他符号填答问卷；阐释具有特定含义的概念或是鼓励其如实填答。

(3) 问题和答案：是调查内容的客观体现，如何有逻辑地设置问题，这是问卷设计中的重点部分。

问卷调查中的问题一般包含开放式和封闭式两种。开放式问题没有对应的答案设计，调查者只在问题后面设计大小合适的空白处供调查对象填答即可。这类问题给了调查对象自由表达的机会，可能带给调查者令其惊喜的答案，但是由于这类填答花费的时间长，容易受到调查对象的抵触而使填答率很低，同时这类问题也不适于编码和统计分析，因此难做量化处理。封闭式问题也称强迫选择式问题，这类问题设计时已经将可能的答案完全列出来供调查对象选择确认。封闭式问题虽然没有开放式问题那样自由和无限制，但是由于其规范和统一的格式，调查对象无须采用自己的语言概括，因而更便于选择填答。同时对于调查者而言，此类问卷便于编码和统计分析，适合后期的量化研究。封闭式问题一般有以下几种具体形式：针对具体唯一答案的填空题、是非选择题、多项选择题、顺位式问题（需要调查对象对问题答案进行排序的一种特殊的多项选择题）、矩阵式问题和表格式问题。

对于开放式问题，答案只需设计相应的空白处即可。对于封闭式问题，答案设计一般有以下几种具体形式。定类层次的答案：将不同备选答案进行类别划分，并标以数字序号加以区别。这类答案设计需注意防止出现备选答案遗漏、答案之间相互交叉或是包容等问题。定序层次的答案：主要用于调查人们的意见、态度和情绪，如满意度调查，常见的有三级量表、五级量表和七级量表。这类答案设计过程中需要注意正负两面答案的平衡，排版中需呈现一定的顺序。定距层次和定比层次的答案：对答案中不同的程度差异进行具体的划分，而不只是标注序列程度上的差别。如对收入、时间等问题的备选答案细化成不同等级，在答案中融合进具体的收入和时间的差别。这种答案设计需要对调查对象的情况有一个初步的了解，才能确保划分的范围具有科学性和可比性。

(4) 调查过程记录：记录调查者的姓名或编号、审核员的姓名、问卷的编号、调查地点、问卷发送及收回时间、问题的编码等内容。这部分内容是对调查过程形成记录，对于控制调查问卷的质量非常重要。

2. 确定样本

抽样是为了选择具有代表性的调查对象，正如我们前面所分析的，大多数数据新闻并不是采用全体样本的大数据新闻，而是采用抽样样本的小数据新闻。而已有的科学研究证明，采用科学的抽样方法能使样本具有较好的代表性，并可借助样本的研究来推论总体的情况。概率抽样和非概率抽样是两种基本的抽样方法。

> **你怎么看**
>
> 如今，越来越多的媒体开始采用在线问卷调查。在在线问卷调查中，你认为上述问卷设计内容中哪些部分可以简化？

(1) 概率抽样。

概率抽样是使调查总体中的每个单位都具有同等可能性被抽中的抽样方法。用这种方法抽样的样本代表性较强。概率抽样的具体方法有简单随机抽样、系统抽样、分层抽样、整群抽样、多阶段抽样等。

简单随机抽样：是指从总体单位中任意抽取 n 个单位作为样本，且每个可能的样本被抽中的概率相等的一种抽样方法。根据抽中的个体或单元是否被放回总体中，简单随机抽样还可细分为重复抽样和非重复抽样两种。简单随机抽样经常采用抽签法（将总体的全部单位逐一作签，混合均匀后进行抽取）、随机数字表法（将总体所有单位编号，然后从随机数字表中一个随机起点开始向左、向右、向上、向下抽取样本）。

系统抽样：是简单随机抽样的变种，即将总体单位逐一编号，计算抽样距离 $K=N$（总体规模）$/n$（样本规模），然后从编号 $1\sim K$ 中随机抽取 k 作为抽样起点，自 k 开始每隔 K 个单位抽取一个个体，直到抽到 n 个单位为止。系统抽样要注意周期性偏差可能带来的抽样偏差。比如调查一家报纸的报道，如果都选择一年中的周五刊，则可能会因为周五刊与其他日刊不同的栏目设置而使调查结果不科学。

分层抽样：将总体中的所有单位按照某种特征或标志划分为若干层，然后在各层中采用简单随机抽样或系统抽样方法抽取一定数量的单位构成子样本，最后将子样本汇集成总样本的抽样方法。分层抽样将对总体中不同群体差异的考量纳入抽样，使样本更具代表性。

整群抽样：这种抽样方法又称聚类抽样，指先将总体按照某种标准分群，每个群为一个抽样单位，然后用随机的方法从中抽取若干群，抽中的样本群中所有单位都要进行调查。整群抽样的成本低，便于操作，但是应用这种方法时要求各群之间的差异要小，而群内的差异要大，这是整群抽样有别于分层抽样之处。由于样本经常不能均匀分布在总体中，整群抽样的代表性低于简单随机抽样。

多阶段抽样：又称多级抽样，相比前四种抽样方法一次性直接从总体中抽出样本，多阶段抽样需将抽样过程分为几个阶段，结合使用上述方法中的两种或数种来完成抽样。这种抽样方法操作起来较为复杂，但在面对大规模调查对象时也能确保样本具有较高的代表性。

（2）非概率抽样。

概率抽样虽然较为科学，但是其操作规范要求严格，花费的人力、物力资源和时间成本也随之增加，因此，新闻媒体经常采用的抽样方法多为非概率抽样。非概率抽样中每个个体进入样本的概率处于未知情况，无法根据样本计算样本误差，因而不能根据对样本的调查结果推论总体的状况，只能大致了解人们对某个事件或话题的态度、意见和情绪。非概率抽样的方法有：

方便抽样：指样本限于总体中易于抽到的一部分的抽样方法，新闻媒体中常见的街头调查就属于方便抽样中的“偶遇抽样”，而新兴的网络调查实际上也属于方便抽样。方便抽样只考虑了调查的便利，样本不具有代表性，因此其调查结论不能作为科学依据。

立意抽样：也称判断抽样，当调查者熟知自己的调查总体时，经常会采用这种抽样方法，根据主观经验选择样本。由于这种抽样方法依赖于调查者的个人经验，一旦调查者判断失误，就容易造成较大的抽样偏差。

配额抽样：调查者将调查总体根据一定的影响因素划分为不同类别，在各类别中再采用方便抽样或立意抽样的方法来完成的抽样方法。配额抽样中的配额是根据具有不同特征的个体在总体中所占比例而确定的，其目的是通过抽样构成一个最大限度模拟调查总体的样本，因而多用于民意调查的抽样中。

滚雪球抽样：以若干个具有所需特征的人为最初的调查对象，然后将他们提供的认识的合格的调查对象纳入样本，再由这些人提供第三批调查对象……依此类推形成调查样本的抽样方法。这种抽样方法多用于调查少数群体。

针对非概率抽样在媒体问卷调查中的使用是否影响了数据的准确性，北京大学汇丰商学院有着多年数据新闻教学和研究经验的学者叶韦明认为，现在很多媒体采用的问卷调查方法都属于非概率抽样，“概率抽样的基本原则是所有的个体都有同等的可能性被选中作为它的样本。但是如果媒体招募用户填写问卷，第一说不清楚总体是谁，不一定就是媒体的读者，因为很多人可能在朋友圈或者社交媒体上看到问卷就填写了，可能根本就不看媒体，没有办法把这个总体框成是读者，所以总体是说不清楚。此外一旦总体说不清楚，也就不能说每一个个体都有同样的可能性被选中作为它的一个样本，它显然是一个非概率抽样。但是我们又不能因噎废食，因为它是非概率抽样，然后就拒绝这种信息获取办法。因为几乎市面上所有的，包括《纽约时报》《卫报》这种成熟的媒体都用过这种方法去收集资料。如果用实体问卷或者委托调查公司，要负担这种成本的话，我们大多数的新闻是看不见的，因为没办法每一条内容都去申请这样的一个预算。所以我们在实际的工作过程当中只能求一种平衡。这个平衡是指样本的数量和信息的可信度的平衡，中间肯定要有一个取舍”①。

拥有丰富的数据新闻写作经验的赵鹿鸣建议尽可能采用更科学的方法做问卷调查：“首先，问卷调查其实是很难的，你可能要学习很久，并且你要能够洞察人性，去判断要加多少个甄别题。有些媒体发个 800～900 份问卷，就得出中国青少年怎么样的一个结论是非常不严谨的。其次是媒体要考虑成本和时间，对于媒体来说还是蛮难的，可能不会做那么严谨的调查。所以有一种做法是和智库合作去做。我本人的话，我可能就是参考学术研究的标准，尽可能朝这个方向去接近。”②

澎湃新闻数据新闻主编吕妍认为数据记者要认识到这种调查方法的局限，并规范文本的表达，“我们做过很多调查问卷，比如最近的就是那个高铁上对待儿童哭闹的选题。要认知到一手数据不一定就比二手数据好，尤其像调研数据，你的调研不一定就比看到的二手数据要合理，你的采样也不一定比它合理。但所有数据都有局限性，就是你在表达的时候怎么样努力不要让它泛化成‘你的发现就是绝对正确的发现’。比如说表达的时候应说‘有多少受访者是怎样的’等等，这些表述都可以帮助你的内容跟数据源更加对齐”③。

3. 收集调查数据

问卷设计完备且确定了抽样的调查对象后，调查者需要确定是采用自行填答问卷的方法还是采用让访问员进行提问和记录的方式来收集调查数据。

> ?
> **你怎么看**
>
> 你如何看待媒体采用非概率抽样方法来采集数据的现象？这是否会影响新闻的准确和严谨？

自行填答问卷可采用邮寄问卷、集体填答、电子邮件、在线填答等方式进行。邮寄问卷是早期从事调查数据收集的重要方法，但其填答率太低，且对媒体而言缺乏时效性，因此不适合用于新闻报道的调查中。集体填答是在一个统一的时空中进行填答，便于研究者现场引导，能回收较多的问卷。电子邮件是互联网兴起后新出现的收集数据的方法，它节能环保且便于发送和收集数据，但是获取调查对象准确的电子邮件地址并

① 参见 2023 年 8 月对叶韦明的采访。
② 参见 2023 年 8 月对赵鹿鸣的采访。
③ 参见 2023 年 7 月对吕妍的采访。

不容易，且这种方式经常会被调查对象视为不够正式，导致回收率不高。在线填答是将设计好的问卷挂在网站网页上，然后以电子邮件等各种方式在互联网中扩散链接，让人来答卷的一种方式。这种方法节省了调查后期数据处理的时间，但是其基于调查对象的自愿填答，样本的推广价值堪忧。

【案例】 如何规范地使用问卷调查数据

2022年4月，一篇关注上海居民心理的数据新闻《四成人呈现抑郁风险，上海居民需要心理救援》（见图4-6）在媒体刊发后引发了较大的关注，作者赵鹿鸣采用问卷调查方法，通过专业调研机构定向投放问卷，并结合采访制作了这个作品。该新闻最令人印象深刻之处在于数据的透明性和表达的严谨性，每一张图表下方都有超长注释，且文末也有大篇幅的数据说明（见图4-6）。这些不仅交代数据来源，更向读者说明这一调查数据可能存在的局限，以确保读者在知情的情况下对数据结论有更全面的理解和判断。

以下来自作者赵鹿鸣的自述：

（我最满意的一个作品）是疫情期间关于上海居民心理状况的那一篇，工作量很大，效果也很好，我也把我想做的东西都融入进去了。我发了很多问卷，里面也有很多采访，是很扎实的。制作时间是4天，总共40个小时，我做完之后也觉得太辛苦了，因为你的情绪全部卷进去了。这篇效果很好，会有一种标杆效应，后面要维持同样的质量。

那也是我第一次史无前例地加上了超长注释，因为我怕别人质疑我这个东西不可信，所以我就写了一个很长的注释，最后还挺成功的。我觉得这是一个很好的事情，是关于如何保证信息质量的尝试。

当初想到去发问卷，是因为问卷是一手数据，我本人也是长期做传播心理学研究的，就会觉得发问卷很重要，就想到能不能去研究一下疫情下人们的抑郁情绪，然后也有专业的量表去测量。

里面遇到的最大的问题是对数据质量和成本的一个权衡，因为要求是上海居民，但定向投放的收费是比较高的，我完全是自费，所以想着怎么控制成本又不耽误进度，最后选择了腾讯问卷。但是没有做好质量筛查，里面有非常多外省的人，被试库不干净。所以我花了很大的工夫去清理无效的数据。这也给了我很大的教训，对数据质量的把关非常重要。

资料来源：相关报道详见赵鹿鸣．四成人呈现抑郁风险，上海居民需要心理救援．（2022-04-16）[2024-03-25]. https://mp.weixin.qq.com/s/cSMDE011zNTOrVjt8i2deQ，部分材料来自2023年8月对赵鹿鸣的采访。

问卷说明

通过Credamo与腾讯问卷进行定向上海的投放，投放时间在2022年4月12日-13日。每位填写者在完成问卷后可获得1-2.5元的酬谢（为什么要给酬谢？——因为这是付费功能，都要给酬谢。所以只是单纯在花钱。酬谢有助于填写者认真作答）。每份问卷在完成后经过了较为严格的质量筛查，包括地理位置检查（不在上海的需要筛除）、答题时长与选项合理性（回答时间过短的筛除、全部选择同一选项的筛除）。在获得1244份问卷后，录得1021份有效问卷。其中，男性36.4%，女性63.6%；0-20岁年轻段比例10.3%，21-30岁年龄段55.1%，31-40岁年龄段24.5%，41-50岁年龄段7.0%，51岁以上年龄段2.9%。

问卷数据的局限性说明

问卷规模还可以更大。

由于填写群体主要为熟练使用数字技术的年轻人，所以中老年填写者较少。尽管其样本数量达到了基本要求，但无法呼应上海市实际的人口结构。这是这份数据的局限性。

量表的有效性支撑

关于PHQ-2是否是有效的抑郁筛查手段，您可以访问：

Richardson, L. P., Rockhill, C., Russo, J. E., Grossman, D. C., Richards, J., McCarty, C., ... & Katon, W. (2010). Evaluation of the PHQ-2 as a brief screen for detecting major depression among adolescents. Pediatrics, 125(5), e1097-e1103.

Löwe, B., Kroenke, K., & Gräfe, K. (2005). Detecting and monitoring depression with a two-item questionnaire (PHQ-2). Journal of psychosomatic research, 58(2), 163-171.

关于PHQ-9是否是有效的抑郁筛查手段，您可以访问：

Kroenke, K., Spitzer, R. L., & Williams, J. B. (2001). The PHQ-9: validity of a brief depression severity measure. Journal of general internal medicine, 16(9), 606-613.

Arroll, B., Goodyear-Smith, F., Crengle, S., Gunn, J., Kerse, N., Fishman, T., ... & Hatcher, S. (2010). Validation of PHQ-2 and PHQ-9 to screen for major depression in the primary care population. The annals of family medicine, 8(4), 348-353.

图4-6 《四成人呈现抑郁风险，上海居民需要心理救援》文末的数据说明部分

（二）发起用户众包

发起用户众包和采用问卷调查的方法收集数据较为类似，但也存在不同。前者面向的调查对象主要是互联网用户，有时只是媒体自己的用户，而后者面向的调查对象则相对更广一些；前者实施的主体是媒体，后者则可以采纳其他机构或个人所做的调查结果；前者是以互联网为依托，通过网络空间发出邀请和回收数据的，后者则既可在互联网上操作，也可在线下操作；前者的操作形式更灵活，可能是由用户帮助完成某个报道任务，或是上传部分数据，或是填写某个在线问卷，需要的数据维度可以单一也可多元，主要看重回收数据的量；后者一般实施形式比较单一，主要依托问卷采集数据，更注重调查过程的科学性。

1. “众包”的概念及其在新闻业的应用

“众包”这个概念来自美国，2005 年，《连线》杂志的编辑杰夫·豪（Jeff Howe）和马克·罗宾逊（Mark Robinson）在一次关于互联网商业模式的交流中首先提出了“crowdsourcing”的概念。[①] 2006 年 6 月，杰夫·豪在《连线》杂志发表文章《众包模式的兴起》（The Rise of Crowdsourcing）[②]，并在博客中发布了《众包：一个新定义》（Crowdsourcing：A Definition）一文对这个概念做进一步阐释：

> 众包指企业或机构通过公开招募的方式将工作外包给一群非特定的个人或团队，而不是像以往一样依赖于雇员完成。众包的形成有赖于公开招募形式的运用，且需要大量有能力完成此项工作的潜在劳动力存在。[③]

此后，“众包”作为专业术语，逐步为业界所接受。

在新闻界，媒体的众包尝试首先是推出一些公民记者的报道平台，将公民记者吸纳进内容生产环节。2006 年 8 月，美国有线电视新闻网（CNN）正式推出“iReport”（我报道）平台，在其主页的醒目位置设置 iReport 链接，观众可以通过“发送你的报道”（Send Your iReport）链接和电子邮件两种方式来发送自己采写的新闻。所发报道通过 CNN 编辑的审查之后，即可以在网上或者节目中播出。CNN 专门为参加者提供了一个工具包，包含基础知识和上传操作指导，并制定了详细的投稿指南，降低参与难度。

自 2009 年开始，公民记者在一系列重大新闻报道中的影响力日益显现，同时部分媒体也开始接纳“众包”理念，将之运用到一些重要题材的报道中。

2009 年 6 月，《卫报》发起了一个众包新闻的实验来报道英国议员的花销。该报将英国议会公开的涉及 646 个议员的包括 5 500 单花销的 700 000 个 PDF 文档公布于网站，并专辟一个不断更新的博客，邀请该报用户来关注这一庞大的数据集，从中发现具有潜在新闻价值的内容。[④]《卫报》网站向用户明确发出号召，告知用

---

① SAFIRE W. Fat tail. (2009-02-05) [2024-04-04]. http://www.nytimes.com/2009/02/08/magazine/08wwln-safire-t.html?_r=4&ref=magazine&.

② HOWE J. The rise of crowdsourcing. (2006-06-01) [2024-04-04]. https://www.wired.com/2006/06/crowds/.

③ HOWE J. Crowdsourcing: a definition. (2006-06-02) [2024-04-04]. http://crowdsourcing.typepad.com/cs/2006/06/crowdsourcing_a.html.

④ MPs' expenses: The Guardian launches major crowdsourcing experiment. (2009-06-23) [2024-04-04]. http://www.theguardian.com/gnm-press-office/crowdsourcing-mps-expenses.

户可以针对公布的数据文件进行哪些具体的操作，如用户可以对每一单花销费用进行评价，加亮显示自己感兴趣的部分，告知《卫报》编辑自己为何对之感兴趣。[①] 三个月后，上述文件中的160 000页数据已被用户参与分析。[②] 该报道也成为媒体早期发起众包新闻报道的成功尝试。

2010年海地发生地震，大量来自一线的公民报道见诸媒体，更多主流媒体开始推出众包新闻，主流新闻业越发认识到众包这种新闻生产模式的创新意义。如《卫报》编辑梅塞德丝·邦茨（Mercedes Bunz）就在名为《到时间给众包新闻一个媒体奖了?》的文章中称，"更多记者开始尝试用众包的方式获取信息，他们无视新闻界的传统——过去人们认为调查不能让竞争对手获知"[③]。

【案例】 阿根廷《民族报》的众包新闻实践

阿根廷《民族报》是一家大型新闻机构，成立于1870年，拥有数百名专职记者。该报的数据新闻团队LN Data成立于2011年，迄今已多次获得包括全球数据新闻奖、新闻设计协会奖和马洛菲杰奖（Malofiej Awards，新闻设计协会西班牙分会牵头组织的国际性比赛，被视为信息设计类的代表性奖项）等知名奖项。

2014年3月21日，他们组织了第一届公民马拉松比赛。志愿者通过报社官网上的Voz Data平台实时公开并发布了4 800份经过验证的公共文件。而令他们最引以为傲的项目是2015年阿根廷检察官阿尔韦托·尼斯曼死亡事件的音频调查项目。

1994年7月18日，一辆装载炸药的货车在该国首都布宜诺斯艾利斯的阿根廷犹太人文化中心外爆炸，导致85人死亡、200多人受伤，死伤者多为犹太人。案件真相一直未查清。2005年尼斯曼接受时任总统、克里斯蒂娜（曾于2007—2015年连续两任阿根廷总统，2019年就任副总统）已故丈夫内斯托尔·卡洛斯·基什内尔的任命，重启爆炸案调查。案发前4天，尼斯曼递交了一份长达289页的报告，指证克里斯蒂娜与伊朗秘密达成协议，保护伊朗牵涉爆炸案的官员免受指控。就尼斯曼的死因，初步证据暗示其系自杀，但该报告的曝光和进一步的调查揭示该案疑点重重。[④] 正是在这一背景下，《民族报》展开了为期两年的持续调查，并发表了多篇追踪报道，其中《对尼斯曼窃听事件的两年分析》[⑤] 获得奖励阿根廷调查性报道的FOPEA奖。

这篇报道是《民族报》的数据新闻团队采用公众参与的众包新闻的一次典型案例。在120名具有文件发布经验的志愿者的帮助下，该报分析了40 343次电话窃听、长达986小时的音频文件，并在此过程中彻底改变了报道法庭案件的传统形式。尽管几乎所有工作都是远程完成

① ROGERS S. How to crowdsource MPs' expenses. (2009-06-18) [2024-04-04]. http://www.theguardian.com/news/datablog/2009/jun/18/mps-expenses-houseofcommons.

② MPS' expenses: what you've told us so far. (2009-09-18) [2024-04-04]. http://www.theguardian.com/news/datablog/2009/sep/18/mps-expenses-westminster-data-house-of-commons.

③ BUNZ M. Time for a press award for crowdsourced journalism?. (2010-03-29) [2024-04-04]. http://www.theguardian.com/media/pda/2010/mar/30/digital-media-crowdsourcing-crowd-sourced-journalism.

④ 安晓萌．阿根廷检察官"自杀"添疑点 死前曾指控阿总统．(2015-01-23) [2024-01-28]. http://www.xinhuanet.com/world/2015-01/23/c_127411321.htm.

⑤ Dos años de análisis de las escuchas de Nisman. (2017-01-18) [2024-01-28]. https://www.lanacion.com.ar/politica/dos-anos-de-analisis-de-las-escuchas-de-nisman-nid1976325/.

的，他们还是组织了四次公民音频马拉松。最后，他们在交互式音频数字故事中发布了169个最重要的音频（见图4-7）。该项目使阿根廷检方得以重新审理此案。有意义的是，该报将这个众包过程公布在作品尾部，并将部分志愿者参与项目的感言也一并发布，编辑对于志愿者的持续支持和引导也使他们能保持热情，其中一些志愿者还在项目完成后加入了该报的数据新闻团队。[1]

图4-7 《对尼斯曼窃听事件的两年分析》的音频列表部分截图（来源：《民族报》）

2. 用众包方式采集数据

用众包方式采集数据包含三步：第一步是发出任务邀请函；第二步是等待用户回应和反馈；第三步是收集用户反馈后对数据进行多维度开发和运用。

自2009年《卫报》报道议员花销以来，“众包”这种新的新闻生产方式在数据新闻领域开始得以广泛的应用。但是这种采集数据的方式也存在局限，这也是众包数据没有大规模出现在媒体报道中的重要原因。

---

① PALOMO B, TERUEL L, BLANCO-CASTILLA E. Data journalism projects based on user-generated content. How La Nación Data transforms active audience into staff. Digital journalism, 2019, 7 (9): 1270-1288.

(1) 选题受限。一般众包新闻多以呈现话题在分布较广的不同地域的整体状况和差异性为其特征，这就对数据新闻的选题做了一定的限制。它适合以“面”的铺陈为报道诉求，而非以“点”的挖掘为报道目的的新闻选题；它适合呈现一个话题的多样性表现，但难以呈现话题本身的历时性延展；它适合收集与公共利益相关、相对直观的数据，但在报道专业问题和收集权威数据时则难以显现其优势。

(2) 数据受限。由于选题的限制，众包方式采集的数据也有局限。首先体现在数据采集效果的不稳定上，即众包新闻自发布任务书到获得数据，这个过程的历时具有不确定性，有可能数日或是数小时就获得大量的响应，有可能几周内也无甚关注，这就使得记者难以以这样一种不稳定的形式作为获取数据的主要渠道。其次体现在获取的数据质量存在良莠不齐、分布不均的问题。由于媒体只是号召公众参与，公众给予的数据具有个性化和多元化的特点，如何将之形成完整和统一的数据集，这是困扰媒体的一个难题。另外从西方媒体现有的操作中可见，一般大型城市的居民和年轻的网络用户更热衷于参与这类众包新闻，而一些地域相对较偏远的中小型城市的居民和非网络原住民则较少投入参与，这就会使后期的数据呈现地域和人群分布不均的问题。

【案例】 帝都绘的北京文物地图项目

2023年2月，自媒体机构帝都绘和北京文化遗产保护中心（CHP）联合发布数据库众创招募文章，表达了“希望通过众包的方式，共建城市专题开放数据库，并将数据充分共享”的想法。这个城市专题开放数据库的第一个项目就是《北京文物地图（一期）》，“预计完成后的数据库将涵盖北京一千余个国家级、市级和区级文物保护单位的时代、地址、地理坐标、批次、照片等信息”。这个数据库完全采用线上协作模式，以Maptable为协作平台，帝都绘提供教程帮助共建者快速上手。

招募文章发出后，帝都绘收到了三百多份报名信息，最终进入数据库搭建的志愿者共有一百多人，“把数据库涵盖的内容从原计划的北京1 000多处【文物保护单位】扩充到了1 000多处【文物保护单位】+2 000多处【未定级文物】+1 000多处历史建筑”。最终，这一开放数据库（https：//maptable. com/s/p/cnzodzkujocg）于2023年6月10日正式发布，其中包含了两个子库——不可移动文物和历史建筑，收录了3 806个不可移动文物点位和1 012栋历史建筑。每一处不可移动文物都包含保护级别、时代、类型、地址、坐标、批次、开放信息、官方平台、简介、照片等数据维度，并注明了参考资料。数据库中的照片全部由志愿者实地拍摄，简化了版权问题，而坐标的存在使数据库可以轻松接入其他地理空间系统。历史建筑子库的数据维度包含建筑名称、单栋名称、所在街道、地址、坐标和批次。

值得一提的是，这份数据采用知识共享署名-非商业性使用 4.0 国际（Creative Commons BY-NC 4.0）许可协议进行许可。公众可以共享和演绎数据库，但必须给出适当的署名，同时暂时不得将数据用于商业目的。

谈及这个项目，帝都绘联合创始人宋壮壮表示：“北京文物地图项目，它的基础就是北京文物保护单位，是北京不可移动文物。很明显，我们都知道这是一个闭合的、有限而且很明确的数据库，它的这些标准是非常明确的，而且一定是存在于某些地方的。只不过就是工作量非常大，而且有的需要线下，有的需要用各种各样的方式来找到它们。这个在我看来是适合众包的，就是它的任务非常明确，不太具有创造性。当然你需要创造性地去找到这些东西，但是本身不需要什么创造性。所以我们其实很早就想干这样的一个数据库工作。但是，单凭工作室这些人是无法完成的。尽管任务很明确，但是工作量太大，后来因为有了 Maptable 这个技术平台（就是一个可以把地理坐标融合进共享表格里的共享在线地图），让这个事变得更容易了，所以也就更可行了，于是就做了这个项目。它还是一个比较明确的任务。”

资料来源：相关资料详见帝都绘编辑部．人多力量大！一起搭建我们的城市公共知识库．(2023-02-20)[2024-06-26]. https://mp.weixin.qq.com/s/dhSwLA6HKau-H2qUa5h8RA，帝都绘×CHP. 这是一份人人可用的北京文物数据库．(2023-06-10)[2024-06-26]. https://mp.weixin.qq.com/s/HT2jTDhkaPCIIpR5WzTIw，部分材料来自2023年8月对宋壮壮的采访。

三、通过新技术工具展开在线调查采集数据

进入数字新闻业时代，对于记者而言，调查的方法也随着技术的发展而产生了变化，除了传统的实地采访调查、运用问卷和发起众包等方式，还可以通过模拟测试、开源情报技术等展开在线调查并采集数据。

2023年3月24日，复旦大学数据新闻课程湃客号“复数实验室”发表了作品《311个受害案例、4场网暴模拟告诉你，谁该“保你平安”》一文，使用模拟测试的方式来获得平台方的相关数据。[①] 该项目一共做了三组模拟测试：一是测试了11个 App 对暴力信息的拦截效力，观察这些 App 对使用常见侮辱词汇的用户是否会发文警告或过滤这种不良信息，阻止其出现在受害者的消息箱里；二是选择了2022年311个网暴事件中出现自杀行为的受害者案例所涉及的四个平台作为进一步测试的对象，以模拟网暴的形式测评平台的防护功能；三是在抖音平台上模拟两个账号，进行投诉和举报，测试平台是否能及时有效地进行处理。对于这个项目，指导教师徐笛肯定了这种获取数据的方法：“这就是我们建议学生尝试自采数据的原因，因为网络上的数据可能存在偏向性，而你可以获取的数据可能不一定公正和平衡。进行这种自我测试是 AI 时代和算法时代有效的数据采集方式。我们建议人们在 AI 时代和算法时代自己进行测试，将自己作为数据的采集者。这样，你就可以获得第一手数据，并且是更真实和准确的数据。我们认为这种方法非常有效。这个过程中，因为只能依靠自己来进行数据采集，所以需要进行多次测试从而避免一些偏差。”[②]

除了这种模拟测试的方法，在数据新闻领域，开源情报技术（open-source intelligence，OSINT）作为一种新兴的调查方法，也正在被越来越多的数据记者所采纳。开源情报技术指专业地利用公开的知识、数据和文档来收集信息、开展调查的技术。采用这种技术开展的调查实践活动就是开源情报调查，这并不是新闻记者的发明，最初是在军事情报分析和司法调查实践中运用的方法，如今这种方法也被记者、公司和猎头广泛用来展开对人和组织的调查。

仅以2022年、2023年的 Sigma 数据新闻奖为例，在入围短名单（short list）的

① 边嘉璐，陈思甜，陈杨，等．311个受害案例、4场网暴模拟告诉你，谁该“保你平安”．(2023-03-24)[2024-01-22]. https://m.thepaper.cn/newsDetail_forward_22399042.

② 参见2023年6月对徐笛的采访。

116个作品中，有19个作品的标签中明确标注使用了OSINT，占16.4%，足见这种调查方法已经成为数据记者获取数据的必要手段。在数据新闻领域中，开源情报技术最常被用于事实核查和识别虚假或极端信息如何在社交媒体中传播的报道。下面以一则荷兰媒体所做的数据新闻为案例，说明开源情报技术如何运用于数据新闻报道中。

【案例】 荷兰媒体通过开源情报调查发现制造虚假信息的网络水军

《数字军队》（The Digital Army）是荷兰媒体“指针”（Pointer）制作的项目。项目团队发现，在Telegram（一种社交媒体应用程序）群组中，有一支制造虚假信息的网络水军，他们不仅散布虚假信息，还骚扰政治家、知名医生。记者在这个组织中卧底，发现了其背后的账户，并找出了谁在指挥这支“军队”。

为了对虚假信息和错误信息进行调查，记者密切关注了几个Telegram群组。通过在开放网络上的搜索，最终找到了一个由奇怪的Telegram群组组成的社交网络。团队想跟踪这支“军队”三个月，看看他们是如何组织的。在此期间，记者多次扫描了群内的所有帖子，以准确分析对话内容。通过数据分析，记者了解了哪些主题经常被讨论，以及哪些网络链接被共享，这些链接通常是指向以前从未分发过的网站的链接。记者还爬取了推特信息，查看哪些账户在这些水军发布了虚假信息后立即分享传播。记者比较了Telegram群组和社交媒体推特账户使用的语言的差别。

除了数据分析之外，团队还对这支水军中的三位主角进行了广泛的开源情报调查。团队为这三个人分别创建了一份研究文件，将每条线索都录入其中。这一开源情报调查环节最为艰难，记者分析了无数的线索。有时是一张特定的照片——如果能找到它的拍摄地点，就会更接近那个人居住的地方；有时是根据某人的社交媒体资料来查找有关这个人的电子邮件地址或电话号码信息。每条线索都可能会引向下一条线索，也可能会碰壁。最终目标是找出这些人的姓名、家乡和联系方式。经过大量的调查，团队终于揭开了三个主角的面纱，并找出了这支网络水军中的五种角色分工。

为了这个项目，团队在这支网络水军中卧底了三个月。他们发现这是一支完全数字化组织的“军队”。参与者事先几乎彼此不认识，并尝试通过社交媒体应用程序Telegram向彼此提供新的策略和信息。在推特和脸书开始禁止各种阴谋论者进入其平台之后，这些制造虚假信息的网络水军转战到Telegram群组，这一现象值得关注。在新冠疫情期间，这些人是网络上大肆散布虚假信息和错误信息的幕后黑手。

资料来源：相关报道详见Het digitale leger.［2024-06-26］. https：//pointer. kro-ncrv. nl/digitaalleger，内容部分参考了Sigma数据新闻奖入围短名单作品介绍。

细心的读者应该会发现，前文提及的《欧洲边境和海岸警卫局参与非法驱逐数百名难民》《边境的愤怒：揭露梅利利亚死亡事件的真相》和《右侧无滤镜：右翼势力如何应用Instagram招募年轻人》这几篇报道都采用了开源情报技术。

开源情报技术中的“开源情报”指所有可公开访问的信息来源。学者哈桑（Nihad A. Hassan）和希贾齐（Rami Hijazi）对此展开了系统研究，并于2018年出版了专著《开源情报的方法和工具：在线情报技术的实践指南》。[①] 他们认为，开

① HASSAN N A，HIJAZI R. Open source intelligence methods and tools：a practical guide to online intelligence. Springer，2018.

源情报可以是在线的，也可以是离线的，主要涵盖以下几种：

● 互联网（包括但不限于以下内容）：论坛、博客、社交网站、视频共享网站（例如 YouTube、维基）、元数据（指中介数据，即用来描述数据的数据）和数字文件、注册域名的开源记录、暗网资源、地理位置数据、IP 地址、人员搜索引擎以及任何可以在线找到的信息。

● 传统大众媒体（例如电视、广播、报纸、图书、杂志）。

● 专业期刊、学术出版物、论文、会议记录、公司简介、年报、公司新闻、员工简介、简历。

● 照片和视频：包括元数据。

● 地理空间信息（例如地图和商业图像产品）。

虽然离线的公开纸质材料也属于开源情报的一种，但在当下的开源情报调查中，互联网上的在线情报才是主流。

在这本书中，作者还介绍了几种主要的开源情报技术与工具，其中包括：

● 搜索引擎技术（search engine techniques）：运用搜索引擎更有效地查找信息，以及搜索各种特定的数字文件格式（包括图像和视频）。

● 社交媒体情报（social media intelligence）：除了社交网站提供的基本搜索功能，还有大量工具和在线服务提供查找社交信息的服务，可以通过聚合这些社交媒体情报来获得目标对象的数据。

● 人员搜索引擎和公共记录（people search engines and public records）：使用专门的人员搜索引擎查找目标人物的数据，在政府信息开放平台中查询想要查找的信息。

● 在线地图（online maps）：通过卫星图像、智能手机和可穿戴设备追踪目标对象的位置信息。

●“踩点”技术（footprinting techniques）：原指白帽黑客入侵预定目标以检测目标有何漏洞并搜集有用信息再最终制定入侵方案的方法，这里指合法地调查目标网页和网站以获取技术信息。

需要强调的是，记者在使用开源情报技术做调查时必须谨守法律红线，只从已经公开的信息入手做调查，而不能为了调查侵犯个人隐私或网络信息安全。

【案例】 穆斯塔法团队通过多种采访调查方法揭开开罗东部的死亡之路

“数据新闻可以为拯救生命做出贡献，这就是阿拉伯调查新闻记者组织（ARIJ）的穆斯塔法·曼苏尔·穆罕默德（Mustafa Mansour Mohamed）和他的团队在《开罗东部的死亡之路》（Lanes of Death in East Cairo）数据调查中的初衷……他们收集了有关开罗东部道路上行人死亡人数不断上升的现场数据……该国总统解决了调查中强调的问题，并通过在危险交通区域修建人行天桥以及安装智能安全系统来改善道路基础设施。这项调查结合了卫星数据、实地数据收集和非常彻底的数据分析，为开罗公民带来了巨大的改变。”这是 2022 年 Sigma 数据新闻奖中评委对作品《开罗东部的死亡之路》的褒奖。

在这个项目中，穆斯塔法·曼苏尔·穆罕默德和他的团队在缺乏埃及交通事故死亡的政府数据库和最新统计数据的前提下，利用 2019

年5月至2021年6月期间该地区居民的报纸档案和社交媒体群组信息，建立了一个记录开罗东部街区道路上交通事故受害者的数据库，其中包括事故发生的时间和地点、受害者的年龄和工作以及事故类型的详细信息。调查显示，超过一半的受害者是开罗东部正在改修的街道上被汽车撞倒的行人。车祸伤亡者中2/3是男性，私家车是最主要的涉事车辆类型。数据分析显示，涉及车辆和行人的事故高峰期大多在早上七点至下午两点之间。此外，周日和周三的事故发生频率也会增加。

为了收集用于证明假设的证据，调查人员还使用谷歌地球收集了改建前后道路上的卫星图像数据（见图4-8）。结果显示，有关部门在改建这些道路时几乎完全忽视了安全措施，并未设置明显的人行横道。

穆斯塔法·曼苏尔·穆罕默德回忆称："调查最困难的部分是从头到尾缺乏官方数据库或统计数据，因此我必须手动创建数据库并将其包含在Excel表格中，还要从脸书群组中搜集所有事故所在区域的视频、照片和文字记录资料。因此在确保记录下来后，我编制了行人事故的个案档案。我尝试从当地新闻网站更新数据库，在那里找到了一种方法，可以在行人事故的新闻片段中使用关键词'在途'（in transit）来查找受害者的新闻，这使我能够更新数据库。我针对这些地区的人口进行了调查，了解损害的程度及其蔓延范围。我还必须做实地工作来确认我所写的关于15条道路的内容。事实上，我如果不是开得很慢，几乎就撞到了一些行人，而且我还通过卫星图像数据呈现了道路改建前后的对比情况。"

在这个项目中，记者运用了多种调查方法采集数据，除了实地采访调查，还运用离线和在线的开源情报调查，通过这些多源数据的交叉印证，证实了开罗东部道路改建带来了严重的交通问题，威胁了行人的生命安全。因为数据扎实，证据确凿，在调查结果公布后，埃及总统呼吁强调道路安全并为行人步行通过车道提供便利，呼吁政府官员加快启动智能安全系统，以预防事故、监控道路并确保快速干预。政府在相关街道建起了人行天桥，总统还指示与居民举行社区会议，做好沟通与解释。

资料来源：相关报道详见 MOHAMED M M. Lanes of death in East Cairo.（2021-10-30）[2024-06-26]. https://arij.net/investigations/Cairo-Streets-en/，部分资料来自报道团队提供给Sigma数据新闻奖评委会的自述材料。

图4-8 《开罗东部的死亡之路》中的道路改建前后卫星图像对比图

第3节 通过合作或购买的方式获取数据

除了上述两种主要的数据采集方法，媒体还经常通过合作或购买的方式来获取数据。这种采集数据的方法能在一定程度上弥补媒体自我采集数据能力的不足，增加数据的来源，确保数据供给的持续性和稳定性。

媒体可以与商业机构合作制作数据新闻，也可向它们购买数据。正如第1章中所分析的，互联网技术公司、电子商务公司是最先认识到大数据商业价值的机构，它们推出了一系列基于大数据分析的产品与服务，拥有一般媒体所不具备的数据抓取技术和分析能力，建有庞大的数据中心。媒体可以考虑与具有独家数据的商业机构合作或向其购买数据。

媒体还可以向公益组织或学术科研组织等非商业机构索取数据资料，或是与这类组织或机构合作制作数据新闻。许多非商业机构都会开展一些相关领域的调查研究，这些调查研究的结果有时会公布在其官方网站上，有时却并不一定公开发表。媒体如果掌握了这样的信息线索，可以直接与相关组织或机构的人员联系，请其提供数据资料。一般而言，这类组织或机构的服务或是公益性质的，或是学术性质的，其重视的是成果对社会的影响力，对其商业利益的重视程度相比商业机构而言要小很多，因而往往可以免费或合作的方式获得，媒体应在报道中明确标注此类数据的来源。

近年来中央电视台推出的系列数据新闻就是通过这种方式获取数据资料的。2014年1月25日晚中央电视台《晚间新闻》与百度合作，首次启用百度地图定位可视化大数据播报了国内春节人口迁徙情况，引发了巨大关注。央视的报道是基于百度推出的人口迁徙大数据项目——“百度地图春节人口迁徙大数据”，该项目利用百度后台每天数十亿次LBS定位数据进行计算分析，展现春节前后人口大迁徙的轨迹与特征。而在2022年的《解码十年》系列报道中，主创团队更是“联合国内五十多家部委和直属单位、顶尖大数据机构、科研院所，调用太空中20多颗中高分辨率卫星、地面上百万个传感器，调取全国各行业数万亿级的巨量大数据，规模空前”①。这些海量数据的获取绝大多数基于中央广播电视总台与其他机构的合作，也体现出中央广播电视总台具有强大的资源整合能力。

作为一家老牌数据内容生产商网易的《数读》栏目与学术和商业机构都展开过合作。据该栏目主编巫雨松介绍：“纯内容合作的模式下，通常是由企业或学术机构提供数据。如果是跟企业合作，一般来说话题会相对比较轻松，比如说跟饿了么、美团合作，就会做跟吃喝相关的话题，由它们提供咖啡店的数量等等。由于这些企业数据也属于它们的资产，我们只会拿到脱敏后的数据内容，所以我们无法直接判断数据的真实性，但是因为能取得这个数据的单位并不多，还是会相信对方提供的数据。如果是和学术机构合作，对方的调查方法一般都比较专业，提供的数据质量也会比较高。商务合作的模式下，有时候也会由客户提供数据，我们作为内容生产方，还是会基于逻辑和调研方法等方面，对数据质量做一个初步的判断，不可能别人提供什么我们就用什么，会尽量保证数据真实性。客户跟我们合作，也是看重我们在数据领域的专业性，如果对方提出编造数据的需求，我们是不会接受的，这属于违反底线和伦理了。”②

财新数据新闻团队也有类似与商业机构的合作，他们的商业项目最终呈现的渠道有两种：一种是品牌植入，有非常明显的商业推广标记，在一个特定的商业推荐

① 丁雅妮，陈茜，李嵬嵬，等．《解码十年》：温情解码 数意无穷．(2022-08-16)[2023-12-10]. https://mp.weixin.qq.com/s/GBVZjLd-HgLS568dEWc-6A.

② 参见2023年6月对巫雨松的采访。

位置发布，这是财新数据新闻团队为商业机构定制的原生广告；还有一种是数据新闻作品，讨论对公众有用或让公众感兴趣的话题且没有品牌产品的直接露出，比如科普向的、投资者教育属性的数据新闻，财新会在文字里提到合作机构提供了哪些数据，这些机构不特别在乎品牌是不是直接被推到读者面前，因为他们想把自己的理念和话题推给读者。①

如果媒体获知需要的数据恰巧在某个人手中，则媒体可以联系这个人，向其购买或请其提供资料。例如前面提及一些公民凭借《政府信息公开条例》的规定申请政府信息公开，获得了回应，媒体可以直接和相关人士联系，将其获取的信息记录用于报道。有时，政府部门或商业机构的某个员工很可能因为其工作而接触到事关公众却未予公开的“保密”信息，媒体如果能从这些人手中获取相关资料，则很可能成就一则震动新闻界的调查性报道。

2013年6月，美国中央情报局前技术分析员，后供职于美国国防项目承包商博思艾伦咨询公司（Booz Allen Hamilton）的爱德华·斯诺登（Edward Snowden）将美国国家安全局关于PRISM（又称“棱镜计划”，是一项由美国国家安全局自2007年起开始实施的绝密电子监听计划）监听项目的秘密文档披露给《卫报》和《华盛顿邮报》。6月5日，《卫报》率先刊登美国国家安全局这项代号为“棱镜”的秘密项目，该项目要求美国公司威瑞森（Verizon）提供数百万私人电话记录，其中包括个人电话的时长、通话地点、通话双方的电话号码。随后《华盛顿邮报》也报道美国国家安全局和联邦调查局通过进入微软、谷歌等网络巨头的服务器，监视美国公民的电子邮件、聊天记录、视频和照片等私人资料。

【案例】 英国《每日电讯报》报道议员花销真相

2007年6月15日，记者希瑟·布鲁克（Heather Brooke）等人与政府信息专员一同要求英国政府公开议员的报销内容。2008年2月，英国的信息自由裁判庭（Freedom of Information Tribunal）判定《信息自由法》适用于议员报销信息的公开。然而，这些请求和判定都未被英国下议院采纳。2008年5月，英国最高法院裁决支持公开议员的报销细节。2009年4月，英国下议院被迫声明，将于当年7月公开议员的开支详情（排除一些敏感信息）。

就在英国下议院发布上述声明一个月后，英国《每日电讯报》从消息人士手中购买了一份完整的、未经审查的议员报销记录，并于5月8日的头版刊出报道《内阁花销的真相》（The Truth about the Cabinet's Expenses，见图4-9）。《每日电讯报》记者在报道中披露了大量政府议员花销中的丑闻。如有的议员把自家修理马桶的费用也当作公共支出来报销，还有议员利用议会赋予议员在伦敦租房的福利，采取了以租代购的手段，把房屋变成个人财产。此后持续一周，该话题都在英国的各大媒体占据显要位置。

2009年9月25日，《每日电讯报》的助理总编安德鲁·皮尔斯（Andrew Pierce）在BBC Radio 4的一档节目中称报社披露的下议院议员花销数据来自一份完整的报销单资料，报社花费了11万英镑从一位在议会工作的参与处理议员报销单据的普通员工手中购买了这份资料。该报道使《每日电讯报》销量大涨，并一度引发

① 参见2023年8月对财新数据可视化总监韦梦的采访。

英国下议院的政治地震，该事件成为当年英国政坛的最大丑闻。

虽然《每日电讯报》公开政府官员开支的报道满足了公众的知情权，然而，报道也引发了不小的争议。一些媒体认为，《每日电讯报》花费重金去购买一份政府已经表示即将公布的资料，并以煽情的方式去制造新闻热点，这是为了“公共利益”还是进行“新闻炒作”，不由让人心生疑惑。

尽管如此，该报道仍然被视为可载入英国政府信息公开历史的具有里程碑意义的报道。从 2009 年开始，除了《每日电讯报》，其他英国主流媒体也都开始持续关注议员花销数据，形成了一种报道惯例。

资料来源：相关材料详见 WINNETT R. MPs' expenses：how Brown and his Cabinet exploit expenses system.（2009－05－08）［2024－06－26］. https：//www. telegraph. co. uk/news/newstopics/mps-expenses/5293679/MPs-expenses-Gordon-Brown-and-Cabinet-face-questions-over-claims. html，RAYNER G. Cabinet expenses in full published by Telegraph.（2009－06－19）［2024－06－26］. https：//www. telegraph. co. uk/news/newstopics/mps-expenses/5575676/Cabinet-expenses-in-full-published-by-Telegraph. html，Telegraph reveals cost of MP's expenses story.（2009－09－25）［2024－06－26］. http：//www. independent. co. uk/news/media/press/telegraph-reveals-cost-of-mps-expenses-story-1793054. html。

The Daily Telegraph

BRITAIN'S BEST-SELLING QUALITY DAILY

The truth about the Cabinet's expenses

The Prime Minister
Brown paid his brother more than £6,000 for 'cleaning services'

The Justice Secretary
Straw had to refund money he claimed in error for council tax

The Chancellor
Darling changed 'second home' designation four times in four years

The Business Secretary
Mandelson claimed thousands after saying he would quit as MP

图 4－9　英国《每日电讯报》报道议员花销的报纸版面截图

第 4 节　运用工具爬取数据

互联网就是一个数据的海洋，然而网络搜索却功能有限，难以应对所有的采集数据需求。在此情形下，定向爬取相关网页资源的“网络爬虫”（web crawler）便应运而生。

一、通过网络爬虫抓取数据的基本步骤与方法

网络爬虫也称“网络蜘蛛”，指按照一定规则自动抓取网页内容的脚本程序。通过网络爬虫抓取数据的基本步骤如下：

第一，确定要采集的数据内容。只有明确与选题相关的数据采集目标，做到有的放矢，才能避免时间资源和人力资源的浪费。要明确自己将要采集的是网页上的图片、文字或是这些内容背后的链接、后台数据库，并且准备将这些数据储存在怎样格式的文件中。

第二，明确可采集的数据源。全网抓取数据对技术和服务器都提出很高的要求，在现实中并不具有可操作性，所以在制作新闻时，一般必须清晰地定位需要抓取数据的具体网站对象，否则会事倍功半。

第三，对数据源进行解析并确定目标内容所在位置。了解数据源的基本结构，分析网页源代码中是否包含需要抓取的内容，能否找到它在网页结构中所处的位置和节点。

第四，根据目标内容所在位置进行相应的爬取操作。若该网站提供 API，则优先利用 API 调用相关数据，如前文提及的许多政府机构的开放数据平台就提供了 API；若该网站无 API，则使用爬虫模拟浏览器的网页访问行为，从网页源代码中解析所需数据。

第五，储存数据。这一步需要解决的问题是将数据以何种格式储存于什么位置。需要综合考虑数据形式、数据量、未来数据更新和查找的需求，以及代码编写难度等多种因素。

通过网络爬虫抓取数据往往涉及编程，一般由媒体的开发人员来完成，但是作为媒体的数据记者、编辑，也应对其基本方法有所了解。

要了解采集网页数据的基本方法，首先要了解网页的构造。网页是由 HTML 语言构成的，HTML（Hyper Text Markup Language）是表示超文本标记的语言，它允许网页制作者建立文本与图片相结合的复杂页面，这些页面可以被网上其他任何人浏览到，无论浏览者使用的是什么类型的电脑或浏览器。值得注意的是，HTML 是一种标记语言，而不是编程语言。它实际上只是一种结构的描述，浏览器通过读取对这种结构的描述从而展示出各种页面效果。

一个网页的基本结构至少应该包含三个部分：

头部：对页面的基本描述。

标题：是网页的眼睛，必须放在页面的头部之中。

主体：是网页中最主要的部分，大部分显示的内容都定义在这里。

图 4-10 是一个 HTML 页面必须有的标记，所有页面都应该至少包含这些部分：

网页的所有内容都在<html></html>标签之内；

<head></head>内放的是头部信息，不会直接显示在页面中；

<title></title>中设置的是页面的标题，<title>只能放在<head>中；

<body></body>是页面的主体，一个网页大部分显示的内容都定义在这里。

```
<html>
<head>
    <title>My First Page</title>
</head>
<body>
    This is Body!
</body>
</html>
```

图 4-10 一个基本网页的 HTML 文档构成

HTML 文档是描述网页结构的文本文件，它是由 HTML 标签和纯文本组成的。由浏览器将服务器上的 HTML 文档读取出来，并且以网页的形式展现给用户。HTML 文档可以有“.htm”和“.html”两种后缀名。

每一个 HTML 文档都是由 HTML 元素和 HTML 标签构成的，HTML 标签由开始标签和结束标签组成，上图中的<head>、<title>、<body>都属于开始标签，被尖括号包围的是元素名，而</head>、</title>、</body>这类被尖括号包围的斜杠和元素名，则是结束标签。如<title>元素定义了 HTML 文档的标题，这个元素拥有一个开始标签<title>和一个结束标签</title>。在 HTML 网页中，由于不同的标签定义了不同的内容，这就使定位和获取网页中的独立元素成为可能。

通过网络爬虫抓取数据的方法就是用一些开发语言来采集 HTML 网页中的独立元素。在这个领域目前最知名的开发语言是 Python。

Python 是一种计算机程序设计语言，许多我们耳熟能详的网站都是用 Python 开发的，例如 YouTube、Instagram、豆瓣等。Python 是一种灵活轻便的脚本语言，因此正在被越来越多的媒体编程人员所采用。

用 Python 采集网页数据首先要熟悉 Python 和网页相关的几个 module（包括 urllib、urllib2 和 httplib 等）；然后编写代码，用其中的某个 module 与你希望抓取数据的网页进行交互；接下来可以用 BeautifulSoup 这一函数库对在上一步骤中获得的 HTML 文件进行解析；最后将数据写进 TXT 或 CSV 文件，或是直接连接到数据库，因为 Python 中的 MySQLdb 模块可以实现和 MySQL 数据库的交互。

对于编程抓取数据感兴趣的读者，需了解抓取目标不同，代码编写难度存在很大差异，最佳的学习方式是通过一定的任务学习在实践中进行不同的尝试。

对于缺乏编程基础的人士，还有类似“八爪鱼”“集搜客”这样的网站提供网络爬取数据的服务，这些网站往往针对不同的对象提供相应的代码模板，便于用户借鉴和修改。用户可以借助其提供的模板写一段代码来完成网页数据的抓取。

【案例】 爬虫的基本框架

代码爬虫高度灵活，方便获取大批量的格式化数据。网络爬虫是一个非常形象的名字，它的原理是模拟浏览器向服务器发送数据请求，从而从服务器响应的数据列表中自动抓取格式化的信息。我们日常在网站和 App 上看到的商品、评论等信息，本质上都是服务器发送给浏览器的数据列表，然后被浏览器解析加载，最终成为呈现在我们眼前的网页内容。爬虫程序只是跳过了最后的解析加载的步骤，直接获取格式化的信息列表。这种采集方式相比手动从网站上复制粘贴，效率更高，数据格式化程度更高，方便后续分析。

在 RUC 新闻坊作品《降价吧，卫生巾》[①]的制作中，我们曾通过爬虫获取卫生巾商品的购物评价。这篇稿件的制作源于一款超低价卫生巾的电商评论区，一则“我有难处”的评论激发了大家对常用的卫生巾价格的讨论。“卫生巾对普通人来说到底贵吗?”采集购买者的评价并分析，能够帮助我们直观地回答这个问题。

我们首先在电商数据平台获取销量排名前十的卫生巾商品列表，然后爬取每款商品的评论区。一个简单的爬虫代码一般包括网页请求、HTML 解析、数据提取、数据存储四大部分。

首先，我们需要导入“requests”库，发送请求到目标网站，获取网页的 HTML 内容：

```
import requests
response = requests.get('http://example.com')
html_content = response.text
```

其次，我们需要解析网站服务器返回的 HTML 数据，解析常用的库为“BeautifulSoup”：

```
from bs4 import BeautifulSoup
soup = BeautifulSoup(html_content,'html.parser')
```

① 葛书润，冯淙萱，邓依云，等．降价吧，卫生巾．(2020-09-03)[2024-01-22]. https://mp.weixin.qq.com/s/_cfT1wpXx4xWE_CnaKob3Q.

再次，根据 HTML 数据格式，提取我们所需要的商品评论：

```
comments = soup.comment.text
```

最后，得到我们需要的商品评论后，再将所有评论数据存储在本地的文件中：

```
with open('output.txt','w')as file:
    for comment in comments:
        file.write(comment)
        file.write('\n')
```

注意上述代码仅为示意用途，需要根据实际爬取网站的数据格式编写具体代码。

这四大部分构成了一个简单的爬虫框架。除此之外，如何便利爬取多个页面、如何处理网络请求失败等异常、如何应对网站的反爬虫策略、如何合理设置间隔时间避免给网站带来过大负载等等，也是在编写网络爬虫时需要考虑的问题。完成了上述步骤，我们就获取到近 4 000 条买家的评论文本，为后续进一步的数据分析做好了准备。

资料来源：RUC 新闻坊资深编辑蔡静远。

二、采集网页数据的浏览器插件

记者如果了解了简单的编程语言，能正确分析网页结构，就可以自己编写命令采集数据。除此之外，互联网领域也涌现出许多容易操作的数据采集软件。这里介绍几款操作简便的浏览器插件：Firefox 浏览器插件 OutWit Hub、DownThemAll 和 Chrome 浏览器插件 Web Scraper。

OutWit Hub 是一款应用于 Firefox 浏览器的插件。安装该插件后，用户可以快速地从网页中提取数据。它提供了图形化界面来设置数据提取规则，能提取当前页面中的文字、图片、邮箱、链接、聚合内容（RSS）、表格等内容元素。Firefox 浏览器的另一款插件 DownThemAll 虽然功能没有 OutWit Hub 那么强大，但支持批量下载网页中的文件。该插件支持勾选网页中相应格式的文件。

你怎么看

许多社交媒体都设置了数据审核机制，这是否会影响爬取数据的代表性？应该如何克服或避免因此产生的数据偏差？

Web Scraper 是一款免费的 Chrome 扩展程序，可以用于采集网页上的数据并将其导出为 CSV 文件或 Google Sheets 电子表格。它的使用简单灵活，下面列举一个用这款插件来爬取数据的案例。

【案例】 用 Web Scraper 爬取百度热搜电影榜

先在 Chrome 浏览器中安装 Web Scraper 插件，在 Chrome 应用商店找到 Web Scraper，添加到 Chrome 中即可。

打开百度热搜的电影榜：

https://top.baidu.com/board?tab=movie&sa=fyb_movie_31065

点击网址右边的插件导航，查看如何打开 Web Scraper。以 Mac 系统为例，同时按 command+option+I 键打开 Web Scraper（见图 4-11），选择 Web Scraper 下的 Create new sitemap。

在 Sitemap name 中键入“movie_baidu”（此处可以自己任意命名），在 Start URL1 中键入百度热搜的电影榜网页网址。然后按下面的 Create Sitemap 键。

在下一个页面中点击 Add new selector，在新的页面中依次在 Id 栏填入“movie”（此处可自由命名），Type 里选择 Element（一般根选择器采用 element 类型较多，子选择器采用 text 类型较多），点击 Select，然后选择需要下载数据覆盖的所有元素块，选择页面中所有电影，点击页面中的Done selecting 后所选区域会显示在 Selector 右边的空格内，同时勾选 Multiple 选项，再点击 Save selector。这样根选择器就创建完毕了（见图 4-12）。

在新页面中点击 movie 进入子选择器页面，继续创建子选择器（见图 4-13）。这里依次创建了热度指数、影片名称、影片类型、主要演员、百度链接五个子选择器。除了百度链接选择了 link 类型，其他都是 text 类型，子选择器中 Select 时可以选择页面中第一部影片里的相关元素，如影片名称就将鼠标点击影片名称部分选择即可，且不需要再勾选 Multiple 选项。

创建完毕后可以选择 Sitemap movie _ baidu，从下拉框中选择 Scrape 开始在页面爬取数据（见图 4-14）。这时页面会出现 Request interval (ms) 2000 和 Page load delay (ms) 2000，可以不修改参数直接在该页面点击 Start scraping。

此时需要等待片刻，页面会出现一行字：No data scraped yet。点击右边的 refresh 键，就能看到数据出现在页面下部。

这时还可以在 Sitemap movie _ baidu 下拉框中选择 Export data，可以选择 XLSX 和 CSV 两种文件格式存储在本地电脑中。图 4-15 就是用 Excel 打开该数据的情况。

图 4-11　打开 Web Scraper

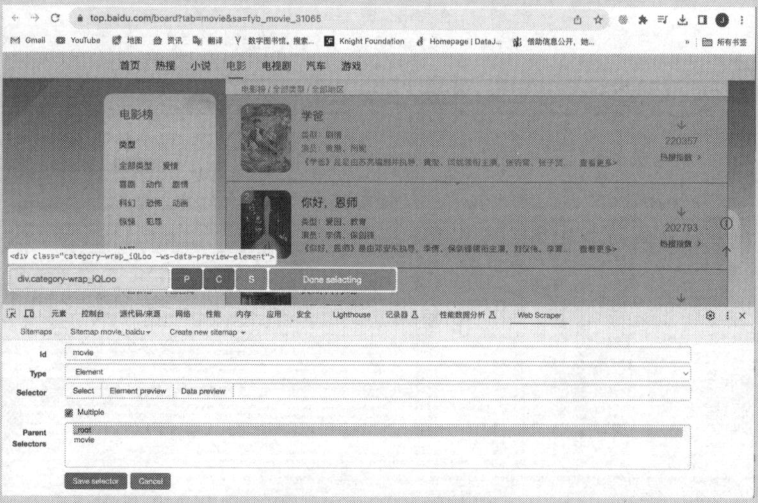

图 4-12　创建根选择器

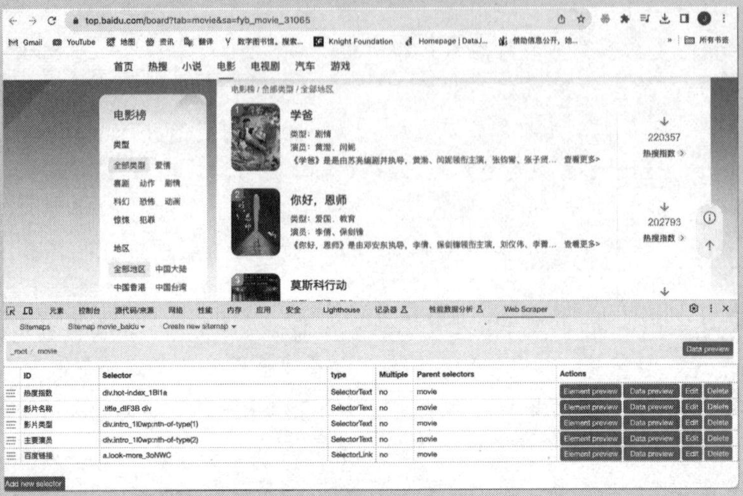

图 4-13 创建子选择器

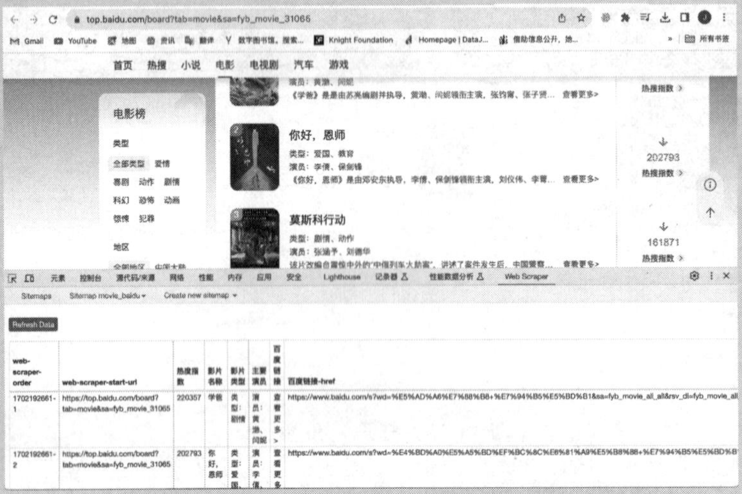

图 4-14 页面中显示爬取的数据

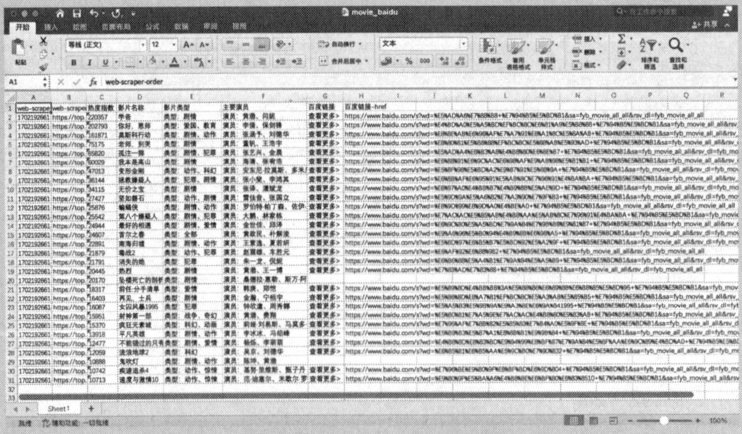

图 4-15 用 Excel 打开该数据文件

在使用爬虫爬取社交媒体的数据时，有一个敏感的问题，即这种数据采集的过程会不会侵犯用户的隐私？南京大学新闻传播学院的白净教授有着多年的数据新闻教学经验，她认为："关于隐私权的问题，涉及你如何定义隐私，我们认为不想让别人知道的东西都是隐私。但是你将自己的信息放到社交媒体上，会给很多人看，你应该会预期，比如你微博的账号ID、内容等等，公开了就会被别人'抓走'。这就是技术带来的问题，谈隐私有点软弱无力。"① 北京大学汇丰商学院的叶韦明老师则提供了一种解决思路："去社交媒体上抓取数据，可能可以参考一下学术研究的伦理。但学术研究的这一套伦理也许又会过于严格，因为在学术论文的投稿过程当中会有一些条款，如果你的研究不涉及任何人类活体的话就不用去管。但一旦涉及人类活体，你就要去确认所有能被追溯到的参与者是自愿加入你的这个研究当中的。对于媒体，做到这个平衡就很难。如果所有的研究都必须要知情同意并且自愿参与的话，那可能大多数新闻真的已经看不见了。所以另外一种办法是，如果做的是综合性新闻的整合，整合完的信息根本没有办法追溯到任何一个个体的话，可能这就有一种豁免权。比如说我只是报告它的一个统计量，有百分之多少的人同意，这种其实也追溯不到任何一个个体，可能就不需要再去获取每一个个体的知情同意了。但是如果说你用了对方的ID，其实是能够追溯到唯一的个人的，那可能需要对方同意。简单总结，要求完全达到学术研究的那套伦理有点不太合理，但是的确需要有一定的伦理规范。"②

第5节　采集数据过程中需要注意的事项

对于媒体而言，采集数据的过程相当于传统新闻报道中采访调查的过程，是完成新闻报道的素材收集的工作。为了追求新闻报道的真实性和专业性，这个过程需要确保数据的准确性。

一、根据选题的要求选择恰当的数据来源

不同的数据新闻选题对数据的要求有所不同，在采集数据时应该结合选题的要求对数据来源和采集方法进行恰当的选择。时政类的严肃新闻选取数据来源时应注意选择具有一定公信力背书的权威数据源，而非时政类新闻则可以选择的数据来源相对更为宽泛。

二、溯源原始数据，避免使用二手数据

采集数据时还应该尽可能溯源原始数据，避免使用二手甚至三手数据。因为数据在被人为使用后在某种程度上势必会增加出现差错的风险。

三、机构数据需注意核查机构的性质

当采集的数据涉及某些社会组织和商业机构时，需要注意核查这些机构的性

① 参见2023年6月对白净的采访。
② 参见2023年8月对叶韦明的采访。

质。因为一方面部分所谓的社会组织可能是非法组织，如果媒体使用了这类组织作为自己的数据源，则属于违规行为；另一方面一些由商业机构发布或者赞助调查的报告可能出自与之相关的利益动机，其数据结论的可靠性较低，应该回避使用这种数据。

四、慎重使用调查数据

使用调查数据时需尽可能溯源原始数据，看到最初的问卷设计，了解调查方法和问卷回收量，并据此判断调查的科学性。比如分析样本选取是否有偏差，调查方法是否恰当，问卷设计是否合理，调查结果是否具有代表性等。如果发现调查方法和实施过程存在明显的缺陷，则应该弃用这样的调查数据。

五、以自采数据为主，谨慎转载媒体数据

目前新闻界有一种现象，就是某家媒体报道了一个大新闻之后，其他媒体就跟进报道，有些媒体出于或客观或主观的原因去使用已经报道的内容，最后新闻反转，发现原来最初的报道存在瑕疵，而转载则加剧了虚假新闻的传播。为了保障数据新闻内容的真实和准确，媒体应尽量减少对其他媒体数据的转载，而应该多以自采数据为主，提倡从独家数据的角度提升新闻的原创性。当然，坚持自采数据为主并不是要求媒体排斥彼此间的合作，如果寻找的数据是别的媒体已经采集或共享的数据，那么通过合作的方式获取数据并对之进行必要的核查和更新可以提升采集数据的效率。而且，不同媒体对数据展开不同维度的开掘，也是对数据价值的一种充分利用。

六、重视数据核查

最后，媒体还应该重视数据核查，在必要时对采集的数据做交叉验证，以确保数据更加真实可信。例如，南都大数据研究院要求数据新闻采编人员尽量使用权威数据，还要交叉验证不同出处的数据，如果有相悖的情况，则选择渠道更权威的数据，或者尽量避免使用渠道不权威的数据。他们提倡数据记者、编辑应具有批判性思维。当怀疑一个数据的可信度时，要进行反复核查，即使这个数据来自权威渠道。针对数据，应该多问几个为什么：这个数据真的重要吗？从哪里能够获得？对于挖掘事件真相有价值吗？要对数据做全盘考虑，只看某个单一的数据会让人思维狭隘，所有关于数据的背景都是应该考虑的因素。①

【本章小结】

数据是构成数据新闻的基础，采集数据是数据新闻制作过程中非常重要的步骤。本章提供了四种采集数据的方法：在线搜索和获取数据，运用采访调查的方式采集数据，通过合作或购买的方式获取数据，运用工具爬取数据。

---

① 参见2023年8月对南都大数据研究院秘书长凌慧珊的采访。

在实践中，以上四种方法在处于不同环境、拥有不同资源的媒体内的使用权重不尽相同。比如欧美一些国家数据新闻的主要数据来源于申请政府信息公开获取的数据，而在我国这种途径几乎很少被新闻业采纳。

一般来说，对于常规型数据新闻而言，媒体往往借助一种可靠的数据来源即可制作新闻，但是调查型和解释型数据新闻则需要媒体结合几种不同的方法采集数据，以相互印证和补充，从而确保数据的准确和完整。

不同的媒体，对于数据来源质量的判断也存在不同的要求。有些媒体有严格的数据来源列表，上面标注着媒体可以采纳的具有权威性的数据来源。

【本章学习与思考】

1. 请登录某个政府机构的网站，并通过其网站提供的指南尝试提交一份政府信息公开的申请。

2. 找一个你感兴趣的话题，拟一份调查问卷，并和你的同学相互评析彼此的问卷设计。

3. 以你熟悉的某家媒体为例，分析其数据主要来自哪些渠道，不同渠道大致的比重如何。

4. 为你在上一章所做的选题计划采集数据。

第 5 章　编辑室里的数据分析

当“数据新闻”概念兴起时，很多人认为这意味着媒体人的作用将在新闻报道领域式微，因为未来的新闻可以由数据科学家，甚至机器程序来操作，那媒体人该担当怎样的角色呢？在数据新闻制作中，媒体人依然有着不可替代的作用，因为他们要从新闻的视角对收集的数据进行解读，找到报道的最佳选题角度。在这里数据服务于新闻，而不是新闻服务于数据。

然而，如果说获取数据尚与传统新闻采编业务相差不大的话，“数据分析”对于不少新闻人而言则是一个比较陌生的领域。长期以来，新闻被视为与“文字”打交道的行业，但随着大数据时代的来临，新闻开始与“数据”打交道，学会基本的数据分析方法将和掌握采访写作技能一样成为未来新闻人必备的基础技能之一。

新闻编辑室里的数据分析是指从新闻报道目标出发，对收集来的数据进行汇总、清理，并采用适当的方法对数据做不同维度的计算和解读，以求最大化地提炼数据背后的信息，揭示报道对象内在规律的新闻实践活动。

第 1 节　数据清理

在数据采集工作结束后，数据记者需要对之进行进一步的清理工作。大量研究发现，在进行数据分析前，包括数据清理在内的数据准备工作占用和承担了 80% 的时间和数据仓库项目的成本。① 而另一项对比数据科学家和数据记者的数据准备工作的研究发现，数据记者在接受深度访谈时，反复提及他们在做数据准备工作时会面临的四个挑战。②

● 区域性：由于不同地区的数据收集者在收集数据时具有独立性和空间的分散性，这导致相同主题的数据在不同区域结构不一致。例如一位被访者表示：“如果我想写一个关于某个主题的泛加拿大故事，那么这意味着我必须去十个不同的省份索要数据。被索要数据者中没有两个人会以同样的方式拥有数据……有不同的方式来记录和存储数据。所以要标准化这个数据集使之变成我可以使用的一件东西需要花费很多时间。”还有一位被访者则表示，对于警察使用武力的数据，有些地方可能将其分为 10 个类别，还有的可能则是 6 个类别。其中，“非致命的肢体武力”是一个比较模糊的类别，不同人的划分标准可能存在差异。

● 历时性：关于同一现象的统计数据可能随着时间的演变而发生变化。这可能是统计口径的变化使同一字段在不同年份的表达含义出现差别，也可能是部分时间

---

① DASU T，JOHNSON T. Exploratory data mining and data cleaning. Hoboken，NJ：John Wiley & Sons，Inc.，2003.

② KASICA S，BERRET C，MUNZNER T. Dirty data in the newsroom：comparing data preparation in journalism and data science. CHI'23：proceedings of the 2023 CHI conference on human factors in computing systems.（2023－04－19）［2024－01－20］. https：//www. cs. ubc. ca/group/infovis/pubs/2023/dirty-data-in-the-newsroom/dirty-data-in-the-newsroom. pdf.

段的数据缺失，还可能是因为一些行政区域的合并而出现的数据变化。

● 碎片化：关于相似主题的不同表格包含逻辑相关却内容不同的项目。数据记者需要考虑以怎样科学的方法对“碎片”数据进行整合，使之能够揭示出新闻故事。如按照面积或人口数据对不同区域相同主题数据进行加权，可以在一定程度上使类似数据更具有分析的价值。

● 不同的数据集：这里指主题不同且看似不相关的数据。数据记者经常需要通过不同的数据集来找到故事，例如研究中提及的通过整合州医疗保健提供者的证书和死亡记录数据来调查因阿片类药物过量死亡的医疗保健工作者。但是，寻找不同数据集中的关联——找到其中相同的数据实体，是一个充满不确定性的工作，因为同一实体在不同数据集中可以有多个名称，而不同的实体也可能使用相同的名称。

总的看来，数据分析前的准备工作非常重要且任务繁重，而在所有的准备工作中，数据清理是一个必不可少的环节。

数据清理也被称为“数据清洗”“数据补救”或“数据转换”，指把原始数据转换为可更好地进行分析的数据格式的一系列过程。这是我们在进行数据分析前一个必要的工作环节。由于大多数时候我们采集的数据未必是理想数据，可能存在或多或少的问题，因此有人形象地称之为“坏数据”(bad data) 或“脏数据”(dirty data)。数据清理既是采用适当的方法处理数据中存在的问题的过程，也是对采集的数据进行汇总整理和结构化的过程。

数据清理可以是一个人工或机器自动完成的过程。针对大数据的数据清理往往由机器自动完成。一些大型机构拥有完备的数据组，有专门的数据科学家或团队来完成这项工作，而一些小型机构，一般没有专门从事数据清理的专业人员，这项工作由数据记者和编辑来完成。

> **概念** 数据清理也被称为“数据清洗”“数据补救”或“数据转换”，指把原始数据转换为可更好地进行分析的数据格式的一系列过程。

数据清理包含观察数据、结构化数据、清洗数据、扩充数据、验证数据和发布数据六个步骤。[①]

一、观察数据

观察数据是数据清理的第一步，指熟悉数据，构思如何使用数据的过程。这一过程中需要对数据质量做出观察和判断，其中包括辨别数据呈现的趋势和模式，发现其中存在的明显问题，例如数据缺失、不准确的数据值等。

在数据新闻中，数据就是新闻资料，它们也有类似新闻事件的五个“W”。[②]对数据的五个新闻要素做分析，可以帮助我们发现数据中的问题，明确最终需要清理的数据范围。

1. Who——数据是谁提供的

许多记者常常对数据资料抱着不假思索的信任，似乎数据就是可信的证据。实际上数据像其他一切信源一样，都可能出现错误。许多国家的政府都提供开放数

① STOBIERSKI T. Data wrangling：what it is & why it's important. (2021-01-19) [2024-01-20]. https：//online.hbs.edu/blog/post/data-wrangling.

② ROGERS S. Why data reporters should ask themselves the five Ws of journalism. (2018-10-30) [2024-01-20]. https：//ijnet.org/en/story/why-data-reporters-should-ask-themselves-five-ws-journalism.

据，但开放透明并不意味着数据一定准确。而部分商业机构提供的数据则有可能存在品牌营销或打广告的嫌疑，也需要格外警惕。

例如，曾有学者研究对比了我国土地调查数据、国土资源部《中国国土资源公报》中公布的耕地数据和国家统计局历年公布的耕地统计数据，发现统计方法的不同导致全国耕地总量及各省耕地面积总和存在巨大差异。[①] 这说明即使是较为权威的来源的数据，也需要记者对之展开多源印证和交叉比对。

2. What——你想用数据告诉人们什么

做数据新闻与从事科学研究相似，但两者也存在区别。前者需要将结论以简洁清晰的方式更快地呈现给受众；而后者则需要层层深入地揭示研究发现，按部就班地得出结论。好的数据新闻能够简单清楚地迅速告诉人们要点在哪里，人们应该关注什么，而不是让人们迷惑于你想说什么。而明确新闻想传达的数据发现也能提升数据清理和分析的效率。

3. When——数据是何时采集的

在政府的数据库中，即使是最新的数据，也有一定的时限。一些数据记者正在尝试着采用新方法收集最新的数据，但是，这并不意味着只有新的数据才有价值。将不同时间段的数据加以对比，可以看到某个事件随时间发展的变化趋势。对于一段时期历史数据的梳理，可以使报道的视野范围更为宽阔。

4. Where——数据的地理属性

了解数据的地理属性，明确数据统计的地理属性是否一致。如果多源数据出现地理属性不一致的情况，则难以对之展开进一步的交叉分析和可视化。

有学者曾对多源空间矢量数据的一致性做研究，发现这类数据存在的不一致主要表现在几何位置、属性特征和要素关系三个方面。以属性特征为例，通常情况下空间数据按照地理要素类别分层组织起来，但是不同专业用途的多源空间数据可能会有不同的地理要素划分标准，这导致不同空间数据中同名要素在要素类别上不完全是一对一的关系，也可能是一对多的关系。比如，在地形数据中，道路归为一类，通过分类划分为国道、省道、县道、乡道及其他公路，而在交通部门的公路数据库中，道路划分为国道、省道和县道三类。有时，不同数据来源可能采用不同的属性字段来描述相同的地理实体，相同含义相同类型的属性字段也可能存在取值不同的问题，这些都会导致数据的不一致。研究者进一步认为导致这些不一致的原因可能是坐标系差异、地图投影差异、数据模型差异、资料应用情况差异、空间数据生成和更新方式差异、空间数据误差等。[②]

5. Why——这组数据有何意义

这是数据新闻中最难以回答的一个问题。数据的意义可以有描述性和解释性两个层面。前者告诉人们发生了什么；后者通过数据之间的相互关系，发现事件之中的原因和结果。如果用数据描述新闻事件，则数据新闻记者可以思考以下问题：数据的数值是多大？数据出现了上升和下降的变化吗？和其他地方的数据相

① 徐静，杨洪，黄贤金．基于不同数据来源统计耕地面积差异及相关研究//深化土地制度改革 促进城乡统筹发展：2014年中国土地学会学术年会论文集．北京：地质出版社，2015.

② 朱蕊．多源空间矢量数据一致性处理技术研究．郑州：解放军信息工程大学，2012.

比较呢？

通过使用复杂的数据分析方法，数据新闻可以揭示出事件之间的因果关系，在更广泛的背景下发现新闻故事。对于这类报道，媒体一般会与专家合作完成。

二、结构化数据

结构化数据是一个将数据转换为可被分析的数据格式的过程，要转换成怎样的数据表取决于使用怎样的分析模型来解释数据。

在采集数据后，从不同渠道采集的数据的格式经常不统一，有些是机器可读的数据，有些则可能是其他五花八门格式的数据，这时我们先要做的处理是将文件格式转换为机器可读。

机器可读的数据文件，即为了便于计算机进行读取和处理而生成的数据文件，而不是为了向人类用户展示。这些数据的结构与其内容相关，但与数据的最终展示形式不同。常见的机器可读数据文件格式包括CSV、XML、JSON和XLS/XLSX文档等等。

（1）CSV（Comma-Separated Values，逗号分隔文件），其文件以纯文本形式存储表格数据（数字和文本）。纯文本意味着该文件是一个字符序列，不含必须像二进制数字那样被解读的数据，适合传输大量数据。

（2）XML（Xtensible Markup Language，可扩展标记语言），是一种标记语言。标记指计算机所能理解的信息符号，通过此种标记，计算机之间可以处理包含各种信息的文件等。XML被广泛用来作为跨平台之间交互数据的形式。使用者可以调整数据结构，主要针对数据的内容，通过不同的格式化描述手段（XSLT、CSS等）完成最终的形式表达（生成对应的HTML、PDF或者其他格式的文件）。

（3）JSON（JavaScript Object Notation），是一种轻量级的数据交换语言，以文字为基础，且易于让人阅读。尽管JSON是JavaScript的一个子集，但JSON是独立于语言的文本格式，并且采用了类似于C语言家族的一些习惯（包括C、C++、C#、Java、JavaScript、Perl、Python等）。

（4）XLS和XLSX，是Microsoft为使用Windows和Apple Macintosh操作系统的电脑编写的一款电子表格软件Excel的文件格式，其每栏都有清晰说明，便于数据获取者使用，但在处理体量较大的数据集时功能相对有限。

相比一般数据文件的格式，地理数据的文件格式较为特殊。地理数据大致可分为文本数据、矢量数据和栅格数据三种类型，其中常见的矢量数据格式有GeoJSON（一种对各种地理数据结构进行编码的格式，基于JavaScript对象表示法的地理空间信息数据交换格式）、Shapefile（由ESRI公司开发的矢量数据格式）、KML（谷歌地球的文件格式）、GPX（GPS交换格式）等，栅格数据格式则有JPG、PNG、TIF等。

与机器可读的数据相反，另一类数据文件格式侧重视觉呈现，承担向用户展示数据的功能，但不便于计算机读取数据和处理分析。常见的侧重视觉呈现的数据文件格式包括Word、HTML和PDF。

（1）Word，是在当前使用中占有巨大优势的文字处理器，这使得Word专用的文件格式Word（.doc和.docx）成为事实上最通用的标准。但是作为文档，其难以保证数据结构的一致性，不适合自动化的数据处理手段。

(2) HTML（超文本标记语言），是“为网页创建和其他可在网页浏览器中看到的信息”设计的一种标记语言。编者可以使用任何基本的文本编辑器（例如Notepad等）或所见即所得的HTML编辑器来编辑HTML文件，但其操控和下载相对较为复杂。

(3) PDF，是一种与打印机交互的语言，它记录的信息并不是一个个字母，而是线与点在页面上的位置。

在机器不可读的文件中，PDF文件是最令人头疼的，因为PDF文件注重内容的形式与排版，但数据记者想的却是跳过这些形式直接拿到数据。另外，PDF文件里的内容常常不支持复制粘贴，或者是粘贴之后也会失去原有的格式，变得一团糟。而现实是，很多机构发布的资料、文件都是以PDF的格式呈现的。因此，转化PDF文件，从PDF文件中提取数据成了数据记者的必备技能。一般来说，从PDF文件中提取数据的方式有三种：第一是通过人工复制粘贴，这种方法能简单入手，但耗时耗力，且容易导致数据提取不稳定，易出差错；第二种是使用PDF转换器，这类转换软件或在线转换网站可以相对快捷高效地提取数据，但不太方便处理批量数据提取；第三种则是由程序员编写自动化脚本，通过Python等程序语言调用转换PDF的工具包，从而完成批量数据提取的任务。

你怎么看

你是不是也有过被PDF文件格式束缚的“抓狂”经历？你是如何处理的？

【知识窗】 OCR文字识别软件

如果PDF文件是由图像扫描而成的，并不能直接复制其中的文字，那么便无法进行单纯的文件格式转换，而需要对其中的文字进行识别。OCR（Optical Character Recognition，光学字符识别）文字识别软件可以解决这一问题。

OCR指针对印刷体字符，采用光学的方式将纸质文档中的文字转换成黑白点阵的图像文件，并通过识别软件将图像中的文字转换成文本格式，供文字处理软件进一步编辑加工的技术。知名的OCR软件包括Adobe Acrobat Pro、OmniPage OCR等，中文领域则有汉王OCR、清华紫光OCR等。

【案例】 人工录入这种“笨方法”也能做出好新闻

2020年1月，韩国报纸《京乡新闻》（*The Kyunghyang Shinmun*）发布作品《平均每天有三个工人永远不会下班》（Three Workers a Day Are Never Back from Work for Good）。该项目是韩国媒体首次对一定时期内发生的全部工业事故数据进行整理分析的报道。

在韩国，平均每天有三名工人因在工作现场发生事故而死亡。为了有效地告知人们这一可怕的现实，韩国报纸《京乡新闻》决定对此展开调查。他们调查分析了1 305起事故的报告，发表了一年零十个月内有1 748名工人死亡的报道。该报在网站上存档了每个工人是如何死亡的记录，以便读者查看（见图5-1、图5-2，文前彩色插图）。除了网站报道，该报还出版了一份报纸，头版填满了死去工人的姓名、年龄和事故原因，令读者印象深刻。

据该项目团队介绍，整个项目中最困难的部分是收集和组织数据。为了解工伤事故现状，他们向韩国雇佣劳动部提出信息公开要求，获得了2016年至2019年9月的工伤事故报告清单。从2020年至2021年，他们还收到书面形式的工伤事故调查报告共1 305份。由于这些报告是PDF文件格式的，因此团队花了一个半月的时间手动将它们全部录入谷歌电子表格。数据清理的过程也并不容易，因为从不同渠道获取的死亡人员名单不尽相同。直到报道发布的前一天，团队还在对死亡人数进行修正。

报道引发了韩国社会的广泛关注，被大量机构和媒体报道和转载。韩国政界受到报道影响，敦促政府、国会和企业采取行动减少事故。韩国最大的两个工会组织也对该报道发表了评论。许多媒体也跟进报道，整个韩国新闻业对工人在工地事故中死亡的话题报道增加，韩国社会开始反思对工业事故的处罚力度太薄弱。报道后，韩国雇佣劳动部长官李载甲接受该报采访时表示，将要求韩国最高法院提高工业事故处罚的量刑标准。2021年1月，韩国大法院（最高法院）量刑委员会公布量刑指南，大幅加重对违反《职业安全和健康法》犯罪的量刑。

项目团队认为，这个作品体现了传统纸媒仍能在当下的传媒环境中通过广泛的数据收集和分析去揭示结构性问题，提供深入的见解。报纸可以将纸质信息图和数字互动新闻结合起来，其作为人们可以随身携带的“最大的媒体”，在这个数字新闻时代仍有吸引力。

资料来源：相关报道详见 http：//news. khan. co. kr/kh _ storytelling/2019/labordeath/，内容部分参考了2021年Sigma数据新闻奖入围短名单作品介绍。

Microsoft Excel是微软公司的办公软件Microsoft Office的组件之一，Excel作为一种文件管理方式，其操作简便，无须预先对数据结构进行分析，也无须事先定义数据结构，所见即所得，这是其优点。据调查，目前全球的数据新闻从业者主要以Excel和谷歌电子表格（Google Sheet）作为首选的数据分析和数据可视化工具。①

虽然Excel作为文件管理系统，其在功能上与各种数据库无法相提并论，但是对于毫无计算机基础和编程经验的人而言，能玩转Excel并不是一件容易的事。而Excel也能满足基本的数据处理和分析的要求，且其提供了认知数据库的基础。基于以上原因，本章所讲述的数据清理仍以Excel为主。

Excel 2016可以导入Access或文本文件等外部数据，而Excel 2019则使用了Power Query编辑器来进行外部数据导入（见图5-3）。微软公司官方网站还为Excel导入数据提供了支持页面，可查看如何从各种外部数据源导入数据以及如何刷新Excel中的外部数据链接。

三、清洗数据

清洗数据是指消除数据中存在的错误，以免它们影响数据分析和数据价值。清洗数据包括删除空白单元格或行/列，移除异常值，使所有输入都标准化。这个过程的目标是确保数据中不会有影响分析的差错，识别和消除任何影响数据清理后续过程的坏数据。

① EUROPEAN JOURNALISM CENTRE. The state of data journalism 2022. [2024-03-12]. https：//datajournalism. com/survey/2022/.

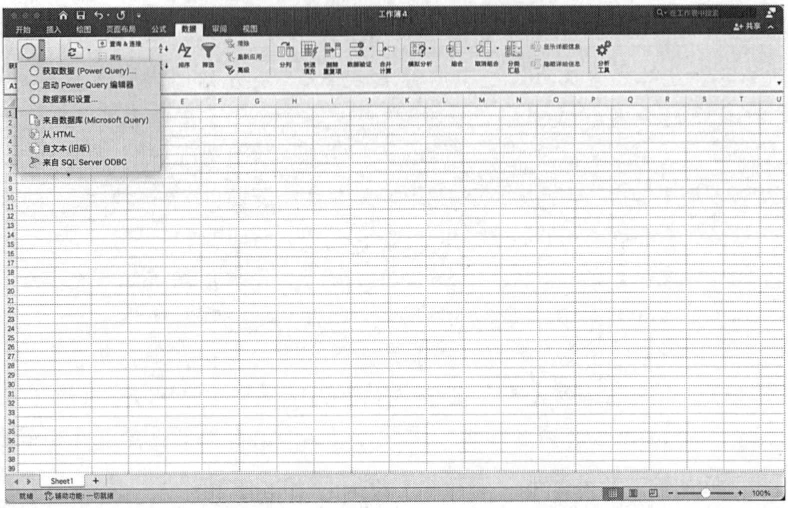

图 5-3 Excel 可通过 Power Query 编辑器导入外部数据

你怎么看

在计算机科学领域，有一句俗语“Garbage in，garbage out”，指输入垃圾数据会导致垃圾结果，你如何理解这种观点？

Quartz 网站曾于 2015 年 12 月发布《坏数据指南》来指导记者如何应对坏数据。① 该指南中列举了数据源、记者、外部专家和程序员应该解决的问题（见表 5-1），并分别给出了相应的解决建议。

上述问题大多数来自数据源，比如数据存在缺失值、拼写不一致、样本有倾向性、数据的真实性不可靠等，也有的是数据录入或是格式转换时可能出现的问题，如人工录入带来的问题，文字出现乱码等。在做数据清理时，需要先梳理以下问

表 5-1 坏数据问题列表

角色	问题
数据源	数据值缺失 缺失数据值被 0 补位 明显的数据不完整 数据行或数据值重复 拼写不一致 姓名顺序不一致 日期格式不一致 未标明数据值单位 分类不合理 字段命名模糊不清 来源出处未标明 出现不合理数据值 数据过于笼统 数据量和公开的数据量不符 数据表有 65 536 行 数据表中的年份出现 1900 或 1904 文本被转为数字

① GROSKOPF C. The quartz guide to bad data.（2015-12-15）[2024-02-12]. https：//qz.com/572338/the-quartz-guide-to-bad-data/.

续前表

角色	问题
记者	文字出现乱码 数据在 PDF 文档中 数据过于细碎 数据由人工录入 数据中混杂格式和注释 计算没有处理缺失值 非随机样本 误差范围太大 误差范围未知 样本有倾向性 数据被人工编辑过 通货膨胀影响数据 自然/季节性因素影响数据 时间维度被修改 参考维度被修改
外部专家	作者不可靠 数据收集过程不透明 超乎真实过于精准的数据 数据中出现异常值 空泛的指数 假设检验不真实 不符合本福特定律（Benford's law，指从实际生活得出的数据中，以 1 为首位数字的数的出现概率约为总数的三成，而越大的数，以其为首几位数出现的概率就越低。） 过于完美的数据
程序员	数据被合并到错误的类别 数据在扫描的文件中

题：数据可能存在哪些具体问题？如何在报道时限内妥善地应对和处理数据问题？问题是否会影响后期的分析结果？这种结果误差是会误导读者而影响新闻的真实性还是可以忽略不计？哪些数据可以用来分析，哪些数据因为质量的问题无法使用？等等。

如果确定数据中存在的问题属于可被接受的范围，如不存在过大的误差范围，样本的倾向性较小，数据较为完整，数据的精细程度比较妥帖等，我们就可以对之进行清洗了。目前主流的数据清洗工具是 Excel 和 OpenRefine。以下以 Excel 为例，说明清洗数据时需要注意的事项：

- 做好数据备份，另存数据并合理命名，备份存档。
- 检查数据是否完整、规范、一致，尤其是手动录入、汇总的数据。
- 检查是否有合并单元格，如果有合并单元格则需将其拆分并做好数据填充。
- 检查是否有异常值，包括重复值，错误值，空白行、列/单元格等。
- 检查数据格式是否正确、一致，如文本、数字、日期应对应相应的格式。
- 对缺失的数据进行填补，包括单元格的空值和零值的处理。

如果清洗数据的对象是“坏数据”或“脏数据”，那么“整洁的数据”应该是怎样的？“整洁的数据”应该符合三个规则：每一列是一个变量；每一行代表一个观测值/记录；不要把不同类型的数据堆在一个数据表里面。①

（一）筛选清除多余重复的数据

出现重复的数据行时我们需要找出具体原因，如果确定数据存在重复多余的记录，则要将多余数据行删除。

Excel 中提供了多种识别重复数据的方法，包括函数法（利用 COUNTIF 函数）、高级筛选法、条件格式法、数据透视表法。我们介绍其中较为简单实用的数据透视表法。

假设我们要找到某数据表中商品名称里重复出现的商品，下面介绍如何采用数据透视表法找到重复数据（见图 5-4）。

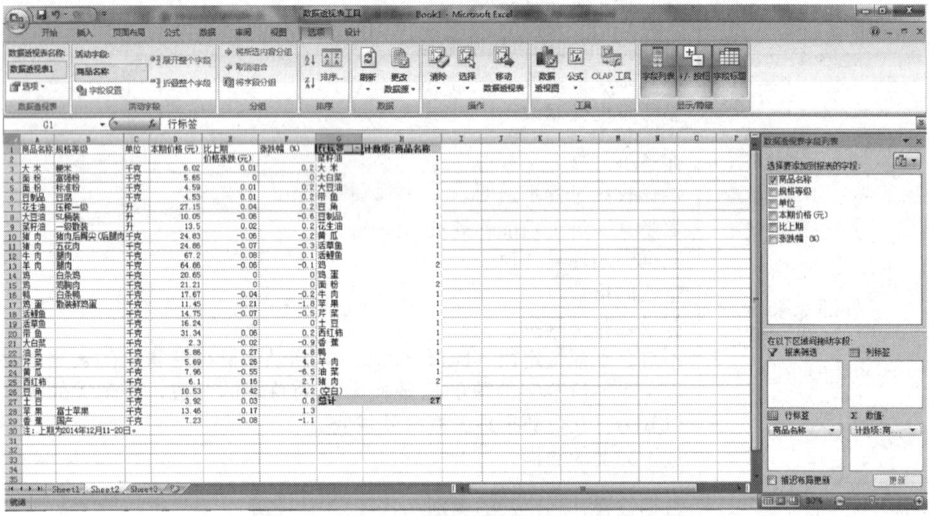

图 5-4 Excel 中筛选多余数据的效果示意图

步骤一：在 Excel 文件中单击“插入”选项卡，在表的功能组中，单击“数据透视表”按钮，在弹出的“创建数据透视表”对话框里“选择一个表或区域”中选择数据源单元格范围，可用拖曳的方式将你分析的表格单元格范围涵盖其中。

步骤二：在“创建数据透视表”对话框里“选择放置数据透视表的位置”中选择“现有工作表”，并指定位置为默认值。

步骤三：在弹出的对话框右方“数据透视表字段列表”中将我们想要查找重复数据的对象“商品名称”分别拖曳到“行标签”和“数值”汇总区域。

通过数据表分析，我们发现“鸡”“面粉”“猪肉”三类商品在这个统计表中分别重复出现了 2 次。

找到重复数据后，需要将重复数据进行删除。这时可以选择数据区域，在 Excel 的“数据”选项提供的“数据工具组”中单击“删除重复项”，在“列”的区域下，选择要删除的列，单击“确定”按钮。这时 Excel 中会弹出一条消息，指出有多少重复值被删除，保留了多少唯一值，单击“确定”就完成了对重复数据进行删除的操作。

① WICKHAM H. Tidy data. Journal of statistical software，2014，59（10）：1-23.

（二）补充完整缺失的数据

在数据清理中会碰到的另一个让人头疼的问题就是缺失值的出现。缺失值是指数据集中某个或某些属性的值不完整，一般认为缺失值在10%以下是可以接受的。如何在庞大的数据集中迅速发现缺失值，这也是考验记者、编辑的一项操作。

补充缺失值的方法有四种：一是用一个样本统计量的值代替缺失值，最典型的做法是使用该变量的样本平均值代替；二是用一个统计模型计算出来的值代替缺失值，这需要用到专业的数据分析软件；三是将有缺失值的记录删除，这有降低样本代表性的风险；四是将有缺失值的记录保留，仅在相应的分析中做必要的排除。在调查的样本量比较大，缺失值数量不多，而且变量之间不存在高度相关的情况下，采用这种方式处理缺失值较好。①

一般数据集中的缺失值多表现为空值或错误的标识符。下面介绍针对这两种情况的处理方法。

1. 以空白单元格为形式出现的缺失值的处理方法

步骤一：定位空白单元格。可以采用Excel“开始”选项中的“编辑”功能区，单击“查找和替换”的下拉菜单中的“定位条件”选项，或者直接用快捷键Ctrl+G，在弹出的“定位”对话框中选择“定位条件”。然后在“定位条件”的对话框中选择“空值”，并单击“确定”，这样就能将所有的空值一次性选中。

步骤二：输入数据。根据前面说的补充缺失值的第一、二种办法，运用Ctrl+Enter键在不连续的区域中同时输入同一个数据或公式。首先，对前面定位选中的空白数据格做标识，然后选择其中一个空白数据格，按住Ctrl键的同时选择其他剩余的空白数据格，直到选中所有要输入数据的区域时松开Ctrl键。其次，在选中的最后一个单元格中输入要录入的数据，按Ctrl+Enter快捷键，则所有被选中的单元格将出现统一的数据值。

2. 以错误标识符形式出现的缺失值的处理方法

当数据类型不是数字的时候，0这种补位值可能会以其他形式出现。例如1970-01-01T00：00：00Z或者1969-12-31T24：59：59Z可能会被用来填补一些缺失的日期数据值。对于地理位置来说，这种数据可能会被呈现为0°00′00.0″N+0°00′00.0″E或者0°N 0°E——在加纳南部一个经常被叫作“Null岛”的小岛。②

可运用查找替换的方式，选择Excel中的所有数据区域，在“开始”选项的“编辑”功能区中单击“查找和选择”，在弹出的对话框中“查找内容”的空格中输入错误的标识符，在“替换为”的空格中输入正确的数据，然后单击“全部替换”即可。

如果需要保留空值，该以怎样的方式标注在数据表中？有学者对比分析了“0”“空白”“-999”“999”“NA/na”“N/A”“NULL”“None”“No data”“Missing”等不同的标注方式，建议人们优先选择空白单元格，因为无论在R、Python还是

---

① 张文霖，刘夏璐，狄松．谁说菜鸟不会数据分析：入门篇．北京：电子工业出版社，2013.

② GROSKOPF C. The quartz guide to bad data.（2015-12-05）[2024-02-12]. https：//qz.com/572338/the-quartz-guide-to-bad-data/.

SQL 中，它都不会引发歧义，能被机器做合理的理解。①

（三）纠正或删除错误的数据

如果数据中出现了下面这些内容，需要多加注意。②

- 65 535（老版本的 Excel 数据表单的行数限制为 65 536 行。如果数据正好有这么多行，可能数据不完整。）
- 2 147 483 647
- 4 294 967 295
- 555－3485
- 99999（任意长度个 9）

这些数据都有可能是由某些人工或程序造成的失误，我们如果发现存在上述数据，需要确认这些数据是否正确。

Excel 中可运用函数法和条件格式法来检查数据，发现数据存在的值不在范围内、输入类型不匹配等错误。Excel 拥有大量函数，对其中涉及数学和统计的函数公式的掌握可以帮助我们在操作 Excel 时事半功倍，比如在纠正或删除错误数据时首先需要查找出这样的数据，这里可以采用 IF 函数进行判断，判断逻辑值是真是假，对单元格数据进行条件检测。

如果对函数这种抽象方式感到头疼，界面友好的 Excel 还设置了一些功能键可以直接完成类似的工作，下面着重介绍更为简单的条件格式法。

启动 Excel，选定数据区域。单击“开始”选项中的“条件格式”，在弹出的对话框中选择“突出显示单元格规则”中的“其他规则”。这时会弹出“新建格式规则”对话框，有两种处理方法：第一种方法是在“选择规则类型”中选择“只为包含以下内容的单元格设置格式”，并在“编辑规则说明”中选择“单元格值”的范围。比如有的单元格数据具有一定的范围，那就可以比较简单地在此做限定。第二种方法是在“选择规则类型”中选择“使用公式确定要设置格式的单元格”，并在“为符合此公式的值设置格式”的文本框中输入相应的函数公式。这两种方法最后都需要再单击“格式”，将突出显示单元格中的数据格式进行调整。

（四）数据表的行列转换

在对 Excel 数据表中的字段进行分析时，经常需要进行行字段和列字段的互换。这种互换一方面是为了让表格更直观，符合人们的阅读规律，另一方面也便于对数据进行不同视角的观察与分析。

Excel 表的行列互换可以通过“选择性粘贴”的方式来完成。

步骤一：打开表格，全选表格内需要互换的所有文字数据，点击鼠标右键，在列表中选择复制。

步骤二：选择互换后表格粘贴的位置，点击鼠标右键，单击“选择性粘贴”选项，并在弹出的对话框中勾选“转置”选项，然后按“确定”即可。这时在新的位

---

① WHITE E P，BALDRIDGE E，BRYM Z T，et al. Nine simple ways to make it easier to (re) use your data. Ideas in ecology and evolution，2013；6（2）：1－10.

② GROSKOPF C. The quartz guide to bad data.（2015－12－05）[2024－02－12]. https：//qz. com/572338/the-quartz-guide-to-bad-data/.

置将生成一个行和列互换后的新表格。

(五) 多个表格的字段匹配

假设有两张关于全国各地居民消费价格分类指数的表，其中 Book1 涵盖全国及 31 个省、自治区和直辖市，包含一些食品的价格分类指数；Book2 覆盖地区较少，只有 24 个，也含有一些商品的消费价格指数。现在想将 Book1 表格中与 Book2 地区匹配的某一字段提取出来，自动添加到 Book2 的表格中，则可采用 VLOOKUP 匹配函数进行操作（见图 5-5）。

	A	B	C	D	E	F	G
2		粮食	肉禽及其制品	蛋	水产品	鲜菜	鲜果
3	全国	103.2	100.5	116.5	102.6	94.8	114.0
4	北京市	100.9	99.3	114.4	103.4	88.4	113.1
5	天津市	104.3	99.5	116.9	104.5	88.4	124.4
6	河北省	102.3	97.1	121.4	102.0	91.1	112.2
7	山西省	102.8	98.4	123.9	104.1	82.1	108.1
8	内蒙古自治	102.9	97.3	115.9	103.4	83.7	111.7
9	辽宁省	103.5	98.8	120.6	101.4	89.1	114.4
10	吉林省	103.8	99.3	119.5	103.8	88.1	110.0
11	黑龙江省	103.3	98.0	118.1	102.0	86.9	108.2
12	上海市	102.6	102.7	108.0	99.2	96.3	108.4
13	江苏省	103.9	100.5	117.0	99.9	97.2	113.4
14	浙江省	102.4	100.1	119.5	101.5	89.7	109.4
15	安徽省	104.1	99.2	122.2	100.7	93.4	110.0
16	福建省	102.1	100.5	112.1	103.9	96.5	122.3
17	江西省	103.4	99.5	114.2	100.5	99.5	115.4
18	山东省	103.6	98.7	120.1	102.8	87.8	109.2
19	河南省	106.1	99.0	124.9	105.6	90.0	115.0
20	湖北省	102.6	101.4	113.5	100.8	98.3	117.4
21	湖南省	101.7	101.8	112.7	102.1	102.3	111.3
22	广东省	103.3	104.2	111.8	105.8	103.0	118.7
23	广西壮族自	102.9	104.7	109.5	102.8	106.1	117.9
24	海南省	103.7	107.6	106.5	105.8	91.5	110.1
25	重庆市	102.1	100.8	106.0	106.6	95.9	120.6
26	四川省	103.4	99.1	113.5	101.2	97.7	119.1
27	贵州省	103.1	101.5	109.1	99.4	101.1	117.8
28	云南省	102.3	100.5	108.3	103.8	102.0	113.1

I3 =VLOOKUP(A3, [Book1.xlsx]Sheet3!$A$3:$G$34, 3, 0)

	A	B	C	D	E	F	G	H	I
1									
2		烟酒及用品	衣着	家庭设备用	医疗保健及	交通和通信	娱乐教育文	居住	肉禽及制品
3	全国	99.3	102.6	101.2	101.3	99.2	101.0	101.4	100.5
4	北京市	99.6	101.0	99.8	99.8	97.6	101.4	100.8	99.3
5	云南省	100.6	104.2	101.7	101.2	99.5	100.2	102.7	100.5
6	西藏自治区	100.1	100.3	101.5	101.8	99.7	100.9	102.1	107.3
7	陕西省	99.3	101.2	99.9	102.3	99.5	99.8	101.0	99.3
8	内蒙古自治	100.2	101.6	100.6	100.8	98.1	100.0	100.2	97.3
9	辽宁省	100.4	102.4	100.2	101.8	99.6	100.0	101.2	98.8
10	吉林省	100.4	104.3	100.4	100.9	99.7	100.4	102.6	99.3
11	黑龙江省	100.9	102.3	101.3	103.0	99.3	100.9	100.1	98
12	福建省	99.3	101.9	101.0	100.8	99.6	98.9	101.8	100.5
13	江西省	99.9	103.5	100.2	100.8	99.3	100.3	101.1	99.5
14	山东省	100.2	103.6	101.6	101.1	99.6	101.8	101.9	98.7
15	河南省	98.8	103.2	100.8	101.2	100.3	102.6	102.0	99
16	湖北省	99.8	102.2	101.4	100.7	100.1	101.9	102.5	101.4
17	湖南省	100.1	102.0	101.3	101.9	99.0	100.6	100.5	101.8
18	广东省	99.3	100.5	100.2	100.7	99.1	100.4	100.3	104.2
19	广西壮族自	99.5	98.3	100.1	101.1	98.9	100.2	100.4	104.7
20	海南省	97.3	106.1	101.6	100.9	98.0	102.5	100.2	107.6
21	重庆市	96.8	104.5	99.7	102.8	100.0	101.9	101.6	100.8
22	四川省	96.5	100.6	100.9	101.2	99.7	101.3	100.9	99.1
23	甘肃省	99.3	102.5	102.4	101.4	100.0	100.4	103.7	99.3
24	青海省	99.7	106.7	101.6	101.9	100.2	104.9	102.6	99
25	宁夏回族自	99.4	103.1	101.7	100.9	99.2	105.1	101.2	99.1

Sheet1 居民消费价格分类指数表2

图 5-5 Excel 中多个表格的字段匹配操作示意图

VLOOKUP 函数即为列查找函数，其官方的语法结构为 VLOOKUP（lookup_value，table_array，col_index_num，[range_lookup]），所有标点符号均是英文半角符号。其中 lookup_value 指查找值，table_array 是查找范围，col_index_num 是查找目标表的列数，[range_lookup] 指精确匹配或近似匹配。

步骤一：假设我们要提取的是"肉禽及制品"字段，打开 Book2 中的"居民消费价格分类指数表 2"，点击其中的 I2 单元格，输入"肉禽及制品"，然后在 I3 单元格中输入公式"＝VLOOKUP（A3，[Book1.xlsx] Sheet3！$A$3：$G$34，

3，0)”，公式中的“A3”指在表格或区域第一列中要查找的值，“[Book1. xlsx]”是要查找的表格的名称，在 Book1 文件中拉拽选择查找字段，则能自动生成“Sheet3！$A$3：$G$34”，“3”指返回 Book1 中所选区域第三列的匹配数据，需要返回第几列，则直接写数字即可，最后的“0”是精确匹配的意思，即返回的是精确匹配的字段数据，如为“1”则是模糊匹配。输完公式后按回车键。

步骤二：复制单元格 I3，粘贴到 I4—I26 的单元格中，然后按回车即将上图 Book1 中与下图 Book2 里匹配的地区的“肉禽及制品”字段直接自动生成在表单中。

值得注意的是，在完成上述操作时需确保两个数据表中数据的类型和格式一致，数据不存在空格。

（六）对数据进行分组

做数据新闻时经常会遇到需要对数据进行分组的情况。如实施一项关于购物节中购物者的购买行为调查，收集的数据可能是五花八门的，这时罗列数据对读者而言难以快速了解整体状况，用均值又可能会因为少数买家的极端购物行为而导致数据不具代表性。这时可以选择先对数据进行分组，看不同组别的购买状况。这种组可以是以年龄来分，也可以是以购买总额来分，或是以购买商品种类来分。当然这个分组问题可以在调查问卷设计中予以考虑，但有时我们可能面对的是别人已经做好的调查报告，如何对其中的整体数据进行进一步的分析解读，这就需要分组数据了。

数据分组依然可以用函数来操作。

步骤一：需在想要分组的数据表中先准备一份分组对应表，用来确定分组的范围和标准（如图 5-6 表中右侧所示），这里需要对全国各地的鲜菜消费价格指数做分类，根据观察，鲜菜价格指数在 80～110 之间浮动，所以对数据分组需要覆盖这个领域的所有数据。现在限定了六个组，每组的阈值即为该组的最小值。

C3 =VLOOKUP(B3,$E$3:$F$8,2)

	A	B	C	D	E	F	G
1							
2		鲜菜	指数分类		阈值	分组	备注
3	全国	94.8	90-95		80	80-85	80≤X<85
4	北京市	88.4	85-90		85.0	85-90	85≤X<90
5	天津市	88.4	85-90		90.0	90-95	90≤X<95
6	河北省	91.1	90-95		95.0	95-100	95≤X<100
7	山西省	82.1	80-85		100.0	100-105	100≤X<105
8	内蒙古自治	83.7	80-85		105.0	105-110	105≤X<110
9	辽宁省	89.1	85-90				
10	吉林省	88.1	85-90				
11	黑龙江省	86.9	85-90				
12	上海市	96.3	95-100				
13	江苏省	97.2	95-100				
14	浙江省	89.7	85-90				
15	安徽省	93.4	90-95				
16	福建省	96.5	95-100				
17	江西省	99.5	95-100				
18	山东省	87.8	85-90				
19	河南省	90.0	90-95				
20	湖北省	98.3	95-100				
21	湖南省	102.3	100-105				
22	广东省	103.0	100-105				
23	广西壮族自	106.1	105-110				

图 5-6 Excel 中的数据分组效果示意图

步骤二：在需要分类的单元格 C3 中输入函数公式“=VLOOKUP（B3，$E$3：$F$8，2)”，然后按回车键。这里注意和之前的字段匹配不同的是，这个公式省略了 VLOOKUP 最后的 [range_lookup]，这个逻辑值如果省略，则系统默认为近似匹配。

步骤三：复制 C3，粘贴到这一列的剩余单元格中，按回车键则表中自动生成了分组类别数据。

对 Excel 分组还可以运用其他函数，如 IF、LOOKUP、INDEX 与 MATCH 结合，或是数据透视表法。

【案例】 实用的数据清理工具

正如前面介绍的，Excel 只属于文件系统，用 Excel 做数据分析只能说是入门级水平，那么在制作数据新闻时还有哪些更专业的数据清理工具？下面着重介绍国外媒体经常采用的软件 OpenRefine。

OpenRefine 是一款需要下载安装使用的免费开源工具，由谷歌和开源社区（Open Source Community）共同开发，其前身是 Google-Refine。

OpenRefine 是类似于 Excel 的表格处理软件，但是工作方式更像是数据库，以列和字段的方式工作，而不是以单元格的方式工作，所以 OpenRefine 可以对数据库数据进行清理。它支持导入多种文件格式，除了 CSV、XLS 等表格格式之外，还可以导入 XML 等网页文件格式。除本地文件之外，还可以输入数据网址导入，或将数据文本直接粘贴在剪贴板中导入。此外，还能将制作好的表格转换成 JSON、XML 等格式，直接应用于网页。

相比 Excel，OpenRefine 在数据清理各方面的具体功能要更为强大。

（1）聚类显示功能便于对文本数字内容的清理。

与 Excel 的单一视图窗口不同，OpenRefine 的视图由两部分组成，左侧是可以显示、搜索文字和数字值的窗口，右侧是数据表格。在窗口中，用户可以进行如下操作：显示数据的值，搜索数据的值，将文字内容聚类显示，将数字内容按照数值分布显示。对于那些形式不统一，但是表达同一个意思的值（例如人名的不同写法，等等），可以在窗口中选中，进行修改或合并。通过聚类显示（cluster）功能，还可以将全部的值按照相似性分为几类，方便批量修改与合并。

如果想找到错误的数值并修改，那么数值分布图像可以提供清楚直观的帮助。OpenRefine 也支持对数值进行函数运算。这可以使过于零碎分散的数值变得直观。另外，如果函数公式不成立，则 OpenRefine 会将其列出，这是另一种便于找到错误数值的方法。

在数据修改与合并功能下，OpenRefine 支持对任何操作的撤销与重做，可以返回任意一步操作之前的状态，在整理数据时可以进行“试错”。

（2）简洁的表格界面便于对行列进行合并、拆分与转换。

在 OpenRefine 中，可以将某行折叠或展开，也可以为某列加上星号、旗帜标记，使数据表格界面更为清楚简洁。与 Excel 相似，在 OpenRefine 中可以合并和拆分行、列，在行、列之间相互转换。

在之前提到的内容显示窗口中，OpenRefine 可以显示某个值在表格中出现了多少次。例如，在所有样本中有 100 人是女生。怎么能知道这 100 个女生都有哪些具体样本呢？通过 OpenRefine 的记录模式，可以在表格里只列出符合某个值（或某几个值）的样本。

（3）Facets 功能便于找出空白与重复数据。

OpenRefine 的 Facets 类似于一款电子表格过滤器，能够轻松找出其中的空白单元格与重复数据，并掌握特定数值在数据中的出现频率。

因为 OpenRefine 属于开源软件，所以其完全免费，其官方网站（http：//openrefine.org）上还有大量的文字和视频介绍如何使用该软件进行数据清理与分析，感兴趣的读者可以到该网站观看学习。

四、扩充数据

要判断数据是否足以做分析，如果不够充足，则需要从其他数据集中找相应的数值来填充和扩展。

例如，RUC 新闻坊的作品《暴雨再袭，台风对华北、东北影响在加剧吗?》在最初制作时，仅收集了 2009—2021 年的《中国气象灾害年鉴》与《中国水利统计年鉴》中统计的暴雨洪涝灾害数据。但是在后来的数据研究过程中，我们发现这些数据集还不足以支撑报道。为了比较不同地区因洪涝灾害所受的经济损失，我们增加了这些省份的 GDP 数据来做交叉分析；为了探索台风是否对东北、华北地区的影响越来越显著，我们补充了浙江省水利厅台风路径网站、深圳台风网等多个渠道统计的 1945—2022 年经过华北、东北地区的 25 个台风的过境数据。① 这些数据扩充对于增加报道分析的广度和深度起了很重要的作用。

五、验证数据

这个过程将进一步检查前面完成的数据准备阶段的工作，确认数据是否一致，质量是否足够且安全。数据验证可以通过机器或人工来完成，未来针对数据质量的大规模验证脚本将变得自动化并默认执行。

常见的数据验证类型包括以下几种：

数据类型验证：确认每个字段、列、列表、范围或文件中的数据与指定的数据类型和格式是否匹配。

约束验证：检查给定的数据字段输入是否符合特定范围内的指定要求。例如，验证数据字段是否具有最小或最大字符数。

结构化验证：确保数据符合指定的数据格式、结构或模式。

一致性验证：确保数据样式一致。例如，确认所有值均保留两位小数。

代码验证：类似于一致性检查，并确认用于不同数据输入的代码是否正确。例如，检查国家/地区代码。②

在 Excel 中，有一个列为“数据”→“数据验证”的菜单项。通过选择“数据验证”菜单，用户可以选择给定文件或数据范围所需的特定数据类型或约束验证。

六、发布数据

经过验证后的数据就可以发布了，这里的发布数据不是指直接对公众发布，而是将数据提供给机构内的其他人进行分析。在数据清理阶段，数据科学家或数据记者、编辑需要采用机构内合适的共享格式来发布数据，例如有些机构采用在线电子表格的方式进行项目内不同人员的共享。

---

① 冯琮萱，陈烛，林珂莹，等. 暴雨再袭，台风对华北、东北影响在加剧吗?.（2023-08-06）[2024-01-22]. https://mp.weixin.qq.com/s/z5vZJK3yxARDzQWn2Y_6Og.

② KERNER S M. Data validation.（2022-01）[2024-01-22]. https://www.techtarget.com/searchdatamanagement/definition/data-validation.

第2节　数据分析

一般来说，新闻编辑室里的数据分析包含两大类，一类是采用社会统计学领域数据分析方法所做的处理和分析，另一类则是采用将传统的数据分析方法与处理大量数据的复杂算法相结合的数据挖掘（data mining）方法所做的大数据分析。对于数据记者而言，掌握一定的社会统计学知识和方法已能应对日常工作中的绝大多数数据分析任务。然而，数据记者也需要了解一些大数据分析方法，以应对更高阶的数据分析需求。

你怎么看

统计描述适合应用于基于全面调查的统计分析中，但实际运用时，媒体多将之应用于抽样调查的样本中，这会影响结果的准确性吗？

一、新闻中常见的统计学概念与统计分析方法

统计学是应用数学的一个分支，是收集、分析、表述和解释数据的科学。统计学的诸多计算指标和术语都建立在一定的数学专业基础之上，而这恰恰是国内大多数新闻从业者所不具备的。长期以来，国内新闻院校主要还是注重培养学生的文、史、哲等专业素养，而对于数学、计算机学、统计学等专业的培训远远不够。尽管如此，大多数数据新闻报道并不要求复杂的数据分析，作为数据记者，有必要了解基础的统计学概念和方法。

学者卢淑华在《社会统计学》（第五版）中将统计分析划分为统计描述和统计推论两类（见图5－7）。统计描述是指将所观察的数据、资料进行整理、归纳和分析，以期找出某种规律。而统计推论则指根据不完全数据对全体做出正确推论的方法，它要求根据统计资料的统计规律性，运用概率论正确地从局部推论到整体。①

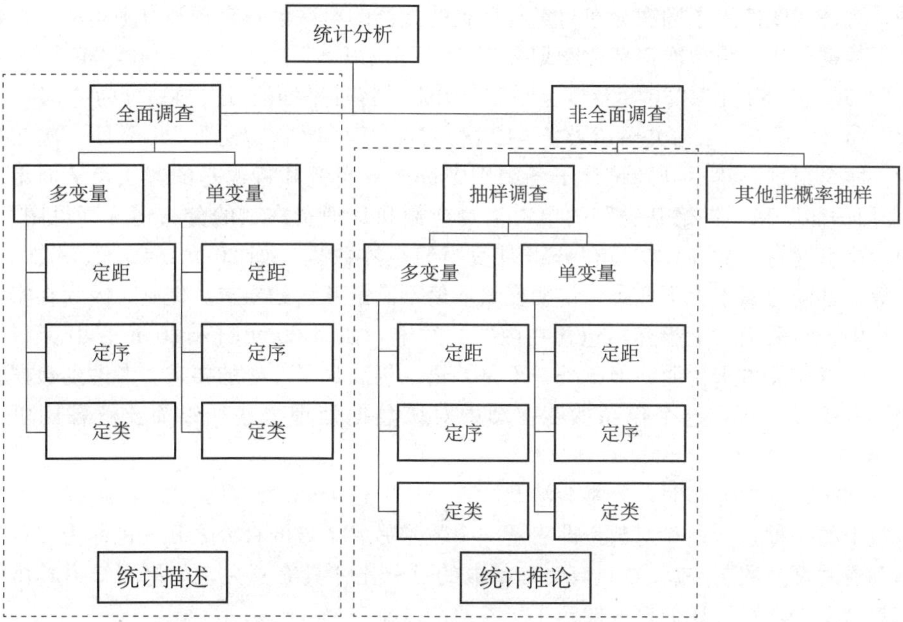

图5－7　统计分析类别示意图

① 卢淑华．社会统计学．5版．北京：北京大学出版社，2021：16－20.

(一) 统计描述在数据新闻中的应用

概念 统计描述可以提供关于一组定量数据特征的简单描述，在数据新闻中，常用的统计方法有频次分布测量法、集中趋势测量法、离散趋势测量法等。

统计描述可以提供关于一组定量数据特征的简单描述，在数据新闻中，常用的统计方法有频次分布（frequency distribution）测量法、集中趋势（central tendency）测量法、离散趋势（dispersion tendency）测量法等。

1. 频次分布测量法

社会统计学里的频次分布是指一个概念或变量的全部取值及其频次的集合。例如，将一组变量分为不同组段，然后将各组段对应的观察值归纳到各组段中，最后清点各组段观察值个数（频次），就可以形成该变量的频次分布。RUC新闻坊曾经做过一个关于森林火灾的数据分析，涉及对1998—2017年以来因森林火灾而伤亡的人数的统计。如果将“伤亡类型”作为变量，则该变量所列举的可能值包括“轻伤”“重伤”“死亡”，可以说这样的变量取值是完备且互斥的，可以将所有因森林火灾伤亡的人归入其中一类且仅仅归入其中一类，这样统计每一组的频次，就可以看到伤亡类型的频次分布（见表5-2）。

表5-2 森林火灾人员伤亡统计表

伤亡类型	人数
轻伤	890
重伤	396
死亡	1 106

资料来源：1998—2017年《中国林业统计年鉴》。

再如，网易《数读》栏目的作品《麦当劳vs肯德基，谁才是中国人最爱》①中，有一张图使用了频次分布对参与调查的人群的单次消费金额和月平均消费次数做了数据分析，将单次消费金额划分为“20元及以下”“20元～40元”“40元～60元”“60元～80元”“80元及以上”五个组别，将月平均消费次数划分为“1次～4次”“4次～8次”“8次～12次”“12次～16次”“16次以上”“几个月一次或更少”六个组别，然后分别统计了各组别中选择麦当劳和肯德基的频次，从而得出“麦门信徒”和“肯德基党”的单次消费金额和月消费次数的分布情况（见图5-8）。这里网易《数读》栏目在分组时使用的组界数据（如20元、40元、4次、8次等）都同时属于上下两组，说明变量取值不满足互斥的要求。但是，因为在实际工作中，常采用“上组界不包含在内”的约定，如将20元归入20元～40元组统计，所以作品虽未说明，但此处并不是差错，仍满足了互斥的要求。考虑到数据新闻读者的多元化，这个作品如能在图中对该数据处理方法加以简要解释则更为严谨。

在统计频次分布时，经常会涉及“百分比”这个概念。百分比（percent）是相对数中的一种，所谓相对数，即表示一个数是另一个数的百分之几，也称为“百分率”或“百分数”。应注意只有明确基数的百分比才具有意义，如果不知道具体的基数是多少，百分比数据就缺乏了可参照的基础。

① 叶榆北，卜卜脆，起司司，等．麦当劳vs肯德基，谁才是中国人最爱．(2023-04-21) [2024-01-22]. https://mp.weixin.qq.com/s/2F1gnqSshdZ6VyfCZaD0bQ.

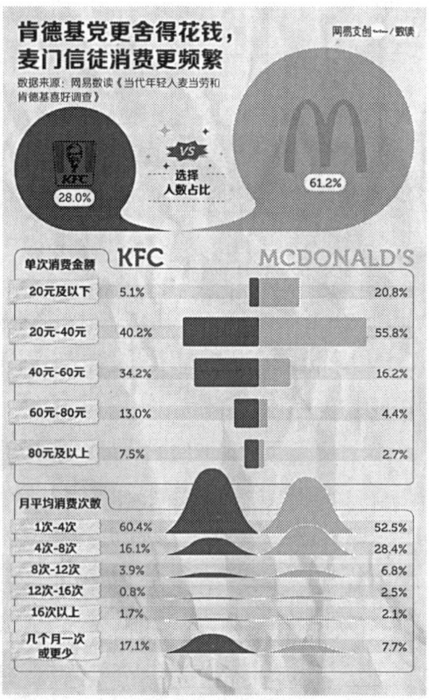

图 5－8　频次分布在数据新闻中的运用示例（来源：网易《数读》栏目）

百分点是一个很容易与百分比混淆的概念，它指不同时期以百分数形式表示的相对指标的变化幅度，1 个百分点＝1％。例如在报道某个国家的通货膨胀率时，这个国家 3 月份的通货膨胀率为 9％，4 月份降为 7％。而就这两个月做比较时，只能说其 4 月份的通货膨胀率比 3 月份下降了两个百分点，而不能说下降了 2％。为什么此处不能直接用百分比呢？因为当你去比较两个百分比数据时，你需要确保两者基数相同，在这个案例中，两个月份的通货膨胀率的统计基数是不同的。

百分比变化是另一个与百分比相关的概念，用新数值减去旧数值，所得的差再除以旧数值，就得到了百分比变化。百分比变化能够让读者清楚地了解到数值随着时间的推移产生了怎样的变化趋势。“环比”和“同比”是两个常见的描述百分比变化的不同术语，常用于财经新闻报道中。环比表示本次统计段与相连的上一统计段之间的比较。例如，比较 2024 年中国第一季度 GDP 与第二季度 GDP 这一变化的百分比是环比。同比即同期相比，表示某个特定统计段今年与去年之间的比较。如比较 2024 年中国第一季度与 2023 年第一季度的 GDP 变化的百分比则是同比。

谈及分布，还有一个值得关注的统计学概念——正态分布。正态分布是变量概率分布的一种形态，在平均值中央点的概率最高，两侧的概率逐渐降低，其曲线图类似钟形。

正态分布又称“常态分布”，顾名思义，这是我们身边很多现象的正常状态。例如人们身高、体重、智力水平的分布，都呈现出正态分布的趋势。理解了正态分布，就可以用其来检验数据是否合理。如果依照常识，某组数据理应出现正态分布，但实际数据却并非如此，这时就需要数据记者、编辑对数据展开核查。首先核查是否在数据整理分析的过程中出现了差错。如确认无误，则需要调查是何原因导致这组数据出现了异常情况，或许这些异常情况背后就蕴含着新闻。

2. 集中趋势测量法

集中趋势也被称为“集中值”，指用某一个典型的变量值或特征值来反映变量的全貌。与集中趋势相关的统计概念包括以下三个。

(1) 均值(mean):也叫"平均数",是最常用到的统计量,表示某变量的所有变量值的集中趋势或平均水平。均值适用于分析定距变量。

【案例】 从正态分布图中发现网恋的身高谎言

虽然有关网恋的谎言经常见诸媒体,但是大多数媒体都是用采访个案的方式来报道的,而 OkTrends 作为美国最大的免费交友(恋人)网站 OkCupid 的博客,则通过大量数据分析来揭示人们网络交友时的一些现象。2010 年 7 月 7 日,该博客发布了来自克里斯琴·鲁德(Christian Rudder)的一项名为《有关网恋的大谎言》(The Big Lies People Tell in Online Dating)的调查性报道,揭穿人们在交友网站填写资料档案时一些普遍性的谎言。这项报道荣获了"信息之美"奖的数据新闻类大奖。

这则报道揭穿的谎言分为四类,分别是身高的谎言、收入的谎言、近照的谎言和性别取向的谎言。其中在揭秘"身高的谎言"板块中,就使用了上文提及的正态分布指标。

如图 5-9 所示,不管是男性还是女性,他们在网站登记的身高曲线都比全美男性和女性身高的正态分布曲线整体右移了,这是不是意味着交友网站的用户整体身高的确比全美的成年男性、女性更高呢?鲁德注意到如果是这种情形,则两张图上靠右的网站用户身高曲线应该是正态分布,即应该像图中的 OkCupid(implied)所描述的那样,但实际上它们并没有呈现标准的正态分布,而是不约而同地在最高点直接下跌(如两图中虚线所示),这就是一种不正常的数据变化。

鲁德接着继续寻找出现这种现象的原因,发现原来用户的身高数据与他们能获得的性伴侣数相关。无论是男性还是女性,在不同身高的极值之前,其性伴侣数与身高是呈正相关的,身高越高,越可能获得更多性伴侣(见图 5-10)。但是在身高超过了这个极值之后,这种关系却发生了逆转。这就解释了本该平滑的身高曲线从最高点直坠的原因。

最后作者根据上述分析得出结论,这些网站用户在现实生活中大致比在虚拟世界矮两英寸。

资料来源:相关报道详见 RUDDER C. The big lies people tell in online dating. (2010-07-07) [2024-06-26]. https://theblog.okcupid.com/the-big-lies-people-tell-in-online-dating-a9e3990d6ae2。

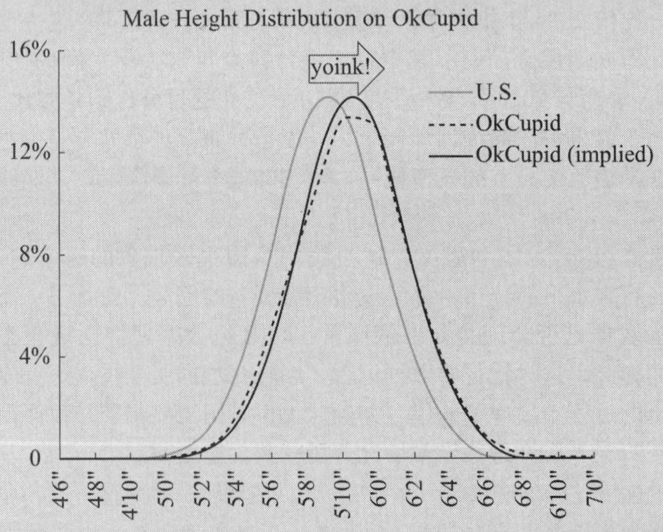

图 5-9 OkCupid 网站注册男性用户和女性用户的身高分布曲线与全美统计曲线的差异图

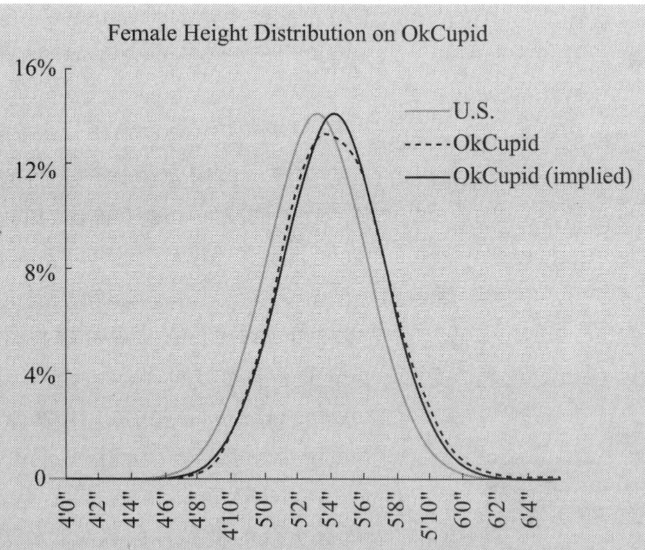

图 5-9　OkCupid 网站注册男性用户和女性用户的身高分布曲线与全美统计曲线的差异图（续）

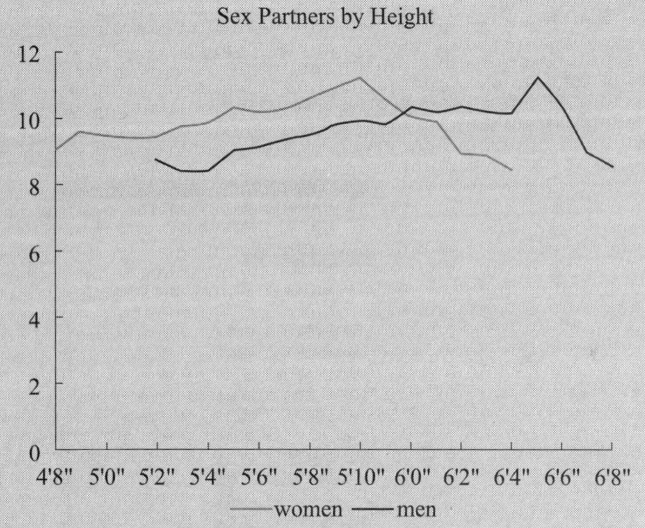

图 5-10　OkCupid 网站注册男性用户和女性用户的身高与获得性伴侣数量之间的关系图

计算均值非常简单，只要把所有变量值累加，再除以样本的数量即可。因为每一个样本的数值都参加到平均数的运算中来，它能够反映样本的总体情况。但是，在计算均值时尤其要注意当数值大小的分布较为分散时，均值容易受到极端值的影响，而不能准确呈现样本变量的集中趋势或平均水平。

切尾均值（trimmed mean）也叫“截尾平均数”，是指去掉观察值中的极端值后，根据剩下的观察值计算的平均数。在一些大型比赛的计分环节，我们经常看到“去掉一个最高分”和“去掉一个最低分”后统计均值的做法，这实际上就是运用截尾平均数的指标来测量，使最终的比分更准确地反映评委给选手打分的集中趋势。

（2）中位值（median）：如果一组数据中恰好使累积概率取 1/2 的变量值，即将一组数据按大小排列，取最中间的那个数值，这就是中位值或中位数。如果数值总数是偶数个，中位值就是最中间那两个数的平均值。中位值适用于分析定序和定距变量。

一般而言，中位值在数据分布比较平均的时候，与平均数相对接近，但是当数据分布差异较大的时候，特别是有少数数据大幅高于或低于其余数据的时候，则更容易反映群体的中间水平。

中位值常见于收入趋势、房地产等选题的报道中。例如，对于工资收入而言，中位值更能反映出普通人的一般情况。以国家统计局公布的《2023 年居民收入和消费支出情况》为例，在“居民收入情况”中除了统计均值，也统计了中位值，以使数据更能反映集中趋势。“2023 年，全国居民人均可支配收入中位数 33 036 元，增长 5.3%，中位数是平均数的 84.2%。其中，城镇居民人均可支配收入中位数 47 122 元，增长 4.4%，中位数是平均数的 90.9%；农村居民人均可支配收入中位数 18 748 元，增长 5.7%，中位数是平均数的 86.4%。”①

(3) 众值（mode）：指在一组数据中出现频次最高的数值。众值适用于分析定类、定序和定距变量。

例如，在 RUC 新闻坊的作品《“Ale ale” 还是 “Waka waka”？俘获大众的世界杯曲目长什么样》中，有一段对世界杯曲目歌词的分析，发现“73%的世界杯歌曲将时态指向了‘现在’”，同时“有 73%的歌曲采用了第一人称”叙事。② 由此，作者得出“世界杯曲目歌词突出当下‘现场感’，歌曲以第一人称叙事为主”的结论，这里实际上就是运用了众值来表示集中趋势（见图 5－11）。

你怎么看

当中位值高于或低于平均值时，表示数据呈现出怎样的集中趋势？你怎么看“全国居民人均可支配收入中位数是平均数的 84.2%”这一数据现象？

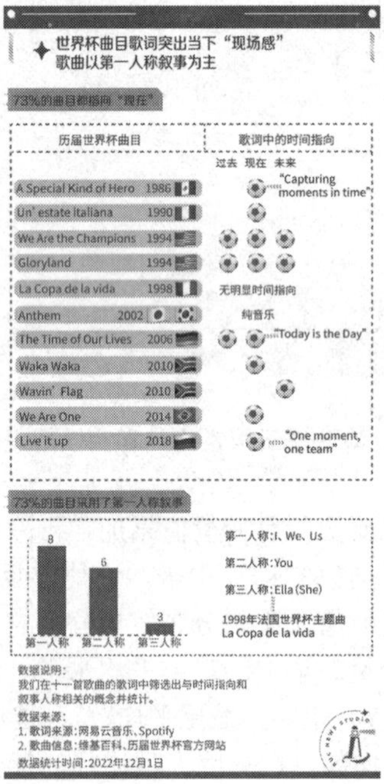

图 5－11 众值在数据新闻中的运用示例（来源：RUC 新闻坊）

① 国家统计局．2023 年居民收入和消费支出情况．(2024－01－17) [2024－01－22]. https://www.stats.gov.cn/sj/zxfb/202401/t20240116_1946622.html.

② 苗睿，周泓杰，童祎航，等．“Ale ale” 还是 “Waka waka”？俘获大众的世界杯曲目长什么样. (2022－12－14) [2024－01－22]. https://mp.weixin.qq.com/s/l-ksNOedNuDwBCnaVmbh9w.

【知识窗】 约翰·托奇与茎叶图

约翰·托奇（John Wilder Tukey）是美国知名数学家和统计学家。其最为出名的成果是发展了FFT算法（FFT algorithm）和箱线图（box plot）。

约翰·托奇发明了一种简单的图形法，方便人们形象直观地解读并通过手工计算快速得出集中趋势，他将之称为“茎叶图”（stem-and-leaf chart）。茎叶图的思路就是将数组中的数按照位数进行比较。具体地说，即将数的大小变化较小的位的数作为“茎”，而将变化较大的位的数作为“叶”，列在“茎”的后面，这样就可以清晰地显现，每个“茎”后面有几个数，每个数具体是多少，从而了解样本数据的总体分布情况、中位值及众值。

菲利普·迈耶在其《精确新闻学》中用一则新闻媒体的案例来说明如何使用茎叶图。如表5-3所示，表中罗列了美国各报纸出现“微不足道”的拼写错误的比例统计数据。想预知美国报纸拼写错误出现的集中趋势，可采用茎叶图来解决这个问题。

根据对数据的观察，在这个案例中，可以选择小数点后一位来代表“茎”的数值，其分布在0~9之间。然后取小数点后两位的数值来代表“叶”即可。在这里，由于小数点后的位数过多，所以只选择前两位做粗略的统计即可。注意，取小数点后两位数据时要采用四舍五入的方式。据此，可构建茎叶图如图5-12所示。

表5-3 美国38家报社“微不足道”的拼错率统计表

美国各家报纸	拼写错误的比例
Akron Beacon Journal	.00000
Gary Post Tribune	.00000
Lexington Herald Leader	.00000
Sacramento Bee	.00000
San Jose Mercury News	.00000
Arizona Republic	.01961
Miami Herald	.02500
Los Angeles Times	.02857
St. Paul Pioneer Press	.03333
Philadelphia Inquirer	.04000
Charlotte Observer	.04167
Washington Post	.04545
Boston Globe	.04762
St. Louis Post Dispatch	.05128
Journal of Commerce	.08696
Allentown Morning Call	.09091
Wichita Eagle	.10526
Atlanta Constitution	.10714
New York Times	.11000
Fresno Bee	.13793
Orlando Sentinel	.13793
Palm Beach Post	.15385
Seattle Post Intelligence	.15789
Chicago Tribune	.19643
Los Angeles Daily News	.22222
Newsday	.25000
Newark State Ledger	.25000
Ft. Lauderdale News	.26667
Columbus Dispatch	.28571
Philadelphia Daily News	.29412
Detroit Free Press	.30000

续前表

美国各家报纸	拼写错误的比例
Richmond News Leader	.31579
Anchorage Daily News	.33333
Houston Post	.34615
Rocky Mountain News	.36364
Albany Times Union	.45455
Columbia State	.55556
Annapolis Capital	.85714

图5-12直观地展现了美国各报出现“微不足道”的拼错率的总体状况，这个问题看起来并不严重，因为大多数媒体都处于10%的拼错率之下，拼错率超过40%的媒体寥寥无几。中位数在0.11～0.14之间，而众数也分布于0.1以下。

```
0 | 0,0,0,0,0,2,3,3,3,4,4,5,5,5,9,9
1 | 1,1,1,4,4,5,6
2 | 0,2,5,5,7,9,9
3 | 0,2,3,5,6
4 | 5
5 | 6
6 |
7 |
8 | 6
9 |
```

图5-12 根据美国各报纸出现拼写错误的比例绘制的茎叶图

用茎叶图不只可以分析单组数据，也可用于两组数据的比较。事实上，在茎叶图中，“茎”相当于频率分布表中的分组，“叶”的数目则相当于频率分布表中指定区间组的频数。

资料来源：MEYER P. The new precision journalism: chapter 3. [2024-04-05]. https://carolinadatadesk.github.io/pmeyer/book/Chapter3.htm.

3. 离散趋势测量法

有时候，两组数据的集中值相同，但离散趋势可能存在较大差异。离散趋势是指一组数据背离分布集中值的特征，反映了各变量值远离其集中值的程度。离散趋势可以通过异众比率（非众数组的频数占总频数的比率）、极差（观察的最大值与观察的最小值的差数）、四分互差（用75%位点数据和25%位点数据相减而得的差数）、方差与标准差来测量。下面着重介绍方差与标准差。

方差（variance）是各个数据与平均值之差的平方和的平均值，表示一系列数据或统计总体的分布特征的值。简言之，方差显示各个数据和中心偏离的程度，它用来衡量一批数据的波动大小（即这批数据偏离平均值的大小）。在样本容量相同的情况下，方差越大，说明数据的波动越大，越不稳定。

标准差（standard deviation）也称“均方差”，是各数据偏离平均值的距离的平均值，它是方差的算术平方根。标准差测量的是一组数值从均值分散开来的程度。如果标准差小，这组数值就更聚集在平均值左右；如果标准差大，这组数值与其平均值之间的差距就较大。

方差和标准差都是用来衡量数据离散程度的重要指标，除了算法不同以外，这两者的区别还在于方差的单位是原数据单位的平方，而标准差的单位则和原数据单位相同。在实际运用中，只需计算出其中一个指标，就足以了解数据的波动程度。

例如，在网易《数读》栏目的作品《中国最适合避暑的城市排行，谁是第一》中，作者选取了全国36个主要大中城市，先统计了室外体感均温，并对之作出排序。然后采用研究文献中“人体舒适的体感温度为18～23℃”作为依据，找出了在1973—2021年间夏天室外体感均温处于舒适范围的五个城市。接着，应用标准差的测量方法进一步分析夏天室外体感均温的标准差。通过比较发现，昆明的室外体感均温标准差很小，这说明昆明夏季室外体感温度变化幅度小，而因为其温度处于 18～23℃的舒适区间的天数最多，因而足以证明昆明是所调查的 36 个主要大中城市中夏季气温最舒适的城市。[①]

（二）统计推论在数据新闻中的应用

统计推论是指根据样本数据去推断总体数据特征的统计分析方法。统计推论大体可分为两部分：一是通过样本对总体的未知参数进行估计，简称“参数估计”（parameter estimation）；二是通过样本对总体的某种假设（例如参数或分布情况）进行检验，简称“假设检验”（hypothesis test）。[②]

概念 统计推论是指根据样本数据去推断总体数据特征的统计分析方法。

1. 参数估计

参数估计可以细分为点估计和区间估计，其中点估计是用样本计算出来的一个数来估计未知参数，而区间估计则是通过样本计算出一个范围来对参数进行估计。一般来说，点估计的精度较难判断，而区间估计则既要给出一定的参数区间，还要求给出所给区间未知参数的概率。

置信度也被称为“置信概率”或“置信系数”，指以测量为中心，在一定范围内，真值出现在该范围内的概率。置信度表示用置信区间估计的可靠性，一般置信度是根据实际情况预先被设定的，常给定为 0.95。

与置信度相关，显著性水平表示的是用置信区间估计不可靠的概率。置信度和显著性水平之和为 1，因而假设给定的置信度为 0.95，就意味着显著性水平为 0.05。

置信区间指在某一置信度下，以测量值为中心，真值出现的范围，即一定概率下真值出现的取值范围。这里的概率就是置信度。

2. 假设检验

相比参数估计，假设检验在数据新闻中的应用更为普遍。统计学意义上的假设检验是指“经过抽样获得一组数据，即一个来自总体的（随机）样本，如果根据样本计算的某个统计量（或几个统计量）表明在原假设 H_0 成立的条件下几乎是不可能发生的，就拒绝或否定这个原假设，并继而接受它的对立面——备择假设。反之，如果在原假设 H_0 成立的条件下，根据样本所计算的某个统计量发生的可能性不是很小的话，就接受原假设”[③]。这里 H_0 也被称为“零假设”，而显著性水平 α 是在零假设成立的条件下，统计检验中所规定的小概率的标准，即规定小概率的数量界限，常用的标准为 $\alpha=0.10$、$\alpha=0.05$ 或 $\alpha=0.01$。p 值是根据样本计算得出的概率，如果 p 值小于 α，则说明零假设被拒绝，继而接受备择假设；反之则原假设成立。

在一篇名为《717 万份投票，找到中国满意度最高的专业》的数据新闻中，作者就采用了假设检验的方法（见图 5－13）。文中写道：

> 以上分析，为我们弄清一些长期存在的传统观念提供基础，比如：热门专业就等于“好专业”吗？

---

① 小芒很忙，乐乐，竹子，等．中国最适合避暑的城市排行，谁是第一．（2022－07－05）[2024－01－22]. https://mp.weixin.qq.com/s/3TS69log54L1wTZ6OPE6PA.

② 卢淑华．社会统计学．5 版．北京：北京大学出版社，2021：184.

③ 同②230.

尽管前文的就业“好评”专业的梳理中，不少专业都是就读人数众多的“经典”专业，但是不是只要是热门专业都值得报考？都等于人们所说的“好专业”？这需要继续求证。

如果将四个维度（综合满意度、教学质量满意度、办学条件满意度和就业满意度）相加的总分，即总体满意度视为“好专业”的评价指标，那么进一步，我们可以将投票人数作为衡量专业热门程度的指标，考察二者的相关关系。

通过秩相关检验后，结果显示二者仅存在非常微弱的正相关关系，且无法通过假设检验。这意味着热门专业与“好专业”绝不能简单画上等号，而是受到诸多其他因素的影响。①

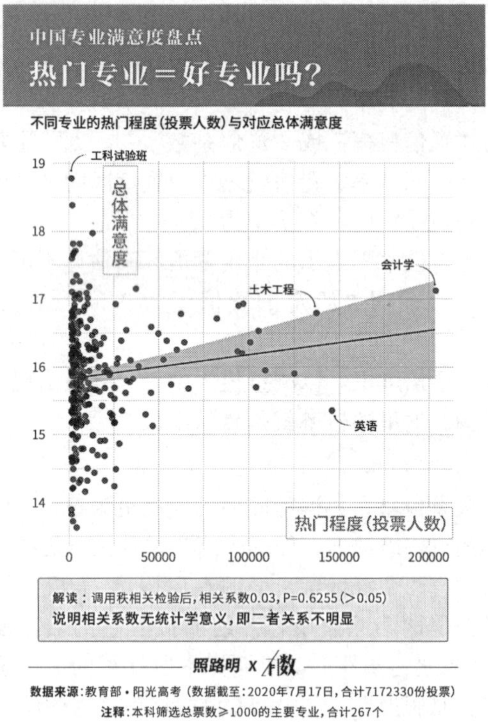

图5-13 假设检验在数据新闻中的应用示例（来源：澎湃·湃客工坊）

这里，作者先提出了假设“热门专业就等于‘好专业’”，然后通过考察教育部建设、管理的“阳光高考”平台上大学专业满意度普查中717万余名毕业生的投票数据和对专业的评价数据之间的相关关系来检验之前的假设能否成立。结果发现，相关系数为0.03，p 值为0.625 5，大于0.05，说明假设被拒绝，热门专业并不等同于好专业。

你怎么看

相比统计描述，为何数据新闻中较少应用统计推论的数据分析方法？

二、数据新闻中的数据挖掘

如前所述，统计分析和数据挖掘是两个相关的领域，但也存在差异。数据挖掘出现于20世纪80年代，指“通过仔细分

① 赵鹿鸣．717万份投票，找到中国满意度最高的专业．(2020-07-24)［2024-01-22］. https://mp.weixin.qq.com/s/kCENHTLeBU4HwxhvsGUP6A.

析大量数据来揭示有意义的新的关系、趋势和模式的过程”①。它是一种将传统的数据分析方法与处理大量数据的复杂算法相结合的技术，是在大型数据存储库中自动地发现信息的过程。

根据陈封能（Pang-Ning Tan）等人的观点，数据挖掘汲取了多个学科的给养，不仅利用了来自统计学的抽样、估计和假设检验等思维与工具，还包括了人工智能、模式识别和机器学习的摸索算法、建模技术和学习理论，并借助于数据库技术、并行计算、分布式计算等领域的最新成果发展而成。它的任务主要有以下四种。②

概念 数据挖掘通过仔细分析大量数据来揭示有意义的新的关系、趋势和模式的过程。

（1）预测建模（predictive modeling）：主要涉及以说明变量函数的方式为目标变量建立模型。预测建模任务包含分类和回归两种，分类用于预测离散的目标变量，回归则用于预测连续的目标变量。

（2）关联分析（association analysis）：用于发现描述数据中强关联特征的模式。由于搜索空间是指数规模的，因此关联分析的目标是以有效的方式提取最有趣的模式。

（3）聚类分析（cluster analysis）：旨在发现紧密相关的观测值组群，使得与属于不同簇的观测值相比，属于同一簇的观测值相互之间尽可能类似。

（4）异常检测（anomaly detection）：识别其特征显著不同于其他数据的观测值，这样的观测值成为异常点或离群点。

2018年，全球数据新闻奖数据新闻创新奖颁给了美国的BuzzFeed News，该机构的作品《隐藏的空中侦察兵》就是采用数据挖掘技术发现了空中“侦察兵”。BuzzFeed团队训练计算机学习认识已知的监控飞机数据，然后将其运用到由飞行数据网站Flightradar24编写的数据库中。这些空中“侦察兵”采取包括追踪、定位移动电话、卫星电话等技术连续不断地监视着整座城市的一举一动。它们都比较“低调”。而BuzzFeed团队正是通过“随机森林算法”，在数据库中找出了与美国联邦调查局和国土安全部飞机类似的机型及其他相关信息，从而进一步辨识出那些隐匿在空中的“侦察兵”。评委会认为，这个作品很生动地向公众展现出机器学习的力量，依照算法模型发掘数据背后的故事，这或将使人与人、人与政府、人与企业的关系发生演变。③

这是较早应用数据挖掘技术辅助新闻报道的典型案例。近些年来，这类数据挖掘技术的应用变得更加广泛和深入，数据新闻奖入围和获奖作品名单中，常能看到采用数据挖掘技术的作品。

【案例】《穆鲁罗瓦档案》：将科学研究、3D建模、法证建筑和新闻学融合

2021年9月，美国普林斯顿大学、英国和挪威的建筑师团体Interprt以及法国调查媒体Disclose共同开展了两年之久的调查项目《穆鲁罗瓦档案》（Moruroa Files）（见图5-14，文前

① 王光宏，蒋平．数据挖掘综述．同济大学学报（自然科学版），2004（2）：246-252.

② TAN P-N，STEINBACH M，KUMAR V. 数据挖掘导论：完整版．范明，范宏建，等译．2版．北京：人民邮电出版社，2011：2-6.

③ 刘建坤，姜紫荆，蒋政旭，等．2018年全球数据新闻奖揭晓：恭喜财新获奖!．（2018-06-01）[2024-01-17]. https：//mp. weixin. qq. com/s/SffYvvbBoa2M6sXhfMJ6zQ.

彩色插图）发布了。该项目在数千份解密军事文件、数百小时的计算和数十份未发表的证词的帮助下，揭露了1966年至1974年间法国在波利尼西亚群岛上空的数次核爆炸实验对当地平民带来的核污染比官方公布的数据要严重得多的事实。

这个调查的亮点是将科学研究、3D建模、法证建筑①和新闻学的方法结合在一起。

在这次调查中，团队研究了法国国防部于2013年解密公开的大约2 000份文件的档案，按日期和主题重新整理了数据，并归档到数据库中，公众可以访问该数据库。同时，团队还采访了50多人，包括波利尼西亚环礁居民、前军事人员，当地官员、科学家和社会组织。

项目中最具挑战性的部分是团队开发了一种技术模型，利用美国普林斯顿大学的计算机在实验室中虚拟重现了法国的核试验。完成计算后，设计师和建筑师对法属波利尼西亚群岛上的放射性云及其沉降物的轨迹进行3D建模，并模拟了村庄受到的辐射影响以及食物和居民受到污染的精确程度。据团队介绍，他们通过对有毒云进行建模来提供支持，呈现的科学可视化是基于对解密的法国文件和开放获取的政府资源进行广泛的数据挖掘和分析而实现的。法国核试验的尘埃模式和云轨迹的重建基于美国NOAA的气团后向轨迹模型（HYSPLIT）以及来自NCEP/NCAR再分析（1948年至今）项目的气象数据。初始稳定的放射性云被表示为垂直线性源，其活动充分分布在云的帽、裙和茎之间。假设云粒径呈对数正态分布。计算在12核Linux机器上运行，每台释放3 000 000个3D粒子。这些研究的假设和输入数据与解密历史文献中的信息以及科学文献中的信息进行了交叉验证。

在这个项目中，科学家、建筑师、设计师和记者之间形成了有效的合作。记者提出调查假设，科学家通过科学实验来证实假设是否存在，然后建筑师和设计师通过3D建模来做可视化证实。可以想见，如果没有这种跨学科合作，则这样复杂的数据挖掘和分析仅凭媒体力量是难以实现的。

该调查发现，根据对核污染影响的重新评估，大约有11万人受污染，几乎是当时波利尼西亚的全部人口。调查结果发表后，法国总统于次年7月访问波利尼西亚并承认法国有“一笔债务”。法国宣布开放核试验军事档案，并成立委员会协助准备核试验受害者赔偿档案、清理和拆除前核设施。

资料来源：相关报道详见AHMED N，LIVOLSI G，PHILIPPE S. Moruroa files. [2024-06-26]. https://moruroa-files.org/en/investigation/moruroa-files，部分资料来自报道团队提供给2022年Sigma数据新闻奖评委会的自述材料。

相比国际数据新闻圈，国内数据挖掘方法最为集中的应用在文本挖掘领域。文本挖掘是数据挖掘中的一种，它可以是对单文档的数据挖掘，也可以是对文档集的数据挖掘。文本挖掘需要先采用分词、特征表示和特征提取等技术对数据做预处理，然后才可展开挖掘分析。常见的文本挖掘分析技术有文本结构分析、文本摘要、文本分类、文本聚类、文本关联分析、分布分析和趋势预测等。② 在数据新闻中，我们可以应用文本挖掘，研究和分析文本中的高频词、情感倾向、主题聚类、人物关系、语义网络等。一般来说，文本挖掘需要借助Python和R中的相关工具包。例如，Python中文本挖掘较常用到Gensim和spaCy，R中常用工具包有Text Mining、quanteda。

---

① 指一种以建筑学为主要切入点，运用跨学科方法，利用搜集到的影像、口供等公开资料，以制作动画、3D模型、交互式地图等方式重塑事件现场，从而形成可视化证据的调查方法。

② 袁军鹏，朱东华，李毅，等．文本挖掘技术研究进展．计算机应用研究，2006（2）：1.

2019 年 9 月，澎湃发表了作品《53 027 条留言背后，网络树洞里绝望者的自救与互助》，这是一个较好地应用文本挖掘的案例。作品对因抑郁而自杀的女大学生"走饭"的 3 276 条微博文本展开了情感分析，并对这些微博后的 53 027 条留言文本做了主题分析和社会网络分析。① 例如，图 5 - 15 就是对"走饭"的所有微博文本（包括微博小号文本）进行情感分析后生成的"情感乐章"。

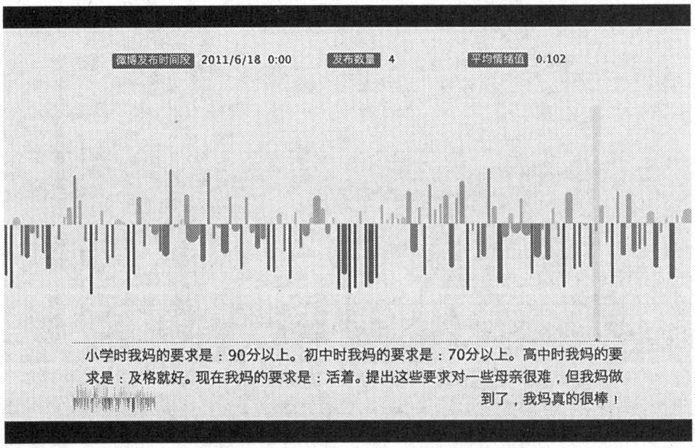

图 5 - 15　文本挖掘在数据新闻中的运用（来源：澎湃）

三、实用的数据分析思路

除了以上的数据分析概念和方法，在新闻编辑室里常用的数据分析思路主要分为以下几种。②

1. 对比分析

对比分析是指将两个或两个以上的数据进行比较，分析它们的差异，从而揭示这些数据所代表的事物的发展性状和变化规律。可以说，对比分析是数据新闻中最常见的分析思路与方法。

对比分析可从横向和纵向两个维度展开。横向比较是在同一时间条件下对不同总体指标的比较，这种比较方式也被称为"静态比较"；纵向比较是在同一总体条件下对不同时期指标数值的比较，也被称为"动态比较"。之前提及的"环比"和"同比"都属于纵向比较，是一种动态比较。

进行对比分析时首先要注意对象的可比性，其次要注意指标的口径范围、计算方法、计量单位必须一致。如果拿不同的单位或标准去衡量，就会出现偏差。

2017 年底至 2018 年初，国内暴发了大面积的流感。根据国家卫生健康委公布的数据，将 2009 年 4 月至 2018 年 4 月这个历史时段内每个月份的发病人数进行纵向对比（见图 5 - 16），我们就能快速发现这次流感造成的发病人数达到了十年之最，远超 20 532 人的均值数据。纵向对比的方法使我们看到了这场流感数据的"惊人"程度。

① 刘畅，王亚赛，张铁君，等．53 027 条留言背后，网络树洞里绝望者的自救与互助．(2019 - 09 - 10) [2024 - 04 - 05]. https://mp.weixin.qq.com/s/nhyctiSMSusb7QI7zorp_A.

② 部分内容参考了张文霖、刘夏璐、狄松《谁说菜鸟不会数据分析（入门篇）》第 5 章数据分析部分。

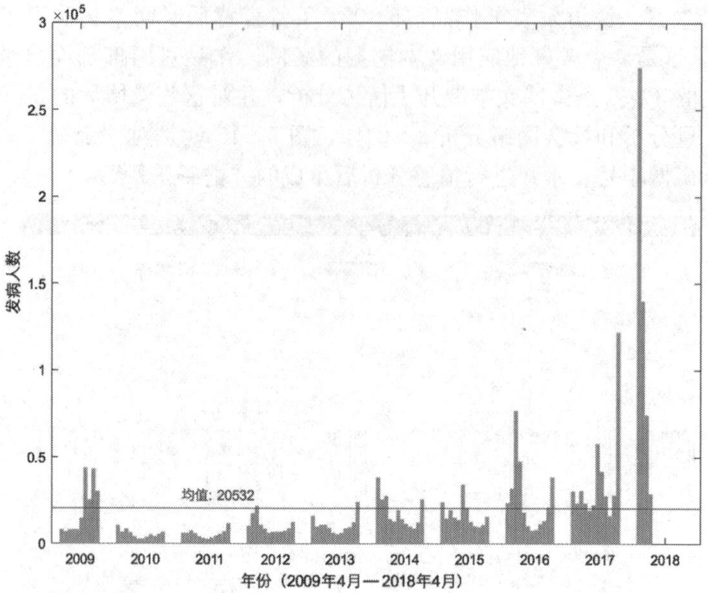

图5-16 纵向对比流感发病人数(2009年4月—2018年4月)

资料来源：吴佳灵，刘润芝，张育丹.流感高峰季，除了多喝热水还可以怎么应对?.(2018-12-19)[2024-01-27]. https://m.thepaper.cn/newsDetail_forward_2269360.

2. 分组分析

分组分析指根据数据分析对象的特征，按照一定的标准（指标），把数据分析对象划分为不同的部分和类型来进行研究，以揭示其内在的联系和规律性。

分组分析包括等距分组和不等距分组两种。在各单位数据变动较为均匀的情况下可以采用等距分组，反之则用不等距分组更佳。

分组分析的关键是确定组数和组距。采用组距分组一般要先确定组数，这个由数据分析者根据数据特点决定。组数需适当，过多或过少都不利于数据分析。然后确定各组组距，最后根据组距大小，将数据划入相应的组内。

在数据新闻中，分组分析多出现在与社会调查数据相关的报道中。如RUC新闻坊的作品《我们与癌的距离：癌症真的年轻化了吗?》（见图5-17，文前彩色插图）中提及："从1998年至2012年，世界卫生组织采用我国上海、香港、嘉善、中山、哈尔滨五地的癌症统计数据，发现我国年轻人患癌率逐渐升高，且在25～39岁的年龄区间内，女性患癌率明显高于男性。以2012年为例，25～29岁、30～34岁、35～39岁的女性患癌率分别为47.5/10万、81.3/10万、151.5/10万；而男性患癌率为31.9/10万、55.5/10万、81.4/10万。"① 这里作者引用相关调查数据来分析不同组别人群的患癌率。

3. 结构分析

结构分析指将总体内的各部分与总体之间进行对比的分析方法，即总体内各部分占总体的比例，属于相对指标。一般某部分的比例越大，说明其重要程度越高，对总体的影响越大。

结构分析在数据新闻中的运用非常普遍，比如腾讯新闻谷雨数据的报道《东南亚电信诈骗故事，远不止在缅甸》就对国内诈骗电话和诈骗App的主要类型进行

① 范航瑜，龚雨晨，李至柔，等．我们与癌的距离：癌症真的年轻化了吗?．(2021-01-04)[2024-01-22]．https://mp.weixin.qq.com/s/8LxT6Hd-Q_v8Z0S2APML2Q.

了分析（见图5-18）。①

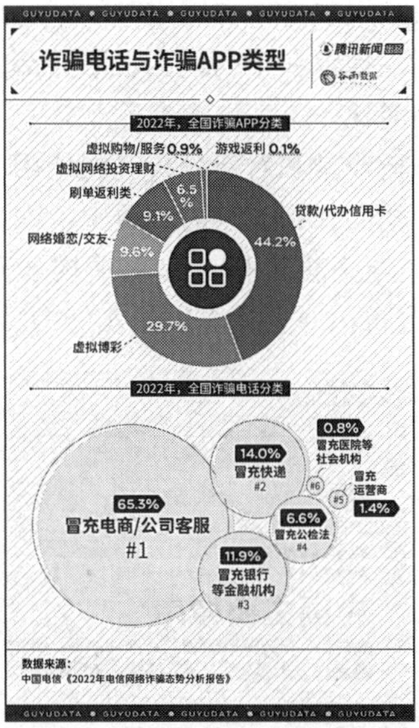

图5-18　运用结构分析法分析诈骗电话和诈骗App的主要类型（来源：腾讯新闻谷雨数据）

结构分析非常适合用于需要深度分析的小数据新闻。比如财新的《反腐·187张面孔》就选择以中共十八大后到2017年10月14日之间的时间段内因反腐落马的187名高级干部为样本，对小数据样本进行深描（见图5-19）。报道从落马年份、干部级别、地域分布、违纪情况、罪名信息等多个维度展开结构分析，使读者对落马高官群体的构成有了更深入的了解。②

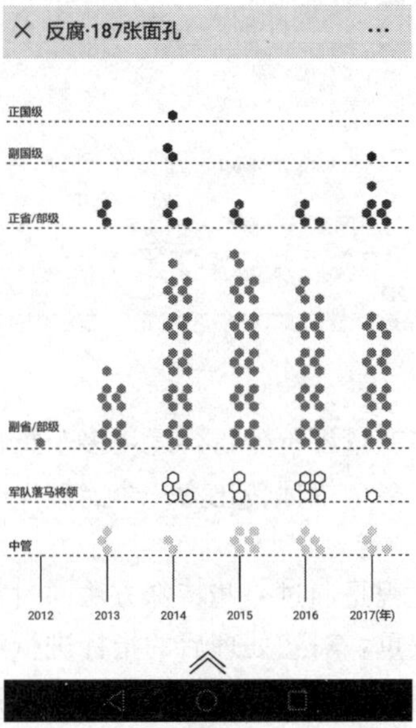

图5-19　《反腐·187张面孔》报道截图（来源：财新）

① 胖虎，赤耳．东南亚电信诈骗故事，远不止在缅甸．(2023-09-07)[2024-01-22]. https://mp.weixin.qq.com/s/VU2qwyLz1jHgj_UB3wFLCw.

② 丁苗，陈宝成，林子桢，等．反腐·187张面孔．(2017-10-14)[2024-01-22]. https://datanews.caixin.com/mobile/AntiCorruption/mobile/.

4. 平均分析

运用计算平均数的方法来反映总体在一定时间、地点条件下某一数量特征的一般水平。平均指标可用于同一现象在不同地区、不同部门或单位间的对比，还可用于同一现象在不同时间内的对比。

在数据新闻中，平均分析经常和对比分析一同使用。如网易《数读》栏目制作的《对社畜最友好的城市，我们找到了》的报道中，就采用平均分析的方法对城市的平均薪酬、住宅商品房平均销售价格、单程平均通勤时耗进行比较（见图5-20），并根据这几项数据综合得出对“社畜”最友好的城市。①

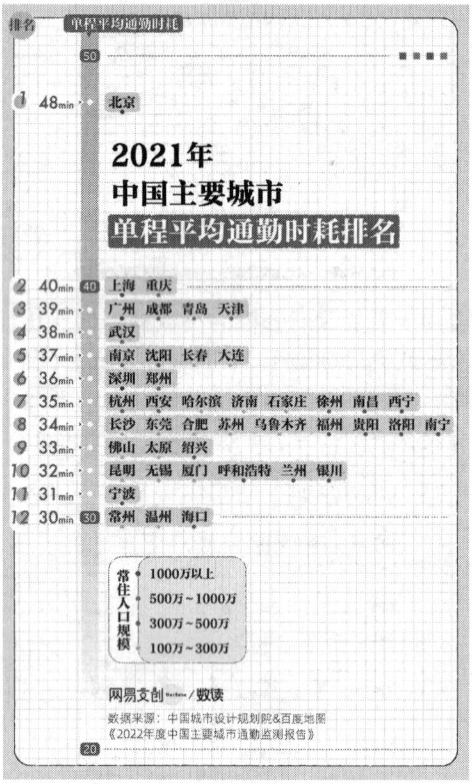

图5-20 运用平均分析对比主要城市的单程平均通勤时耗（来源：网易《数读》栏目）

5. 综合评价分析

综合评价分析是一种多变量评价分析，运用多个指标对多个参评单位进行评价的方法。它的基本思路是将多个指标转化为一个能够反映综合情况的指标来进行分析评价。

综合评价分析的评价过程是通过一些特殊方法同时完成多个指标评价，一般需确定指标体系中各指标的权重，对经处理后的指标进行汇总计算出综合评价指数或综合评价分值。其评价结果不再是具有具体含义的统计指标，而是以指数或分值表示参评单位综合状况的排序。如人们熟悉的高校学科专业排名，一些媒体在报道中引用的“透明国际”（Transparency International，TI）组织公布的全球清廉指数都

---

① 阿离，杨波浪．对社畜最友好的城市，我们找到了．(2023-03-31)[2024-01-22]. https://mp.weixin.qq.com/s/D5CjcbMYNfQ8XBa6D-Y-tg.

采用了综合评价分析的方法。

以《第一财经周刊》新一线城市研究所自2017年起开始发布的“知城·夜生活指数”为例，该指数旨在观测不同城市在夜间的活跃程度，运用综合评价分析法，采用夜间出行、酒吧数量、livehouse数量、夜间灯光、夜场电影、夜间公交六个数据维度的评价模型，对中国337座地级及以上城市的夜间经济发展水平与特色作出量化评估。该研究所称：“依据各维度的重要程度采取主观赋权计算，上述六个维度数据的具体计算方式如下：夜间出行活跃度×0.2+酒吧数量×0.2+livehouse数量×0.2+夜间灯光强度×0.15+夜场电影活跃度×0.15+城市公共交通夜间活跃度×0.1=夜生活指数。”①

6. 相关分析

相关分析即通过相关表或相关图等方式来判断两个变量是否存在不确定性的统计关系的数据分析方法。

现实世界中很多现象之间存在相互关系，当一些现象发生变化时，另一些现象也会随之改变。在数据分析中，将变量间确定性的统计关系称为“函数关系”，不确定性的统计关系称为“相关关系”。

我们常见的相关关系多为两个变量之间的相关关系，可称为“单相关”（或称“一元相关”），与之相对，三个或三个以上变量之间的相关关系则属于“复相关”（或称“多元相关”）。当一个变量的值增加或减少时，另一个变量的值也随之增加或减少，这样的相关关系称为“正相关”，反之则是“负相关”。当变量之间相关关系的散点图中的点接近一条直线时，称为“线性相关”；当变量之间相关关系的散点图中的点接近于一条曲线时，则称为“非线性相关”。

相关分析法中的相关表是指将变量的若干变量值从小到大按顺序排列，并将另一变量的值与之对应排列而形成的统计表。相关图又称“散点图”，指用直角坐标系的横轴表示一个变量，纵轴表示另一个变量，将两个变量间相对应的变量值用坐标点的形式描绘出来，用以表明相关点分布的图形。②

前面提及统计推论时列举的案例《717万份投票，找到中国满意度最高的专业》中就采用了相关分析的思路去验证热门专业是不是好专业（见图5-13），结果发现两者之间仅存在非常微弱的正相关关系，且无法通过假设检验。③

四、警惕“数据陷阱”

数据会“说话”，数据也会“骗人”，报道中常见的“数据陷阱”有以下六类。

1. 忽略基数的百分比

忽略基数的百分比是没有意义的。正如《统计数据的真相》一书的作者瓦尔特·克莱默所说：“一个百分数不但提供了一些信息，而且同时也掩盖了一些信息。如果我们在左边给出两个数字，也就是分子与分母，那么在等式的右边就可以得到

---

① 白吴居，景毅．城市夜经济的下一步怎么走？｜知城·夜生活指数．(2023-07-02)[2024-01-22]. https://mp.weixin.qq.com/s/C5M6py7SVHOaPBiOYnJX1g.

② 袁卫，庞皓，曾五一，等．统计学．3版．北京：高等教育出版社，2009：217.

③ 赵鹿鸣．717万份投票，找到中国满意度最高的专业．(2020-07-24)[2024-01-22]. https://mp.weixin.qq.com/s/kCENHTLeBU4HwxhvsGUP6A.

一个唯一的结果。这就是所谓的信息。例如比例数字 1/5、7/35、117/585，所有这些相对数表示的都是一样的百分率 20%，尽管分子（分母也一样）的差异性非常大。如果某人想要隐瞒某个目的，那么他会更愿意以百分数的形式来表示。”[①]

在这本书中，克莱默举了一个有趣的例子，谈及一位党派人士在选举后对媒体说，“在我们的全部议员中，女性议员的比例已经提高了 50%”。这看起来是一个惊人的百分比，但实际上这个党原来就只有 4 个女性议员，只不过现在增加到了 6 个。[②] 像这样的例子还有很多，现在很多媒体为了节省成本做一些方便样本的调查，最后在不提供调查样本总数的情形下就以百分比的方式来报道调查结果，这实际上毫无科学性。

2. 缺乏代表性的均值

前面曾提及均值容易受到极端值的影响。例如，许多年前，为了调查“双十一”购物节对大学生的影响，我的学生曾收集了 100 份问卷，对所有男生样本当日的购买总额计算了均值，结果得到的数据是 1 000 多元，看起来超过了当时一般大学男生的购买能力，甚至比女生的样本数据还要高，这让很多人感到费解。实际上这个问题恰恰出在不能简单地做均值上，因为根据学生的描述，他们在样本中发现有两位男生购买了3 000 多元的电子产品，这两个人的极端值影响了整个均值的计算结果。这样计算出来的均值就不能反映平均水平了。

但是现实中还是有很多统计数据是以均值的方式呈现的，比如媒体经常报道某地人员年平均可支配收入和月平均可支配收入，这样的均值很容易掩盖不同行业、不同地区、不同机构人员收入之间存在的巨大差距，让低收入人群感觉自己“被增收”，而高收入者则感觉“被低估”。

所以在使用均值时，通常需要结合标识离散程度的数据，以展现相对全面的分布描述。

3. 仅供参考的趋势

“趋势”是媒体非常关注的数据内容之一，但是“趋势”往往是统计学家按照之前一定时段内的发展规律而做出的分析与预测。如果当下影响“趋势”的因素在未来突然消失了，或是有其他因素对“趋势”做出影响，那么“趋势”便不能如统计学家预期的产生那么大的作用。

2011 年 8 月，《经济学人》网站曾以《历史的终结与最后一位女性》（End of History and the Last Woman）为名做了一篇图表报道。[③] 报道聚焦女性选择单身的普遍潮流，从理论上推测女性生育率降低将导致全球很多国家和地区的女孩越来越少，最后导致女性只剩一个。图表展现了距离最后一个女性出现，各个国家和地区还有多长时间（见图 5-21）。

这篇报道的价值不在于预测趋势的准确性，因为大家都知道没有一个国家或地区会让问题真正变得那么糟，在可以预见的未来中，会有无数的促进生育率提高的政策发布影响这种趋势，如中国自 2013 年开始调整生育政策就会使其线条大大拉长。

---

① 克莱默．统计数据的真相．隋学礼，译．北京：机械工业出版社，2008：38.

② 同①39.

③ End of history and the last woman.（2011-08-22）[2024-06-26]．http：//www.economist.com/blogs/dailychart/2011/08/populations.

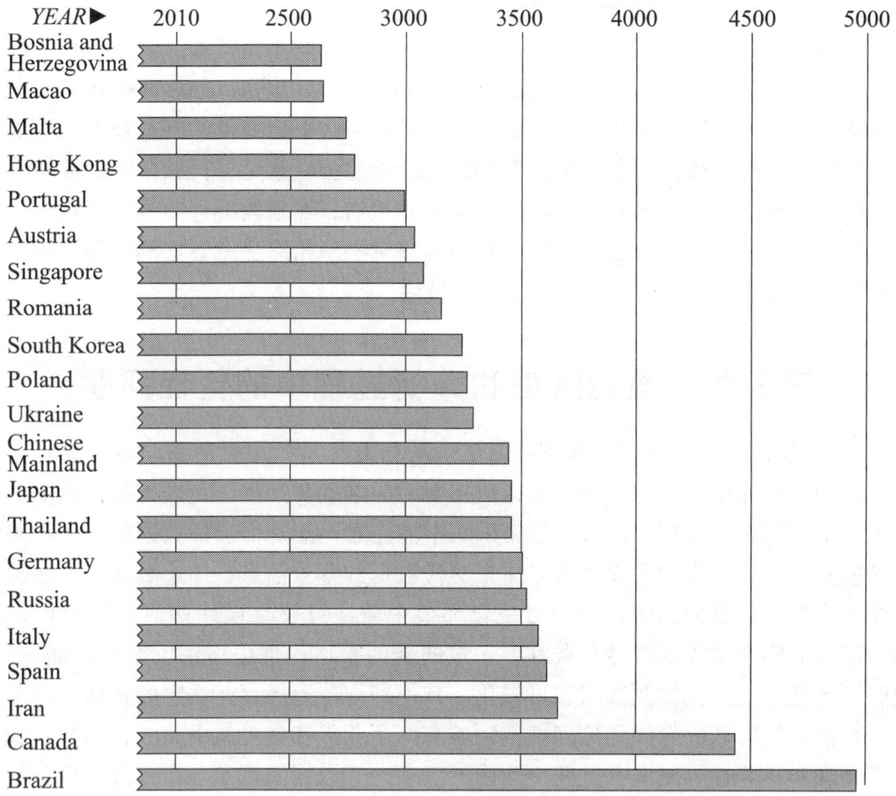

图5-21 《经济学人》网站报道《历史的终结与最后一个女性》的页面截图

当然也没有必要认为报道毫无价值，因为这篇报道以一种独特的角度让人们正视女性选择单身潮流和低生育率可能带来的社会影响，具有发人深省的意义。

4. 缺乏可比性的对比

在对数据进行比较时，首先应该考虑的是，它们之间真的具有可比性。如由于通货膨胀率的影响，两个时间段的收入数字不能简单地进行对比。由于人口数量的不同，两个地区的犯罪率也不能直接加以对比。记者应当将无法直接对比的数据转化为有可比性的数据，比如购买力指数、每万人中案发率等。

其次还需要考虑不能通过简单的对比就仓促下结论。某媒体曾推出了报道，批评星巴克在华牟取暴利。记者在报道中称，对比北京、伦敦、纽约、孟买的星巴克一款中杯拿铁咖啡的价格，北京的27元最贵，而一杯中杯拿铁咖啡的物料成本不足4元。报道推出后遭到很大的质疑，专家和网民都指出这种对比不科学，因为竞争行业的定价问题不能简单以物料成本来计算，这忽略了店铺租金、人工成本、品牌等其他定价因素的影响。

5. 将相关关系等同因果关系

前面曾解释过相关关系，但是要注意相关关系可能只是一种偶然现象，并不能将之等同于因果关系来报道。比如曾有外媒研究中国城乡的房价和人口中的男性比例之间的关系，发现两者存在一定程度的正相关关系，即男性比例越高，城乡的房价也随之越高。报道可以展现这种相关关系，但是针对某地房价为何走高这样的问题显然不能简单地以该地男性占比高作为原因，还需要做更为严谨科学的调查研究。

6. 将抽样样本直接等同于全样本

在数据新闻中，还需要注意勿将抽样样本直接等同于全样本。因为一些统计描述方法并不适用于抽样样本，随意使用可能带来差错。例如，很多数据新闻都会用到网络数据，但是无论是从平台爬取的数据还是一些平台提供的调查数据，它们只能代表部分网络群体的意见，不能直接取代广泛的公众意见。再如，有时抽样方法的局限可能导致调查不够科学，数据的说服力更弱。在新闻报道中难免会用到一些通过滚雪球抽样得来的数据，但在分析和阐释时必须始终注意数据的边界，不要过度诠释，以免造成表述不准确，以致误导读者。

第3节 数据清理和分析过程中的伦理问题

"就像任何事实一样，数据也可能被操纵和歪曲。"① 记者需要时刻警惕，对数据错误的处理和伦理问题可能会损害数据新闻的准确和严谨。在操作数据新闻的过程中，伦理问题遍布各个环节：数据采集中需注意不能片面选择数据源，注重多源交叉核实和验证；文案写作环节需注意交代数据的背景信息，描述数据时不能故意歪曲，需阐明数据的局限；数据可视化环节中需注意视觉设计如何准确地展现数据，而不能用视觉规律误导受众等。一般的新闻报道伦理也适用于数据新闻领域，同时，数据新闻因其涉及数据和可视化，其伦理规范上还存在一定的特殊性。

目前，针对数据新闻的伦理规范领域有两个业界和学界集中关注的问题：隐私数据处理和透明性，事实上这两个问题不仅存在于数据清理和分析阶段，也会在一定程度上关联数据采集、文案写作和可视化环节。我们将之放在此处一并分析。

一、隐私数据处理

2012年，美国康涅狄格州的一所小学发生了校园枪击案，纽约州怀特普莱恩斯的《期刊新闻》(*Journal News*)的一位记者撰写了一篇关于枪击事件可能扩大化的报道，公开可获取枪支许可证的数据，并附有三张带有枪支许可证持有者位置的在线地图，这些地图上还公布了一些郊县枪支许可证持有者的姓名与地址。此举引发了当地公众的抗议，同时也使该国记者在社群中展开广泛讨论。有研究发现，记者社群关于该事件的讨论主要围绕新闻伦理展开，涉及"自由与责任""新闻目的""隐私""验证""后果""替代方案"等主题框架。该研究对数据新闻从业者提出了如下建议：

(1) 每当数据包含个人信息时，新闻编辑室必须讨论能否将其发布到网上。

(2) 新闻编辑室需要考虑的问题包括：第一，该信息是否服务于新闻和公共目的？到什么程度？数据必须至少满足这两个目的才能发布到网上。第二，这些信息可能会伤害谁？到什么程度？数据元素是否会给个人的私生活带来风险？可能错误或过时的数据会产生什么潜在影响？第三，是否有其他方案可以最大限度地减少伤害，例如汇总个人数据而不是使用个人姓名和地址？第四，数据可以验证吗？是否

① REILLEY M, SUNNE S. Data+journalism: a story-driven approach to learning data reporting. Routledge, 2023: 200.

采取了合理的步骤来验证数据的准确性？在发布之前可以通知数据库中涉及的人员吗？可以采取哪些措施来纠正发布后发现的数据错误？

（3）最终决定应考虑所有这些因素，以新闻目的和尽量减少伤害为最高优先级。①

上述建议可被视为比较理想化的隐私数据处理规范，而在实际操作中，即使是获得全球数据新闻奖的被视为业界典范的作品，也未必能很好地处理隐私数据的伦理规范问题。在一项针对前述全球数据新闻奖和Sigma数据新闻奖的获奖项目的研究中，研究者发现关于隐私数据处理是他们调查的三个伦理问题中表现最不完善的，尽管大多数项目都采用例如隐藏元数据和使用虚构来源名称等方法来保护其数据来源和故事中出现的个人来源，但是几乎没有一个项目解释了它是出于何种原因而排除姓名、地址和其他相关信息等个人数据的，而且所有研究的项目都没有提及知情同意，后者被视为新闻报道中保护个人隐私的一项基本权利。②

那么，国内数据新闻领域如何看待和处理隐私数据呢？

首先，从数据来源上，大多数被访者认为数据记者很难获取到隐私数据。“我们采集不到跟个人隐私相关的数据，可能最近也就是信令数据了，但是信令数据本来就是脱敏的，已经过滤掉任何跟个人隐私相关的东西了，都是做了去ID化的处理。你能分析到的是这个用户有什么行为，他的年龄、他用的手机，但无法知道他是谁。我们有的时候也想联系到个人，由信令出发，其实想找到属于这一个批次数据的真实个人，这样有利于讲故事，但根本就拿不到。”③“如果和互联网平台合作挖掘数据，给我们提供的数据都是脱敏的、没有个人的信息。如果是我们在网上公开平台采集的话，其实也很少涉及个体的行为的情况。”④

其次，数据新闻从业者已有意识地对个人信息数据采取脱敏处理。例如网易《数读》栏目“在设计问卷的时候就会注意不问敏感的隐私数据，如果是爬数据的话，平台都会对用户数据做保护，也不太能爬到别人的隐私数据，只能爬到用户发了什么帖子、帖子内容是什么。如果是明显地引用用户的留言和图片，一般编辑或作者会去找他们要授权，得到许可后再使用”⑤。网易《数读》栏目设计师杨楠也谈及自己咨询过编辑有关个人信息是否需要做脱敏处理的问题。她列举新冠相关的选题，认为在把病例整理成数据的时候，要注意脱敏，这样可视化出来也是脱敏的。⑥ 财新数据新闻记者张梅婷也表示：“在爬取数据的时候，或者录入数据的时候，以及在找其他组织要数据的时候，我们都会有意识地隐去一些和个体比较密切、能锁定到个体的信息，其他组织也会因为数据隐私问题考虑不给我们这些数

---

① CRAIG D，KETTERER S，YOUSUF M. To post or not to post：online discussion of gun permit mapping and the development of ethical standards in data journalism. Journalism & mass communication quarterly，2017，94（1）：168－188.

② CHAPARRO-DOMÍNGUEZ M-Á，DÍAZ-CAMPO J. Data journalism and ethics：best practices in the winning projects（DJA，OJA and Sigma awards）. Journalism practice，2023，17（6）：1321－1339.

③ 参见2023年7月对中央广播电视总台新闻中心经济新闻部记者刘佳昕的采访。

④ 参见2023年8月对南都大数据研究院秘书长凌慧珊的采访。

⑤ 参见2023年6月对网易《数读》栏目主编巫雨松的采访。

⑥ 参见2023年6月对杨楠的采访。

据，或者给我们一个脱敏后的版本。感觉现在对数据隐私的问题确实比几年前更敏感。”①

> **概念** “数据脱敏”主要是指数据去隐私化，即运用一定的脱敏规则使某些敏感信息数据变形，从而保护报道对象的隐私。

“数据脱敏”主要是指数据去隐私化，即运用一定的脱敏规则使某些敏感信息数据变形，从而保护报道对象的隐私。

2018 年 8 月 17 日，澎湃的《美数课》栏目发布了名为《我们去了相亲角 6 次，收集了这 874 份征婚启事》《转角遇到爱》的系列数据新闻，报道运用对 874 份相亲广告的数据分析来解读当下的相亲市场和婚恋市场。② 在报道的显眼位置清晰地标注了“所有个人隐私数据均经过脱敏处理”。据澎湃新闻数据新闻主编吕妍介绍，这次报道的数据脱敏主要是从两方面进行的：一是在数据结构化的过程中就排除了收集数据中指向明确的“联系方式”“家庭住址”等个人隐私数据；二是对结构化的数据中具有个人隐私的部分做相应的模糊化处理，如采集的征婚启事中涉及个人职业的描述可能非常清晰，那么可以用一种相对模糊化的描述方式降低其敏感程度，从而保护数据对象的隐私。③ 由于这些报道所采用数据的特殊性，运用数据脱敏能较好地保护报道对象的隐私，避免了报道对象被合围定位的风险，是媒体在制作数据新闻时遵守数据伦理的体现。

除了数据脱敏等方法，我们还能如何做来减少涉及个人的数据被泄露带来的负面影响？马修·萨尔加尼克在《计算社会学：数据时代的社会研究》一书中谈及数字时代的道德伦理问题，他认为信息化风险是社会研究中最普遍的风险，“所有数据都有可能被识别，并且所有数据都可能是敏感的”，因此采用简单的类似“匿名化”处理的解决方案未必有效。他建议在数据工作中创建并遵循一个数据保护计划，该项计划旨在降低泄露数据的概率，并且在数据泄露发生后能够降低伤害。书中援引了“英国数据服务”（UK Data Service）归纳的数据保护计划必备的五项要素（也被称为“5 个安全”）。

项目安全：对涉及道德伦理的项目数据采取限制措施。

对象安全：访问仅限于可信任的数据人员（例如经过道德培训的人）。

数据安全：尽可能将数据标识并汇总。

设置安全：对储存于计算机中的数据采取适当的物理（例如锁闭房间）和软件（例如密码保护、加密）保护。

成果安全：审查研究成果以防止意外隐私泄露。④

这五项要素对于数据新闻从业者构建相应的数据保护计划有一定的借鉴价值。

二、透明性

透明性一直被视为新闻业的重要职业准则。2001 年，比尔·科瓦齐和汤姆·

---

① 参见 2023 年 8 月对张梅婷的采访。

② 吕妍，等．我们去了相亲角 6 次，收集了这 874 份征婚启事．(2018-08-17) [2024-01-22]. https://www.thepaper.cn/newsDetail_forward_2351635；吕妍，等．转角遇到爱．(2018-08-17) [2024-01-22]. http://image.thepaper.cn/html/zt/2018/08/seekinglove/index.html.

③ 参见 2018 年 8 月对吕妍的采访。

④ 萨尔加尼克．计算社会学：数据时代的社会研究．赵红梅，赵婷，译．北京：中信出版集团，2019：280-289.

罗森斯蒂尔在《新闻的十大基本原则：新闻从业者须知和公众的期待》中较早系统性地提出“透明性原则”（rule of transparency）。“透明”意味着记者和编辑需在新闻报道中做出必要的说明，解释新闻是如何获得的，为什么要用特定的方式处理和表达，以及坦陈报道中尚未解决的问题和局限。他们认为这一原则能够替代饱受争议的客观性原则。① 迈克尔·卡尔森（Michael Karlsson）对透明性原则做了分类，将之区分为“公开的透明性”和“参与的透明性”。② 公开的透明性指新闻选择和制作方式的公开，而参与的透明性则涉及受众参与新闻选择和制作的程度。

在开源文化背景下形成的数据新闻圈内，“向公众开放数据来源和数据获取的渠道与方法”，“尽可能地将公众吸纳进报道的过程中来”是较早就确立的普遍规范。③ 总体上看，透明性作为一种原则，已经成为数据新闻从业者的共识。

> 我们的数据源是完全公开透明的，媒体的新闻产品决定了数据源一定要公开透明。一方面是要确保数据的权威性，另一方面也要充分尊重别人的劳动成果。如果数据是二次数据，它的来源、计算方法都要标记清楚。④
>
> 在我自己的实践中，我觉得第一个是透明性，这是基础，然后在透明性的基础上还蕴含了另外的价值，就是普适性和易读性。……在数据新闻里，数据来源的标注是一种仪式，是区别于传统新闻最大的一个环节。这个仪式在各家媒体中都是基本保留的，但是规范性还是不高，比如很多报道就写个来自报告或者某某门户网站。我觉得优先解决数据来源的问题，用来提升透明性，这应该是未来数字新闻基于客观性之后的发展方向。⑤
>
> 数据需要处理，整个数据的处理过程是透明的，能够经得起检验的，可以复制的。⑥

尽管如此，对于透明性的认知和实践仍存在差异。首先，对“公开的透明性”和“参与的透明性”的实践程度不尽相同。例如，国内大多数数据新闻项目仍以图文类作品为主，交互类作品很少。这不仅是媒体基于投入产出所做出的价值判断，也体现出这个领域的从业者仍习惯采用相对封闭的叙事方式，给予受众有限的权利。这或是长期以来新闻业积累的传统“惯例”。其次，即使是“公开的透明性”，媒体在实践中也未达到理想的状态。第2章曾提及的对《纽约时报》和《华盛顿邮报》日常数据新闻的研究发现：绝大多数报道（87.4%，$n=139$）没有提供任何明确的途径来下载文章中使用的任何数据，而8.2%（$n=13$）的报道提供了链接，公开了部分数据，只有4.4%（$n=7$）的报道能链接到所有数据。⑦ 前面列举的对

---

① 科瓦齐，罗森斯蒂尔．新闻的十大基本原则：新闻从业者须知和公众的期待．刘海龙，连晓东，译．北京：北京大学出版社，2011.

② KARLSSON M. Rituals of transparency：evaluating online news outlets' uses of transparency rituals in the United States，United Kingdom and Sweden. Journalism studies，2010，11（4）：535 - 545.

③ 方洁，高璐．数据新闻：一个亟待确立专业规范的领域：基于国内五个数据新闻栏目的定量研究．国际新闻界，2015（12）：105 - 124.

④ 参见2023年8月对《新京报》数据新闻记者陈华罗的采访。

⑤ 参见2023年8月对赵鹿鸣的采访。

⑥ 参见2023年6月对白净的采访。

⑦ ZAMITH R. Transparency，interactivity，diversity，and information provenance in everyday data journalism. Digital journalism，2019，7（4）：470 - 489.

于数据新闻获奖作品的研究也发现，大多数项目在公布数据来源名称、发布时间、方法论方面做得较好，但只有少数项目为读者提供了可访问的数据集、明确标注项目的更新时间，对项目更正和勘误做了清晰的交代。① 在很大程度上，透明性似乎正在沦为一些研究者所称的“策略性仪式”②，这一在数据新闻领域的研究发现与其他新闻领域的研究发现是一致的。

造成透明性实践陷入困境的原因不仅在于新闻从业者，也可能在于整个社会环境。复旦大学新闻学院副教授徐笛认为：“就拿透明性来说，目前大部分情况下仅仅限于数据来源的公开，其他方面似乎并没有得到特别明显的实际应用。我之前研究过一些关于透明性的文献，包括他们对记者的调查，但实际上记者们并没有在实际工作中广泛运用透明性原则。我认为这是一个社会性的问题，也就是说，实际上，一些媒体机构像澎湃和财新曾尝试过增加透明性，但后来他们发现公众并不怎么需要这一点。因此，这可能更多是我们社会环境的问题，而不是信息生产者的问题。”③

在我们采访澎湃新闻数据新闻主编吕妍时，她提及曾经做过的共享数据的经历，也谈到了这一点。

> 我们其实还有蛮多数据共享的，比如疫情时候的信息。公开的话，首先它要比较有价值，其次就是它有一些可复用性。因为有时候一些平台想让我们分享数据，但是我们觉得也不是每一个数据都那么值得分享。因为有的数据如果你想用的话，你还得更新，又或者说它是非常窄的一个面。比如说像之前新冠的那个数据，因为我们知道必须每天自己做清理、去整理，那其实是适合去更新、去共享的。然后另外一方面就是像之前那个流调的信息，就是1万多例病例的数据（注：《11 699 位患者和我们的这一年》），我们也觉得应该去共享，因为那篇内容不可能做出特别深的东西，但是把这些流调的信息去结构化还是很有价值的。可是，从另一方面来说，我们共享之后，获得数据的人并没有给我们很好的反馈。我觉得比较好的情况是，对方也明确表示自己是谁、用这个数据来干吗，然后给我们一个反馈，就是一个互相信任的状态。④

透明性对于数据新闻受众意味着什么？他们如何看待透明性？这是否会影响数据新闻的传播效果？有没有有效的方式来提升公众对于透明性的认知？这些问题还有待进一步的研究来探讨。

【本章小结】

对于那些因为数据新闻兴起而质疑自己专业的具有新闻传播学科背景的读者而

---

① CHAPARRO-DOMÍNGUEZ M-Á，DÍAZ-CAMPO J. Data journalism and ethics：best practices in the winning projects（DJA，OJA and Sigma awards）. Journalism practice，2023，17（6）：1321－1339.

② 白红义，雷悦雯．作为策略性仪式的新闻透明性：一种新职业规范的兴起、实践与争议．全球传媒学刊，2022（1）：129－145.

③ 参见2023年6月对徐笛的采访。

④ 参见2023年7月对吕妍的采访。

言，本章的内容希望能重燃你的职业理想。无论新闻传播环境如何变化，技术手段如何创新，表达方式如何变革，新闻的基本原则并没有像我们所恐惧的那样产生翻天覆地的变化。在数据新闻领域，新闻传播学专业依然有用武之地。因为你能够从数据中找到新闻的角度，而在纷繁复杂、信息爆炸的时代，好的新闻角度永远都是稀缺资源。

数据看似沉默无声，但只要你具有处理和分析数据的能力，就可以发现新闻事件和话题背后那些有趣的数据，它们构建起一个信息庞大而又丰富多彩的世界。我们所要做的是学会从哪些维度切入去观察它们、思考它们、理解它们、分析它们，进而呈现它们，让更多读者也和你一同感知我们所处的奇妙的数据世界。

本章介绍了数据清理和数据分析的方法、步骤和思路，探讨了数据新闻制作过程中两个重要的伦理问题。希望你看完后不仅能掌握其中的工具和方法，更能学会批判性地看待数据。

【本章学习与思考】

1. 找到生态环境部发布的“城市空气质量状况月报”数据，做一份近五年的结构化数据表。

2. 采用不同的数据分析方法对上一题的数据做分析，说说你有哪些数据发现。

3. 你如何看待数据新闻的透明性？如果公众对透明性感知不明显，我们还需要遵循这一原则吗？

4. 对你在前两章中所做项目的数据集展开分析，你得到的分析结果是否具有新闻价值？

第 6 章 数据新闻的文案

长期以来，数据新闻被视为技术驱动的现象，数据新闻的文案部分总容易被复杂的数据分析和酷炫的可视化形式所遮蔽，使很多人产生“学习数据新闻就是学做数据采集和分析”，或者“数据新闻就是信息图表或可视化”的误解。这一点，从现有的数据新闻研究中也可见一斑。大多数数据新闻的教程或著作专注于解决“数据”和“可视化”维度的问题，而对于如何讲述数据故事，研究的数量很少。已有研究中比较有代表性的是里奇（Nathalie Henry Riche）等人所编写的《数据驱动叙事》(Data-Driven Storytelling)，这本书源自 2016 年在德国的一次为期 5 天的研讨会，42 位具有不同背景的人士一起合作讨论数据驱动叙事的话题，并促成了该书的出版。书中对数据驱动叙事中的“探索”和“解释”功能以及叙事模式等展开了详尽的讨论，具有很强的启发性。[①] 尽管如此，书中所研究的叙事仍以结合可视化的叙事为主。与大多数研究类似，数据新闻的文字部分在叙事中所起的作用仍未被充分探讨。

数据新闻归根结底是一种新闻类型，而文字作为人类历史上一种由来已久且有效的沟通符号，在数据新闻中依然扮演着不可或缺的角色。已有实证研究发现，“尽管数据和可视化技术为新闻披上了新颖的视觉外衣，但文字依然是新闻作品的‘招牌’，有着将信息印刻入读者记忆里的强大力量”[②]。本章将围绕数据新闻的叙事形式、叙事结构以及文案写作中的要点和注意事项展开，探讨文字在数据新闻中的作用。

第 1 节 数据新闻的三种叙事形式

谈及数据新闻的文案，需先梳理数据新闻的叙事形式。叙事形式是指数据新闻具有哪些外在表现形式。大多数人将数据新闻与数据可视化（data viualization）简单地等同起来，认为可视化就是数据新闻的叙事形式，其实这种观点是错误的。数据可视化构成数据新闻呈现的非常重要的形式，同时也是融入新技术发展成果来讲述数据新闻的一种优选方式。但是除此之外，数据新闻仍有其他的叙事形式。

数据新闻的发展从某种程度上拓展了新闻的边界，使新闻不仅是对最近发生的事实的报道，而且呈现出更为多元的形态。从当下的数据新闻实践看，媒体讲述数据新闻的形式即叙事形式主要有三大类（见图 6－1）。

第一类是常见的数据可视化形式。目前数据可视化在新闻领域的探索主要集中在信息图、交互可视化、动画/视频这几个层面。随着可视化技术的发展，其所涉及的领域在不断拓展，新闻领域未来可能出现更多新类型的可视化作品。本书将在第 7 章着重讨论数据可视化，此处不再赘述。

---

① RICHE N H, HURTER C, DIAKOPOULOS N, et al. Data-driven storytelling. New York: CRC Press, 2018.

② 惠一蘅，方洁，董晨宇．“解读”抑或“留白”：数据新闻语图结构的认知效果研究．传媒观察，2024 (2)：72－82.

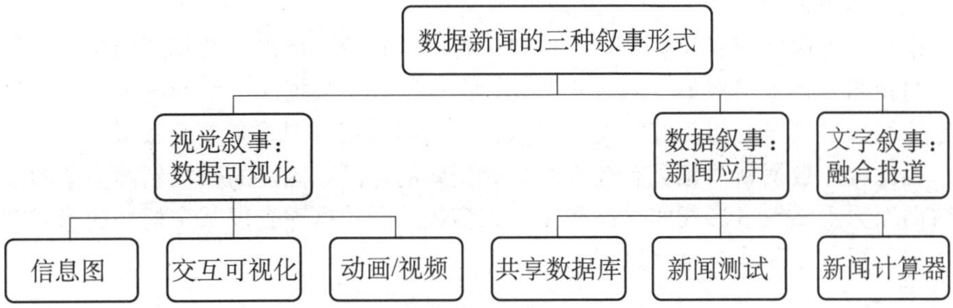

图6-1 数据新闻的叙事形式及分类图

第二类是新闻应用形式。数据新闻的新闻应用（news application）形式是指通过搭建某种数据模型，运用类似共享数据库、新闻测试、新闻计算器等界面方式提供对本地或个人数据的访问的网站或功能的新闻形式。

对这种类型，国内和国外的分类有所不同。在国内数据新闻应用经常被笼统地划分到交互可视化领域中，而国外新闻界则将之细分后单列为数据新闻应用领域。我们认为这种类型的数据新闻相比交互的数据可视化需要更复杂的后端数据支持和前端交互设计，整个生产流程需要程序员和设计师的全程配合，其最终呈现目标主要是构建交互式的数据库。用户通过对数据的探索来获取信息增量，而不是由记者编辑来主导新闻故事的叙事模式。

从某种角度上看，数据新闻应用是程序员记者进入新闻圈使新闻边界拓展的一种产物。曾有学者研究美国《芝加哥论坛报》的程序员记者，发现他们在对数据如何支持调查性新闻的认知论（epistemologies）上与传统的计算机辅助报道记者存在很大的差异。这类程序员记者一般抱有三个基本主张：(1)“新闻是结构化的信息”，他们认为新闻是可被计算机处理的数据，而不仅仅是藏在数据里的故事；(2)“为用户设计研究工具”，应该给用户更便利的途径去核实和使用数据；(3)“减少对政府议程的依赖”，他们认为依靠技术能使他们更少地依赖政府发布的数据，而从其他日益更新的数据源中获取信息来监督政府。[①] 从这个角度看，“记者将新闻视为讲故事，而程序员则将新闻视为可以通过计算机编程能力进行操纵的东西”[②]。《数据新闻手册》（第二版）中也曾提及这种变化的趋势，“数据新闻实际上已经意味着任何涉及电子保存记录和统计数据的新闻行为——换句话说，几乎是所有的新闻行为。这就是为什么该领域的许多人不认为自己是数据记者——他们更有可能认为自己是解释性作家、图形或视觉记者、记者、受众分析师或新闻应用程序开发人员——所有这些都是更精确的名字，对于这个不断发展的领域的许多部落来说。……曾经的车库乐队现在已经发展到足以组成一个管弦乐队”。文中还列举了美国非营利新闻机构 ProPublica 的大多数调查都以新闻应用程序呈现，“从编码开始职业生涯的工程师已经发展成为使用代码而不是

你怎么看

你怎么看待上述程序员对新闻的观点？

① PARASIE S，DAGIRAL E. Data-driven journalism and the public good：“computer-assisted-reporters” and “programmer-journalists” in Chicago. New media & society，2013，15 (6)：853 - 871.

② LEWIS S C，USHER N. Trading zones，boundary objects，and the pursuit of news innovation. Convergence：the international journal of research into new media technologies，2016，22 (5)：543 - 560.

文字来讲述故事的记者”①。

正是因为这些记者有着有别于传统记者的认知论，所以在数据新闻领域，越来越多的新闻未必以“故事”的方式呈现，也可以共享数据库、新闻测试、新闻计算器等依靠数据搭建且提供数据支持和探索的新闻应用的形式来展开叙事。

相比国外数据新闻领域有较多共享数据库的作品，国内的数据新闻中单独以共享数据库为主要叙事形式的作品较少，大多数共享数据库会以某个板块的形式存在于数据可视化作品或融合报道中。

【案例】 共享数据库作品《北京公园地图》

前文已经介绍过帝都绘采用众包方式收集数据所建的共享数据库《北京文物地图（一期）》，《北京公园地图》是继《北京文物地图（一期）》后开放的第二个数据库。原始数据为北京市园林绿化局于2022年发布的《北京市公园名录（第一批）》，由帝都绘在Maptable平台上完成地图标注。数据库包含1 050个公园条目，涵盖所属区/单位、类型、级别、地址、坐标、咨询服务电话、主管单位等信息（见图6-2）。帝都绘不但采用该数据制作了可视化作品《帝都公园大全》，还允许公众和媒体在知识共享署名-非商业性使用4.0国际许可协议框架内探索这个数据库，公众也可用留言方式对数据库中的内容进行纠错。

图6-2 《北京公园地图》数据库界面截图

《数据新闻手册》（第二版）对这种开发共享数据库的报道方式做了如下建议：

- 在发布之前，制定一个修复数据库错误的流程。
- 建立反馈渠道。特别是当调查中意外提及个人时，可能会出现反馈（或投诉）。
- 要么保持数据库的数据更新，要么明确标记不再维护。在新闻领域，发布数据库比发布文章需要更高级别的维护，因为数据库提供的交互性意味着人们对数据的更新程度有更高的期待。
- 分配足够的资源用于长期维护。保持数据和数据库软件更新需要大量资源。
- 观察读者如何使用数据库。搜索或使用趋势可能为未来的故事和调查提供线索。
- 保持透明性。每个数据库都会内置某些选择，不要掩盖这些选择，而是让读者可见，以便他们知道自己在看什么。

资料来源：相关资料详见城市专题开放数据库#2：北京公园地图.（2023-07-19）[2024-01-23]. https://mp.weixin.qq.com/s/YNKyuY58yKmd7mkO_E1t9w，宋壮壮，王涵，卓嘉琪，等.帝都公园大全.（2023-07-19）[2024-01-23]. https://mp.weixin.qq.com/s/sGFGlUhoxd5XvNaCPmJ3bQ，BOUNEGRU L，GRAY J. The data journalism handbook：towards a critical data practice. Amsterdam University Press，2021：204-205。

第三类则是融合报道形式。这里我们所说的融合报道仍然取其狭义的理解，是

① BOUNEGRU L，GRAY J. The data journalism handbook：towards a critical data practice. Amsterdam University Press，2021：157-160.

一种依托网络发布、结合数据分析和多媒体呈现形式，以文字叙事为主的深度报道，它类似融入大量数据分析的新闻特稿、调查性报道或解释性报道。由于其叙事性强，报道具有深度，这种形式越来越受到欢迎。这类融合报道往往仍采用新闻叙事，以数据为驱动架构报道的逻辑框架，并追求数据挖掘和新闻报道的深度。融合报道形式如今在业界越来越受到欢迎，在这种报道中，数据新闻未必要担任主角，而是构成报道的重要组成部分。它代表数据新闻不仅仅是一种形式，也是一种工作方式，将逐步和媒体的其他业务融合，形成一种结合新的报道思维、方法和内容的融合报道。2017 年，澎湃制作的《山河 · 寻路胡焕庸线上的中国》系列报道就属于此种融合报道。澎湃新闻数据新闻主编吕妍认为："数据新闻不一定非要成为报道的主角，它可以是一种形式，而且是天生要求融合的一种工作方式。拿作品'胡焕庸线'来说，我们的工作方式是非常融合的，当时统筹策划的一共有三个人，我主要负责数据和产品方面的统筹，还有一个文字记者负责文本方面的统筹，另外一个是影像方面的负责人。我们三个人会非常平等地讨论这个选题可以怎样去做，根据确定的选题来进行讨论策划，这是一个比较完整的过程。"①

主流的数据新闻叙事形式代表着当下数据新闻发展的三种方向：其一是以设计师为主导的数据可视化的方向，这个方向的特点是将数据可视化视为数据新闻兴起最重要的标志，将数据新闻生产的重心放在可视化的设计上，主要注重视觉传达；其二是以程序员为主导的数据挖掘和应用方向，他们认为新闻未必要讲述记者编辑已经梳理完逻辑的故事，也可以是一系列对数据进行采集清理后所开发的程序，鼓励用户通过自己的探索和分析获取个性化的信息和资讯；其三是以传统新闻从业者为主导的报道方向，将数据新闻视为调查性报道、解释性报道等在大数据时代的新形式，数据是新的报道资料，数据源就是消息来源，数据新闻可以采用新的形式呈现，但归根结底仍是以记者编辑的新闻价值判断和采访调查过程为主导的报道。

从文案的角度看，三种主流的数据新闻叙事形式中，数据可视化偏向"视觉叙事"，从可视化的适宜形态和结构关系的角度出发，通过对数据的信息层次和分布做设计，以视觉传达故事的要点和驱动叙事的逻辑；新闻应用倾向于"数据叙事"，它不是以讲述完整的结构化的故事为目的，而是以呈现数据统计分析或数据挖掘的结果为目的，通过构建个性化的筛选项等交互功能设计，从而达到用数据驱动用户自主探索故事的效果；融合报道则属于传统的"文字叙事"范畴，是从思维逻辑和叙事线索推进的角度展开，叙事结构则更遵循报道者的主观判断，是报道者根据自身对数据的发现来讲述和定义故事。

在"文字叙事"作品中，文案无疑是主导，起着主要的叙事推进作用，但在"视觉叙事"和"数据叙事"作品中，文案虽让位给可视化呈现和新闻应用的界面，但仍在其中起着定调、导航、串联和补充解释等作用。例如，作品的标题对于圈定新闻报道的对象，展现媒体的态度和风格起着关键作用；作品中的导语部分需要对报道的对象和目的做必要的说明；作品中各章节间的小标题能标识不同板块的内容要点及之间的逻辑关系；作品中的可视化内容和新闻应用的交互界面也需要文字的串联和补充解释，刻度、图例、数据来源、数据分析的主要发现、筛选窗口、交互指南等内容都需要相应的文字说明。

① 参见 2018 年 5 月对吕妍的采访。

第2节 数据新闻的叙事结构

对于报道而言，叙事形式是外在的表现形态，而叙事结构则是展现内在逻辑的素材组织方式。不同类型的新闻可能存在或相同或不同的叙事结构，而探讨数据新闻的叙事结构有助于我们谋篇布局，组织架构素材，并形成最终的报道成品。在《数据驱动叙事》一书中，编者总结分析了18种核心的叙事模式，并将之梳理归纳到“论证”“流程”“框架”“同理心和情感”“参与”这五个大类中。他们认为“叙事模式是一种服务于特定意图的底层叙事手段，模式可以单独使用，也可以与其他模式结合使用，以形成故事的形式。具体意图和可能的模式组合应由叙述者（或讲故事的人）定义”①。我们认为，叙事结构是建立在叙事模式基础上的一种中观的叙事手段，它是作者结合叙事模式等底层叙事手段后对整体叙事框架的谋篇布局，作者需结合作品的叙事意图、素材类型、发布渠道对作品的讲述顺序、节奏、逻辑层次做全面的设计，从而达到更好的传播目的。

概念 叙事结构是建立在叙事模式基础上的一种中观的叙事手段，它是作者结合叙事模式等底层叙事手段后对整体叙事框架的谋篇布局，作者需结合作品的叙事意图、素材类型、发布渠道对作品的讲述顺序、节奏、逻辑层次做全面的设计，从而达到更好的传播目的。

从结构上分析，一个完整的数据新闻作品一般包含开头、主体、结尾三个部分，本节将围绕这三个部分展开，分析数据新闻的叙事结构。

一、数据新闻的开头

数据新闻的开头大致包含三个部分：其一是由头，旨在告诉受众我们要关注什么议题以及为何值得关注；其二是介绍我们为此做了怎样的数据工作；其三是揭示最重要的数据发现或者文案要解决的主要问题。

以路透社的报道《印度东部火车相撞事故是如何发生的》为例，其开头部分这样写道：

> 6月2日晚，科罗曼德快车客运列车以128公里/小时（80英里/小时）的速度行驶，前往南部城市金奈，接近印度东部奥里萨邦的巴哈纳加·巴扎尔车站。
>
> 随后发生了印度二十多年来最严重的铁路事故，火车冲向静止的货运列车，导致三列火车相撞并出轨，造成288人死亡、千余人受伤。
>
> 路透社分析了无人机镜头、火车的车厢布局和示意图，发现最便宜和最拥挤的车厢在这场奥里萨邦巴拉索尔地区的火车相撞事故中受损最严重。印度铁路部门的一位发言人证实：最便宜的车厢是受灾难影响最严重的车厢之一。②

这里的由头部分是前两段，直接概述最近的新闻事件，交代其产生的影响，第三段则同时讲述了路透社做了怎样的数据工作及他们有何重要的数据发现。

一般来说，由头需要用简洁的文字尽快让受众意识到新闻关注的是什么议题，并让受众认识到这个议题值得关注。按照选题时效性的强弱，由头的写作也有明显

---

① RICHE N H，HURTER C，DIAKOPOULOS N，et al. Data-driven storytelling. New York：CRC Press，2018：107-134.

② ARRANZ A，KAWOOSA V M，KATAKAM A. How the train crash in Eastern India unfolded. (2023-06-14)［2024-01-23］. https：//www. reuters. com/graphics/INDIA-CRASH/RAIL-INVESTIGATION/dwvkdwnbkpm/.

的差异。对于类似路透社这篇报道这样时效性强的选题，新闻事件自身已具备吸引受众的要素，所以只要在由头中以概述的方式交代新闻事件即可。如澎湃《美数课》栏目的《已致百人遇难，5 组数据看甘肃积石山地震何以至此?》的开头部分也采用这样的写法：

> 据中国地震台网测定，2023 年 12 月 18 日 23 时 59 分，甘肃临夏州积石山县发生 6.2 级地震，震源深度 10 公里。截至 12 月 19 日 13 时，这场地震已造成甘肃 113 人死亡，青海 13 人死亡、20 人失联。
>
> 20 世纪以来，中国先后发生过约 800 次 6 级以上地震，但伤亡如此惨重的地震并不多见，这是为什么?
>
> 我们总结了"6.2 级地震威力并不小""浅源地震破坏力极大""逆冲型地震的震动更强""震中离居民区太近""地震烈度超过当地建筑设计抗震能力"等多方面原因，为你梳理出造成甘肃积石山 6.2 级地震伤害这么高的影响因素。①

这个由头除了交代新闻事件及其影响，还从事件中找到了一个具体的切入角度，提出了明确的问题，使作品的问题导向更清晰，也更易激发读者的求知欲。

但是，很多数据新闻的选题并不依托具有时效性的新闻事件，而是涉及一些非时效性的话题、现象或趋势，这时写作由头的方法就要更加灵活。例如，用恰如其分的引语、用描述采访个体的故事、用数据等背景材料、用悬念吸引读者探寻答案等来引出主题都是常见的写作技巧。

在财新的报道《大片时长动辄 3 小时，电影越来越长了吗?》的开头部分，作者就运用了希区柯克的一句话引出主题，显得既契合主题又幽默诙谐。同时通过联系生活中看电影时的熟悉经历，作品在开头部分就将受众引入了叙事的背景中。

> 电影大师阿尔弗雷德·希区柯克（Alfred Hitchcock）曾表示，"一部电影的长度应该与人类膀胱的耐受程度保持一致"。不过，近些年来，电影导演们和制片厂在为观众带来视听盛宴的同时，也在不断挑战着观众们的膀胱极限。②

再如，RUC 新闻坊的作品《分娩之后，母亲们还要经历哪些"隐秘的痛楚"?》的开头引用了三个母亲在网络上分享的描述分娩后痛楚的直接引语来引出话题，这些非常具体的细节经历更容易唤起读者的共情。

> "我就是骨盆前倾了，弯腰腰疼，抱孩子也腰疼。肚子大得收不回去。"
>
> "我生完孩子后不敢大笑、咳嗽，害怕漏尿。"
>
> "后遗症腹壁子宫内膜异位症，产后已反复三次手术了。"
>
> 成为母亲的不易从怀孕那一刻便开始，但往往并不会在孩子出生后宣告结束。阴道撕裂、骨盆前倾、腹直肌分离、盆底肌松弛、产后抑郁……"卸货"之后，许多宝妈并未迎来期待已久的轻松。但对于产后的痛楚，人们似乎缺乏

① 杜海燕，蒋馨尔，施媛媛．已致百人遇难，5 组数据看甘肃积石山地震何以至此?.（2023-12-19）[2024-01-23]. https://mp.weixin.qq.com/s/umRxVJvXiyCAVKLq55m81w.

② 张梅婷，张嘉豪．大片时长动辄 3 小时，电影越来越长了吗?.（2023-11-08）[2024-01-23]. https://mini.caixin.com/2023-11-08/102125977.html.

关注，更缺乏理解。①

与此不同，RUC 新闻坊的另一个作品《自杀干预在中国》的开头用一段故事带入，使读者能更直观的理解何为“自杀干预”。

> 2019 年 5 月 13 日上午 11 时 48 分，“跳河吗？我有群”，一条约死留言出现在博主“走饭”的评论区中，并很快得到了回应。
>
> 次日下午 1 时 41 分，发这条评论的女孩坐上了从兰州到武昌的直达列车，而她在网上约到的赴死同伴也将从襄阳赶到武昌，在约定的 15 日与她在武昌火车站会合，然后一起通过“跳江”的方式结束生命。
>
> 但他们的计划因为一个名为“树洞行动”的自杀干预组织介入而未能实施。
>
> 以线上干预和实地行动相结合的方式，15 日上午 9 时许，树洞救援团的成员在武昌火车站“拦截”了这两位约死的网友，此时距离留言发出不到 45 小时。②

很多时候，在开头部分引入数据等背景资料，也能体现作者即将讲述的话题的重要性或凸显趋势的普遍性，增强受众对问题的关注。例如在《南华早报》的报道《香港鞋盒屋的生活》的开头，作者这样写道：

> 香港光鲜亮丽的外表背后其实有一个贫穷的底层，超过 22 万人居住在狭窄的劏房、床位和笼屋里。
>
> 香港是一座拥有近 750 万人口的繁华城市，以昂贵的房地产市场而闻名，被认为是世界上最难以负担的市场。对于大约 22 万人来说，家位于该市 11 万多个细分单元中。这些鞋盒式住宅是在现有公寓的基础上建造的单元，通常位于旧唐楼内，居住条件糟糕且狭窄。③

作者在开头就给出数据背景，有“超过 22 万人”居住在环境糟糕且狭窄的鞋盒屋里，由此表明作者即将讲述的鞋盒屋生活并不是少数个案，而是具有普遍性的社会问题。这个开头还使用了“陌生化”这一叙事模式④，采用强烈的对比反差，打破人们对香港“光鲜亮丽”的刻板印象，从而带给受众比较强的探索欲望。

与之相似，彭博社的报道《退休时间最长和最短的国家》也在开头融入了数据背景。

> 几乎每个人都梦想拥有一个长寿、健康的退休生活。然而，实现这一目标的机会差异很大。
>
> 当你活到 60 岁时，在墨西哥、哥伦比亚和美国等一些国家，男性平均只能期待健康的十年——或更短的退休时间。而根据彭博新闻社的计算，在法国

---

① 陈奕菲，刘静芸，史静怡，等．分娩之后，母亲们还要经历哪些“隐秘的痛楚”?．(2023－05－15)［2024－01－23］. https://mp.weixin.qq.com/s/lpi-IVJf6t1z-4mZZtVTIA.

② 陈敏睿，栗梦颖，宛瑾，等．自杀干预在中国．(2020－05－19)［2024－01－23］. https://mp.weixin.qq.com/s/lf74bWgARxGVhyCOHpkyqw.

③ ARRANZ A，DUHALDE M，LEE K，et al. Life in Hong Kong's shoebox housing. (2022－06－07)［2024－01－23］. https://multimedia.scmp.com/infographics/news/hong-kong/article/3180601/subdivided-flats/index.html.

④ RICHE N H，HURTER C，DIAKOPOULOS N，et al. Data-driven storytelling. New York：CRC Press，2018：116－117.

和卢森堡等国家，男性可以健康地度过 18 年以上的退休生活。

但是，世界各地的国家都面临着同样的困境。随着预期寿命的延长，政府开始推动人们在劳动力队伍中工作更长时间。然而，健康预期寿命——一个人在没有重大疾病或伤害的情况下可以健康生活的平均年数——并没有以同样的速度增长。①

退休和养老是关乎整个社会的重要话题，这篇数据新闻在开头部分就突出了不同地区退休生活的数据差异，旨在吸引读者继续阅读下去，从对比中找寻自己感兴趣的国家是怎样的情况。

以设置悬念的方式开启数据新闻也是一种颇为有效的叙事技巧。例如新加坡《海峡时报》的交互类数据新闻《越来越多的妻子比丈夫挣得更多——尽管大多数男性仍然是养家糊口的主要经济来源》中，开头设计了一个交互场景，页面左边是文案，右边是交互设计（见图 6－3），文案设计成请读者猜谜的形式，并通过交互设计一步步引导读者继续探寻答案。

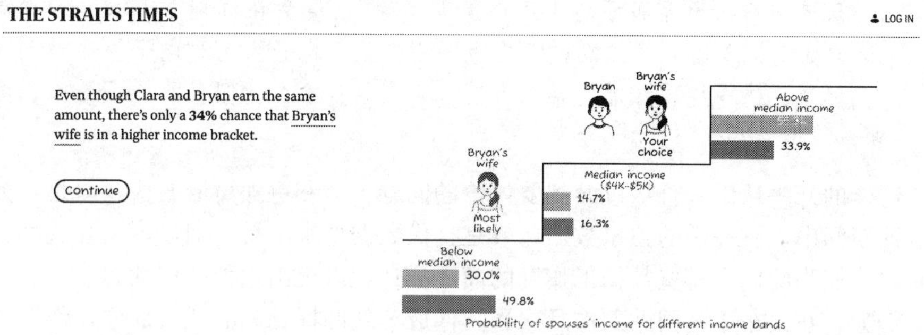

图 6－3 《越来越多的妻子比丈夫挣得更多——尽管大多数男性仍然是养家糊口的主要经济来源》开头的交互设计截图（来源：《海峡时报》）

这是布莱恩（Bryan）和克拉拉（Clara），他们是同一岗位的同事。

布莱恩和克拉拉各收入 4 534 美元，这个收入相当于 2020 年的收入中位数。这个数据使两人处于 4 500～4 999 美元的收入阶层。

你能猜猜相对克拉拉，她的丈夫收入多少吗？拖放来猜测他的收入。

根据 2020 年的普查数据，有 55％的可能性克拉拉丈夫处于比她更高水平的收入阶层。

那么，猜猜相对布莱恩，他的妻子收入怎样？

即使克拉拉和布莱恩赚得一样多，只有 34％的可能性布莱恩妻子的收入处于比他更高的水平。

尽管克拉拉的丈夫有更大可能性比她收入高，但布莱恩的妻子则更可能比他收入低。

这种趋势在近几十年中是如何变化的，它怎样影响家庭？滚动展开去找到答案。②

① The countries with the longest—and shortest—retirements. （2023－02－14）［2024－01－23］. https：//www. bloomberg. com/graphics/2023-global-retirement-age/.

② ADELINE S，TAN T，HENG Y Z. A growing share of wives earn more than their husbands—though most men are still the main breadwinner. （2023－07－02）［2024－01－23］. https：//www. straitstimes. com/multimedia/graphics/2023/07/wive-earn-more-husbands-main-breadwinner-singapore/index. html.

针对开头部分中“我们为此做了哪些数据工作”这一点，一些数据新闻作品会在文案开头省略，而在文中主体部分相应的数据分析内容中一并交代。这样处理的原因有三：一是力求开门见山，快速进入主题，少兜圈子；二是涉及的数据来源比较多，且数据往往是二手数据，非自采数据，因此不必要一一罗列；三是为了设置悬念，调整叙事的节奏，使整个叙事产生逐步推进的效果，而不是在开篇时就将所有疑问都解开。如网易《数读》栏目发表的作品《挤爆寺庙的年轻人，上香比上学还认真》在开头部分隐去了对“我们为此做了哪些数据工作”的介绍。

当大家还在为玲娜贝儿的拥抱苦苦排队时，一波年轻人已经义无反顾地投向了佛祖的怀抱。

学习、工作使人疲惫，年轻人选择来一场“佛系”的出游。携程数据显示，今年以来，寺庙相关景区门票订单量同比增长310%；2月以来预订门票的人群中，“90后”“00后”占比接近50%。

只要你想，天天都可以是疯狂星期“寺”。漫步在红墙黄瓦之下，早起n小时只为请到头香，攒“功德”再也不用只依靠电子木鱼和电子佛珠。

但是，选择烧香拜佛的年轻人们，都在求什么？他们真的静下心来、变得“佛系”了吗？①

这样的开头从由头直接过渡到要讨论的问题，节奏更加简洁明快。但是，如果在数据新闻中，有一手的独家数据，或是这份数据得来不易，则建议在开头部分保留对“我们为此做了哪些数据工作”的简单描述，以突出这种独家性。

例如，在《布丁》网站的作品《当女性成为新闻标题》的开头部分，作者就用一整段详细说明数据来源，以展现作者在做这项研究时所采集数据的量级及其代表性，从而给读者一种该报道采用的方法科学、专业的阅读感受。

如今，研究已经表明：与男性相比，女性上新闻的可能性要小得多。全球媒体监测项目（GMMP）是全球新闻媒体中规模最大、运行时间最长的性别研究项目，在其最新发布的报告中，发现女性仅占报道的新闻主题和消息来源的24%。根据这份报告，这个数字自2010年以来没有变化。

在新闻背景下，新闻标题介绍、构建和背景化新闻报道。此外，教育和实验心理学领域的研究表明，新闻标题会对读者的思想产生影响，并且误导性的标题可能会使读者偏向某种特定的解释。

那么，如果女性在新闻中的代表性不足，当新闻标题报道女性时会是什么样子呢？随着时间的推移，有关女性的新闻标题发生了怎样的变化？

为了探索这些问题，我们可视化了以女性为中心的新闻标题中使用的语言，以及这种语言随着时间的推移如何发生变化（或没有发生变化）。使用与“女人”（woman）一词相关的关键词（例如女孩、母亲和女士），我们收集并分析了2005年至2021年间由四个国家的顶级英语新闻出版物和新闻机构发布的382 139个新闻标题。这四个国家为美国、印度、南非和英国，共有186种出

① 生块叉烧，乐乐，起司司，等．挤爆寺庙的年轻人，上香比上学还认真．（2023-03-17）[2024-01-23]．https：//mp. weixin. qq. com/s/G-M61SxUE2O_oZWrFC4fzA.

版物（南非24种、印度51种、英国57种和美国54种）。[①]

当然，写作并没有固定程式，以上只是当下数据新闻中常见的写作开头的方法和技巧。在实践中，不必拘泥，可以借鉴其他新闻体裁的写作技巧做更多尝试。

你怎么看

除了作者介绍的上述开头方式和技巧，你在阅读数据新闻时还关注到怎样的开头写作方式？

二、数据新闻的主体

结合大量数据实践和对数据新闻作品的观察与研究，我们认为，数据新闻主体部分的叙事结构主要有三种：并列式结构、对比式结构、递进式结构。

（一）并列式结构

并列式结构是指以“总-分”的方式展开，报道者围绕某个数据分析对象，将主要的分析结果一一呈现的报道结构。在这种结构中，报道者首先会简介数据分析对象和报道初衷，告知数据集的基本特征，然后就从多个维度呈现分析结果。在并列式结构中，不同的分析结果之间不存在明显的时序或者逻辑顺序，各板块之间属于并列关系。

概念 并列式结构是指以“总-分”的方式展开，报道者围绕某个数据分析对象，将主要的分析结果一一呈现的报道结构。在并列式结构中，不同的分析结果之间不存在明显的时序或者逻辑顺序，各板块之间属于并列关系。

以财新所做的《反腐·187张面孔》为例。这个数据新闻先介绍了报道对象为十八大以来因反腐而落马的高官，同时说明数据收集的时限；然后分页面对收集的187个落马高官的数据进行多维度剖析，其中包括落马年份、干部级别、地域分布、违纪情况、罪名信息等。[②] 总体上看，这个报道属于并列式结构，以视觉叙事为主，根据数据分析，通过并列呈现的多个维度数据展现了落马高官的群像。

再如，RUC新闻坊的作品《成为母亲，会有哪些隐秘损耗?》。因为这是一篇以图为主、文为辅的“小绿书”[③] 作品，所以完整的文案和图片是分隔的，图片居于视觉中心，除了封面，共有三张信息图，分别描绘三位母亲的故事，数据来自被访者的个人数据。而文案叙事将图片串联，并给予相应的补充和深化。

> 《始于极限》一书中提及，在“丧偶式育儿”等概念被发明之前，女人带孩子，被认为是天经地义的。
>
> “没人会特意给天经地义的事情命名。”
>
> 即便“母职”在当下被更多人所认知，母亲往往依旧被社会、家庭默认为育儿的主力。
>
> 当背负了另一个生命，作为母亲的生命又会发生什么样的损耗和偏移?
>
> 母亲是一个太过庞大的样本，难下任何武断的结论。因此，我们和三位身边的母亲聊了聊，从个案中获知了这些损耗的具象。
>
> ● 成为母亲，可能是社交关系重心的偏移。
>
> “90后”妈妈小苏，在一家美容院做兼职。她向我们敞开了她的微信聊天

---

① NICOLETTI L，SARVA S. When women make headlines.（2022-02）[2024-01-23]. https://pudding.cool/2022/02/women-in-headlines/.

② 丁苗，陈宝成，林子桢，等．反腐·187张面孔．（2017-10-14）[2024-01-22]. https://datanews.caixin.com/mobile/AntiCorruption/mobile/.

③ 小绿书指微信提供的一种类似小红书的以图为主导、文字为辅助，文图分开的版式。

列表。在这里，我们能看到，围绕孩子，更多的社会关系被创造并需要她来维护，冲淡了原有圈子的“含量”。

● 成为母亲，还可能使那些无关孩子、有关自己的事，被无限推迟和淡忘。

“70 后”的全职妈妈阿碧，子女都已成年。但在漫长的抚育中，“母亲”像一个充分的借口，让这些成为妈妈前俯拾即是的事，变得麻烦起来。

在我们的提示下，阿碧回忆起了一些“上一次”的确切时间：上一次给自己换手机、去旅游、出省、看电影……简单的小事里，却也总混合着对孩子的考虑，要么出发点就是孩子，要么是得同时想着怎么安顿孩子。

● 成为妈妈后，时间将被更精密地分割，然后消耗。

“90 后”妈妈艳艳，是一名全职教师，如果你将她最平凡的一天展开来看，会惊叹于它的紧凑和精巧。艳艳与家中的另一位“60 后”的母亲——孩子的奶奶文娟紧密配合，将 24 小时视为一场接力跑，而孩子，正是那根永不落地的接力棒。

● 在艳艳的故事里，我们也能看到老年女性所背负的照料孙辈的“道德义务”。年迈的母亲，在隔代抚育中付出了大量劳动。文娟可以自由支配的时间不多，她见缝插针地休息和散步，从繁重的家务中“喘口气”。

这一切的一切，都是对母亲无形的损耗，它们成为孩子成长的养料和代价。又一个母亲节来临，也许看清这些损耗，才能真正知晓母亲劳动的重量，以及“成为母亲”残酷的一面。

赞美母亲。[①]

在上述作品中，三个母亲的故事好比三张拼图，它们从不同角度切入，刻画了“母职”的责任与重量。这三个故事之间没有孰轻孰重的关系，可以任意组合排列，是并列式结构。

并列式结构不仅适合单篇数据新闻作品的叙事，也适合组织多篇数据新闻的系列报道。例如，2023 年 10 月，中央广播电视总台央视综合频道首播的大型纪录片《通向繁荣之路》就是一个典型的案例。这组纪录片围绕“一带一路”倡议展开，分为《大道同行》《跨越山海》《轻关易道》《心手相连》《向新而行》《和合共生》六集。每一集都是一个融合报道，其中有大数据挖掘和可视化设计；六集形成一个系列，分别从基础设施、规则制度、民心相交等不同角度展现中国与共建“一带一路”国家携手推动全方位多领域互联互通的故事。

并列式结构也经常出现在交互式作品中，这些交互式作品重在为读者提供根据他们的兴趣形成的个性化数据和故事，因而作品以并列式结构来布局，可以满足不同读者对数据展开不同维度探索的意愿，并给他们更多叙事的主导权。以澎湃《美数课》栏目的《沸腾之夏 你的城市还好吗?》为例，作品在开头就设计了允许用户探索当前位置或在搜索栏中键入其他城市的设计，将近 700 个城市的 70 年气候变化并列分布，用户可以从其中某个城市的切口进入观看有关这个城市的气候变化数

① 葛书润，汪瀚，杨语之，等．成为母亲，会有哪些隐秘损耗?.（2023－05－14）[2024－01－23]. https://mp.weixin.qq.com/s/sEE_DBodwJeLQ71VrgJNlw.

据，生成相应的海报，而不同城市之间的文案则属于并列关系。①

（二）对比式结构

对比式结构是指在报道中以呈现数据分析对象A和参照对象B的差异为叙述主线展开，从而清晰地展现A的特征的叙事结构。

对比分析是数据新闻中常用的数据分析方法，在实际操作中可以进行横向或纵向的比较，从而突出报道对象的特征。对比式结构正是运用对比分析的思路展开报道的一种叙事结构。

概念 对比式结构是指在报道中以呈现数据分析对象A和参照对象B的差异为叙述主线展开，从而清晰地展现A的特征的叙事结构。

对比式结构可以分为横向对比和纵向对比两种类型。在横向对比式结构中，参照对象B可以是某一个具体的比较对象，也可以是多个同类的具有一定可比性的比较对象。

例如，《布丁》网站曾做了一个有趣的报道，分析漫画书中的女性角色。② 作者提出的疑问是女性角色在超级英雄漫画中出现的次数少于男性，当她们出现在漫画中时她们是如何被描绘的？为了解答这个问题，作者从Comic Vine数据库中找到了来自DC和漫威两大漫画公司的34 476个女性漫画人物，分析命名规则、超能力的种类、英雄联盟的组成等。在整个报道中，作者一直将女性漫画角色和男性漫画角色进行对比分析，由此发现女性漫画角色的特征。如从命名角度看，相比男性角色，女性角色的命名偏向柔弱、无危险性和攻击性的特点（见图6-4）。在这篇报道中，作者将女性漫画角色与男性漫画角色做对比，属于单个对象之间的横向比较。

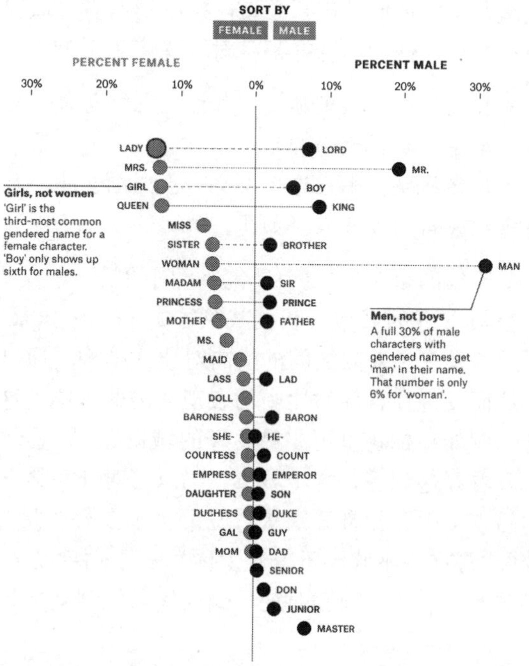

图6-4 对女性漫画角色命名特点的数据分析报道截图

① 沸腾之夏 你的城市还好吗?.（2023-09-12）[2024-01-23]. https://projects.thepaper.cn/thepaper-cases/839studio/summer2023/index.html.

② SHENDRUK A. Analyzing the gender representation of 34 476 comic book characters. [2024-04-07]. https://pudding.cool/2017/07/comics/.

《华尔街日报》的报道《电动汽车真的对环境更有利吗?》也是一个采取对比式结构叙事的作品。这篇报道开宗明义，在导语部分就引入了电动汽车和燃油汽车之间的比较。

> 包括通用汽车公司和大众汽车公司在内的汽车制造商正在重组其公司以生产电动汽车，前提是其电池驱动的发动机比燃油发动机更清洁。
>
> 然而，电动汽车真的对环境更好吗？仔细观察所有因素就会发现它们确实如此——但这是一个带有一些星号的复杂答案。
>
> 汽车的环境成本包括制造汽车和为其提供燃料。这意味着要考虑与石油钻探和发电厂烟囱相关的排放，以及电动汽车电池所需的镍和钴等采矿金属的排放。
>
> 《华尔街日报》寻求多伦多大学研究人员的帮助来研究这个问题。我们首先比较了两款在同类产品中最畅销的汽车对环境的影响：一款使用电力的中型轿车和一款使用汽油的更轻质的紧凑型SUV。

随后，作者对比了这两种车型分别在行驶0公里、5 000公里、20 600公里、36 000公里、100 000公里、200 000公里时对环境造成的影响。然后，作者将视野从两种车型转向美国汽车行业层面，对未来该领域的政策做分析，列举了“一切如常”“混合国家”“加州梦”“策略组合”等四种政策场景，并结合数据分析它们分别对美国的环境造成怎样的影响。

行文至最后，作者对上述比较进行总结，指明消费者、政府和公司在汽车行业转型的过程中都担负责任，他们的选择都将对环境产生影响。

> 无论使用哪种发动机，汽车都会增加温室气体排放。但数据显示，从燃油汽车转向电动汽车将产生巨大影响。
>
> 消费者在汽车之间做出个人选择将会产生影响。当我们迈向未来时，政府做出的政策决定和公司的投资也将如此。[①]

与上述作品主要比较两个对象之间的差异不同的是，前文提及的网易《数读》栏目的作品《对社畜最友好的城市，我们找到了》和《中国最适合避暑的城市排行，谁是第一》采用的是多个对象之间的横向对比式结构，通过不同维度对同类对象展开对比分析，从而发现在各项对比中均表现突出的个体。这种叙事结构往往在对比前设置了悬念，例如在标题里用“最友好的城市”“最适合避暑的城市”之类表达，让人颇想点开看看这到底是哪个城市。仍以《对社畜最友好的城市，我们找到了》为例，在作品正文中，作者分别从“城市友不友好，最先看就业”“来到这座城，购房不是梦”“喜欢一座城，还得看生活”三个角度切入将一线城市和新一线城市的平均薪酬分布、房价、通勤时耗、烟火气与便利度指数做比较，最后得出结论：

> 年轻人在选择城市时，如果仅看多不多金，一线城市无疑是首选。但如果

---

① GOLD R，KURONEN J，WANG E. Are electric cars really better for the environment?.（2021-03-22）[2024-01-23]. https://www.wsj.com/graphics/are-electric-cars-really-better-for-the-environment/.

觉得快节奏让你喘不过气，那么可以退而求其次，去杭州等新一线城市。

如果再综合购房和通勤因素，恐怕还得是长沙和合肥。这其中，不夜之城长沙不仅美食多，而且是便利店的成长沃野，无须忧虑生活幸福指数。

当然，长沙也面临着成都类似的问题，工作类型较为单一，但对于想逃离北上广的年轻人来说，已经是不错的选择。

小城市有宁静和温馨，大城市有繁华和机遇，最怕的是，对于既要生活又要钞票的年轻人来说，无论选择哪里，最终都会意难平。①

读到这里，受众才恍然大悟，“什么城市对社畜最友好”答案可能并不唯一，关键在于我们更看重怎样的评价标准，追求怎样的生活。选择的过程就意味着有权衡和取舍，鱼与熊掌难以兼得。

对比式结构的另一种类型为纵向对比式结构，将数据分析对象 A 放在时间的维度上，与历史数据进行比较，也可以展现出事物发展变化的规律。

例如，前面提及的财新的作品《大片时长动辄 3 小时，电影越来越长了吗?》，作者先结合网民的点评和 2023 年上映大片的时长来引出“电影时长真的在变长吗”的疑问。为了解答疑问，作者分析了互联网电影资料库中 1930 年至今在全球范围内上映的超过 11 万部电影的相关数据，发现“比起 20 世纪 30 年代（1930—1939 年）的电影，近十年（2014 年—2023 年 10 月底）电影的平均时长上涨约 25%。其中，每年全球热度 TOP10 的电影（以 IMDb 上该电影的评分人数为参考）平均时长更是上涨了约 31%”。作者进一步分析发现：“整体而言，热度高的电影比一般电影的时长更长。”随后，作者分别从媒介流变因素、电影类型、导演偏好等角度分析产生这种现象的原因，并探讨了其带给电影业的影响。② 这个作品的核心部分采用纵向对比式结构，根据历史数据的梳理和分析，对标题提出的疑问给予了肯定的回答。当然，作品的后半部分也采用了横向对比式结构和递进式结构展开，这也说明作品中的叙事结构未必是单一的，一个作品可融入和嵌套多种叙事结构来组织和架构叙述材料。

（三）递进式结构

> **概念** 递进式结构指报道者叙述的逻辑及其呈现的数据分析结果呈现层层深入的关系，前一个环节的叙述是后一个环节的前提和基础，后一个环节的叙述是对前一个环节内容的深化。

在递进式结构中，报道者叙述的逻辑及其呈现的数据分析结果呈现层层深入的关系，前一个环节的叙述是后一个环节的前提和基础，后一个环节的叙述是对前一个环节内容的深化。在以调查或解释为目的的数据新闻中，递进式结构采用得较为普遍。

以腾讯新闻谷雨数据的《3.5 亿抑郁症人群背后，她们为何成为沉默的高发者?》为例。作品的导语部分就指出了报道对象。

世界卫生组织数据显示，全球约有 3.5 亿抑郁症患者，中国泛抑郁人数已经超过 9 500 万。

提到抑郁症，我们总会不自觉地将它与青少年联系起来，但事实上需要被

① 阿离，杨波浪．对社畜最友好的城市，我们找到了．(2023 - 03 - 31)[2024 - 01 - 22]. https://mp.weixin.qq.com/s/D5CjcbMYNfQ8XBa6D-Y-tg.

② 张梅婷，张嘉豪．大片时长动辄 3 小时，电影越来越长了吗?．(2023 - 11 - 08)[2024 - 01 - 23]. https://mini.caixin.com/2023 - 11 - 08/102125977.html.

关注的抑郁症患者远不止于此。

她们是被生理变化困住的中老年妇女，也是在琐碎生活里不停打转的母亲和妻子。

在庞大的抑郁症人群中，中老年女性已经成为一个特殊的高发群体。①

这个作品的主体共分为四个部分，第一部分“沉默的高发者”中通过数据分析揭示“女性、中老年、家庭主妇……这几个关键词组合在一起，掀开了一个庞大群体的精神困境”。这个部分还发现中老年女性抑郁症群体在媒体报道中容易被忽视。第二部分“‘抑郁症’与‘精神病’”中作者发现这个群体受困于病耻感，就诊率低。第三部分“逃离的，困住的”聚焦于对原因的探寻，试图从生理和家庭压力等角度解释中老年女性为何成为抑郁症高发群体。第四部分“拯救与陪伴”是寻找问题解决方案。这四个部分在叙事关系上层层深入、由表及里，其顺序不能颠倒。这种结构设计恰恰符合读者由浅入深逐步认知问题的思维特点。

与这个作品相比，第4章曾提及的报道《委内瑞拉，走私者的天堂》则体现了另一种随着调查逐步深入的叙事特点。在这个作品中，五个小标题分别对应“有组织犯罪控制委内瑞拉的黄金开采”“被招募的难民携带黄金穿越哥伦比亚边境”“亚马孙地区的淘金热让原住民土地陷入恐惧”“加勒比黄金自助洗衣店”“委内瑞拉黄金秘密流入国际市场”五个部分，每个部分记录一段记者调查的路线和在这一区域的调查发现，五条调查线连接在一起就构成了完整的黄金走私路线。② 读者可以循着这条记者调查走访的路线逐步深入地了解报道揭示的社会问题。

除了思维逻辑上的递进，有些选题与时间要素相关，也可采用时间维度上的递进方式来组织报道。

例如，《海峡时报》的报道《日本前首相安倍晋三遭枪击：事情是如何发生的》分为三部分，第一部分“事件发生在哪里”结合地理数据展示案件发生地点的环境特征，第二部分“事件是如何发生的”以时间线的方式展开，结合各种视觉和报道资源对事件发生发展过程做完整还原，第三部分“日本任期最长的首相”则是介绍新闻的背景资料，以便读者进一步了解事件中的新闻人物。③ 其中，第二部分是文章的重点，篇幅最长，这部分就是按照时间线索推进展开的，这种讲述故事的方式也符合读者对类似突发事件如何发生发展的认知期待。

再如我曾指导的一个学生作品《雾霾十三年：还远不是停下的时候》（该作品获得2017年第三届数据新闻比赛一等奖），这个作品想要回答的疑问是从“雾霾”一词正式在媒体出现到作品制作的这十三年间，社会的不同主体如何看待它？报道从一个个性化的故事切入，以时间顺序推进。作者先引出2004年这个时间节点，这一年媒体第一次公开报道“雾霾”。从这个节点展开，发现雾霾报道和空气质量的变化之间存在正相关关系。随后时间节点被推至2012年，因为2012年开始“雾

---

① 苏现奎，谭静，莱莱，等．3.5亿抑郁症人群背后，她们为何成为沉默的高发者?．(2021-10-10)[2024-01-24]. https://mp.weixin.qq.com/s/u-sE80At8jZMN2aDZe-Xuw.

② MONTIEL A, BENEZRA J. Venezuela, the smugglers' paradise. (2019-07-23)[2024-01-22]. https://smugglersparadise.infoamazonia.org/?lang=en.

③ Shooting of Japan's former PM Shinzo Abe: how it happened. (2022-07-11)[2024-01-24]. https://www.straitstimes.com/multimedia/graphics/2022/07/japan-shinzo-abe-dies-shooting/index.html.

霾”一词在搜索引擎中的搜索热度出现高峰，公众开始关注雾霾，由此这部分聚焦于公众态度的变化。然后时间节点又推到 2014 年，政府工作报告中第一次出现“雾霾”一词，并对政府工作报告中出现雾霾的讨论做了相应的数据分析。在探讨三个主体态度的基础上，报道谈及近年社会主体对于雾霾的关注和报道呈现降温的趋势，而这与空气质量的实际情况之间存在差异。所以文末提出了观点“还远不是停下的时候”①。这个作品中，作者利用时间维度的推进逐步给出相应的数据支持，也是一种递进式结构的报道。

三、数据新闻的结尾

你怎么看

数据新闻项目选择叙事结构时需要考虑哪些因素？

相比开头部分，数据新闻的结尾没有一定的模式，处理方式更加灵活。好的结尾能产生余音绕梁的效果，让人看完新闻后仍有所感悟和思考，甚至久久难以忘怀；糟糕的结尾则可能狗尾续貂，画蛇添足，消减了报道的传播效果。

仍以前面提及的路透社作品《印度东部火车相撞事故是如何发生的》为例，其结尾部分就采用类似消息写作的自然式结尾，交代最新进展和新闻背景后戛然而止。

> 铁路线在三天内恢复了通车，但 6 月 6 日的卫星图像和 6 月 4 日的无人机镜头显示铁路线两侧仍有多节车厢。
>
> 事故发生地点在农村。很少有火车在巴哈纳加·巴扎尔车站停靠，这是奥里萨邦巴拉索尔区一个寂静的小乡村车站。

这类自然式结尾特别适合用于时效性较强的数据新闻作品中，符合此类文本快节奏的信息传达需求。

除了自然式结尾，数据新闻的结尾也可以借鉴类似特稿或评论写作的多种结尾方式。

例如，在传播意见性信息的数据新闻作品的结尾处，作者可以直接发表议论，表明立场和态度。以搜狐四象工作室的《内地演唱会狂吸 65 亿：票价超国外 4 位数坐看台》为例，结尾处这样写道：

> 对于城市来说，演唱会是一笔稳赚不赔的买卖。
>
> 如今很多歌迷都会跨城、跨省追演唱会，这成为拉动当地旅游市场的商机。据报道，周杰伦今年的巡演太原站 60%的观众都来自外地，而呼和浩特站吸引观众 18.4 万人次，带动旅游收入 28.8 亿元。周杰伦甚至被媒体称为“行走的 GDP”。
>
> 在一份份漂亮的成绩单背后，是为此买单的歌迷。国内多家主办方认为今年票价上涨是因为成本上升，不得已为之。不过主办方不想亏钱有歌迷兜底，歌迷顶着高企的价格甚至黄牛票，能值回票价的只有演出质量。今年早先的演出中就出现了观众投诉买到了“柱子票”，全程视线被遮挡。

---

① 陈庭玉，管彤，徐也晴．雾霾十三年：还远不是停下的时候．[2024-01-24]．https://1242289932.wixsite.com/13-years-in-smog.

歌迷付出了情怀与热爱，如今忙着涨价的主办方与歌手们准备好回应观众的期待了吗？①

这个结尾实际上是作者对内地很多城市将演唱会作为稳赚不赔的买卖，一味提高演唱会票价而忽视演出质量的现象所做的批评，作者最后提出的问题可谓是点睛之笔。

再如，可以用呼应开头的回环式结尾，在文案结束处再次回到开头曾提及的人物、事件或场景中。第4章提及的复数实验室的作品《311个受害案例、4场网暴模拟告诉你，谁该“保你平安”》的开头和结尾就做了很好的呼应，恰当的抒情和点题发人深省。

（开头）1月23日，被网暴的粉色头发女孩郑灵华在“积极抗抑”3个月后，选择了离开。小红书上，她的记录停留在“住院Day9”这一篇。郑灵华不是第一个，也不会是最后一个网络暴力受害者。

（结尾）三月，华师大的樱花开了，这个把微博背景设置成灿烂樱花的粉发女孩，应当会喜欢。在春天来临前的寒冬里，一片粉色花瓣悄悄地落下了，希望永远不要有下一片。②

此外，还可用文中出现人物的直接引语来结尾，如果选用得当，能给读者更强的代入感，也比作者直接抒情议论显得更加客观和克制。以本书第3章曾提及的澳大利亚警方对性侵事件处理不当的调查《粗暴的正义：警察如何辜负性侵幸存者》为例，该报道的结尾部分分别引用了警方发言人和一位尝试举报强奸案的女性的话来结尾，两者观点的反差显得颇具讽刺意味，一边宣称“做出了巨大的努力”却仍有大量未被侦破的案件，另一边则嘲讽警方不该抱怨工作难，因为那就是警察的职责。这样的结尾更突出了这篇报道的主题，也比作者直接点评显得更意味深长。

维多利亚州警方发言人告诉澳大利亚广播公司，由于澳大利亚儿童性虐待调查皇家委员会和米兔运动等社区运动的兴起，举报性犯罪的数量有所增加。

发言人表示，维多利亚州警方“做出了巨大的努力”鼓励举报，即使举报人不愿意上法庭、不相信举报可以得到证实或无法识别罪犯，“此类举报的增加在一定程度上解释了为什么导致逮捕的举报较少”③。

劳伦在三次尝试举报自己的强奸案后放弃了司法系统，她说警方应该少考虑他们的工作量，而更多地考虑幸存者需要付出什么才能坐在他们前面的座位上。

“他们不需要说这对他们来说会很困难。那是他们的工作。这就是他们成为警察的原因。”她说。

---

① SENI，等．内地演唱会狂吸65亿：票价超国外4位数坐看台．（2023-10-25）[2024-04-07]. https://mp.weixin.qq.com/s/kx5KzapmKDW8HPRmY2ty2A.

② 边嘉璐，陈思甜，陈杨，等．311个受害案例、4场网暴模拟告诉你，谁该“保你平安”．（2023-03-24）[2024-01-22]. https://m.thepaper.cn/newsDetail_forward_22399042.

③ 此处意指总量增加后因为能被证实和导致逮捕的案件有限，因而显得这类案件在总数中所占比例更少。

“如果太难了，你就不应该从事这份工作。”①

而在前面提及的腾讯新闻谷雨数据的《3.5 亿抑郁症人群背后，她们为何成为沉默的高发者？》结尾处，作者将自己的总结评价与人物的直接引语相结合，则是另一种文案风格。

> 倾听，聊天，运动，看书，装病，忙起来，参加集体活动……从生活的细枝末节中，帮助母亲一点点找回失去的安全感，信任感，以及被需要的满足感。
>
> 这不仅仅是一个对抗疾病的过程，更重要的是，许多患病家庭中的两代人，在这个陡峭的情感动态变化中，一直找寻着属于他们的最合适的相处点。
>
> “不去期待，坚持关怀，不纠结终点。就这样吧。”

这段结尾既有人文关怀，呼唤患病家庭中的两代人通过生活的细节和情感的互动帮助母亲找回安全感，重新找到相处的舒适区，也有着理性的克制，通过引用患病家庭子女的话，表达这是一个漫长的过程，需要充分的耐心和关怀去应对。

除了这些常见的结尾方式，在写作结尾时，作者需要根据新闻主题做更多个性化的探索。例如，RUC 新闻坊的作品《AI 开口说话，有你一份功劳》探讨的是“AI 知识从何而来”的问题，文中指出 AI 知识其实都来自人类世界的创造，AI 是被人训练出来的，因而在结尾处，作者针对人类担忧被 AI 取代的话题展开了评论，并配了一张与 AI 对话的图片，用 AI 的回答进一步佐证文章的观点。② 这张配图就很巧妙，用 AI 的视角来反观人类与 AI 的关系，展现出作者丰富的想象力，且很契合主题（见图 6－5）。

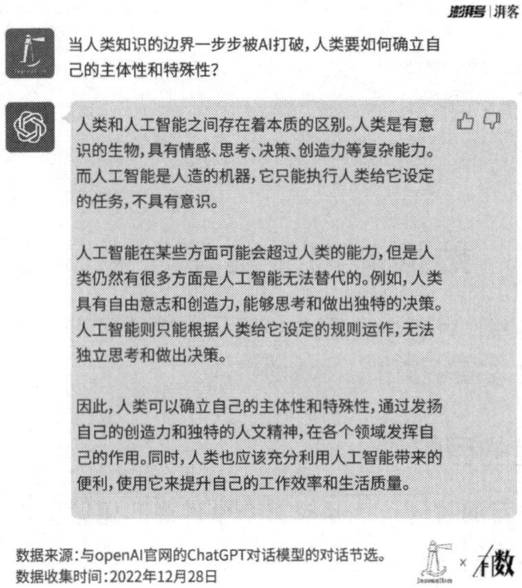

图 6－5 《AI 开口说话，有你一份功劳》结尾的配图

① TING I，SCOTT N，PALMER A. Rough justice：how police are failing survivors of sexual assault.（2020－02－03）[2024－01－24]. https：//www.abc.net.au/news/2020-01-28/how-police-are-failing-survivors-of-sexual-assault/11871364.

② 蔡静远，林歆瑶，惠一蘅，等. AI 开口说话，有你一份功劳.（2023－01－04）[2024－01－24]. https：//m.thepaper.cn/newsDetail_forward_21417770.

你怎么看

除了作者列举的结尾，你还注意到哪些数据新闻的结尾方式？

最后，数据新闻需要社交化传播，在作品结尾处增加一些和读者互动的设计，往往能达到较好的传播效果。这种交互设计可以是提供数据集，让读者对文中涉及的数据做个性化的探索。如 CNN 的报道《近 30 年来最难的买房时节到了：看看你居住地区的住房负担能力怎样》在结尾处设计了"选择一个或多个都市区来比较负担能力"的交互部分（见图 6-6），让读者在阅读报道的基础上进一步了解不同地区的数据差异。[①] 又如 RUC 新闻坊的作品《绘本世界性别观察手记》的结尾加了一个互动游戏：从绘本样本中挑选出了一些形容词、身份与行为，排列组合成新的故事，读者按下截屏键就可以进入属于他们的绘本世界。[②] 实际上，这种交互设计也是数据新闻从业者进行的"参与的透明性"[③] 的实践。

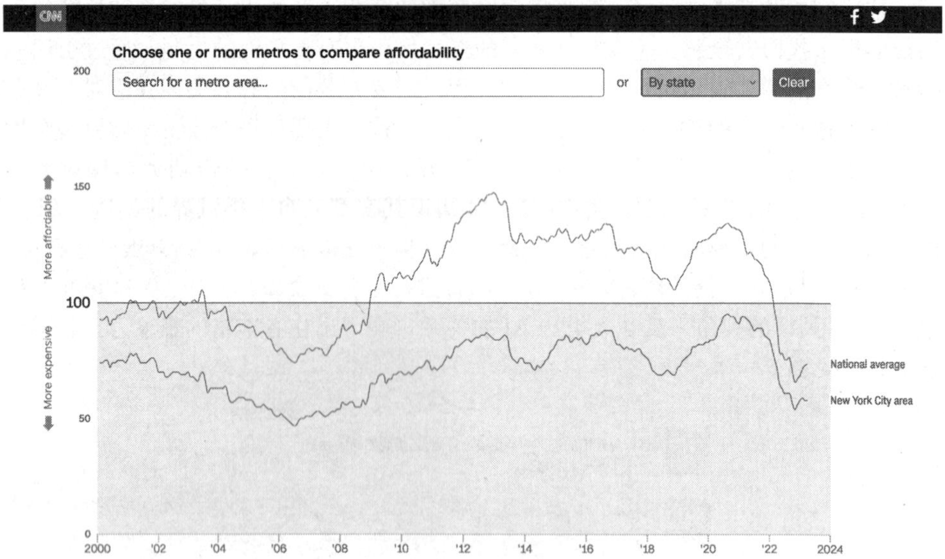

图 6-6 《近 30 年来最难的买房时节到了：看看你居住地区的住房负担能力怎样》结尾的交互设计（来源：CNN）

第 3 节　数据新闻文案写作中的注意事项

在数据新闻文案写作过程中，有一些容易出现的通病，需要格外注意。本节将梳理这些问题，指出文案写作中需注意的事项。

一、明确报道的目的

一个数据新闻项目的目的可以是对某个事件或问题做出调查，可以是对某种和

---

① BOSCHMA J，RIGDON R，MANLEY B. Buying a house is the hardest it's been in nearly 30 years：see what affordability looks like where you live.（2023-06-17）[2024-01-24]. https：//www.cnn.com/interactive/2023/06/homes/housing-market-prices-affordability-dg/index.html.

② 惠一蘅，蔡静远，李新艺，等．绘本世界性别观察手记．（2022-03-06）[2024-01-24]. https：//mp.weixin.qq.com/s/xCkSKf2Mo3OiKqRWwsH4Fg.

③ KARLSSON M. Rituals of transparency：evaluating online news outlets' uses of transparency rituals in the United States，United Kingdom and Sweden. Journalism studies，2010，11（4）：535-545.

数据相关的话题展开解释，还可以是对某个人们不了解的数据集做分析和呈现……然而，一个作品的容量是有限的，尤其是新闻的篇幅往往比学术论文、研究报告等体裁要更短小精悍，且新闻面对的受众是受教育程度相差较大、背景多样化的普通大众，因而报道目的需要更加明确和清晰，往往达到上述的一个目标即可，不必面面俱到。不要试图用一个新闻项目解决选题相关领域的所有问题，那样只会使新闻看起来好像百科词条一样冗长乏味而无趣。

例如，我曾辅导学生完成的一个数据新闻作品《在北京，上幼儿园到底难不难?》在初稿时就出现过报道目的不明确的问题，这从初稿的标题《上学难，北京幼儿园资源面面观》就可见一斑。这个标题说明作者的报道缺乏清晰的问题意识，仅仅圈定了一个报道范围。面对这个问题，我给的修改建议是："目前还没有紧紧扣住你们标题中'入园难'的焦点，更多内容只是围绕北京幼儿园的分布、数量等状况展开描述。数据之间需要交叉分析，紧紧围绕'入园难'，以数据论证入园难到底体现在哪几点、背后的原因是什么。比如是总量不足的问题还是资源分布不均的问题？是费用过高的问题还是管理的问题？是入不了园还是入不了理想的园？是所有人都觉得入园难，还是部分人群的问题？是否存在公立园资源分配不公的问题？等等这些基本问题需要你们先理顺了。目前看来是点到一些，但是都杂糅在一起，没有说清楚和说到位。"经过修改后，文案较清楚地围绕"上幼儿园到底难不难"展开数据调查，分别从数量、种类、其他选择因素和新趋向的角度切入，围绕疑问条分缕析地做出解答。[①]

明确报道目的实际上是在选题策划阶段就应该完成的任务，对于资深的数据记者编辑，这并不是难题。因为在选题策划阶段，他们已经做好了充分的前期调研，了解这个选题已经被开掘的程度，明确作品能带给受众的信息增量在哪里，这样他们就能集中注意力，找到文案的发力点。但是，对于这个领域的初学者而言，很可能在选题策划阶段时的设想尚不完善，或是在做的过程中因为贪多求全而出现了方向性的偏差，这就需要在写作中格外注意，以免出现那种文字啰唆、材料堆积却不知所云的文案。

二、保持叙事的"聚焦"

保持叙事的"聚焦"需要做到两点：其一是开篇快速进入主题，不要拖沓兜圈子；其二是确保逻辑主线的连贯性，舍弃不必要的写作资料。

首先，前面已经详述了开头的写作方式，在文案写作中，开头部分应该尽可能简洁明快，让读者能迅速了解作品的主题，不要离题太远，令人不明所以。例如，我曾辅导的作品《号称"飞天小绿皮"，廉航是否真便宜?》初稿的第一段是这样写的：

> 作为消费者，我们最朴素也最"疯狂"的心愿就是"物美价廉"：嫌贵，那就得"找找自己的原因"；嫌差，"便宜没好货"的咒语立马从摊贩、超市、网店的任何角落里袭来。可以说，商品的价格直接影响了消费者的预期、体验

---

① 文露敏，王汝希，陈俊伶，等．在北京，上幼儿园到底难不难?．(2018-03-04)[2024-01-24]．https://mp.weixin.qq.com/s/6vzDpmUYuV7agiYV9xCF7Q.

和感受。

这一段虽然谈及了廉价问题，但读者完全无法预期作品主题要说的是廉价航空，入题过慢，值得商榷。后来，作者修改了开头这段：

> 九月过半，“双节”将至，国庆抢票大战已经开启。如果说高铁用户拼的主要是手速，乘机旅客则得“货比三家”，在服务、价格和时段各异的不同航司中做出抉择。其中，廉价航空公司（以下简称“廉航”）以其醒目的低价向消费者发出邀请，当然也引起一些疑虑：选择廉航要注意些什么？退改签方便吗？最重要的，那些不含行李托运额的廉航机票真的更便宜吗？①

这样的修改更切题，作者没有在开头处大发议论，而是联系发稿时双节抢票的热点新闻使稿件更符合新闻文本的特性。

其次，要保持逻辑主线的连贯性，舍弃不必要的写作资料。即使获取资料的过程非常不容易，一旦它们与主题相关性不强，就要放弃。当然，在对选题展开采访调查的过程中，积累的素材肯定会比刊发的素材更丰富和多样。进一步而言，充分地理解和消化这些素材也有助于帮助我们更深入且全面地认识报道对象。所以，采访和调查时需要尽可能将思维的触角伸开，尽可能收集各种不同渠道不同类型的素材。而在写作时，则要将思维的触角收拢，从纷繁芜杂的材料中抽丝剥茧，梳理出逻辑主线，然后将那些散落的素材像珠子一样串联到主线上，留下具有相关性的代表性强的素材，舍弃那些与主题关联度不高的边缘素材，这样才能确保作品的“焦点”始终清晰和集中，不会游离和分散。

例如，我曾经辅导过的作品《高烧遇冷？国内马拉松的冰与火之歌》② 的其中一位作者林子璐在作品后记中表达了删除不必要的素材后的心得体会：

> 文稿写作上我们拢共可能写了接近万字，交上去的初稿和我们最终的成果可能只有猝死部分保留得比较完整，剩下来从文章架构到具体行文，都经历了彻底的大改。
>
> 所以这一层面的第一个体会就是：要舍得放弃。我们之所以初稿的结构混乱，表意不清，是因为舍不得我们辛辛苦苦得到的材料。我们认为访谈对象有故事，有情怀，放进我们的数据新闻里可以提高人文情怀含量，可以让文章更柔软好读；我们觉得志愿者、医师跑者数据统计过程非常艰难，别的媒体都没有整理过相关人员配置的资料，我们有原创性。
>
> 但是和全文关系不大的这些素材加进去，不仅没有丰富文章的深度，反而让文章旁逸斜出无关的枝节，显得毫无逻辑。因而最终，我们删掉了全部的盲人跑者、医师跑者、志愿者这些“特殊”的群体，只留赛事、报名、补给这些信息进行全局的把握，只选择了话题性相对最高、最牵动人的“猝死”，来聚焦和分析。

---

① 汪瀚，杜天舒，李逸博，等．号称“飞天小绿皮”，廉航是否真便宜?．(2023-09-18) [2024-01-24]. https://mp.weixin.qq.com/s/ciOmyCrxBSx4o6Sa4p06pQ.

② 邓海滢，葛书润，林子璐．高烧遇冷？国内马拉松的冰与火之歌．(2019-04-02) [2024-01-24]. https://m.thepaper.cn/newsDetail_forward_2846164.

三、突出数据发现和记忆要点

数据新闻的操作过程与做科学研究有相似之处：需要先提出问题，然后根据问题去收集相应的数据加以分析论证，并由此获得结论。但是在写作的过程中，新闻报道不能遵循学术论文的写作思路，那样对于新闻受众而言就过于学术化，不够友好，且难以突出新闻重点。

以 RUC 新闻坊的作品《2 286 篇肺炎报道观察：谁在新闻里发声?》为例，这个作品最初的文案框架设计如下：

新冠疫情中媒体报道的消息来源研究

1. 研究背景和目的：为啥我们要做这个?

2. 文献综述：关于消息来源研究（尤其是公共健康议题中的消息来源研究）简单综述。

3. 研究方法：内容分析法，主要在样本选择和编码表制定上。

4. 研究结果：

首先，介绍描述性结果：(1) 整体消息来源的种类与构成情况。(2) 不同性质媒体的消息来源构成情况。(3) 不同地区（湖北当地与非湖北地区或者湖北与广东、北京进行比较）媒体的消息来源构成情况。(4) 疫情发展不同时段媒体的消息来源构成情况。

其次，进一步研究论证假设：(1) 不同性质的媒体在消息来源上具有不同的倚重，主流媒体比市场化媒体更偏向官方公信力背书的专家，市场化媒体消息来源更多元，更偏向非专家组成员专家，更偏向普通人。(2) 湖北本地的消息来源构成更单一，更接近主流媒体。(3) 随着疫情扩散，媒体消息来源更加多元，一线医疗服务人员和湖北市民的比重逐步上升。

5. 结论与讨论：媒体在消息来源选择中是否存在问题（核实，偏向?），这些问题是否会影响健康传播的叙事、影响风险沟通的效果（造成割裂的图景?）? 疫情本地的报道如何通过合理的消息来源构成而降低当地人的恐慌? 疫情发展不同阶段的消息来源结构变化的原因及启示。

6. 参考文献

这种文案设计思路在后来的写作过程中遇到了较大的困难，当时负责文案写作的编辑感觉如果这样写，稿件会流于平淡，显得不伦不类。于是，我们修改了文案写作思路，将通过研究获得的数据发现和对结果的讨论提炼出来，直接作为文案的小标题，并将一些我们认为具有信息增量的文字在排版中标粗处理。这样修改后，文案的重点更加突出了，而且叙事节奏也有了起伏变化。前六个小标题分别传达一个由数据分析得出的信息点，一直抓住读者的注意力，而到最后的讨论部分则基于数据分析结果给出四个记忆要点，显得理据充分，这里将文案推至了高潮，最后在结尾处点题，自然收尾。①

突出数据发现和记忆要点既是作者主动调节叙事节奏的手段，也是为了适应当

---

① 方洁，刘建坤，葛书润，等. 2 286 篇肺炎报道观察：谁在新闻里发声?.（2020-02-11）[2024-01-24]. https://mp.weixin.qq.com/s/xOUYUAZ1On3pvX7iCn1cPA.

下越来越快节奏的传播环境，能在紧张的时间和有限的容量的双重压力下尽可能达到更高效的传播效果。

这里还涉及一个具体的操作问题，即如何处理好文字与数据、可视化设计之间的关系？首先，适当的重复是有必要的，这里的重复主要指文字部分重复交代可视化中的数据来源和特征、重要数据发现和记忆要点，因为重复有利于读者记住信息，“对于尤为重要、希望读者牢记的核心信息，可在文字与图表中反复强调”①。其次，相比先图后文（先给可视化设计部分，再给文字解释，前面缺乏必要的文字铺垫）的设置，图文同步（如交互式设计将可视化设计部分与文字部分分列左右两边，同步呈现文字、数据和设计的变化，从而逐步实现解释的功能）和先文后图（先用文字对可视化设计部分的重点做提示，然后给出可视化设计部分，再对其中需要着重解释的部分做文字补充）往往更符合读者的阅读和记忆规律。

你怎么看

你如何看待文字与数据、可视化设计之间的关系？你认为怎样的排布更加合理？

四、用细节使“人”的故事更丰满

尽管“数据”是数据新闻的基础和驱动要素，但除了少数单纯采用数据可视化形式和新闻应用形式的数据新闻之外，绝大多数数据新闻仍然要讲好新闻故事。长期以来，数据总是与“冰冷的”“理性的”“宏观的”等词语联系在一起，似乎与数据相关的故事，就会令人感到宏大和有距离感。这是在受众心中业已形成的对数据的刻板印象。在这种情况下，写作数据新闻时，需要注意适当地增补一些细节内容，使故事不仅仅有关抽象的数据，更是有关具体的人的生活和命运，这样故事才能更有质感、更加丰满，更贴近受众。一项对拉美地区数据记者的研究发现，该地的数据新闻实践中，“使数据人性化”（humanizing data）被视为一种创新形式，这意味着数据点需要转化为简单明了的故事，可以轻松“被受众消化”，要讲述以受众为中心的故事，而不是纯粹的数据。正如一位被访记者所言：“我们需要突破这个非常小的圈子和这个自我消耗的世界。我们相信数据新闻是世界上最重要的事情，因为我们深处这个世界之中。然后我们向外看，没有人关心，或者它没有应有的相关性。”② 从这个角度看，数据新闻的写作需要打破这种以自我为中心的趋向，转向以受众为中心，揭示数据与人的关联，将数据新闻传播到小众圈子之外。

财新数据新闻记者张梅婷在接受我们访谈时曾表示：“我们也做过数据驱动的、对数据展开解释的作品，但在操作过程中会感觉数据本身是很宏观并且有点枯燥的，虽然这个东西可以代表整体，但很大程度上对读者而言，他可能觉得比如失业率达到百分之几之类的数据只是一个数字而已。所以我们会有意识地从数字里面寻找究竟是谁及他们在这个数字之下经历了怎样的故事。既有宏观的数据报表，又有微观个体的具体生活，让文章更充实一些，也让新闻报道更准确一些。”③

---

① 惠一蘅，方洁，董晨宇．“解读”抑或“留白”：数据新闻语图结构的认知效果研究．传媒观察，2024（2）：72－82.

② DE-LIMA-SANTOS M-F，MESQUITA L. Data journalism beyond technological determinism. Journalism studies，2021，22（11）：1416－1435.

③ 参见2023年8月对财新数据新闻团队的采访。

那么，细节从哪里来？

首先，细节素材需要从采访观察中获取。RUC 新闻坊的作品《将至的离别：临终关怀在中国》① 的其中一位作者郑可书曾在完成作品后反思，认为自己当时在采访中的观察不足，使故事的细节不够，文案就显得较为单薄。

> 等到组稿时，我才发现故事与细节的重要性：原本认为挺生动的细节，其实不怎么有张力；因为观察不足，稿件总体也显得很单薄。
>
> “临终关怀”本是一个很容易写得触动人心的话题。具体到新闻报道上，我所说的“触动人心”当然不指向煽情，而是故事及人物原本可以更丰满、选取的情景原本可以更具代表性。
>
> 对于任何类型的新闻都很重要的是，在尊重事实的基础上让读者愿意读下去，这样他们才能看到并记住这些事实，而讲故事无疑是一个比较好的方式。另外，偏“硬”的新闻里，故事的篇幅可以很小，但要想做到精练、紧凑，长时间的观察与采访是必不可少的。

其次，也可以在数据中寻找细节。数据并不仅仅与宏大叙事相关，它是由一条条记录构成的，每一条记录都可能是一个具体的个体，都有关于这个个体的故事。从这个角度切入，也可以挖掘出细节。例如，我曾辅导的作品《“远处的哭声”：印度疫情中的社交媒体求助者》一文的数据来自推特上的求助信息，在作品中选择了@MasalaBai、@RamGrover 和@TaroKaJahaan 三个印度网民的求助信息作为切入点，在文案的三个小标题下分别以这三人的个体故事来开启，再覆盖到整体数据的分析，这样的操作就能既见树木又见森林。下面是文中的第一个小标题及其后面的部分文案：

> 一、谁在为谁发声？
>
> 病房里，@MasalaBai 眼睁睁地看着两个人死在了自己面前，她不知道下一个会不会是自己的妈妈。
>
> 她对这样的日子感到厌倦与无助。每天的生活都是重复的，重复地寻找填充氧气瓶的途径，重复为妈妈请求一个医院的床位，然后重复得到一句“不好意思，没有了”。过去的两周时间里，她在推特上发布了 27 条信息，讲述自己的经历并寻求帮助。
>
> （配图展示@MasalaBai 发帖的时间线）
>
> 和@MasalaBai 一样为自己所爱之人发布求助推特的还有很多。这些推文中，提及次数最多的是“朋友”“母亲”“父亲”，在疫情中，亲人和朋友依然是彼此最为坚实的依靠。但除此之外，还有一些人在为与自己没有血缘关系的老人、孕妇和儿童发声。
>
> （配图展示求助帖中为谁发声的数据统计结果）②

需要注意的是，增加细节可以使故事更加丰满，但这并不意味着所有的数据新

① 郑可书，郑璇真，李星雨．将至的离别：临终关怀在中国．（2019－02－12）［2024－01－24］. https：//m. thepaper. cn/newsDetail _ forward _ 2845697.

② 彭美琪，蔡静远，张子涵，等．“远处的哭声”：印度疫情中的社交媒体求助者．（2021－05－09）［2024－01－24］. https：//mp. weixin. qq. com/s/PO3APYx12Q3dugtIvuV9XQ.

闻作品中都需要融入人物故事。这需要考虑作品的报道目的、体裁风格，具体问题具体分析。就如澎湃新闻数据新闻主编吕妍所建议的，“一般来说会根据稿件的调性来决定。如果是短线的选题，那要能补充一些专家的采访是最好的，因为有一些数据你可能单纯去从面上解读是不太准确的。然后有一些中长线的选题，加入一些相关人的采访也是可以的。但我觉得不可能一篇稿子解决所有事情。又有人、又有数据，这样面面俱到的文章可能根本让人读不下去，因为太复杂了。数据新闻不追求单篇稿件解决所有问题。整个舆论场里面有不同类型的信息。如果一个内容试图解决所有问题，则它的传播不一定非常有效”①。

你怎么看

什么类型的数据新闻应该融入人物故事?

五、注意表达的分寸和尺度

数据新闻的文案写作需注意表达的分寸和尺度，这体现在三个维度：第一，从事实维度看，表达需有理有据，解释和分析数据要准确，不能夸大和绝对化。在报道体裁的数据新闻作品中，要防止出现偏向和片面的报道。第二，从情感维度看，一般需要保持理性、冷静和克制，即使是在评论体裁的数据新闻作品中，立场虽要鲜明，情感仍应克制，可以适当地抒情和议论，但切记过犹不及，不能给受众“观点强加于人”之感。第三，从语言风格维度看，相比其他新闻体裁，数据新闻作品的表达更讲究平实和严谨，因为文案中有很多部分是对数据做出的解释、分析和补充说明。文字要与数据相辅相成，这就对语言表达的准确性和辅助性提出了更高的要求，同时要降低数据的阅读门槛，文案部分就需要在确保严谨的前提下更重视亲和力、更平易近人。

为了确保表达的准确性，一些媒体会诉诸专业的审稿专家，如网易《数读》栏目会找专业医生对医学科普类文章的文案和参考文献进行整体的校对，找专业的会计师对财报类文章做审核。

曾获得2019年中国数据可视化创作大赛铜奖的作品《医患冲突：十年复诊》对十年间媒体报道的医患冲突新闻做了数据统计和分析，同时还采访了多位医生。但是，作为医患冲突的另一方——患者，初稿中并未提及。这样的操作是存在瑕疵的，因为事实相关的另一方缺位，事实的拼图就不完整，存在偏向性。针对这一点，作者之一李江梅后来回忆道：

> 初步组稿完成以后我们立马发现了一个很严重的问题：我们写的是医患冲突，却只采访了医生，这就使得整个新闻的客观性有失偏颇。于是我们开始想方设法地补采其他立场方的人。但是没有人会大张旗鼓地说自己打过医生，伤医的患者根本无从找起。于是我们转换了一下思路，决定去采访报道过伤医事件的记者，最后根据一篇关于医患冲突的特稿《非典型伤医事件》，顺藤摸瓜找到了文章的作者完成了采访，并将采访的内容补充到我们的文章里。
>
> 我们一方面想尽力还原呈现出医患间的矛盾，引出我们的说明对象；另一方面我们又不想夸大冲突、渲染“凄惨”，而是就事论事。因此我们就需要时时刻刻保持一种情感上的平衡与克制。我们写稿的操作一般是通过细致的采访

① 参见2023年7月对吕妍的采访。

与诉说引出医患的矛盾，为读者构建一个较为具象的场景，然后通过数据来说明问题。这也使得我们的稿子比纯数据解读类稿件更具可读性。

在这个作品的修改过程中，作者通过采访报道过伤医事件的记者的方式在一定程度上弥补了缺少患者视角的不足，同时注意平衡和克制情感的表达，不煽情和渲染，这样处理这个社会敏感话题是较为妥当的。①

六、匹配不同的呈现形式与机构风格

当前数据新闻发布的平台主要有媒体机构自己的纸媒、广播电视、官网、客户端，以及媒体在主流的社交平台所设立的账号等。不同平台适配的数据新闻类型及其呈现形式存在差异，文案写作需要考虑和不同的呈现形式相匹配。

以视频类数据新闻的文案为例，曾做过开发和设计师，目前供职于中央广播电视总台的刘佳昕表示："（写作视频类数据新闻文案）比较重要的一点是要把最有意义，通过数据挖掘出来的新知传达给观众。因为如果是做图文、交互的话，空间是无限的，可以让读者一直刷，把你想说的东西都扔进去。但是电视不是这样的，一个电视片子最多时长三四分钟，基本上一篇稿件就七八百字。而让人看两三分钟都是数据的视频是很困难的，里面还得有差不多至少一小半是采访专家或现场素材拍摄的内容，数据内容也就四五百字。一定要语言鲜活，语言是好理解的，最直接的，能用短句不用长句，要用最通俗的话把最有趣的最不为人知的东西讲明白，深入浅出是最重要的。"②

网易《数读》栏目的主编巫雨松也认为："视频对文案的要求其实是最高的，因为数据视频的叙事逻辑和常规的图文不同，需要对读者有更强的引导，也需要提前构思分镜。和视频文案相比，图文作品的文案会显得更理性，因为视频对读者情绪的引导要更强，不能平铺直叙，要吸引人。具体来说首先要多设置梗和情绪点，其次是讲故事的感觉要更强，或者说对话感更强，要让读者产生共情，再次是要穿插一些交互和引导词。互动是指讲到某个关键环节的时候，可能会问大家对这个事情的态度是什么，让大家来选或者打分，有时候可能也会在视频里面对大家提问，弹幕就会有回应。在写文章的时候，你不会在里面说，我写这个文章有多么不容易，希望大家多转发，但是在视频的语言环境里，你就可以穿插一些类似'我做得很辛苦，求三连'这样的话，引导别人点赞。"③

不仅是表达形式，文案写作还要注意匹配机构的风格。经过近些年的发展，不同机构的数据新闻已经形成了自己的定位差异。有的偏硬新闻，有的擅长操作软话题；有的相对严肃，有的较为活泼；有的报道领域很宽，有的则专注某一垂直领域；有的更加通俗，有的偏向学术。文案写作需要遵循机构的文风，符合其调性。

七、规范参考文献和引用格式

国内的新闻作品在引用相关报道或文献时一般采用文中不标注、文末统一标注

---

① 李江梅，万思成，赵家琦．医患冲突：十年复诊．(2019-03-05)[2024-01-24]. https://mp.weixin.qq.com/s/0jYw8gXsNzVJdeEVZlpgcw.

② 参见 2023 年 7 月对刘佳昕的采访。

③ 参见 2023 年 6 月对巫雨松的采访。

参考文献的方式，这种做法对于追求表达效率的新闻文本而言似乎无可厚非，但也存在问题。仅凭文末标注，读者难以依照新闻文本中的具体内容溯源相应的报道和文献，无法对相应内容的真实性和准确性做出判断，这降低了报道的透明性。同时，笼统的文末标注还可能催生偷懒或无意识地遗漏一些重要的资料，导致事实上的新闻侵权。

美国哥伦比亚大学新闻学院塔尔数字新闻中心曾在2017年发布的一份名为《后工业时代的新闻业》(Post Industrial Journalism：Adapting to the Present）的研究报告中推荐媒体采用链接（link)，并对当时一些媒体的做法展开批评："这不是复杂的数字策略，而是核心的沟通伦理，但令人不安的是，如此多的新闻媒体未能通过这一基本测试。""链接到原材料的公共价值是如此明显和容易，以至于拒绝这样做的组织无异于宣布对受众和公共传播伦理规范的蔑视。"该报告认为："链接是网络的基本技术可供性，这一功能使其有别于其他形式的发布，因为它对用户说：'如果您想了解有关正在讨论的主题的更多信息，您可以在这里找到相关材料。'这是尊重用户的兴趣和独立关注故事的能力的一种方式。在新闻实践中，最基本的链接形式是来源材料。对最近起诉书的讨论应链接到该起诉书的文本。对科学文章的讨论应链接到该文章。关于有趣视频的文章应该链接到该视频（或者更好的是嵌入它)。"[①] 而国内一项基于眼动实验的研究也发现，网络新闻中超链接的使用能显著提高受众对新闻感知可信度的判断。[②]

在作品中设置超链接，通过这种方式读者可以直接点击查看相关文献，也省却了文末堆积大量参考文献的必要。虽然有学者曾建议国内媒体也推行超链接这种做法，但目前看来，收效欠佳，这可能与商业收益、著作权法、媒体惯例、网络管理政策等多种因素相关。

在国内的数据新闻领域，目前主流的做法有两种。一种是保留传统的新闻写作习惯，统一在文末标注参考文献，但是，在文案中涉及引用内容时需写得更加具体，以便于读者能够做出判断，找到参考文献中的对应文献。例如，"某某在（书名）中提及……""(职衔/身份）的某某在（媒体名）发表的一篇文章"等。另一种是在文中标注，文末对应排版格式规范的参考文献，这与学术写作较为类似，相对更加严谨。总体上看，数据记者编辑对参考文献和引用格式的要求更加严格，这符合数据新闻从业者对理性和科学性的理想诉求，亦是他们提升新闻透明性的一种实践活动。

【本章小结】

在数据新闻领域，文案一度扮演着最不起眼的角色。它像空气和水，拥有的时候似乎感觉不到它的存在，一旦失去，就会意识到它的重要性。翻开介绍数据新闻的书籍，大多数也围绕数据和可视化展开，鲜少涉及文案部分。本书的前两版也是

---

① ANDERSON C W，BELL E J，SHIRKY C. Post industrial journalism：adapting to the present.(2017-07-11)[2024-01-24]. https：//academiccommons. columbia. edu/doi/10. 7916/D8N01JS7.

② 张淮颖．网络新闻中的超链接与受众感知可信度：一项基于眼动实验的研究．厦门：厦门大学，2020.

如此。

在这个版本中，首次增加了“数据新闻的文案”这一章，对此展开更加系统的梳理和分析。

本章先从数据新闻的叙事形式展开讲述，这部分内容与第 2 章第 1 节“数据新闻的类型”部分按照呈现形式划分的类型略有相似之处，但也存在差异。第 2 章所做的分类是基于当下国内主流的数据新闻呈现形式所做的划分，而此处是从视觉叙事、数据叙事和文字叙事三个维度对全球范围内的数据新闻的叙事形式所做的更为完整的分类。

本章对数据新闻的叙事结构做了详尽的阐述，分析了开头和结尾的写作方式和技巧，并对主体部分的几种主要的结构形态做了划分。

本章还介绍了文案写作中需注意的事项，这表明数据新闻写作具有一定的特殊性，除了遵循新闻写作规范以外，还需注意一些数据新闻领域特有的写作要求。

【本章学习与思考】

1. 谈谈你如何理解数据新闻的视觉叙事、数据叙事和文字叙事的差异。

2. 从你熟悉的数据新闻栏目中分别找出不同叙事结构的作品，并思考作者为什么这样写。

3. 找出不同数据新闻栏目针对同一话题的报道，分析和比较文案的差别并做出评价。

4. 完成你在前面几章学习中推进的数据新闻项目的文案部分的写作。

第 7 章　数据新闻的设计

当完成数据的采集、分析和文案写作后，将进入设计环节。因为数据可视化是数据新闻的一种重要的呈现形式，所以本书将着重从数据可视化的角度讲授数据新闻的设计。这一章将带领大家认识和应用数据可视化，了解数据可视化的定义、由来、构成要素，并在此基础上探讨数据可视化如何应用于新闻报道，以及如何掌握数据可视化的设计要点。

第 1 节　认识数据可视化

什么是数据可视化？这个概念从何而来？本节将对这两个问题做出解答。

一、数据可视化的定义

尽管“可视化”并不是一个新鲜的概念，其在几个世纪前就出现了，但对于“数据可视化”的定义，业界尚无明确的定论。

（一）引发争议的“可视化”

有人从计算分析的角度看待可视化，如麦考密克（B. H. McCormick）等人在1987 年提出了可视化的定义：“可视化是一种计算方法。它将符号转化为几何，使研究人员能够观察他们的模拟和计算。可视化提供了一种看到看不见的事物的方法。它丰富了科学发现的过程，并培养了深刻和意想不到的见解。”[①] 托明斯基（Christian Tominski）和舒曼（Heidrun Schumann）在《交互可视化数据分析》中提出上述定义是可视化领域的第一个定义，并认为可视化是生成数据的视觉表示的计算过程。[②]

也有人从视觉呈现的角度对这个概念进行定义，如伊林斯基（Noah Iliinsky）认为可视化“表示所有结构化的信息表现方式，包括图形、图表、示意图、地图、故事情节图以及不是很正式的结构化插图”[③]。还有人提出“数据可视化”就是“将大量数据组合构成数据图像，同时将数据的各个属性值以多维数据的形式表示，使人们能够以更直观的方式从不同的维度观察数据及其结构关系，发现数据中隐含的信息”[④]。

因为可视化被使用的领域和场景非常广泛，所以对可视化的定义呈现出不同的

---

① MCCORMICK B H，et al. Visualization in scientific computing. Computer graphics，1987，21（6）：1－14.

② TOMINSKI C，SCHUMANN H. Interactive visual data analysis. New York：CRC Press，2019.

③ ILIINSKY N. 论美//斯蒂尔，等. 数据可视化之美：通过专家的眼光洞察数据. 祝洪凯，李妹芳，译. 北京：机械工业出版社，2011：7.

④ 韩卫国，王劲峰，王海起，等. 基于数据可视化的交通流量分析. 武汉理工大学学报（交通科学与工程版），2004（5）：668－670.

倾向。如可视化研究专家邱南森（Nathan Yau）所言：可视化是只用于分析数据，还是用于定量认识，抑或是用于唤起情感？什么时候可视化可深深扎根于视觉领域成为一门艺术呢？回答者的身份不同，答案也不尽相同。这些问题已经在各学科领域内及不同学科之间引起了激烈的争论，但这还只是学者和从业人员之间的争论而已。①

另一位专家哈吉（Jessica Hagy）的说法更为形象，“可视化，在第一个人眼里是图形图表和投资回报率；在第二个人眼里却是插图、生动的隐喻以及画廊开幕；在第三个人眼里它只是奇妙的冗余的复合词——信息图形。可视化，这个术语就像一个抽象的太妃糖一样需要人们不断咀嚼、反复品味”。她用“盲人摸象”的故事比喻人们对可视化的理解，认为可视化“既是整个马赛克，也是单个闪闪发光的镶嵌物。它不仅仅是图表，也不仅仅是视觉隐喻；它不仅仅是取代子弹点的可工作的图形设计，也不仅仅是描绘思想；同样，它不仅仅是数据分析。这些都是更大的概念中的一小片”②。

由此可见，一些专家认为应该对“可视化”或“数据可视化”下一个更为广阔的定义，而不必拘泥于狭窄的概念。在这一点上，邱南森的观点值得借鉴。他说：

> 到底什么是可视化呢？每个人都有自己的答案。有些人认为只有严格意义上的传统图形图表才是可视化。而另一些人的观点则更加开放，他们认为只要是在表现数据，不管是数据艺术品还是微软 Excel 表格，都可以算是可视化。我个人较为倾向于后者，但有时也发现自己站在前一阵营。毕竟，这一问题上孰是孰非并不是那么重要，只要能达成我们的目的就行了。③

邱南森提出了可视化的“媒介说”，认为“现在可视化已不仅仅是一种工具，它更多的是一种媒介：探索、展示和表达数据含义的一种方法”④。“可视化是一种应用广泛的媒介，在某一范围内有不同类型的可视化，但它们并没有明确清晰的界限（也没有必要）。……可视化作品既可以是艺术的，同时又是真实的。”⑤

我们选择邱南森的上述观点，将数据可视化定义为一种诉诸视觉传播的探索、展示和表达数据含义的方法。

概念 数据可视化是一种诉诸视觉传播的探索、展示和表达数据含义的方法。

上述定义从某种角度上彰显了可视化的功能与目的。我们为什么要进行“数据可视化”？这得益于可视化在探索、展示和表达数据上所独有的魅力。

从探索的角度看，可视化是探索和理解大型数据集的有效途径。人类对图形的理解能力很强，将数据置于视觉空间，可以激发大脑去发现和探索更深刻的意义和内涵，带给人们意料之外的见解。在统计学中，统计图形的应用已经广泛地证明了这一观点。从展示的角度看，数据以可视化方式呈现不仅仅可服务于研究，更有助于读者理解，围绕新闻故事设计的可视化带有很强的娱乐和艺术因素，能使信息的传递更加高效。从表达的角度看，可视化不是冷冰冰的工具，视觉传达已经超出了工具的范畴发展为传达理念的媒介。通过各种可视化组件的设计，媒体不仅仅能让

① 邱南森．数据之美：一本书学会可视化设计．张伸，译．北京：中国人民大学出版社，2014：44.

② HAGY J. 带索引的可视化//斯蒂尔，等．数据可视化之美：通过专家的眼光洞察数据．祝洪凯，李妹芳，译．北京：机械工业出版社，2011：337.

③ YAU N. 鲜活的数据：数据可视化指南．向怡宁，译．北京：人民邮电出版社，2012：引言 7.

④ 同①.

⑤ 同①76.

读者看懂新闻故事，还能在其中传达情感和理念、表达媒体的观点。

（二）可视化与信息图

要进一步理解“可视化”，还需要将之与一个极易混淆的词相区别，这个词就是“信息图”（information graphic，简写为 infographic）。

一方面，信息图是一种将数据与设计结合起来的图，有利于个人或组织直观有效地向用户传播信息。可视化和信息图之间并非泾渭分明，从广义的可视化概念入手，信息图是隶属于可视化范畴的，且是可视化发展早期产生的一种主要形态。但是正如前面分析的，可视化并不局限于图形，其外延更广。并且，人们正在借助不同的手段与方法拓展可视化的方式，这使可视化的未来呈现出更大的可能性，而不仅仅是信息图。

另一方面，如果将可视化的定义限制在数据可视化的范畴，信息图和数据可视化之间的差异就在于它们聚焦的对象不同。信息图处理的对象是“信息”，它不需要对数据进行结构化和分析；而数据可视化处理的对象是“数据”，其需要对数据进行结构化和分析后呈现主要的数据发现。“信息图”这个概念的产生更多的是出于设计领域对信息传播的包装和设计目的，是根据人的理解逻辑将信息传播给受众，目的在于传播，而非探索，但可视化除了展示和表达信息，还具有探索、洞察、证明和发现的功能[①]，所以两者也存在一定的差别。

总体上看，可视化是个更广阔的概念，更能与时俱进地表达数据传播的未来走向。

二、数据可视化的由来

人类历史上很早就开始运用视觉传达信息。16 世纪，伴随着人类观察和测量技术、工具的进步，人们开始尝试用图像、表格来记录信息，这成为早期可视化的雏形。

19 世纪是现代数据图表技术突飞猛进的时代，在这个时期，统计图表中所有展示数据的形式——条状图、饼图、直方图、折线图、时间序列图和等值线图等都已出现，且被广泛用于经济、社会、医学、物理学等诸多领域。一些官方的统计机构在欧洲各国兴起，一些形式不同的创新的数据图表不断涌现。19 世纪的后半期被业内人士视为数据图表发展的“黄金时代”。

经历了全球动荡的 20 世纪上半期，“数据可视化”概念真正兴起并逐步发展为一门学科是始于 20 世纪下半期的 60—80 年代。在法国，制图师和图形理论家雅克·贝尔廷（Jacque Bertin）于 1967 年出版了具有里程碑意义的《图形符号学》（*Semiologie Graphique*）一书。这本书中提及根据数据的联系和特征来组织图形的视觉元素，为数据可视化提供了理论基础。在美国，约翰·托奇开创了统计学新的分支——探索性数据分析（EDA），并在一篇名为《数据分析的未来》（The Future of Data Analysis）的论文中号召将数据分析视为统计的一个分支，与高度抽象化的数理统计学区别开来。随后，他投身于发展新的、简单有效的统计图形分析中，创造了茎叶图、箱线图，并于 1977 年出版了《探索性数据分析》（*Exploratory Data Analysis*）一书，重新唤起了统计学界对数据图形分析的兴趣。1983 年，耶鲁大学

---

① 向帆．词意辨析：可视化、视觉化、Visualization 及信息图形．装饰，2017（4）：24-29.

的统计学教授爱德华·塔夫特（Edward R. Tufte）出版了著作《定量信息的可视化呈现》（*The Visual Display of Quantitative Information*），进一步丰富了数据可视化的理论体系。与此同时，计算机科学的快速发展推动了计算机图形学的产生，专门的统计计算和图形软件工具问世，适合图形的输入和显示技术逐步成熟。这些共同促使当代的数据可视化以新的形式呈现于世人面前。①

数据可视化是一个处于不断演变之中的概念，其涵盖的技术方法十分广泛，运用的边界也在不断扩大。尤其是大数据时代，数据可视化被视为应用技术，跟数据挖掘、数据管理等技术紧密联系。

如今，可视化作为一门涉及计算机图形、图像处理、计算机视觉、人机交互等多个领域的综合学科，不但广泛应用于医学、生物、地理等领域的科学计算，而且在金融、通信、网络等行业中的应用亦是如火如荼。②

【案例】 约翰·斯诺的伦敦霍乱地图

一张地图能改变世界吗？答案是能。1854年，一张由约翰·斯诺（John Snow）医生（见图7-1）制作的地图彻底改变了世界，也因此成为早期可视化的经典作品而被人津津乐道。

图7-1 约翰·斯诺医生

约翰·斯诺医生是现代流行病学的奠基人之一。他首次提出了预防霍乱的措施，其对1854年伦敦西部西敏市苏活区霍乱暴发的研究被认为是流行病学研究的先驱，而这个研究也是历史上数据可视化的一个经典案例。

伦敦在19世纪中叶遭遇了一系列的霍乱疫情，穷人不断地死去，而人们却找不到疫情的源头。当时，伦敦的供水系统是由浅水井和大约12条供水线路组成的。浅水井供穷人们抽水自取回家，而供水线路则直接将水从泰晤士河引到更高档的住宅。伦敦的下水道系统在当时非常简易：厕所往往将污秽直接排入污水池而非下水道。因此，动物和人类粪便所产生的腐烂恶臭被认为是霍乱的源头。这种“瘴气致病论”也与穷人患病多的事实相符，一些人认为穷人道德堕落，生活不净，因此更容易感染霍乱。

但是斯诺认为并非瘴气导致了霍乱，真正的罪魁祸首是被污染的水源。1854年9月暴发的霍乱集中于苏活区，靠近斯诺的住宅。于是他针对苏活区的霍乱进行了研究，这个研究过程正如数据新闻记者所做的工作。他在地图上绘制出了13个公共水井，以及苏活区的霍乱死亡案例的位置，并在Broad街和Cambridge街的交叉路口标注出一系列死亡案例，而它们都围绕着同一个水泵。之后他从不同的水井中抽取了水样，并在显微镜下进行了观察，确认了Broad街水样中的确存有一种未知的致病细菌。

为了打消当地政府的疑虑，他公开自己绘

① FRIENDLY M. Milestones in the history of thematic cartography, statistical graphics, and data visualization. (2008-10-16) [2024-04-13]. https://www.usu.edu/math/symanzik/teaching/2009_stat6560/downloads/friendly_milestone.pdf.

② 斯蒂尔，等. 数据可视化之美：通过专家的眼光洞察数据. 祝洪凯，李妹芳，译. 北京：机械工业出版社，2011：译者序.

制的这幅地图来支持自己的理论（见图 7－2)。图 7－3 是这幅地图中关于 Broad 街的细节部分。整张地图包括 13 处公共水井以及 578 例霍乱死亡案例，每个死亡案例都用黑色条块代表，位置垂直标注在对应街区，可以清晰地看出哪个位置死者数量更多。斯诺的伦敦霍乱地图就好像是条形图和地图的有机结合。

这个研究最后发现苏活区的霍乱是由一个水泵的水源污染所导致的，该水泵被附近一处霍乱细菌感染的污水坑污染了。

斯诺绘制的伦敦霍乱地图是在深入的数据调研的基础上绘制的，并借由可视化发现了科学结论，这改变了当时人们看待微生物的视角，更改变了人们看待数据可视化的视角。

160 多年后，在数据可视化技术更为发达的今天，数据记者能以怎样的方式再现伦敦霍乱地图这一经典可视化作品呢？

英国南安普顿大学的罗宾·威尔逊（Robin Wilson）用交互图的方式重新设计了伦敦霍乱地图。他仔细考察了当时霍乱的死亡案例和水泵位置，并重新绘制了一幅基于伦敦现代地图的霍乱地图。他使用了 CartoDB 工具制作了这幅交互地图，并用 Stamen 工作室的“toner”效果获得了与约翰·斯诺的伦敦霍乱地图相似的黑白视觉效果图（见图 7－4)。

在这幅新图中，威尔逊的改进有两点：

(1) 用热力图取代黑色条块标识死亡数据。威尔逊用红色圆圈替代了之前的黑色条块，用圆圈的大小来表示死亡人数的多少。约翰·斯诺是根据水泵周围的死亡案例推断出霍乱传染途径的，但是这个办法的最大问题在于死亡人数的多少可能会与所属街区的人口密度相关。也就是说，如果一个街区人口稠密，那么死亡人数会相应增多。与之相比，热力图效果显得更为直观和可信。

(2) 设置了交互形式。当鼠标点击具体的红色圆圈时，画面中会弹出交互框，写着死亡的具体人数。除此之外，交互图的右上角还有一个搜索框，供读者搜索想要了解的地区。这些改进显示了时代的进步，约翰·斯诺的地图上并未标注出具体的死亡人数，只能依靠黑色条块的长短大致对比出死亡人数的差异，也不可能设置搜索功能。

约翰·斯诺的作品在那个年代无疑是经典，但威尔逊对其的改进说明可视化技术的进步给数据新闻记者提供了更多的手段使数据可视化更高效、科学和美观。

资料来源：相关报道详见 ROGERS S. John Snow's data journalism: the cholera map that changed the world. (2013－03－15) [2024－06－26]. http://www.theguardian.com/news/datablog/2013/mar/15/john-snow-cholera-map#。

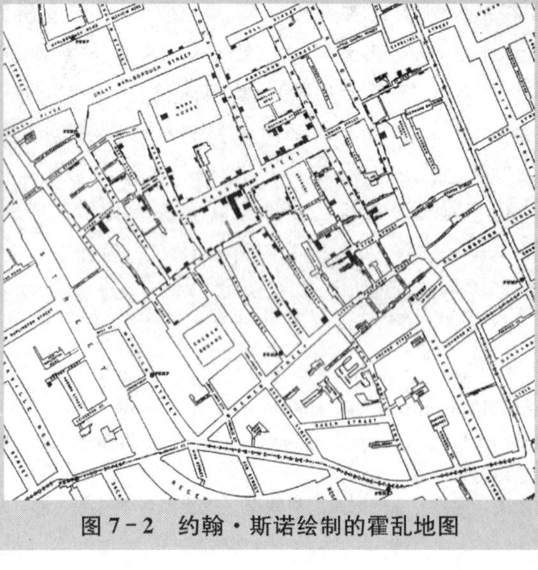

图 7－2　约翰·斯诺绘制的霍乱地图

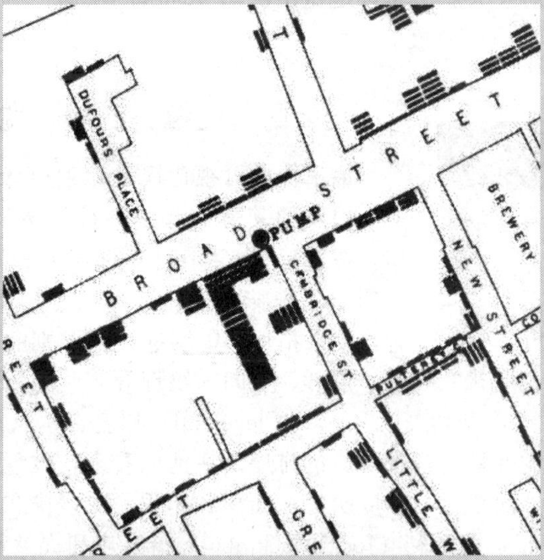

图 7-3　约翰·斯诺绘制的霍乱地图中的 Broad 街局部图

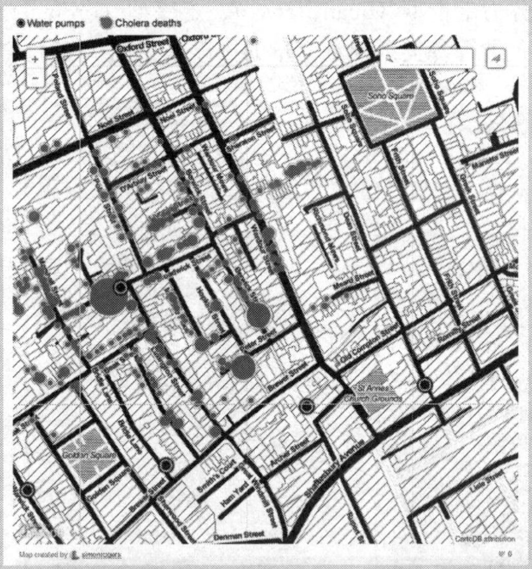

图 7-4　罗宾·威尔逊重新设计的伦敦霍乱地图

第 2 节　数据可视化的构成要素

虽然可视化可以使用软件工具生成，但是作为设计者，如果不了解可视化的构成要素，就相当于不了解可视化的原理而盲目地操作。

可视化作为一种媒介，是设计者通过数据和其他视觉元素的协作而生成的。设计可视化的过程相当于对这些视觉元素进行编码的过程，这个过程依赖于人类大脑对这些视觉元素长期存储的认知模式，即人们已经习惯于在日常生活中针对相应的视觉元素的相互组接和影响形成的较为固定化的视觉暗示。当可视化中出现类似的视觉设计时，大脑会自动地做出认知和理解的反馈，从而快速读懂视觉元素背后承载的信息。

你怎么看

你浏览图表时是否关注过贝尔廷所说的“视觉变量”，你认为它们有何作用？

一、可视化编码的静态视觉变量

最早提出可视化视觉元素概念的是法国的雅克·贝尔廷。前面提及的其著作《图形符号学》是可视化兴起的里程碑之作。在这部1967年问世的著作中，贝尔廷总结出一套图形符号的变化规律，提出了“视觉变量”（visual variables）的概念，用来指那些能引起视觉差别的图形和色彩变化的因素：位置、尺寸、形状、亮度、色彩、方向、纹理等。

1984年，克利夫兰（W. S. Cleveland）和麦吉尔（R. McGill）通过实验计算对定量的视觉变量进行准确度的排序。在他们看来，位置和长度的视觉变量的准确度相对更高，而角度、斜度次之，面积和体积更次，排在最后的是色彩和密度。①

1986年，麦金利（Jock Mackinlay）指出克利夫兰和麦吉尔的上述排序只考虑到定量的视觉变量，遗漏了贝尔廷所说的“纹理”，有必要对上述图形进行拓展。他将数据分为定量型（quantitative）、定序型（ordinal）和类别型（nominal）三类，在此基础上进行各类别视觉变量的排序（见图7－5）。

图7－5 麦金利的视觉变量排序图

注：图中标注深灰色模块的视觉变量属于与该类型数据不相关的视觉变量。此图已由作者做了汉化处理。

资料来源：MACKINLAY J. Automating the design of graphical presentations of relational information. ACM transaction on graphics，1986，5（2）：110－141.

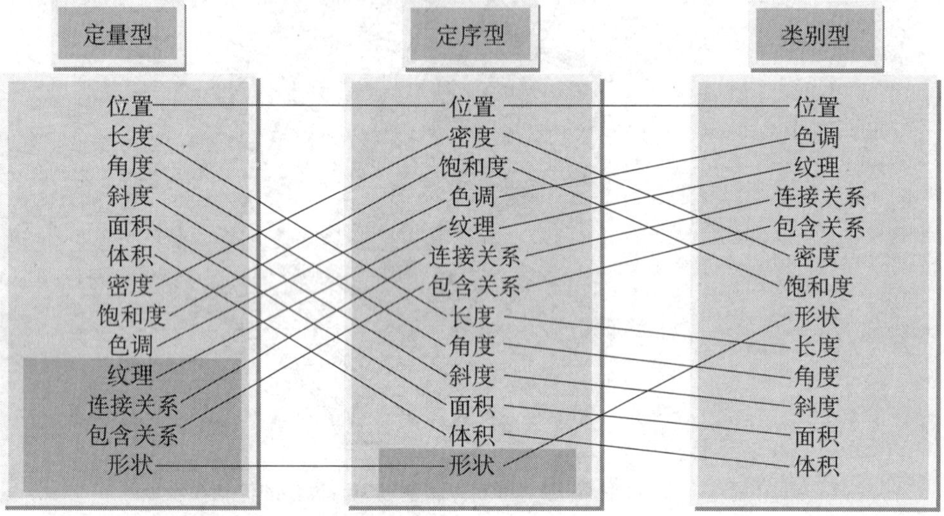

美国学者邱南森将这些视觉变量称为“视觉暗示”，他认为：

> 可视化最基本的形式就是简单地把数据映射成彩色图形，它的工作原理就是大脑倾向于寻找模式，你可以在图形和它所代表的数字间来回切换。这一点很重要。你必须确定数据的本质并没有在这反复切换中丢失，如果不能映射回数据，可视化图表就只是一堆无用的图形。②

---

① CLEVELAND W S，MCGILL R. Graphical perception：theory，experimentation and application to the development of graphical methods. Journal of the American statistical association，1984，79（387）：531－554.

② 邱南森．数据之美：一本书学会可视化设计．张伸，译．北京：中国人民大学出版社，2014：89.

在他看来，设计者必须根据目的选择合适的视觉暗示，并正确使用它们，因为这些视觉暗示就是数据可视化时的编码工具。他将这些视觉暗示分为位置、长度、角度、方向、形状、面积、体积、饱和度、色调等九个种类。

可以说，虽然各位可视化研究者对视觉变量的分类有细微的差别，但总体上看，在可视化设计中常见的视觉变量包括位置、长度、角度、方向、形状、面积和体积、色彩（包括色调和饱和度）这七种。下面我们着重介绍这些作为可视化编码的视觉变量。

（一）位置

可视化中的“位置”是展示数据在给定空间或坐标系中的相对分布状况的视觉变量。在坐标系中，每一个点都代表一个数据，这些数据点大小相同，但是“位置”有差异。数据在坐标系中既可通过“位置”呈现数值大小的差异，也可运用“位置”反映数据之间的顺序差别。当大量数据出现在坐标系中时，可以运用“位置”一目了然地做数据离散程度的判断。

概念 位置是展示数据在给定空间或坐标系中的相对分布状况的视觉变量。

例如，在澎湃《美数课》栏目的作品《羽绒服怎么买，贵＝保暖?》中，为了比较羽绒服的充绒量和价格之间的关系，作者选择了52款羽绒服，对其平均每厘米衣长的充绒量及对应价格做计算，并用散点图的形式来呈现分析结果。① 在这张图中，每一个散点代表一款羽绒服，它的位置由单位价格和单位充绒量两个数值决定，同时可以通过纵横坐标轴看这些数值之间的差异。为了加深理解，设计师还在其中加了两条象限分割线，分别代表单位价格和单位充绒量的中位数（见图7-6）。这样，读者可以更直观地对不同款羽绒服的性价比做出判断。

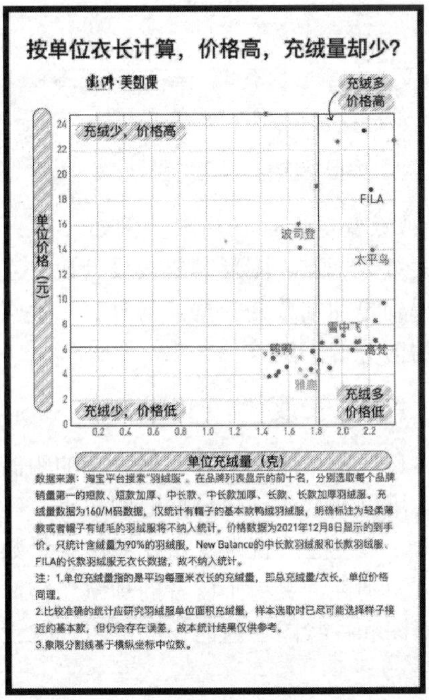

图7-6 用“位置”呈现数值的差异（来源：澎湃《美数课》栏目）

---

① 赵佐燕，卫瑶. 羽绒服怎么买，贵＝保暖?. (2021-12-12) [2024-01-24]. https://mp.weixin.qq.com/s/lyDfSol_Lcs5c5_S1QRFfg.

再如，英国《卫报》刊发的作品《我们的粮食系统还没有准备好应对气候危机》中提及，全球所有的粮食系统都面临气候变化带来的各种极端天气的影响，“大自然有一个简单的方法来适应不同的气候：遗传多样性。即使某些植物对高温或降雨量减少反应不佳，其他品种也可以生存，而且可以茁壮成长，为人类提供更多种植和食用的选择”①。但是，长期的工业化种植在提高产量和利润的同时牺牲了这种“多样性”。文中列举了多种农作物，其中在小麦部分，作者以加拿大为例，分析了小麦在该国20世纪的种植历史中基因相似度越来越高、多样性越来越低的趋势。

在这张散点图中，每个点的“位置”由两个变量决定，其一是年份，其二是小麦品种的基因差异（见图7-7）。通过这些位置分布的趋势可见，这两个变量之间存在相关关系，作者在图中添加了这一趋势线，并用注记图层做了附加的解释，表明在20世纪，加拿大的小麦品种基因越来越相似这一数据规律。

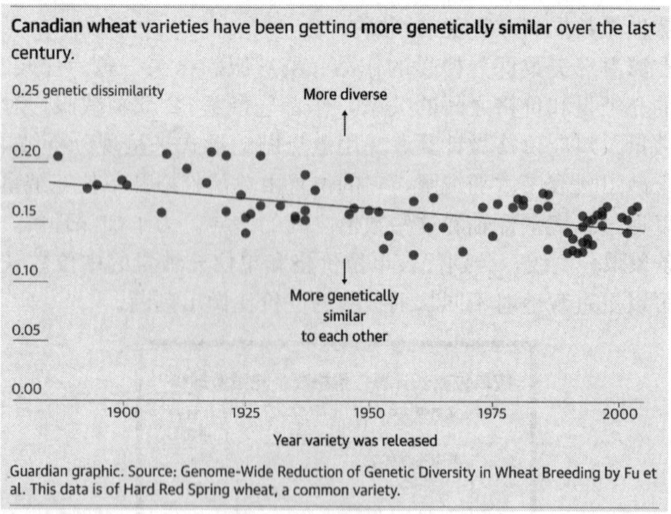

图7-7 用“位置”体现数据的分布规律（来源：《卫报》）

当然，“位置”这个视觉变量也存在局限。例如，在一些数据量级较大的情况下，为了观察图形里的大量数据点，图形需要被设计成交互形式，且读者要用鼠标悬停在具体的点上才能得到更加细致的数据。另外，一些点的数据非常接近，这样会给设计时做“位置”的区分带来困难。

（二）长度

长度是从图形一端到另一端的距离，其经常出现在条形图中，用以展示或比较数据值的大小。一般长度越大，数据值就越大。长度这一视觉变量在展示定量数据时具有很好的准确度和可识别性，更易于读者的理解，因而以长度作为视觉变量的条形图和柱状图在新闻作品的可视化设计中占有很高的比重。

你怎么看

如果两个点的数据标识的位置重合，那么该如何在可视化中呈现它们呢？

① LAKHANI N，CHANG A，LIU R，et al. Our food system isn't ready for the climate crisis.(2022-04-14)[2024-01-24]. https://www.theguardian.com/food/ng-interactive/2022/apr/14/climate-crisis-food-systems-not-ready-biodiversity.

概念 长度是从图形一端到另一端的距离，它是用以展示或比较数据值的大小的视觉变量。

图7-8（文前彩色插图）是Codehesive网站根据英联邦战争墓地委员会统计的一战死亡数据所做的可视化作品中的一个部分，记录了一战中死者的年龄分布。从柱形长度的分布可见死亡年龄主要集中于15～45岁的区间，且以18～30岁居多，其中19岁的死者有48 452例之多，占据整个统计数据的9.01%，属于死亡人数最多的年龄。死亡年龄之小，令人触目惊心。

2014年3月8日，马来西亚航空公司的MH370号航班在由吉隆坡飞往北京的航线途中失去联系。经过多国联合搜寻，迄今为止失踪客机仍未被找到，客机失事原因也无法确定，成为世界航空史上的未解之谜。在搜寻飞机的过程中，澳大利亚海军的“海洋盾号”舰船曾一度宣称截取了来自深海的飞机黑匣子信号，随即澳大利亚官方称希望能在数日内找到失踪的MH370航班。但是当时的《华盛顿邮报》网站编辑对此不以为然，他们制作了名为《深度的难题》（The Depth of the Problem）的报道，意在以可视化方式揭示定位黑匣子是一件挑战极大的工作。[①]

在这个获得“信息之美”奖数据可视化类铜奖的报道中，编辑如何诠释定位黑匣子的深度之难呢？其总体上用了“长度”这一视觉变量。因为这个可视化设计针对的是App上的读者，对于这些用手机浏览的用户而言，长图相比其他设计更便于观看。因为原图太长，我们只能截取其中一个很小的部分以做展示（见图7-9，文前彩色插图）。这张长图以相应的比例微缩展现了海下15 000英尺的世界，画面每隔1 000英尺设计一道白线，并标注数据以示分隔。读者在用手指不断下拉观看的同时，既能感受到海洋之深，也能从分隔线条和数据标识中了解所处的实际海下深度而不至于迷失在画面中。

画面中有一个颇具匠心的“长度”设计，即将海平面以上的最高建筑以相应的映射方式呈现在海下，从而反衬出海下之深。如作为美国华府的地标，华盛顿哥伦比亚特区最高的建筑——华盛顿纪念碑如果倒立于海底只不过到555英尺深，美国人熟知的纽约帝国大厦如果倒立于海底也只有1 250英尺深，而当今世界最高的建筑——迪拜的哈利法塔倒立于海底也不过2 717英尺深，这些与“海洋盾号”发现信号的15 000英尺深度海域相比，简直微不足道。编辑通过找到读者熟知的建筑物的高度来做参照，以展示海底的深度，相当于用读者熟悉的事物来做陌生话题的“过渡”，使该可视化效果更加便于理解。

用长度比较数据值时要注意：必须让读者看到线条的两端。图表应该展现一条基线（baseline），基线是从零点开始的一条垂直线。在现实中有一种误导读者的做法，即在纵坐标的单位设置上省略了一些数字或者没有从原点0开始，而是故意选择一个数字作为起点，或是纵坐标的单位不是等距的，省略了一些数据。这样比较的“长度”通常会夸大差异或数据波动，是不准确的。

如图7-10中右侧的柱形图所示，从图中的“长度”看，读者可能会认为《泰晤士报》比《每日电讯报》的销量多了两倍有余，但是仔细观察图表就会发现《泰晤士报》的销量是485 720份，而《每日电讯报》的销量是446 954份，前者的销量仅仅领先9%左右。出现上述长度差异的原因是编者将纵轴起点调整为420 000份，而不是0，从而使表现数据差异的柱形长度出现了较为显著的区别。

① The depth of the problem. [2024-01-24]. https://www.informationisbeautifulawards.com/showcase/557-the-depth-of-the-problem.

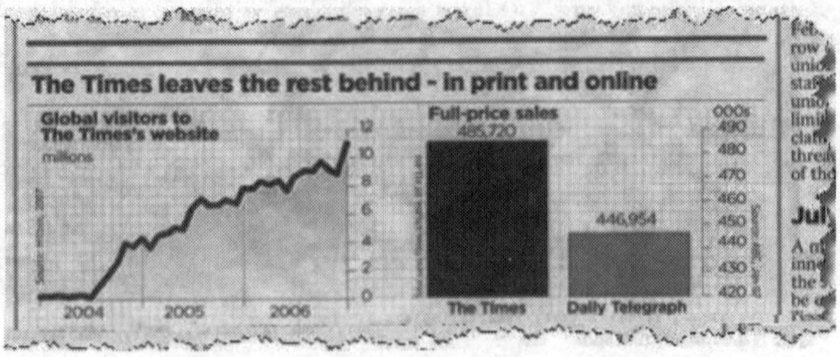

图7-10 利用不规范的纵坐标数值所制造的数据“长度”假象

（三）角度

角度是经常出现在饼图中的视觉变量，取值范围可以从0度到360度不等，能体现总体中不同组别数据所占的比例，从而呈现总体数据内部的具体结构分布。

概念 角度是经常出现在饼图中的视觉变量，用以呈现总体数据内部的具体结构分布。

在腾讯新闻谷雨数据的一篇探讨婚育趋势的文章中，作者为了证明年轻人的婚恋观念的变化，说明当下年轻人已经“降低对感情这件事理想主义般的幻想”，引用了某平台的调查数据绘制饼图（见图7-11）。[①] 通过扇区角度的差异，可以看到无论是对于自己对对方还是对方对自己的感情由初期热烈到趋于平淡，半数年轻人都能坦然接受。

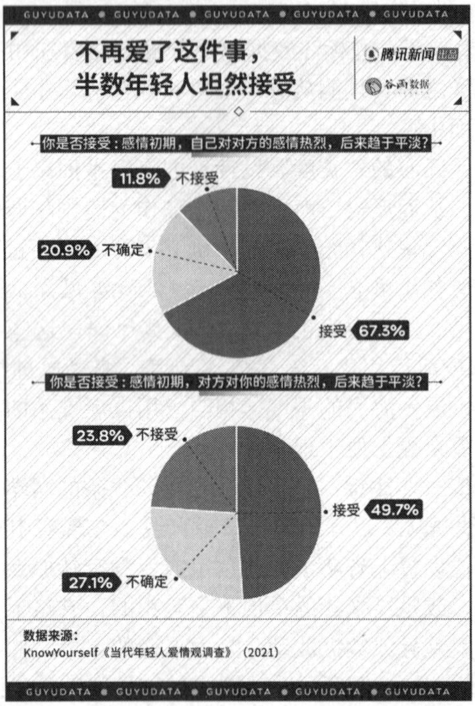

图7-11 用饼图展示年轻人对感情倦怠的接受度（来源：腾讯新闻谷雨数据）

再如，网易《数读》栏目在一篇对面包店的报道中，也使用了饼图来呈现面包店最喜欢贴的标签（见图7-12）。[②] 在这张图中，设计师将饼图用多纳圈的形状包

① 鹿鸣，赤耳．今年上半年结婚与离婚人数双增长，到底是谁想通了．(2023-10-13) [2024-03-29]. https://mp.weixin.qq.com/s/Dm9Eeu5S-5kwHAGkUFhICg.

② 噜噜，乐乐，竹子，等．月薪2万，吃不起面包．(2023-11-10) [2024-03-29]. https://mp.weixin.qq.com/s/B767NF_rCOJQkax0J-9vBw.

装设计，使常见的饼图变得更有趣，也更契合主题。

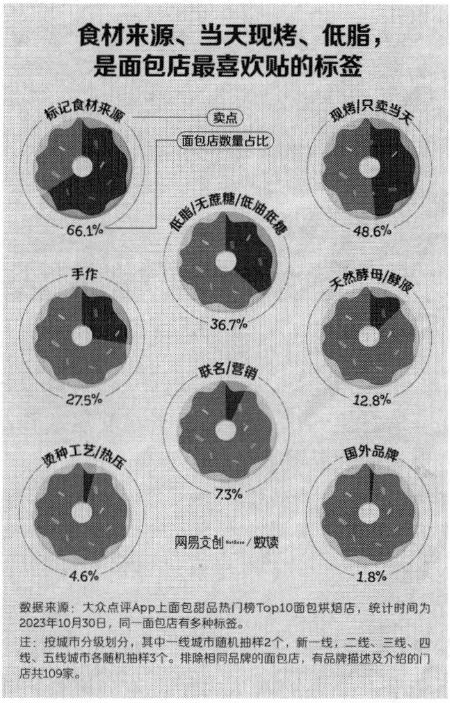

图 7-12 用多纳圈形状包装设计后的饼图（来源：网易《数读》栏目）

这种与饼图非常相似的可视化效果，即圆环图。“尽管圆环图常被当作饼图的近亲，但圆环图的视觉暗示是弧长，因为可以表示角度的圆心被切除了。”①

2014 年 3 月 26 日，Infowetrust 网站推出了一个以圆环图为核心视觉元素的可视化报道《创意人才的日常生活》。该报道对各行业的创意精英的日常生活习惯做了记录，其中包括作家、画家、作曲家、科学家和哲学家名人等 16 位。报道从钟表的刻度上得到创作灵感，用圆环图展现这些人的日常生活时间的安排。在这些类似钟表的圆环上，白色代表睡眠，绿色代表首要的工作，橘色代表社交和用餐，蓝色代表锻炼，浅绿色代表其他工作，灰色代表为了收支平衡完成的一些事务（见图 7-13，文前彩色插图）。根据这些颜色在圆环中的弧长，读者可以一目了然地发现这些知名人物的日常生活规律。

使用饼图时要注意以下三点：

第一，在设计“角度”时，要注意饼图的各个角度之和应该为 360 度，图中所有的楔形应该能组成一个完整的圆。

图 7-14 来自福克斯新闻。它展示的是 2012 年美国总统大选共和党候选人的支持情况。令人疑惑不解的是饼图的各部分百分比相加之后，总和居然大于 100%。

出现上述错误的原因是，编辑制作饼图时忽略了设计这一调查问题的答案时调查对象是可以进行多选而非单选的。所以尽管每一部分的数据看似正确，但这项调查结果不能用饼图来呈现。

---

① 邱南森．数据之美：一本书学会可视化设计．张伸，译．北京：中国人民大学出版社，2014：93.

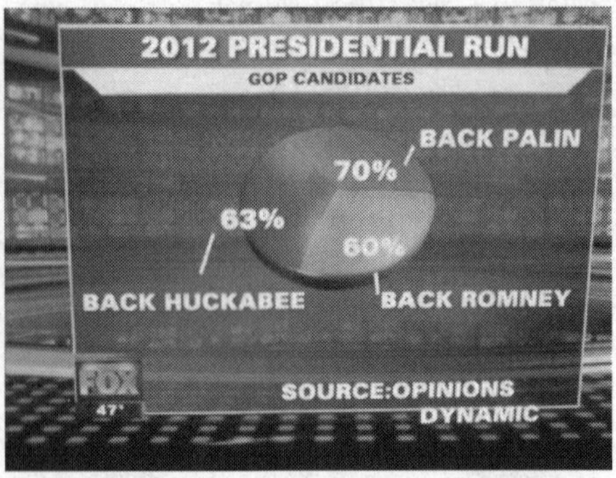

图 7-14 错误的饼图示例（来源：福克斯新闻）

第二，饼图中扇区需从 0 度角开始顺时针排布，顺序要与数据相关。目前流行两种做法：一种是从 0 度角开始将扇区按照数据由高到低顺时针降序排列；另一种则是将最大扇区置于 0 度角右侧，次大扇区置于 0 度角左侧，剩余扇区按照数据由高到低顺时针降序从最大扇区之后依次排列。

第三，饼图中扇区的数量不宜过多，一般不要超过 6 个。如果数据分类过细，则可将数据合并为其他项。

（四）方向

> **概念** 方向指一个向量的斜度，它有助于展示数据值的增长、下降和波动及这些变化的幅度。

一些可视化研究专家将“方向”这一视觉变量称为“斜度”，这两个概念是相同的。如果说角度是相交于一个点的两个向量，方向则指一个向量的斜度。“方向”有助于读者把握斜率，从斜率的变化中感知数据值的增长、下降和波动及这些变化的幅度。

“方向”的视觉效果是可以设计的，在数据值相同的情况下，通过标尺的变化可以控制斜率的缩放。当希望突出差异时，可以放大标尺的比例使斜率增加；当希望淡化差异时，可以缩小标尺的比例使斜率降低。

> **你怎么看**
>
> 你尝试过在设计可视化的时候调整标尺来增加或降低斜率吗？你觉得这样是否会影响数据的准确表达？

路透社的作品《走向老龄化》中，设计师运用方向这一视觉变量，绘制了展现各国人口老龄化趋势的折线图。[①] 巧妙的是，这个设计的背景选用了黑色，而将这些折线反白且做了平滑的处理，这就使折线看起来犹如人的“白发”，与“老龄化”主题形成了很好的视觉呼应。图 7-15 截取的就是突出显示日本老龄化趋势的折线图。可以看到，日本的这条线在 2000 年之后斜率陡然升高，并快速跃居成为老龄化人口所占比例最高的国家，而这一趋势将持续到 2050 年左右。

在采用“方向”这一视觉变量设计折线图时，有几处需注意：第一，不需要突出所有的数据标签；第二，在多条折线排列时需注意突出主线，类似《走向老龄化》作品中的设计，只在滚动出现相关国家数据的文字解释时才对该国的线条做突出处理，其他线条都呈灰色；第三，与柱状/条形图不同，折线图可以没有 0 基线，但要真实展现数据的波动，则可以在大图边上加入整体数据趋势的缩小版。

---

① SCARR S, HUANG H, WU J, et al. Going gray. (2019-05-01) [2024-03-29]. https://www.reuters.com/graphics/JAPAN-AGING/010091PB2LH/index.html.

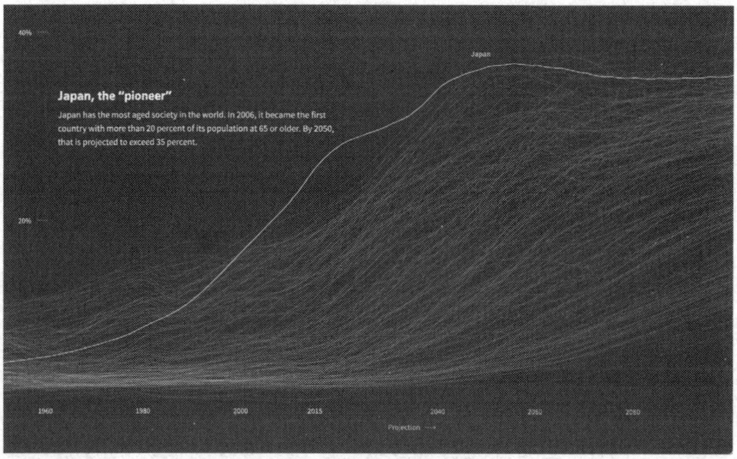

图 7-15　用方向体现人口老龄化的趋势（来源：路透社）

（五）形状

在图形设计中，“形状”是一种重要的视觉变量，它由点、线、面等不同元素构成。

概念　点是图形最基本的构成，是图形中面积最细小的成分。在坐标系中，点可以指示位置。点状符号能够聚合和集中视觉，有一定的指示和引导视线的作用。

点是图形最基本的构成，是图形中面积最细小的成分。在坐标系中，点可以指示位置。点状符号能通过面积和方向的变化，组成线状符号或面状符号。在视觉设计中，点状符号能够聚合和集中视觉，有一定的指示和引导视线的作用。

当地时间 2023 年 2 月 7 日，在 2022—2023 赛季 NBA 常规赛中，洛杉矶湖人队的球星勒布朗·詹姆斯以常规赛 38 390 的总得分成为 NBA 常规赛的历史得分王。在一张反映詹姆斯职业生涯所有投篮出手数据的数据可视化作品中，设计师采用点状符号来代表每次投篮的位置，将这些点分布在篮球场构成的坐标系中，其中黄色的点代表命中得分的位置，绿色的点则代表投篮未中的位置。[①] 这些密密麻麻的点集中在一起，可以看到詹姆斯在三分线内外更倾向于投篮的位置分布趋势，同时他在篮下最具有统治力，代表命中的黄点在这一区域范围内呈现出明显聚集的状态（见图 7-16，文前彩色插图）。

在前文提及的案例《粗暴的正义：警察如何辜负性侵幸存者》中，设计师也采用点状符号来作为重要的视觉变量。该文中写道：“截至 2017 年的 10 年间，澳大利亚警方收到超过 14 万份性侵犯举报。每个点代表一个举报。”[②] 然后页面中间的视觉核心区域被排布的不同颜色的“点”构成，点的颜色代表该举报被警方处理的不同方式，其中包括：被警方视为“毫无根据”而直接拒绝的（rejected）；警方在没有逮捕或采取其他法律行动的情况下，“清理”（cleared）或解决的（resolved）；被受害者/幸存者撤回的（withdrawn）；采取逮捕等行动，进入司法程序的（legal action）；调查仍未解决的（unsolved）。这些密密麻麻的“点”在页面中构成了一种

---

① SAMIA B. Lebron James：a making of NBA history.（2023-03-07）[2024-03-30]. https://medium.com/@sb90/lebron-james-looking-at-a-making-of-nba-history-with-basketball-analytics-e9ddfc7e4721.

② TING I，SCOTT N，PALMER A. Rough justice：how police are failing survivors of sexual assault.（2020-02-03）[2024-01-24]. https://www.abc.net.au/news/2020-01-28/how-police-are-failing-survivors-of-sexual-assault/11871364.

无形的力量，让人感受到数据的张力（见图7-17，文前彩色插图）。

线是由很多点沿着相同的方向紧密排列后形成的形状符号。线有明显的长度，但占有的宽度很小。线可以指示方向和位置，并形成面的边缘。线还可以通过连接形成形状。除了折线图，线状符号也经常出现在地图上，用以标识边界等。

概念 线是由很多点沿着相同的方向紧密排列后形成的形状符号。线可以指示方向和位置，并形成面的边缘。线还可以通过连接形成形状。

例如，CNN的作品《英国的幽暗边境》关注英国政府建立的一支由无人机、哨塔和人工智能组成的新军队。该报道指出，英国投资了数百万英镑购买监控设备，其中，葡萄牙科技公司Tekever提供的经过人工智能训练的无人机可以飞越英吉利海峡英国一侧的大片地区。[①] 作品中用大量的点汇聚的线来展示这些无人机的飞行轨迹，其中每个点代表无人机在2019年10月至2023年4月之间特定时间的位置，最亮的点是无人机最常被观察到的点（见图7-18，文前彩色插图）。英国政府虽然宣称这套监控设备配备有专门设计用于检测穿越水面的小型橡皮艇的人工智能技术，可以用于海岸线上的搜救，但现实是在一些可以被识别的船只发出沉没呼救时，救援却姗姗来迟。报道认为英国投入这些监控设备名为救人，实为建立日益军事化的数字边境。

在作品《一只愤怒的小鸟》中，对“线”的运用也很有创意。[②] 设计师将美国前总统特朗普就职演说时面部表情的变化绘制成一根羽毛，每根羽毛的每一个羽支都代表总统在演讲中表现出一种情绪的时刻。该作品创作团队通过微软的情绪识别工具捕捉总统就职演说时的面部表情，并将其分为开心、吃惊、生气、悲伤等七种情绪，积极的情绪被绘制在羽毛的上方，消极的情绪在下方。每个羽支的长度代表情感的强度。这些颜色不同的线条按照演说进程的时间顺序从左到右排布，形成了一根“情绪”的羽毛（见图7-19，文前彩色插图）。通过可视化分析，特朗普就职演说时面部透露的情绪总体趋于负面，这与在其之前六位总统的就职演说所展现的或积极或谨慎的情绪形成了鲜明的反差，因而这个作品以《一只愤怒的小鸟》为题，起到了画龙点睛的效果。

面是由很多线往相同方向不断重复紧贴后形成的形状符号，有长度和宽度，能通过组合形成形状。在可视化设计中，点、线、面这些形状符号除了构成规则图形以外，还经常以非规则图形的方式呈现，被用来区分现实的对象，做现实世界中实际事物的直接映射。比如用一些简化的图标，如小人、汽车、建筑物来指代实际事物，唤起人们的视觉关注。

概念 面是由很多线往相同方向不断重复紧贴后形成的形状符号，有长度和宽度，能通过组合形成形状。

以前文提及的帝都绘作品《帝都公园大全》为例，这个作品主要通过“形状”这一视觉变量来做可视化设计，将不同类型的公园用公园地理布局的不规则形状来呈现，使形态各异的公园跃然“屏”上。[③] 图7-20（文前彩色插图）就是森林公园的局部截图。

再如《国家地理》杂志的作品《心智框架》，以非规则图形相互咬合的设计，运用再现毕加索创作的技艺手法、形状和色彩的方式，绘制了一幅尺寸为36＊60

① POLGLASE K，DOHERTY L，MANKARIOUS S-G，et al. Britain's shadowy border.（2023-07-31）[2023-04-15]. https：//edition. cnn. com/interactive/2023/07/uk/migrant-crossings-ai-small-boats/.

② One angry bird. [2024-01-24]. https：//emotions. periscopic. com/inauguration/.

③ 宋壮壮，王涵，卓嘉琪，等. 帝都公园大全.（2023-07-19）[2024-04-15]. https：//mp. weixin. qq. com/s/sGFGlUhoxd5XvNaCPmJ3bQ.

英寸的布面油画（见图 7－21，文前彩色插图）。这幅可视化作品中，作者分析了大约 8 000 件毕加索作品中重复出现的 12 个主题，对它们进行分类并以色块表示，每个类别的色块面积大小反映了该主题的艺术品数量，而其独特的形状和构图使作品充满艺术气息，令人印象深刻。[①]

（六）面积和体积

面积和体积也可用于表示数值的差异。面积通常用于二维空间，多采用圆形和矩形；体积则适用于三维空间，多采用立方体或球体。

面积和体积在作为视觉变量进行事物之间的数值比较时，需要注意保持所有维度的比例，使之能准确地反映数据的变化，而不能出现失真的情况。如设计两个不同面积的正方形时，要注意边长每增加 1 倍，则新生成的正方形将是原正方形面积的 4 倍，而非 2 倍。同样，如果是一个立方体，则所有边长每增加 1 倍，放大后的新的立方体的体积将增加 7 倍。

概念 面积和体积也是用于表示数值差异的视觉变量。面积通常用于二维空间，多采用圆形和矩形；体积则适用于三维空间，多采用立方体或球体。

财新的作品《北京人口》中用面积非常巧妙地展现了北京不同区人口分布密度的显著差异。[②] 图 7－22 中两图各用面积代表不同区的城区面积和不同区的人口数量。通过对比可以看出北京不同区所含人口和所占面积之间的反差。

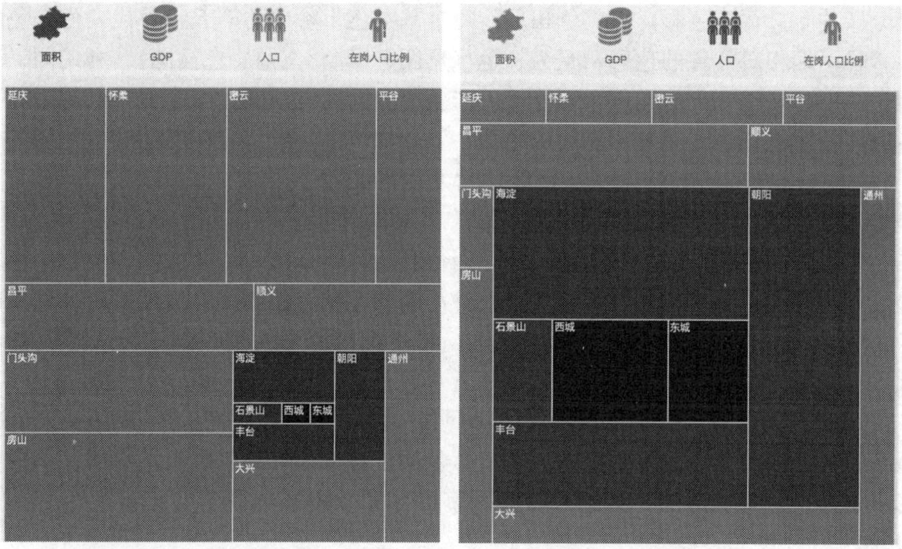

图 7－22 以“面积”作为视觉变量
（来源：财新《数字说》栏目）

而在路透社的作品《喀拉拉邦的水坝为何没能阻止灾难》一文中，设计师采用“体积”作为视觉变量，形象地呈现了从 2018 年 7 月 1 日—8 月 15 日当地水库蓄水量的变化。[③] 通过可视化分析可以发现，在 7 月 31 日，当地多个水库已经处于 90%以上的蓄水量高位（见图 7－23，文前彩色插图），而这些水库未能及时放水，

① We analyzed 8 000 of Picasso's works. Here's what they reveal about him. ［2024－04－15］. https：//www. nationalgeographic. com/magazine/graphics/genius-picasso-art-categories-infographic.

② 张艾华，韦梦，黄晨．北京人口．［2024－04－15］．https：//datanews. caixin. com/mobile/2017bjrk/pc/.

③ SCARR S，KUMAR V，WU J，et al. How Kerala's dams failed to prevent catastrophe.（2018－10－11）［2024－01－24］. https：//fingfx. thomsonreuters. com/gfx/rngs/INDIA-FLOOD/010080MF18N/index. html.

反而直到8月9日才开始缓慢放水，这导致水库难以承载8月中旬的暴雨，无法在泄洪中起到足够的作用。

（七）色彩

“色彩”是所有视觉变量中最富于变化的一种。在色彩学上计算出来的色彩数目大约有750万种，一般人可以分辨出3 000～5 000种颜色。而美国摄影公司的调查结果显示，人类具有分辨数百种颜色的能力。①

色彩极富“欺骗性”。因为受“光”的影响，色彩具有不确定性的特征。自然光能取得色彩波长的平衡，所以在人眼看来自然光下色彩最自然。日光灯或者阴影下，光的蓝色波长较强，物体颜色看起来会偏蓝。而在波长集中于红色和橘色的白炽灯照射下，物体的颜色看起来偏红。这也在一定程度上解释了为何同样的事物在不同人眼中出现了色彩的差异。

色彩有各式各样的分类或表达方式，其中“曼塞尔（Munsell）色系”被认为是色彩学的基础，它将色彩分为“色相”“纯度”和“明度”三种要素。

色相即为对色调的称呼。在曼赛尔色系中，色相以红、黄、绿、蓝、紫等五色为主色，每两个主色间加入一个中间色，成为十个基本色相。每个基本色区分为十等分，共有一百个色彩，组成色相环。每个基本色十阶中的第五阶为代表色。色相环直径两端相对位置的色彩，互为补色（见图7-24，文前彩色插图）。利用同一色相做明度、纯度变化的配色，容易让人产生统一的视觉观感；即使不完全使用同一色相，使用色相环上尽可能靠近的色相，依然能产生一致感。在配色时，如果从色相环中“无论以正三角形还是正方形选择色彩做组合，选出的色彩彼此间的差异都是均等的，整体设计便自然呈现协调的状态”②。

纯度也被称为“彩度”“饱和度”，指色彩的鲜明程度、纯净度。越鲜明的色彩纯度越高，让人感觉越刺激，能传递一种活跃的印象，但要注意过度使用纯度高的色彩组合，会给人品位花哨和低俗之感。越暗沉的色彩纯度越低，让人感觉越稳重。无论哪种色彩，其纯度越低就越接近灰色。

明度也被称为“亮度”，表示色彩的明暗程度，越靠近白色，明度越高，越靠近黑色，明度越低。黄色明度较高，蓝紫色明度较低，红绿色居中。明度一致的色彩不容易产生强弱对比，会给人带来均衡的印象，不适合用于要突出某个部分的设计。

纯度和明度容易混淆，图7-25（文前彩色插图）将之放在一张图中进行比较，左右轴表示纯度，上下轴表示明度，这样就较为清晰了。

配色时，有时需要考虑形成统一的均衡感，有时则需要通过对比来形成视觉落差，从而突出设计中的某个主体部分。使用对比时最先考虑的应该是采用明度的对比，因为人眼对明度的差异最为敏感。其次可以考虑用纯度对比，如采用高纯度的配色去形成视觉中心。最后可以考虑用色相对比，在色相环中处于相对位置的色相配色被视为“互补色”配色，会带来强烈的视觉冲击力。

色彩能够影响人的心理，使人产生相应的情绪反应。人们为日常生活所包围，

---

① 伊达千代．色彩设计的原理．悦知文化，译．北京：中信出版社，2011：13.

② 同①38.

对大自然的色彩已经习以为常。因而在设计时运用大自然的颜色常能达到协调的视觉效果，如用树木、土壤、大地、河流的颜色来表现这些相关内容能够给人带来生机和和谐的观感。

我们不妨看看两张出自《南华早报》的版面，它们分别用数据可视化的方式呈现了香港的气候变化规律，第一张图展现夏季的高温记录，第二张图则呈现历年降雨量的变化（见图7－26，文前彩色插图）。从色彩差异上看，前一张图用的背景色是白色，而代表高温天的红色和橘色点聚集在一起，形成了火焰的顶端；后一张图背景色则为蓝色，代表降雨量的白色柱形被翻转后朝下方延伸，在画面中就好像天空降下的雨丝一般。这两张图的颜色皆是借鉴大自然的配色，容易将读者带入报道情境。

世界各国和地区的人们因为地域和历史文化差异、宗教背景不同，对色彩的心理感知各不相同。如黄色在中国古代、古印度和古希腊都是属于皇室或王室的颜色，代表高贵，而在基督教国家黄色是犹大穿的衣服的颜色，因此在很多教徒心目中黄色代表背叛、可耻和卑鄙。据统计，蓝色在全世界都普遍受到欢迎，但其他颜色则在不同国家得到的待遇不同。①

色彩这种视觉变量中有一种特殊设计——“无彩色”设计，即黑、白、灰色。在整体都覆盖颜色的设计中，加入白色可以消除画面的压迫感，而使用多种颜色的配色时，采用黑色作为底色则可以彰显视觉效果又不显凌乱。

可视化作品刊发的媒体不同，色彩模式也有差异。RGB色彩模式是光学颜色，存在于计算机屏幕等显示设备中。CMYK色彩模式是材料颜色，需要外界辅助光源才能被感知，是印刷品唯一的色彩模式。所以如果用RGB模式去制作印刷用的图像，设计时的某些色彩可能就无法被打印出来。一般来说，RGB色域的颜色数比CMYK多出许多，且两者各有部分色彩彼此独立。如果不做修改地直接印刷RGB模式的色彩设计作品，则印出来的颜色可能和设计的初衷有很大的背离。

你怎么看

在设计中刻意强调色彩的文化属性会不会进一步加剧传播中的刻板印象？

【知识窗】《华尔街日报》图形总监谈针对色盲人群的配色

全球范围内每12个男性中就有一个是色盲，而女性色盲的比例也达1∶200。色盲主要分两种，红绿色盲最为常见，另一种是蓝黄色盲。患有这种视觉障碍的人在获取外界信息时会受到影响，尤其是在数据可视化风靡的当下，色彩是可视化编码的重要视觉变量。因此在做可视化设计时，还需照顾到色盲群体。

对此，《华尔街日报》图形总监黄慧敏在《最简单的图形与最复杂的信息：如何有效建立你的视觉思维》（*The Wall Street Journal Guide to Information Graphics: The Dos and Don'ts of Presenting Data, Facts, and Figures*）一书中介绍了《华尔街日报》的经验。

大部分设计者认为红绿、蓝黄这样的色彩组合位于色轮的对立面，从色相的角度来看，它们的对比的确是很明显的。但是对于色盲用户

① 原田玲仁．每天懂一点色彩心理学．郭勇，译．西安：陕西师范大学出版社，2009：200.

来说，由于他们不能识别这种色彩组合的色相差别，明度或亮度就成为识别不同颜色的唯一途径，而这种色彩组合的明度又十分相似，即使对于有正常色觉的人来说，也会分散其注意力。

黄慧敏针对色盲用户给出了四步解决方案：

第一步：字体颜色设置成黑色。由于黑色能提供最高的对比度，因此在浅色背景中使用黑色字体最为有效。同理，在深色背景中使用白色字体也能获得同样的效果。

第二步：在图表元素上做标注。对于以色彩作为区分的图表，色盲人群可能无法辨认，这时还可以把标注设置成粗体，以保证通过颜色传递的信息在没有颜色的情况下也是清晰的。

第三步：确保明度的高对比度。对于色盲或色弱用户而言，他们不能区分部分色相，但是对于明暗的区分则容易些。明度有足够的对比度可以使读者能够更容易地阅读图表。

第四步：在决定发布图表之前，先将图表打印成黑白色以测试对比度是否充分。如果黑白图表情况良好的话，就说明这种配色方案是可取的。

资料来源：黄慧敏．最简单的图形与最复杂的信息：如何有效建立你的视觉思维．白颜鹏，译．杭州：浙江人民出版社，2013.

二、可视化编码的动态视觉变量

随着可视化技术和工具的进步，越来越多的可视化设计已经突破了静态二维空间的限制，发展为动态的动画或视频形式。那么在进行这种动态的可视化设计时，是否还存在其他可视化编码的视觉变量呢？

1992年研究动态地图（dynamic map）的学者迪比亚兹（David Dibiase）及其同事指出基于贝尔廷的视觉变量研究是不充分的，难以解答动态地图设计中的编码问题。他们提出动态地图包含三种新的视觉形式：(1) 动画，将一连串静态画面组接成动态影像；(2) 发声，能用声音展示数据；(3) 交互，赋予用户修正展示效果的权利。在此基础上，动态地图设计应该考虑“动态视觉变量”（dynamic variables）。迪比亚兹等人提出的动态视觉变量①包括三种：发生时长（duration）、变化速率（rate of change）、变化次序（order）。② 1994年，艾伦·麦凯琴（Alan MacEachren）又加入了三个动态视觉变量：频率（frequency）、时刻（display time，也称moment）、同步（synchronization）。③ 1998年我国学者艾廷华提出了四个动态视觉变量的说法，认为它们分别是发生时长、变化速率、变化次序和节奏，其中“节奏”（rhythm）是其新增的一个视觉变量。④

综合上述学者的研究，动态视觉变量包括发生时长、变化速率、变化次序、频率、时刻、同步和节奏这七种。

发生时长：指一个静态场景从开始展示到消失在画面上的时间长度，用于表现动态现象的延续过程。设计动画时将发生时长的值设计得越大，就说明动画生成的

---

① 同时，学者克索拉库（A. Koussoulakou）和克拉克（M. J. Kraak）将之称为“时间变量”（time variables），参见 KOUSSOULAKOU A，KRAAK M J. Spatio-temporal maps and cartographic communication. The cartographic journal，1992，29 (2)：101－108。

② DIBIASE D，MACEACHREN A，KRYGIER J，et al. Animation and the role of map design in scientific visualization. Cartography and geographic information science，1992，19 (4)：201－214.

③ MACEACHREN A M. How maps work：issues in representation & design. New York：Guilford Press，1994.

④ 艾廷华．动态符号与动态地图．武汉测绘科技大学学报，1998 (1)：47－51.

时间越长，也就是给一个事物更长的展示时间。

变化速率：包括场景变化的幅度和速度两个层面。变化速率需借助位置、角度、方向、颜色、面积和体积之类的静态视觉变量的变化来呈现。

变化次序：指场景出现的先后顺序，对于时间动画而言，时间就是内在的次序。在进行动态可视化设计时，未必都需要按照时间来设计变化次序。如在设计动态地图时，也可以通过颜色的变化来呈现某种现象在全球的兴起。

频率：指场景出现的频繁程度，该变量与发生时长相关。在动态可视化设计中，可以采用闪烁频率，用让某些场景频繁出现在画面中的方式来暗示其重要性。

时刻：指场景的显示时间，用以标识某一种变化的出现。这种变化可以指向某种行为或现象，也可以指向某个具有实际意义的时间。

同步：指两个或多个时间序列之间的关系，可用于多个场景的时序校正中。同步与变化次序一同构成表达因果关系的重要视觉变量。

节奏：是描述符号周期性变化的特征，它是由发生时长、变化速率以及其他参量融合到一起而生成的复合参量。描述节奏的参量可以进一步细分为频率（周期）和振幅，节奏的频率对应着变化速率，振幅则对应着现象变化的峰值。符号的节奏参量可用于描述周期性变化现象的重复性特征，也可描述质量性质。①

掌握上述动态视觉变量，能帮助编辑设计动态的可视化作品。其中最重要的动态视觉变量是发生时长和变化次序，它们对于动画特征的描述和展示具有重要的作用，而其他的动态视觉变量则或多或少依赖于这两个变量。

此外，在一些动态可视化作品中，还需要在视觉变量的基础上添加听觉变量。听觉变量与动态视觉变量较为相似，其最重要的变量是音频播放的时长和音频频率。类似的可视化设计必须将视觉变量和听觉变量完美结合，才能制作出质量优良的作品。

【案例】 如何用动态的可视化设计展现 F1 方程式赛车的速度与激情？

2022 年，“信息之美”奖的休闲、游戏和运动类金奖颁给了作品《雷霆之路》。这个用数据可视化来呈现 2021 年世界一级方程式锦标赛的作品很好地结合了视觉和听觉变量，用一种富有表现力的形式完美地展现了这一赛事的速度与激情。②

打开作品网页，先映入眼帘的是一辆面向读者的赛车，页面提示字幕上写着“此网站有音频，戴上耳机并开始启动（GET STARTED)”，这样的设计旨在将读者带入一场赛事的刺激体验中。点击按钮后，就能听到一阵赛车快速通过的轰鸣声，此时屏幕上出现作品的主标题和副标题：《雷霆之路：2021 赛季一级方程式中的闪电图、终点线和冠军名次》。

滑动鼠标进入下一个页面，伴随一阵雷鸣般的赛车马达声，页面左边会呈现一组由上至下快速游走的线条，其中靠右的一条被标记为显眼的红色（代表年度冠军车手），其他则为浅蓝色，线条在不断向下延伸的过程中，彼此的位置也在发生变化，间距由小变大，这一动画设计

---

① 艾廷华．动态符号与动态地图．武汉测绘科技大学学报，1998（1）：47－51.

② CHERDARCHUK J. Thunder roads.［2024－01－01］. https：//f1. obumbratta. com/.

中线条游走的轨迹形如闪电，因而被称为“闪电图”（lighting plots）（见图7-27，文前彩色插图）。它形象地诠释了不同车手的赛车在比赛时的位置关系，纵向代表比赛中的圈数，横向为车手之间的相对距离，中间位置是中位数，线条越靠右说明车手相对速度越快，越靠左说明相对速度越慢。而在页面的右边，随着鼠标滚轴移动，作者结合车手的表现对闪电图做解释，读者还可以点击页面左边的“网格”（GRID）键浏览不同站的闪电图。

在终点线的页面，作者也设计了一段模拟动画，展示不同车手通过终点线时的位置和时间差距（见图7-28，文前彩色插图）。页面主体部分是类似条形图的设计，展现赛车在通过终点线时的相对位置，页面上部则模拟赛车快速驶过终点的效果，这两个部分在时间设置上是同步的，同时在赛车通过终点时也有同步的赛车轰鸣声。随着赛车的快速驶过，代表不同赛车的长条向终点不断缩短，最终同时止于终点。读者可以从发生时长、变化速率、变化次序等动态视觉变量的设计中感受到赛场上那种如闪电般的速度和彼此追逐的激烈感，而适当加入音频为这个作品增色不少，令阅读更有沉浸感。

第3节　数据可视化的常见类型

我们无法穷尽所有的数据可视化类型，但是现有的数据新闻实践为我们提供了以下三种常见类型：信息图、数据动画/视频和交互可视化（见图7-29）。其中信息图在早期的平面媒体实践中就已存在，如今仍然是数据可视化的主要类型之一。数据动画/视频在电视时代就已经出现。而交互可视化则是新媒体时代基于互联网技术发展的新型的数据可视化形式。同时，新媒体端的数据可视化并不局限于交互可视化，从信息图到数据动画/视频，这些数据可视化形式也在新媒体端得到了新的发展。

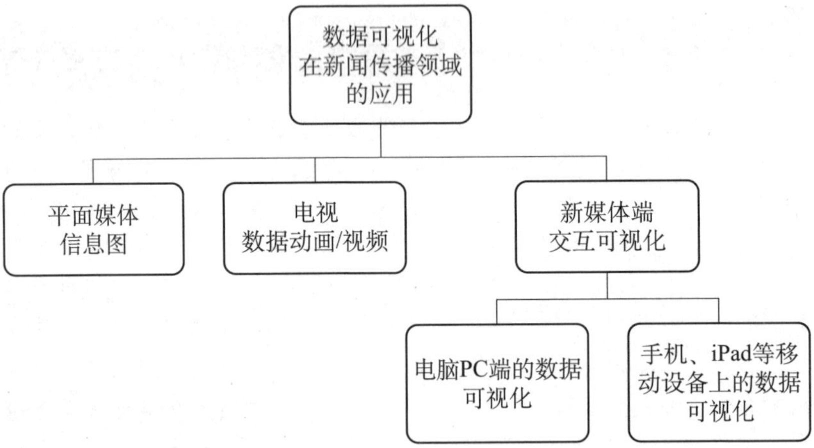

图7-29　新闻传播领域数据可视化的发展脉络与主要类型

一、信息图

数据可视化在诞生之初就是以静态信息图为主要呈现形式的。如今信息图早已融入人们的日常生活之中，随处可见的产品说明书、教材、股票行情图、防灾手册、旅游标识、导航地图等都属于信息图的范畴。信息图在数据新闻中频繁出现，尤其是报刊等平面媒体。它们多年来对于应用这样的可视化更为得心应手，大多数报刊开办了相应的信息图栏目，如《新京报》的《新图纸》、《广州日报》的《数读》、《钱江晚报》的《图视绘》等。

这类信息图栏目的选题一般分为三类：一类是与当下的新闻事件相关的选题的统计图，如重大国际赛事、重要的灾难事件等；一类是对与时令节气相关的百姓关注话题或是百姓熟知事物做另一面的图解，如夏季如何防暑降温、电子烟有何危害等；还有一类是对有关机构发布的调查报告的图解，如国内癌症高发地图、年度交通事故调查报告等。

除了报刊媒体，国内网站的数据新闻栏目也不乏这类以信息图为主的可视化设计，但与前者不同的是，在移动互联网越来越普及的背景下，基于新媒体端传播的信息图呈现出与平面媒体信息图不尽相同的特征：传统报刊媒体的信息图的尺寸和在新媒体端呈现的信息图的尺寸有所差别，因为媒体形态的不同，前者在设计时的纵横尺寸和比例相对固定，后者则横向尺寸固定，纵向尺寸有很大的伸展空间。所以，在设计报刊信息图时，需要考虑在一目所及之下的空间里如何做合理的信息布

【案例】 《华盛顿邮报》如何用信息图报道美国新冠疫情的100万逝者?

2022年5月15日，《华盛顿邮报》采用跨页版刊发信息图的方式报道美国因新冠疫情造成100万逝者的悲剧（见图7-30）。

在这个跨页版的左手页面上，排布着密密麻麻的黑色小人，中间显著位置排版标题和导读部分。标题为《100万同胞》，标题上方的三行字是编辑对这个版面设计的解释，在这个版面上分布了一万个小人符号，它们代表美国每一个因新冠导致死亡的逝者，100万逝者相当于共需要100个这样的页面才能装得下。在标题下方的导读里，编辑写道：

> 根据《华盛顿邮报》的统计，这场疫情造成的死亡数据即将达到100万。告知人们这一庞大的死亡数据并传递它的意义至关重要。100万逝者在美国历史上是一场史无前例的灾难。
>
> 你可以考虑这样对比：华盛顿特区的人口大约为67万，试着设想在美国首都华盛顿特区的建筑、街道上的所有人都不存在，我们还需要33万人才能填满这一数据。
>
> 我们试着将100万逝者的数据放在两年多的时间维度去考量，并将之与美国历史上曾经发生的灾难事件中的死亡数据做对比。真相令人吃惊：新冠致死的人数超过了南北战争，后者是美国历史上致死人数最多的灾难之一。
>
> 当我们即将经过这一历史节点时，我们应该停下来反思，我们必须提醒自己每一个数字背后都是一个生命——他们曾是某人的朋友，某人的爱人，某人的家人。

在另一个版面中，《华盛顿邮报》编辑设计了一条从上至下、从左到右的时间线，并选择了自2020年2月29日出现第一例逝者，到2022年5月该报预计将出现100万逝者这一时间段内的15个时间节点，将截至这些时间节点时统计的新冠逝者的人数与美国历史上包括飓风卡特里娜、阿富汗和伊拉克战争、“9·11”事件、越南和朝鲜战争、1918年流感大流行、南北战争等事件中死去的人数做对比，从而凸显出这场灾难带来的恶劣影响。

总体上看，这个信息图设计的思路既富有创意，又简洁清晰，且饱含人文关怀。整个设计采用的设计元素并不复杂，且画面主色调只有黑白两色，但传达的信息量却很大，很好地实现了可视化设计的传播目的。

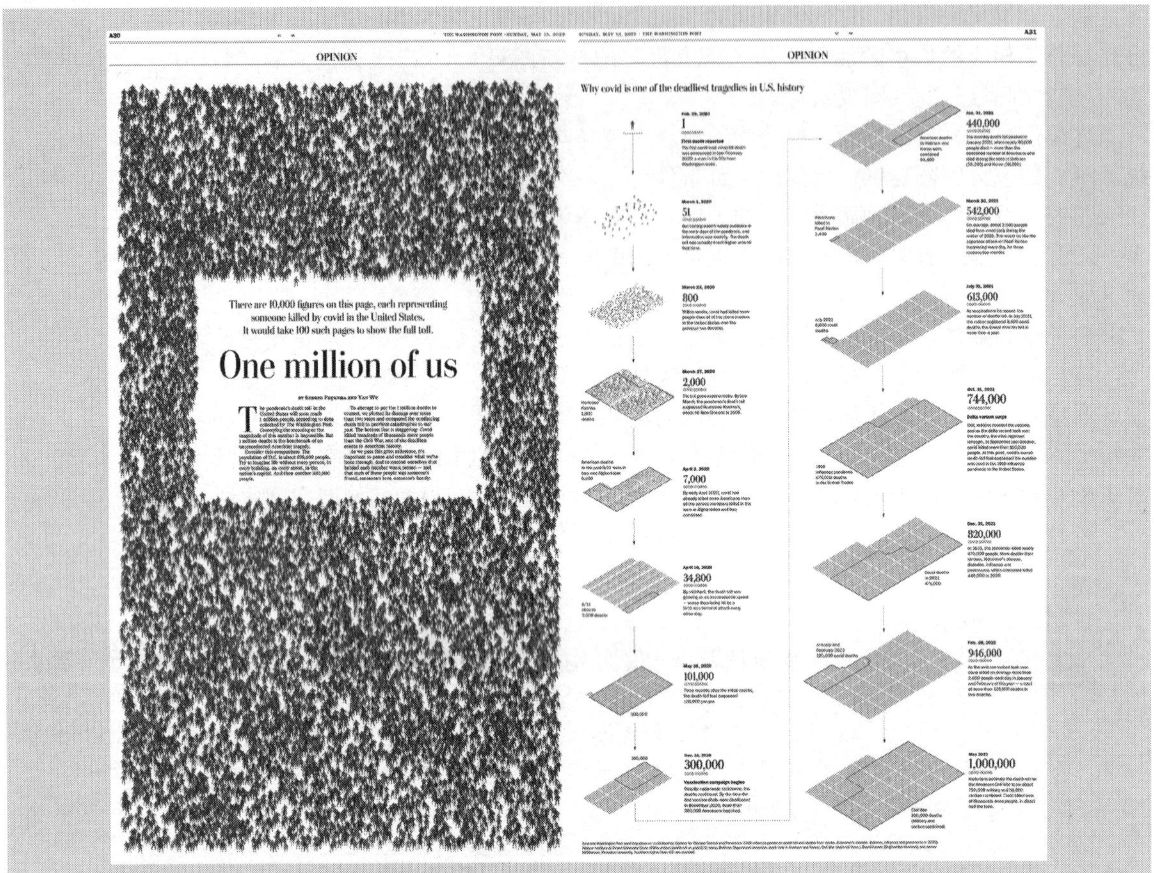

图 7 - 30 《100 万同胞》版面信息图

局，使之产生正确的信息结构与视觉引导路线。在设计新媒体的信息图时，由于信息阅览纵向拉伸的特点，信息的流程已经内置，而横向尺寸的限制也使一目所及的信息结构不能过于复杂，需要简化过多的信息点，引导读者下拉阅读完整的图形。

以澎湃《美数课》栏目所做的信息图作品《中国人最怕的马路杀手，三个字》为例，该作品将整个下拉页面设计成蜿蜒曲折的公路，然后将与老头乐相关的数据和信息点以老头乐的视觉元素做设计，放置于公路之上（见图 7 - 31），并用幽默风趣的文案串联起整个主题。① 这样的可视化设计对这个老生常谈的话题做了相对轻量化的处理，更便于阅读。

2023 年，受到小红书传播的影响，微信推出了被称为“小绿书”的发布形式，一种以若干张信息图为主、文案为辅的数据新闻形态开始在国内新媒体端出现，在这种数据新闻作品中，信息图也是主导。如帝都绘的《在北京办一桌婚宴需要多少钱?》，这个作品由两幅信息图组成，一幅图呈现北京 400 多处婚宴举办场所的“一桌”定价（见图 7 - 32，文前彩色插图），另一幅图则展现北京不同区域的婚宴价格分布。文案非常简单：“帝都生存指南 008：又到了北京金九银十的婚礼高峰

① 陈志芳，冯淙萱，卫瑶，等．中国人最怕的马路杀手，三个字．（2023 - 12 - 27）[2024 - 01 - 01]．https：//mp.weixin.qq.com/s/odQkX2xowgOvSlt3zBNU0g.

图 7-31 《中国人最怕的马路杀手，三个字》局部截图（来源：澎湃《美数课》栏目）

时段！关于北京的‘婚宴地理学’，我们做了一点点研究，在此与你分享。”[①] 读者点击页面，先看到的就是信息图，而文案只起补充说明的作用。

曾获得1995年新闻设计协会马洛菲杰奖信息图设计金奖，并担任新闻设计协会国际大赛评审的木村博之认为，理想的信息图有以下五个要素。[②]

第一，吸引眼球，令人心动。以核心的图文和构图设计为信息注入吸引力，让读者以最直观的方式理解信息内容。

第二，准确传达，信息明了。明确自己想传达什么，是出于何种目的，为了谁而设计，这种思考方式在制作图文时必须贯穿始终。

第三，去粗取精，简单易懂。在信息图中，信息不是越多越好，大胆舍弃冗余信息也是一种设计能力。图中保留的信息，要能以最小的量产生最大的效果，让读者第一眼就能明白所传达的意图。

第四，视线流动，构建时空。制作信息图时要充分利用人的阅读习惯，认识到视线移动的顺序可以帮助我们找到版面的视觉中心，并通过图文中元素的位置安排来呈现时间的变化，这有助于信息图表现出如透视图般的远近层次感。

第五，摒弃文字，以图释义。最理想的信息图不需要文字，仅以图形传达信息，其内涵依然能被读者充分理解。为此，设计师需要运用适用于所有人的通用化设计方法。

你怎么看

木村博之认为最理想的信息图应该摒弃文字，你赞同吗？

二、数据动画/视频

与信息图相比，数据动画/视频使视觉元素不再呈现静止的状态，而是将一系列画面组接，使之在屏幕上形成动态影像。数据动画/视频可以在一定程度上加强画面的场景化，更容易将用户带入情境。常见的数据动画/视频包括GIF动态图片、动态图表、动画新闻、融新闻摄影摄像与动画为一体的视频新闻。

GIF动态图片在动态可视化中相对容易实现，它的原理就是将具有一定逻辑联系的多个静态图进行组接，用Photoshop就能实现。如获得2015年度“信息之美”奖迷你可视化类金奖的作品《人是如何形成的》就是一个GIF动图。作者埃莉诺·卢茨（Eleanor Lutz）为了完整展现人类胎儿从受精到出生的发育过程，绘制了396幅底图来组接成具有动画效果的GIF图（见图7-33，文前彩色插图）。

动态图表是指那些视觉元素能够动态显示的信息图表。制作动态图表需要具备一定的网页前端开发基础，并结合Echarts、D3等基于JavaScript的数据可视化库来实现。目前也有一些提供在线数据可视化服务的网站支持部分动态图表的制作和应用。

做数据动画/视频最有经验的媒体当数电视台，但是伴随媒介融合进程的加速，平面媒体和网站也开始推出此类作品。“苹果动新闻”就是早期的尝试。“苹

① 在北京办一桌婚宴需要多少钱?.（2023-09-24）[2024-01-25]. https://mp.weixin.qq.com/s/MmemHUOUqakgYnvIw1Kb1A.

② 木村博之．图解力：跟顶级设计师学作信息图．吴晓芬，顾毅，译．北京：人民邮电出版社，2013：16-17.

果动新闻”是由香港壹传媒公司旗下《苹果日报》推出的一项新闻服务，于2009年11月在台湾地区首创，其后台湾版和香港版均在YouTube上线。“苹果动新闻”以新闻影片、旁白配音和3D动画模拟新闻现场，曾遭到台湾地区市民和学者的抨击，认为其将动画新闻与真实新闻混为一谈，并在性和犯罪新闻中过度还原，违背了新闻伦理。尽管如此，“苹果动新闻”带来的新闻表达方式的创新仍然值得借鉴（见图7-34）。

图7-34 “苹果动新闻”制作流程中的绘制草图（左）和设计人物（右）

台湾地区的学者罗彦杰对“苹果动新闻”进行研究，发现该栏目编辑的思维与报纸编辑的思维迥异。

> 为了让每一分钟的动画无缝播出，（苹果）动新闻编辑需要以其自身想象或生命体验，搭配所收集资料，建构出拟真或仿真的内容。也因此，动新闻编辑在撰稿时，都是以撰写脚本的方式写稿，和传统新闻写作大异其趣。而制作动新闻耗时费力，所以编辑几乎都会在写剧本时参考预定隔日见报的稿单及追踪报纸编译的写稿进度，设法将报纸编译500字至1 000字的文稿浓缩并改写成约200字的脚本。不论是制作带有动画的动新闻，还是不含动画的全剪片，脚本都必须分镜，亦即分成六至十多个镜头。在每一个镜头中，编辑都必须交代特定的场景、人物角色与动作。这考验动新闻编辑对该国际新闻内容的把握能力，也需要一定程度的编剧能力。①

在内地，最早在动画新闻领域小有成绩的是一本目前已经停刊的杂志——《壹读》。这本创刊于2012年的杂志的衍生品“壹读视频”最初只是一种副产品，是配合杂志做品牌宣传的，孰料在创刊初期即取得了良好的传播效果。壹读视频最早推出的四个视频——《悲催的伦敦奥组委》《中国精英移民地图》《中国官员升迁指南》《让孩子先走》都在互联网上获得了很高的点击率和关注度，并带动了杂志的销售。

2013年10月14日，一个名为《领导人是怎样炼成的》的动画视频在网络上发布并刷屏，借助数据分析阐释了我国和英美两国领导人的产生机制。由于短片中首次出现中国国家领导人的动漫形象，且风格诙谐幽默，同时，视频中标注的来源“复兴路上工作室”又增添了几分神秘感，因此其一时受到了国内外的普遍关注。

2014年6月，《新京报》新媒体编辑部试水动画节目《如何成为广场舞绝顶高

---

① 罗彦杰．数位汇流下的国际新闻叙事变迁：以《苹果日报》“动新闻”为例．(2013-07-12)[2024-01-01]. http://www.tcataiwan.org/paperdetail.asp?HP_ID=1479.

手?》，随后于2015年春节后成立了动新闻工作室，推出了《新京报》“动新闻”。2015年8月天津滨海新区爆炸事故后，《新京报》在7天时间生产了46条视频，其中《3D解读天津爆炸事故威力：相当于46个战斧式巡航导弹》《手绘讲述：天津爆炸中“逆行者”的22个小时》《两分钟3D俯瞰天津爆炸全景 损毁情况是这样的!》等视频获得了很高的点击量。2017年“两会”的政府工作报告首页右上角增加了一个二维码，网民扫码后就可以查看以视频、制图呈现的2016年政府工作的相关指标任务完成情况。这个动画视频就是由《新京报》动新闻团队制作的。

值得注意的是，大多数数据新闻专家曾经一度不提倡采用动画/视频新闻的形式来呈现数据，因为这种稍纵即逝的呈现方式不利于用户观察和探索数据。但是因为短视频和动画正受到用户的追捧，在数据新闻领域推出的一些动画/视频新闻往往能获得更高的关注度，所以越来越多的媒体开始投入动画/视频新闻的生产。除了老牌报刊，近年来国内外较为知名的数据新闻栏目和一些新兴的自媒体也纷纷开始试水数据动画/视频领域，这类数据可视化作品的数量呈现井喷式增长。

【案例】 一个天马行空的创意如何成为一段数据视频?

2023年8月19日，央视新闻旗下的《数洞》栏目发布了一则时长3分多的数据视频《30万字的片尾字幕中 发现国产电影崛起的秘密》(见图7-35)。[①] 这则视频是如何产生的呢? 参与制作的记者董怀文在中国人民大学的“数据新闻”课程中分享了其背后的创作故事。

她表示，这则视频最初来自一个天马行空的创意。当时她关注到暑期档的电影热现象，就想探究为何会出现这种电影热，其背后体现出了整个电影产业怎样的发展趋势。通过查询各种公开报道和资料，她和整个创作团队经历了一个头脑风暴的过程，最终发现了一条有趣的路径：每次看电影等彩蛋时，片尾的字幕总是很长，可以从这些长长的字幕里发现包含工种、工作人员国籍的海量信息，而这些就是文本数据。

所以，紧接着的重要步骤就是将这些数据收集起来。为此，她做了多种技术的探索。先确定爬取过去十年票房前十名的电影作为样本，然后开始找电影、看字幕、采用百度格式工厂自动截屏的方式做截屏，再结合Python将批量图片转为文字，用R语言做文本分析（见图7-36)。这个过程融合了人工和智能，记者需要确定好方法，并通过查询权威资料对电影产业工种做科学的分类，提高分析的准确性，代码和算法则帮助记者更快地获取数据，并有能力对大量数据做清理和分析。

完成数据收集、清理和分析后，记者从数据中发现：电影中的概念设计师正从英文名字逐步转变为中文名字；类似礼仪指导、历史顾问等与传统文化相关的工种正逐步出现。于是记者、摄像师还展开了采访求证，并收集了一些视频素材。

进入视频后期制作阶段，除了记者、数据分析师、摄像师之外，团队中负责动画制作、剪辑和播出的人员也加入进来，他们分工协作，完成脚本、分镜（见表7-1)、配音、动画制作、合成素材、合成音效等工作，整个视频才最终得以生成和播出。

① 张勤，董怀文，孙茜，等.30万字的片尾字幕中 发现国产电影崛起的秘密.(2023-08-19)[2024-06-26]. https://content-static.cctvnews.cctv.com/snow-book/index.html?item_id=15562135148593259157&t=2023-08-19%2011%3A41%3A01&toc_style_id=feeds_default&track_id=5E22F7DA-1C54-454F-9E91-BBC2CD326936_714109988953&share_to=wechat.

表 7-1　《30 万字的片尾字幕中 发现国产电影崛起的秘密》的分镜示例

镜号	文字	参考分镜	呈现形式	数据来源
1	暑期档电影在这个夏天格外火热。它不仅刷新了中国影史暑期档票房最快破 100 亿元的纪录，也是继 2019 年之后，暑期档票房首次重回了百亿元时代。	混剪	2019—2023 历年暑期档票房	
2	经历了一开始的缓慢升温后，电影市场从 6 月底起，热度迅速攀升。	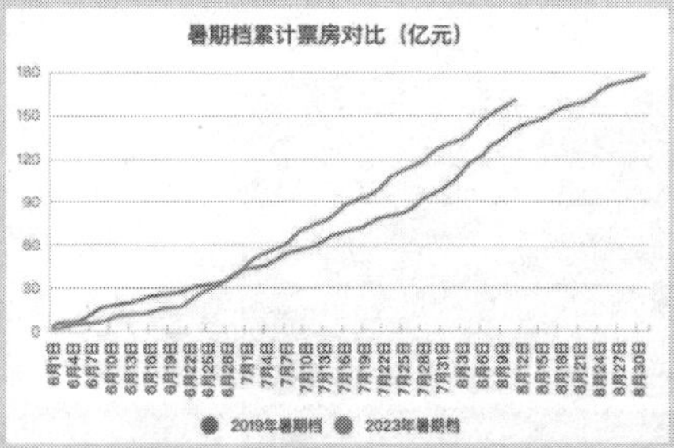	2023 年线突出	灯塔专业版
3	这条“先抑后扬”的曲线背后是电影上映后观众“自发酵”的口碑积累。		截各种平台的评论，以动画展示（制作人员直接做）	
4	在暑期档电影票房的前十名中，有九部都是国产电影。	《消失的她》 《八角笼中》 《孤注一掷》 《封神》（第一部） 《长安三万里》 《热烈》 《巨齿鲨 2：深渊》（注：中外合拍） 《变形金刚：超能勇士崛起》 《我爱你！》 《茶啊二中》	十个电影的海报，九个高亮（加标题：2023 年暑期档电影票房前十）	
5	我们对这十年的票房情况进行梳理，发现曾经占据前十名排行榜“半壁江山”的好莱坞电影，如今只有一部入榜。是什么点燃了观众对国产电影的热情？			

续前表

镜号	文字	参考分镜	呈现形式	数据来源
	我们对过去十年票房前十名电影的片尾字幕进行提取，发现了国产电影崛起的秘密。 【标题】30万字的片尾字幕中 发现国产电影崛起的秘密		动画加标题	
6	从30多万字的文本中，AI算法识别出了300多个电影产业工种，一条隐藏在幕后的国产电影产业链在眼前展开。			
7	这是一个电影产业链越分越细，工种越增越多的过程。20多个新的工种在这十年间诞生。	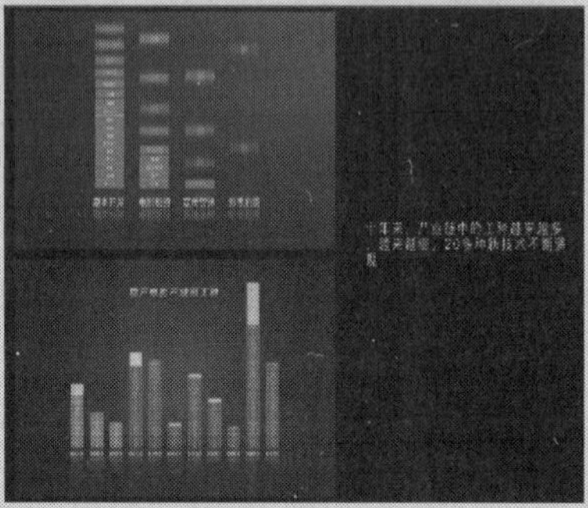	动画	
8	例如，动作捕捉、虚拟拍摄、数控编程、3D打印等等，其中，七成以上的新增工种跟数字化技术的进步有关。	20多个高亮组合成一个竖条	动画	

续前表

镜号	文字	参考分镜	呈现形式	数据来源
9	《流浪地球》使用迭代 500 万次的 AI 模型，实现人脸年轻化、《独行月球》3D 打印道具的规模堪比造车，在 6 000 平米的影棚中虚拟拍摄月球表面。国产电影的特效也能让观众大呼过瘾。	视频素材		
10	新工种中，“概念设计师”这个岗位，在 2019 年后出现的频次越来越多，引人注意的是，紧跟其后的外国名字逐渐变成了中国名字。			
11	【同期＋拍摄】天何言工作室项目负责人金啸镝参与《封神》（第一部）的概念设计，介绍概念设计是做什么的，讲述项目是怎么进行概念设计的。（突出细节，展现现场道具，将一些工作的小片段进行还原拍摄） 【正文】 我们了解到许多奇幻电影和国产动漫的概念设计师都有着国画、壁画等传统中国美术的专业背景。	后半部分也要素材		

续前表

镜号	文字	参考分镜	呈现形式	数据来源
12	【同期】《封神》(第一部)导演乌尔善:"最先开始的是概念设计,我们想达到的标准是中国原创的。"《封神》(第一部)美术指导叶锦添:"把中国最高的艺术形态用在电影里面。"			《封神》(第一部)纪录片
13	在近几年的片尾字幕中,我们还发现了许多有个性的工种:礼学指导、民俗顾问、科学顾问……体现了电影对文化内涵和专业细节的追求。		动画	
14	比起十年前的爱情喜剧扎堆,如今历史、科幻、动作等等类型的电影百花齐放。	照片墙	2014:《心花路放》《分手大师》《后会无期》《匆匆那年》《小时代3:刺金时代》《一步之遥》《同桌的你》《北京爱情故事》 2023:《满江红》、《流浪地球2》、《消失的她》、《八角笼中》、《孤注一掷》、《封神》(第一部)、《长安三万里》、《熊出没·伴我"熊芯"》、《人生路不熟》、《无名》、《热烈》、《深海》	

续前表

镜号	文字	参考分镜	呈现形式	数据来源
15	1948年，13个工种撑起了《小城之春》这部经典电影；1980年，增加了特技设计、烟火等几个细分岗位的《庐山恋》，达到了21个工种。	包电视（注：指将整个画面包在一个电视屏幕框内）	《小城之春》 导演 编剧 录音 摄影 布景 音乐 剪接 洗印 剧务 装化 服装 道具 美术 《庐山恋》 编剧 导演 摄影 作曲 副导演 美术 录音 剪辑 化装 特技设计 特技摄影 照明 道具 服装 绘景 布景制作 烟火 制片 独唱 演奏 指挥	
16	而今，近三分钟时长，几千名演职人员的名字在观众面前一一闪过时，		动画：《流浪地球》片尾字幕拼在一起	
17	我们看到的是中国电影的传承，也看到了中国文化的自信。	电影工作者（导演、摄像师、后期人员等等）	视频素材	

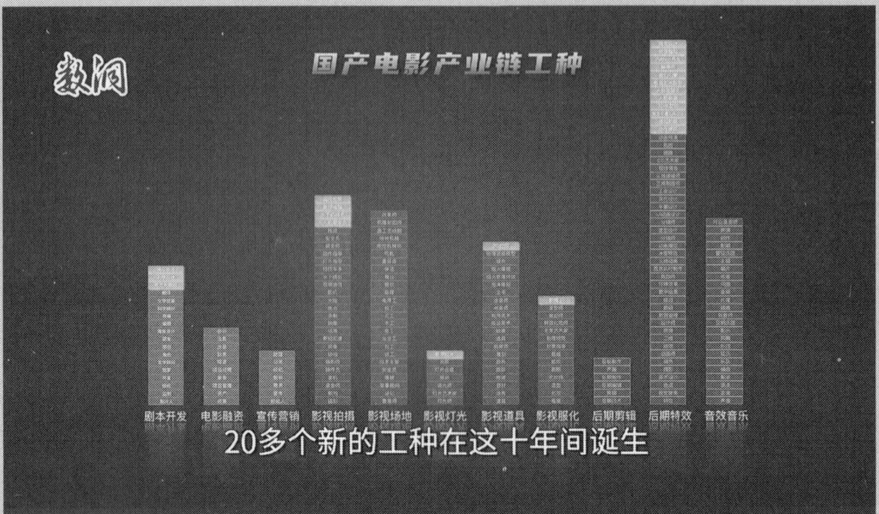

图 7-35 《30 万字的片尾字幕中 发现国产电影崛起的秘密》视频截图（来源：央视新闻）

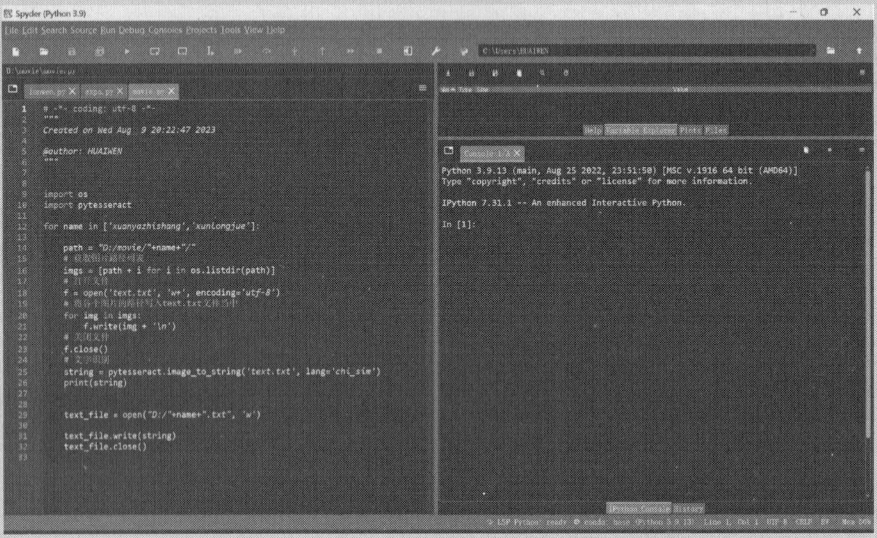

图 7-36 记者为收集字幕数据写的 Python 代码

资料来源：中央广播电视总台新闻中心经济新闻部记者董怀文。

三、交互可视化

自 20 世纪 80 年代中期开始，“交互式设计”（interaction design）成为业界一个新兴的概念。如何在报道中提升受众体验，使新闻内容更具个性化、定制化？交互式设计为网络报道解决上述问题提供了一种新的思路。正如蒙兹纳（Tamara Munzner）在《可视化分析与设计》（*Visualization Analysis & Design*）一书中所提出的，“交互性对于构建处理复杂性的视觉工具至关重要。当数据集足够大时，受到人员和显示的限制，一次性显示所有数据变得难以实现，因而用户操作使视图改变的交互式设计是未来趋势”，“在计算机图形学广泛普及之前，可视化仅限于使用纸上的静态图像。通过基于计算机的可视化，交互性成为可能，极大地增加了可视化工具的范围和功能”①。交互性是数字媒体区别于模拟媒体的一大重要特征，同时也被视为一种“参与的透明性”的关键推动因素。②

有学者梳理分析出数据新闻中交互可视化的应用有三种形式：(1) 传输，包括使用简单的交互可视化的项目，允许受众查看可视化，并以弹出信息形式为他提供对各种可视化元素的附加解释。(2) 咨询，包括提供相同数据的多个视图的项目，以及包括允许用户放大某些区域（地图、时间线等）的交互可视化的项目。(3) 对话，包括接受来自用户的可以改变可视化的输入数据的可视化项目。值得注意的是，咨询和对话的交互可视化项目可以为用户提供更个性化的定制服务。③

数据新闻中应用交互可视化具有以下优点。

第一，过滤和简化信息。可以用交互的方式使受众直接接触自己关注的部分数据和信息，而不会迷失在一堆数据中。

第二，帮助受众解决问题。通过对数据的分类和结构化处理，为需求不同的用户提供定制化信息服务。

第三，便于受众对数据进行探索，从“看”新闻转向“参与”新闻。用户通过自己的操作比仅仅阅读更能对新闻内容记忆深刻，并乐于分享。

交互可视化虽然具有上述优点，但是它的应用也受限制。首先，适合交互式设计的作品应该从内容上具有交互属性，属于比较贴近受众的选题。而且其需要具备一定的数据量和数据的维度，这些是其他类型数据可视化无法充分呈现和展示的。如果交互可视化作品难以吸引受众参与，甚至因为其复杂的设计造成信息超载，带来更多阅读的学习成本，则会使受众产生回避行为④，那么这样的设计就得不偿失了。其次，交互式设计的技术门槛较高，一般都需要制作者具有编程能力。有研究发现，记者更喜欢视觉复杂性有限的数据可视化，认为这种符号的简单性在传播中更有效率，也更容易实现跨平台设计。⑤ 而目前国内数据新闻团队人员的受教育背景和构成与西方国家不太相同，很多媒体只配备了文案编辑和可视化设计师。这样的人员配置难以胜任对庞大复杂数据的分析或前端开发设计的工作。此外，时间成本也需要衡量，一般的数据新闻栏目需要保持日常定期更新，而制作交互可视化作品往往需要较长的时间跨度。选题策划、数据收集和呈现设计等各环节的工作都需要相应提前，所以如果没有相应的人员配备和协作，则难以在规定的时间内保持稳定的更新。

---

① MUNZNER T. Visualization analysis & design. New York：CRC Press，2015：9.

② KARLSSON M. Rituals of transparency：evaluating online news outlets' uses of transparency rituals in the United States，United Kingdom and Sweden. Journalism studies，2010，11（4）：535－545.

③ VEGLIS A，BRATSAS C. Towards a taxonomy of data journalism. Journal of media critiques，2017，3（11）：109－121.

④ 刘丽群，吴柯达，李轲．数据新闻可视化信息回避行为研究．出版科学，2021（3）：102－114.

⑤ ZAMITH R. Transparency，interactivity，diversity，and information provenance in everyday data journalism. Digital journalism，2019，7（4）：470－489.

【案例】《香港鞋盒屋的生活》：融合多种可视化类型讲述故事

《香港鞋盒屋的生活》是《南华早报》2022年6月推出的关注香港底层居住现状的系列作品之一，该系列作品获得了2023年新闻设计协会的在线新闻类别的金奖等多项大奖。

该作品结合了多种可视化类型，包括插图、3D模型、分解图和横截面、地图和图表等，生动地呈现剀房的生活以及居住者每天面临的困难。为了完成该项目，团队在开始构建信息图之前花了四个多星期的时间进行研究，其中包括召开现场会议、拍摄照片和视频、采访等。作品发布后获得了很高的流量，后台数据表明读者花大量时间阅读和探索其可视化效果，并与内容互动。

该报道在网页端设计中采用H5交互式设计，需要读者通过鼠标滚轴的滑动来感受场景的变化和叙事的推进，这种设计如同一个探索故事的过程，激发读者不断跟进阅读。例如当读者打开网页时，首先看到的是黑夜背景下一栋暗淡的房子，当鼠标滚轴滑动时，这座房子被放大和清晰化，房子左上角的外墙被打开，好像拆盒子一般露出内部的房屋结构，这时一组微型的住宿空间就展现在读者眼前（见图7－37）。而在对香港剀房的数据调查部分，设计师则将之按照年龄、月租、居住时长、家庭月收入等维度做了数据筛选，读者可以点击相应的按键查看不同角度的数据调查结论（见图7－38）。此外，整个作品以手绘插画风格设计了很多展示香港不同住宅状况的信息图，其中还融入了一些现场照片。整体上看，网页端的交互式设计并不多，但却轻盈和恰到好处，既满足读者获知相关数据和探索故事的需求，又不给读者设置太复杂的阅读功能。

与此同时，该报还推出了系列报道的纸媒信息图（见图7－39，文前彩色插图），并在YouTube账号上发布了相关数据视频。这个作品很好地融合了多种可视化的类型，用艺术的表现手法去呈现这个具有人文性的故事，体现了在当下的传播环境中，媒体探索和融合多种可视化类型来讲述故事的发展趋势。

资料来源：相关报道详见 ARRANZ A，DUHALDE M，LEE K，et al. Life in Hong Kong's shoebox housing.（2022－06－07）[2024－01－23]. https：//multimedia. scmp. com/infographics/news/hong-kong/article/3180601/subdivided-flats/index. html。

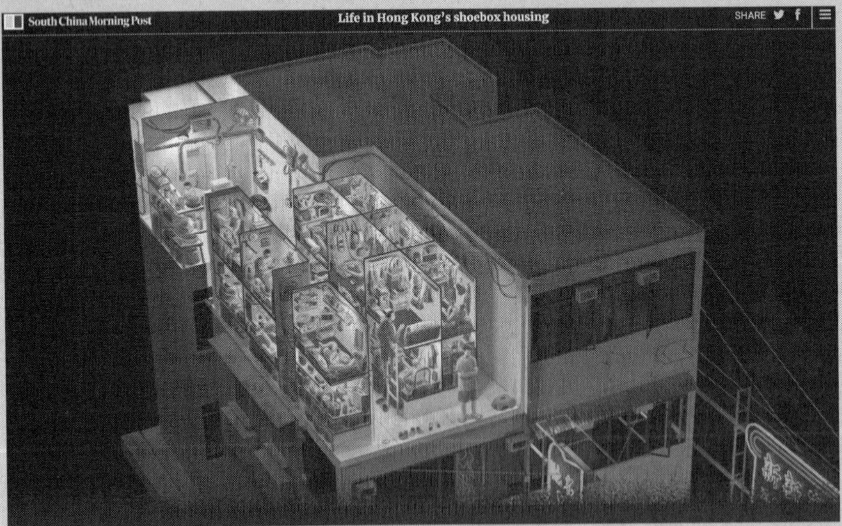

图7－37 “打开”建筑物外壳后的香港剀房结构（来源：《南华早报》）

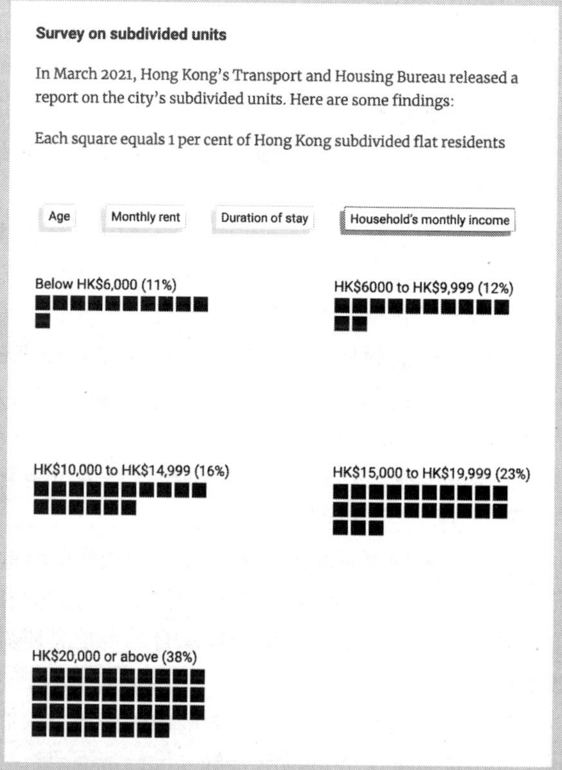

图 7-38　展现香港劏房调查数据的交互式设计（来源：《南华早报》）

第 4 节　数据可视化的设计要点

本节内容主要围绕如何设计好的数据可视化展开，着重分析数据可视化设计时的三大要素：功能、流程和形式。

一、什么是好的数据可视化？

什么是好的数据可视化？这是一个难以回答的问题。因为审美是一种主观的感受，标准很难统一。而且好的数据可视化并不仅仅限于传递美感，它还应具有更多展示和探索数据的功能，正如约翰·托奇在其 1977 年出版的《探索性数据分析》一书的序言中就指出："图片的最大价值在于它迫使我们注意到我们从未预料到的内容。"① 而爱德华·塔夫特在《定量信息的可视化呈现》中也提及："统计图表的卓越之处在于以清晰、精确和高效的方式传达复杂的想法。"他进一步细化了优秀图表的标准，包括："（1）显示数据；引导观者思考实质内容，而不是方法论、图形设计、图形制作技术或其他东西；（2）避免歪曲数据；（3）在很小的空间中呈现

① 原文：The greatest value of a (data) picture is that it forces us to notice what we never expected to see. TUKEY J W. Exploratory data analysis. Reading, Mass.: Addison-Wesley Publishing, 1977.

许多数字；(4) 使大数据集保持一致；(5) 鼓励观者比较不同的数据；(6) 从广泛的概述到精细的结构，以多个细节级别揭示数据；(7) 服务于非常明确的目的：描述、探索、制表或装饰；(8) 与数据集的统计和口头描述紧密结合。”①

陈为等人在《数据可视化》一书中提出“视物致知”的目标，认为数据可视化应追求“真”“善”“美”。② 简单地说“真”指能正确反映数据的本质，以及对所反映的事物和规律有正确的感受和认识；“善”指终极目标是帮助公众理解人类社会发展和自然环境的现状，促进政府和职能部门运行的透明；“美”则是指达到艺术的完美性，形式和内容应和谐统一，既有艺术个性，又有创新和发展。可以说这从较高的层次定义了数据可视化的标准。

美国迈阿密大学的教授阿尔伯托·开罗（Alberto Cairo）在数据可视化领域执教多年，其参与设计的作品多次获得“信息之美”奖等可视化领域的大奖。他在《真实的艺术：用于沟通的数据、图表和地图》（*The Truthful Art*：*Data*，*Charts*，*and Maps for Communication*）一书中提出，好的可视化应该具有以下五个特征，对“真”“善”“美”做了更细化的规定。③

第一，真实。好的可视化的基础是深入和诚实的研究。设计师应该尽可能准确地传递信息，避免自身的知识缺陷和认知偏见，对数据和设计做批判性的思考。设计师还需要诚实地对待受众，向他们展示自己对信息所做的最佳理解，而不要遮蔽信息、误导受众。

第二，实用。好的可视化对数据做准确的描述，人们还可以基于它做有意义的操作。设计师不能仅凭个人的品味喜好来设计，需要选择合适的可视化形式来编码信息，这是一个理性的思维过程。选择何种图形，决定了我们将以何种方式形塑信息。

第三，美观。好的可视化应具有吸引力、有趣，且能给目标受众（无论是科学家还是普通大众）带来审美愉悦。重要的不是我们创造的可视化本身是否美观，而是它们是否被尽可能多的人感受到美。如果用很少的元素展示了丰富的信息，这种效率也可被视为“美”。

第四，有洞察力。好的可视化能揭示一些我们通过其他方式很难看到的数据发现，如果只展示一些很明显或者琐碎的信息，可视化就毫无价值。有学者认为洞察包括自发洞察（spontaneous insight）和知识构建洞察（knowledge-building insight），这两者之间存在一定的联系，与自发洞察相关的主要范式转变可以在用户对问题的理解中创建新的结构和关系，然后可以作为生成未来知识构建洞察所需的示意性结构，而新获取的知识又会激发更多自发洞察的出现。好的可视化可以激活自发洞察和知识构建洞察，给受众更好的知识回报。

第五，有启发性。一旦我们理解和接受可视化呈现的证据，它就会改变我们的想法，使世界变得更好。这也就是前面所说的“善”的标准，从这个角度出发，数

---

① TUFTE E R. The visual display of quantitatitve information. 2nd ed. Cheshire：Graphic Press LLC，2001：14.

② 陈为，沈则潜，陶煜波，等. 数据可视化. 2版. 北京：电子工业出版社，2019.

③ CAIRO A. The truthful art：data，charts，and maps for communication. New Riders，2016：45 - 65.

据可视化应该聚焦于那些对于改善更多人福祉更重要的选题。

为了设计好的数据可视化作品，我们需要把握功能、流程和形式三个设计要点。

> **你怎么看**
>
> 在作者列举的判断好的可视化的标准中，你认为哪一项最为重要？为什么？

二、功能

明确数据可视化的功能，在设计时应该尽可能使信息和数据易于查找、阅读、理解、探索和回忆。要使设计满足其功能性，需要从以下两方面入手：一方面要确保可视化设计具有完备的架构；另一方面要根据数据类型选择合适的视觉编码方式和可视化形式。

下面以可视化设计中最基础的图表设计为例，图表的完整架构应该包含标题、图例、刻度、署名、来源、注记图层等。

图7－40是RUC新闻坊的作品《免密支付，散财快人一步?》中的一张数据图表。[①] 该图上部最显著的部分是醒目的图表标题“如果手机遗失，无需密码，能付多少钱?”，一般来说，标题部分应该尽可能明确设计的目的，突出数据发现，而不要用笼统的“分布图”“统计图”之类的表述。这里标题用了设置悬念的方式提出疑问，是为了唤起读者的注意，此处也可采用陈述句，直陈图表所要强调的数据发现，如“免密支付单笔金额可达数千，部分平台单笔不限额”。标题下方右上角虚线框内则是图例，它是帮助受众理解图表中的各种符号和颜色所代表的内容和指标的说明。图例适宜放在标题之下和图表的核心视觉部分之上的位置，尽量不要将之放在图表的下方。因为图例提供了读懂图表的指导性信息，按照观看由上至下的视觉移动规律，如果将之放在图表下方，则属于违反视觉规律的设计。该图中的标记“0－200－500－3000－无上限”就是刻度，它们位于横向的坐标轴上，用以区分免密支付单笔订单金额的限制范围。相对的，软件名称和服务名称属于非数值数据，因而无法对之设计刻度，只能将其以一定的顺序排列在纵向的坐标轴上。刻度有助于受众了解数据的范围，在设计时，不需要将所有的数据标签都明确标记出来，那样反而会让设计很杂乱，采用类似图中这种刻度的设计方法，只标记几个显著位置的刻度，可以简化图形，突出重点。图中右下角类似灯塔的标识就是署名，署名告诉受众“是谁设计了这张图表”，一般机构都会设计专门的机构署名方式，在图表中印上显著的机构标识。在图的左下方，则是图表的数据来源部分，来源中需要对图表的数据做明确的交代，包括数据是从哪里来的，采用何种方式采集，采集时间或数据统计时间等信息。来源的价值在于体现数据新闻的透明性，它们给受众提供了进一步探索数据的通道，并且使受众对图表呈现的数据发现有更全面的背景认知。这张图上还有类似“单日不超过10笔”这样的注记图层，注记图层是在图表中做特殊标记和补充解释的设计，其目的是突出设计师想传达的信息重点。相比前面几项，注记图层不是图表设计中的必选项，它起到画龙点睛的效果。

一张完整的图表应该包含以上各项设计元素，在实际操作中，数据可视化的形式并不限于图表，那么，在数据动画/视频和交互可视化设计中是否还需要遵循这

① 殷艺源，冯淙萱，林珂莹，等．免密支付，散财快人一步?．(2023－12－12)[2024－01－25]. https：//mp. weixin. qq. com/s/UEpP92QhesAsQX5eK41PjQ.

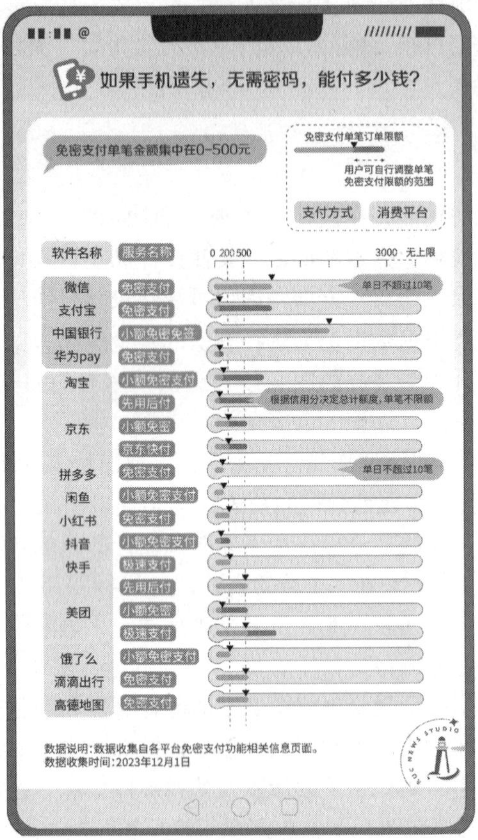

图 7-40　图表架构示例（来源：RUC 新闻坊）

样的架构？数据动画/视频是由一帧帧画面构成的，数据动画/视频中也会包含以图表作为主视觉的画面，这时候也需要用完整的图表架构来设计，例如图 7-41 是从 CGTN 视频作品中截取的画面，这张图表的架构也是完整的。①

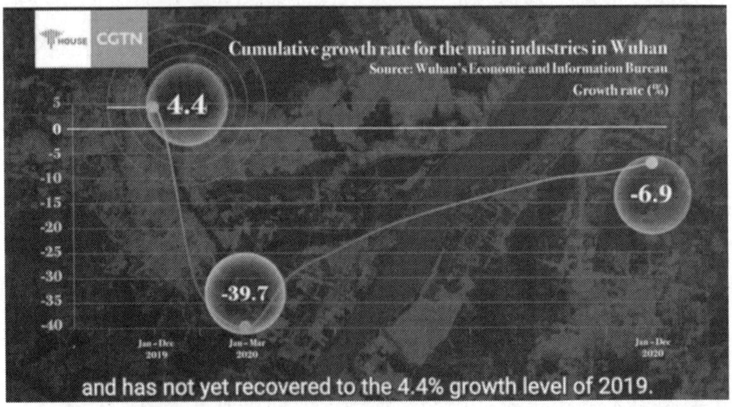

图 7-41　数据视频中完整的图表架构画面截图（来源：CGTN）

但是，也存在一些数据动画/视频作品，将“标题”和“来源”部分放到脚本

① Satellite maps reveal Wuhan's tough journey of economic recovery. (2021-03-10) [2024-01-25]. https://news.cgtn.com/news/2021-03-10/Satellite-maps-reveal-Wuhan-s-tough-journey-of-economic-recovery-Yw9lT9Ysdq/index.html.

中以配音讲述的方式呈现，或者将“来源”和“署名”信息放到动画/视频末尾的字幕里，这也是一种处理方法。

而在基于网页开发的交互可视化作品中，同样有完整的图表架构（见图 3－19），也有省略了“标题”“署名”“来源”的图表（见图 7－38），因为这类作品中，图表与上下文的联系非常紧密，可以通过与图表相近的文案部分传递标题和来源的信息，并在整个网页的显著位置标识“署名”。

总体上看，单张图表对架构完整性的要求最高，而在由多张图表构成的信息图、数据动画/视频和交互可视化作品中，由于图表是整个信息结构中的一个组成部分，因而对其完整度的要求有一定的降低，除了图例、刻度等必不可少的要素之外，可以通过上下文、配音和文末统一标注等多种方式来处理其他要素。

数据可视化设计要实现功能的最大化，还需要根据不同的数据类型选择合适的视觉编码方式（即视觉变量）和可视化形式。在可视化领域，有一些经过行业多年摸索而形成的规律，不同的数据类型需要适合展现数据特征的可视化形式来匹配。设计者需要对这些形式有所了解，才能在此基础上保证数据传达的准确性。

《高级展示设计》（*Advanced Presentations by Design: Creating Communication that Drives Action*）一书的作者安德鲁·阿贝拉（Andrew Abela）曾在其博客上刊发了一幅图《图表建议：思维指南》，告知人们如何选择匹配的图表类型。阿贝拉将图表以设计者想呈现的目的分为四大类，分别是比较（comparison）、联系（relationship）、分布（distribution）和构成（composition），并根据这四大类匹配适宜的图表类型（见图 7－42）。

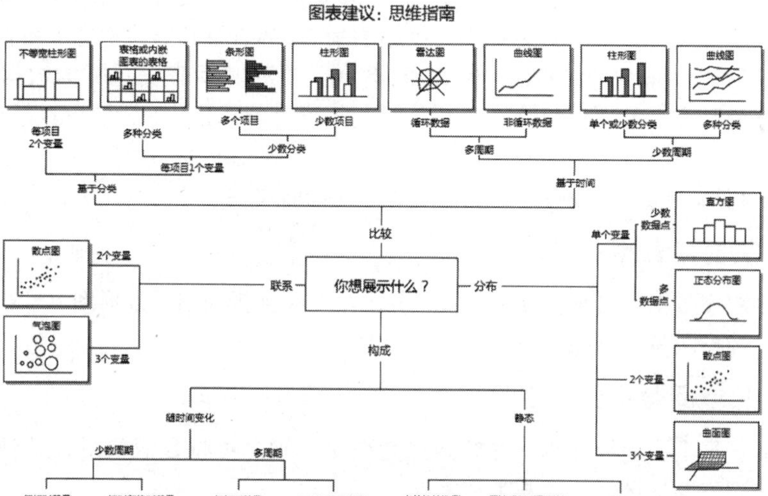

图 7－42 安德鲁·阿贝拉的《图表建议》图

注：本图为刘万祥翻译。

资料来源：ABELA A. Chart suggestions: a thought-starter. [2024－06－26]. http://extremepresentation.typepad.com/files/choosing-a-good-chart-09.pdf.

阿贝拉的图表建议更多地集中于统计图表的使用，在新闻实践中人们对于数据可视化模式的探索要更为深入和多样化。例如，《金融时报》（*Financial Times*）推出了《可视化辞典》（见图 7－43）以帮助设计师根据数据特征选择合适的可视化形式，他们将数据特征划分为“离差”“相关性”“排序”“分布”“随时间的变化”“规模”“部分和整体的关系”“地理空间”“流向”等九种类型，然后设计师可在这九种类型中寻找最适合表达数据的对应可视化形式。①

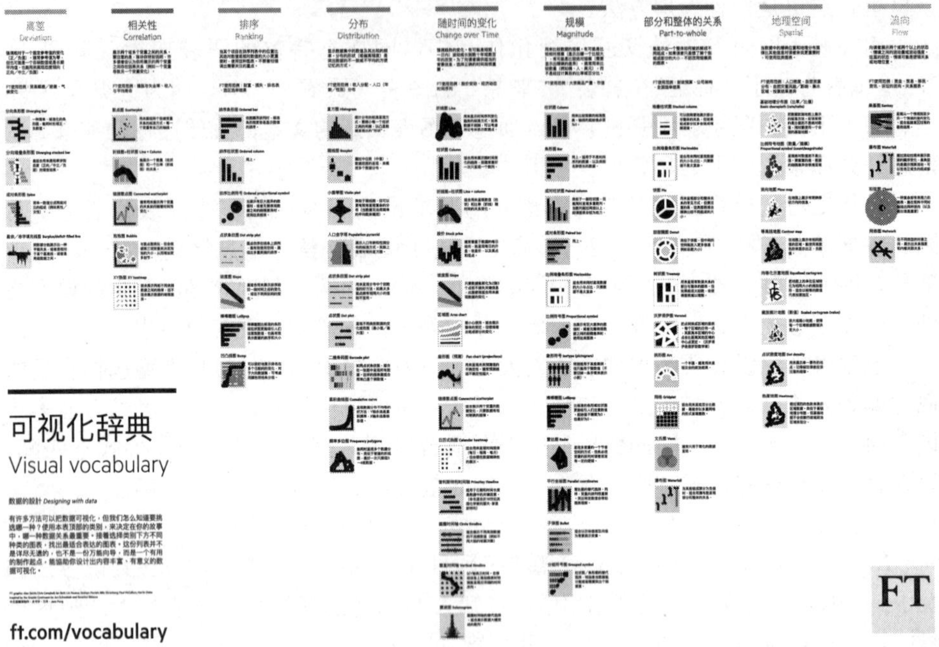

图 7-43 《可视化辞典》截图（来源：《金融时报》）

数据分析师霍尔茨（Yan Holtz）和设计师希利（Conor Healy）则开发了一个名为“从数据到可视化”的项目（https://www.data-to-viz.com/#explore），旨在帮助人们为其给定的数据集找到合适的可视化形式。该项目网站的内容包括：基于输入数据格式的交互式决策树；图表类型的广泛列表及其描述；每个图表的可重复R代码、Python代码、D3.js和React代码；一些基于真实数据的数据分析示例；常见数据可视化陷阱图库，即设计一些图形时可能出现的问题和可行的解决方法。

以下列举一些具体的数据类型匹配的可视化形式。

(一) 时序数据的可视化

呈现时序数据的可视化模式较多，其中主要包括折线图、条形图、堆积图、日历热图、环形图等（见图7-44至图7-48）。

(二) 空间数据的可视化

空间数据多为地理数据，往往通过地图来呈现。可将数值映射在地理坐标系中，以展现不同地区之间的联系和差异。

图7-49拿破仑东征俄国的可视化地图是早期具有代表性的地理数据可视化作品。在这个看似简单的图形中包含了丰富的数据信息，其中有军队出征到撤退路线的地理数据、军队人数变化的数据、行进过程中的气温数据等，达到了一图胜千言的效果。

① Charts that work: FT visual vocabulary guide.（2021-03-08）[2024-01-02]. https://www.ft.com/content/c7bb24c9-964d-479f-ba24-03a2b2df6e85.

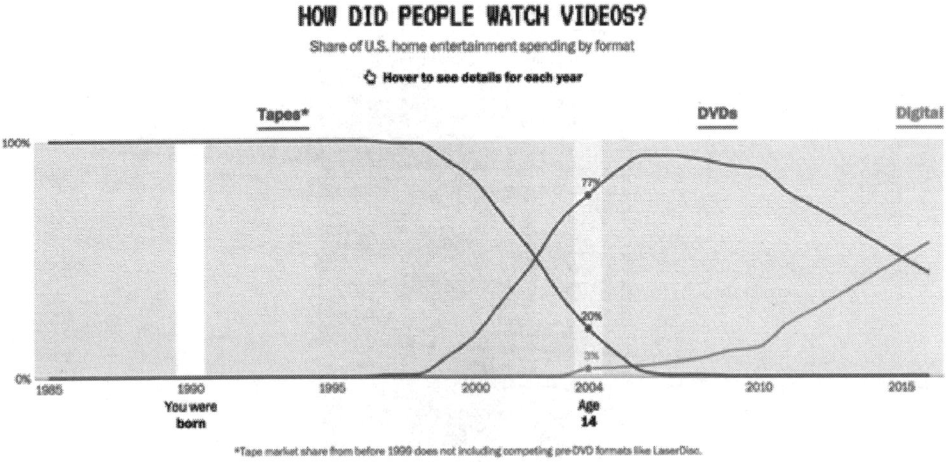

图 7 - 44　《华盛顿邮报》报道中通过折线图来呈现随时间变化人们观看视频方式的变迁

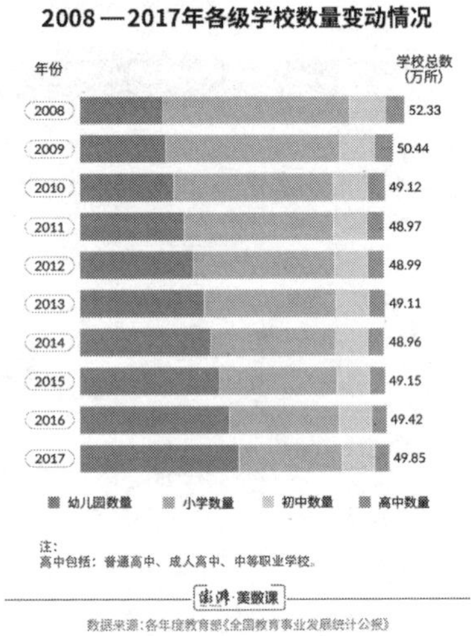

图 7 - 45　澎湃《美数课》栏目用条形图呈现十年间各级学校数量的变动

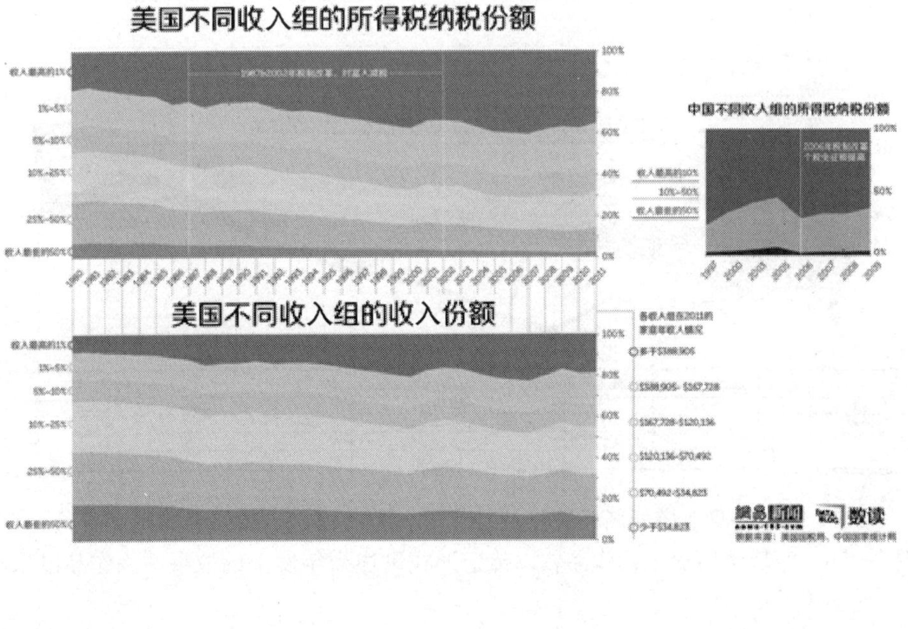

图 7 - 46　网易《数读》栏目用堆积图展现美国不同年份不同收入的所得税纳税份额和收入份额之间的对比关系

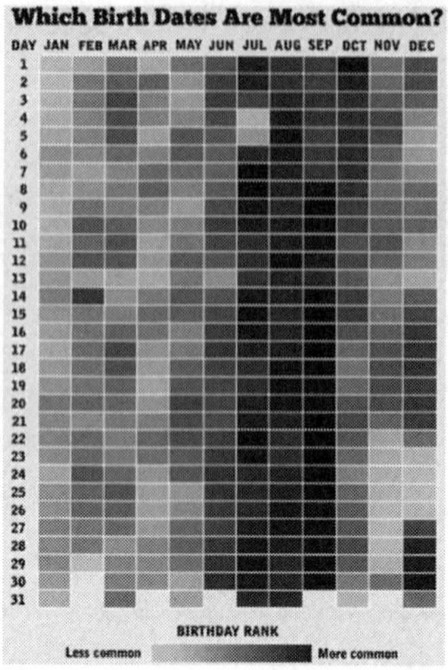

图 7-47 美国 NPR 的数据记者马特·斯蒂尔斯（Matt Stiles）根据《纽约时报》的数据制作的日历热图显示美国生育率在一年中的变化规律

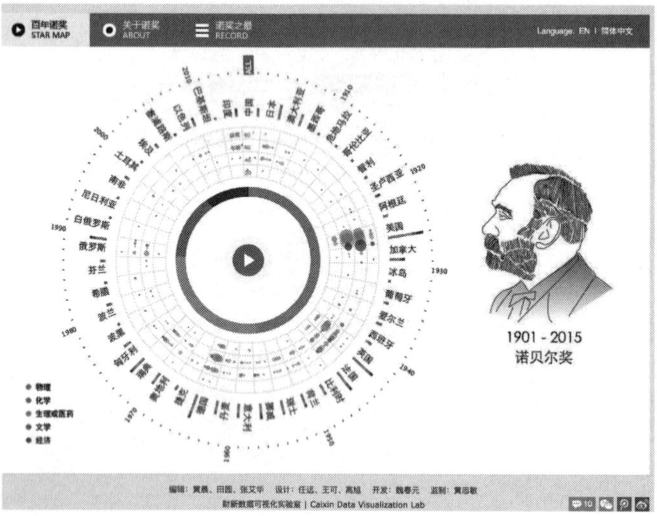

图 7-48 当时序数据的数量较多时，将时间轴设计成环形也是不错的选择。财新的百年诺奖报道中就对时间轴做了巧妙的处理

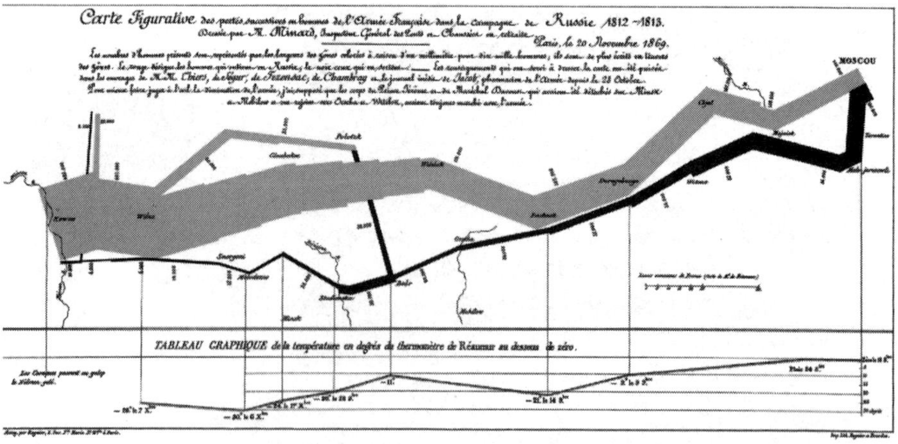

图 7-49 查尔斯·约瑟夫·米纳德（Charles Joseph Minard）于 1869 年绘制的 1812 年拿破仑东征俄国的地图

2017 年，俄罗斯塔斯新闻通讯社制作了名为《1812：拿破仑的东征冒险》（见图 7-50）的特殊历史主题作品，以传记形式讲述当年发生的故事。该作品以米纳

德 1869 年描绘的拿破仑东征路线图为基础，将前者统计的数据与最新的发现和预估数据进行对比，并同时讲述战争中的关键人物和事件。这个作品获得了 2017 年度“信息之美”奖环境和地图类金奖。在这个作品中，米纳德的静态地图为交互式动态地图所取代，页面设置成类似翻开的书页，右侧为报道文本，左侧地图中的行进路线与右侧文本中的内容同步延展。

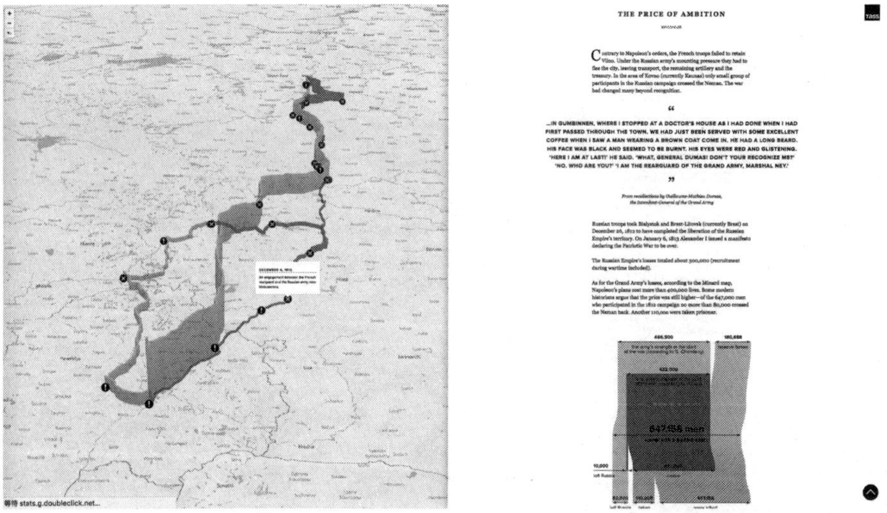

图 7 - 50 《1812：拿破仑的东征冒险》报道截图

资料来源：NEDKOVA K，et al. 1812：when Napoleon ventured east. [2024 - 04 - 15]. https：//1812. tass. ru/en.

地理数据有独特的数据格式，地理数据的差异可用不同的地图形式来呈现。商汤科技算法工程师王帅曾长期从事地理数据可视化，他将地图分为单一图、类别图、渐进图、气泡图、聚合图、热力图、时态图等。

单一图就是单一符号图，是将一种数据统一渲染成同样的颜色、形状和大小的地图形式，点、线、面的数据都可以在单一图中展现。类别图是指用色相的差异来渲染区分不同字段数据的地图形式，也可用来展现点、线、面的数据。渐进图是按照一定的规律对地理数据的值进行分段后再以不同色彩（色相或明度）的差异来渐次渲染的地图形式。气泡图是用气泡来渲染地理数据的图形，其中的气泡只适用于点的数据，不能用来展示线或面的数据。气泡图中可以通过气泡的色彩和面积的不同来展示数据的差异。聚合图是把点的数据统计到规则的多边形后，再采用面的渐进图的方式对这些规则的多边形进行渲染的地图形式。热力图是以特殊高亮的形式来渲染具有显著高值的点的数据的地图形式。时态图则是将不同时间段的数据按照一定的时间间隔进行显示的地图形式，常采用动画形式呈现。如财新《数字说》栏目的作品《高铁动车 3/4/5/6 小时能到的地方，你想去哪个？》中用户可以点击选择某个国内城市，然后地图上将按照城市间高铁最快能到达的时间，运用多线路合并选取最快路线，动态展示从这个城市到乘坐高铁分别能在 3 小时、4 小时、5 小时和 6 小时到达的目的地之间的行驶路线数据。①

相比其他类型的数据可视化，空间数据可视化因为涉及地图，需要格外谨慎，避免因为错绘地图而造成事实性差错和政治性差错。

---

① 陈香君，韦梦，沈志超，等．高铁动车 3/4/5/6 小时能到的地方，你想去哪个？．[2024 - 01 - 25]. https：//datanews. caixin. com/mobile/gaotie/.

【知识窗】 地理数据可视化中应避免的差错

以下是2018年5月采访王帅时，他对地理数据可视化中容易出现的问题所作的总结。2024年1月，再次回访王帅，对采访记录进行了更新和补充：

问：就您的经验来看，非专业人士做地理数据可视化比较容易出现的错误或者误区是什么？

答：其实我看到很多，最大的问题是投影的选择。很多地图的投影真的是五花八门，什么都有。正常情况下，你如果不是做一个很专业的项目，就用Web墨卡托投影（也就是当前互联网通用的投影）。因为大家对这个都看习惯了，比较推荐用这个投影。

问：投影这块一般会出什么错呢？

答：我看到的好多问题就是大家直接用经纬度去投影。比如说，我们正常看到的地图可能是这个样子，中国是雄鸡状的这种样式是吧。如果使用纯经纬度的地理标系，地图拉伸会很明显，看起来很扁平，这就不是我们经常看到的，越往两极的话可能都看不出来有什么东西。这种投影很有问题，如果尺度再小一点缩放到全球的话，专业的技术软件就不会显示了。这样就会很丑。所以正常情况下，还是推荐大家用投影坐标系中的Web墨卡托投影，这样显示效果会更好一些。

但是如果说你要做其他地方的图，比如说你要去做南极北极这些，可能就得查其他专业的投影，Web墨卡托投影未必适合，因为它的形变会非常厉害。其实投影有很多，具体哪个适合可以去查一下。但一般大部分是国内的新闻，很少做南北极，即使涉及一些尺度比较大，如到国家这种尺度也是Web墨卡托投影比较合适，大家更习惯看这样的。

问：这样的话是针对一个二维平面的，我们可以选择Web墨卡托投影。我们如果做一个地球仪的，还要管投影的问题吗？

答：球就不用管了，因为球就有经纬度。因为地球本身是个球，要展成平面，才会有不同的展开方式。

问：我看《经济学人》之前做过一个朝鲜导弹攻击范围的图，是做了一个球的图，想画一个圈，标示一下到底哪些地方是它的攻击范围，但是这个图有明显的错误。① 我们应该怎么避免这种问题？

答：《经济学人》原始的那个图使用的Web墨卡托投影后的平面坐标系，用平面距离作为其攻击范围，然后再叠加到Web墨卡托投影的底图上，这显然是错误的，因为Web墨卡托的投影越往两极其形变越大。

因此《经济学人》用Web墨卡托投影后测算的距离并不是真实的地表距离，地球上的距离应该使用球面距离去计算，这才是真正的值。后面更新的正确范围，其实是计算球面距离（也就是地球表面两个点之间的距离）后，再将其投影到平面坐标系Web墨卡托投影上的，因此出现了那种奇怪的形状。

因此在实际应用中，涉及距离、面积的计算时，一定要用球面距离去计算，而不要用Web墨卡托投影计算。QGIS中的测距、测面积功能都是默认开启球面距离计算的。

简单地在Web墨卡托投影地图上叠加同心圆，以此来表示和发射点相同距离的位置，是不准确的，因为投影会造成距离扭曲，从地图上看起来距离一样的点，实际差

---

① 2003年《经济学人》发表了一张地图和一篇文章说明来自朝鲜导弹攻击的威胁。他们使用一个标准的Web墨卡托投影和同心圆来暗示存在潜在伤害的地区。事实上，来自平壤的导弹真正的攻击范围比原本图上展示的大非常多，整个世界几乎只有南美部分地区能躲过其攻击。

距很大。

问：除了投影，还有哪些常见问题？

答：国界问题，涉及中国的，比如东北的黑瞎子岛应该凸出来一块，藏南地区那一块应该鼓出来，钓鱼岛能标尽量标上，尤其是涉及日本情况时。还有就是九段线，现在应该叫十段线。

即使自己有数据，做地图的时候也一定要参考高德地图，因为它是专业做地图的，不太可能犯错。你如果用谷歌看的话，就会明显看出来谷歌的地图跟中国的地图不一样，慎用国外地图，比如OpenStreetMap和MapBox的底图。

还有一个问题，就是一些学生作品上叠加的地理数据是偏离底图的。比如说数据上传上去渲染出来后路是偏的，为什么呢？这牵扯到三套投影坐标系。我们传统的坐标系叫地理坐标系（WGS84），就是原始的实际的经纬度坐标。中国政府为了加密对地图做了一些非线性的偏移，形成的坐标系叫GCJ02。这个坐标系是测绘局制定的，高德、天地图、谷歌中国是用这套坐标系。然后百度在这个GCJ02的基础上又做了一次偏移，形成了它自己的一套坐标系，叫BD09坐标系。这几个坐标系之间是可以互相转化的。因为一些政策的原因，国内都不会给你提供原始的经纬度坐标，高德和百度的统称火星坐标。

如果你的数据用的底图是百度的，就要把坐标全部转成百度的去做。其实国内的所有互联网技术，除了百度这一家是用它自己的坐标系，其他人用的坐标系都是GCJ02，所以尽量用GCJ02的坐标系去做。有时学生作业的底图可能是高德，然后使用了自己收集的来自百度API的数据就会出现偏离底图的问题。有的地图编码接口可能会有一些参数，选择GCJ02还是BD09，需要留意一下。

如果制作国内的地图，可以使用自然资源部提供的标准地图服务（http：//bzdt.ch.mnr.gov.cn），它是依据中国和世界各国国界线画法标准编制而成的，可用于新闻宣传用图、书刊报纸插图、广告展示背景图等。社会公众可以免费浏览、下载标准地图，也可以对地图内容进行编辑。目前发布的标准地图包括：中国地图275幅，世界地图93幅，专题地图12幅。

（三）关系数据的可视化

关系数据常用树图、沃伦诺伊图、圆堆积图、弦图、节点-链接图等形式做可视化。

树图指树状结构图，它用一种嵌套式矩形显示数据的层次关系，并通过每个部分的面积大小来显示该类别的数量。如《新京报》的一个报道中用了六张树图来对比不同年代的暴雨天数（见图7－51）。

沃伦诺伊图与树图的设计原理相似，但它以一种嵌套式圆形来展现数据的层次关系（见图7－52）。

圆堆积图类似树图，但它将矩形改为圆形，用圆形面积的堆积来展示层次数据。如财新运用圆堆积图展现全国的博物馆在拥有文物数量上的关系，从图中可以清晰地看到故宫博物院和中国国家博物馆的馆藏最为丰富（见图7－53）。

与上面三种图形着重展示层次数据不同，弦图更利于表现不同数据对象之间的流向关系。在弦图的圆周上分布着节点，点与点之间用弧线连接以显示其中关系，然后通过每个圆弧的大小比例给每个连接分配相应的数值。如图7－54中用弦图来呈现武器进口大国和武器出口大国之间的联系。

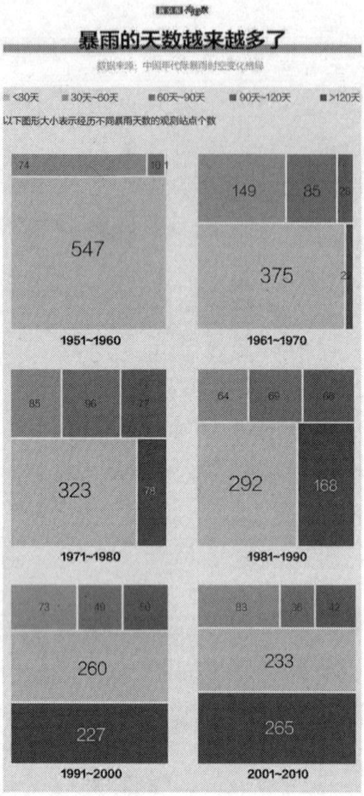

图7-51 树图示例（来源：《新京报》）

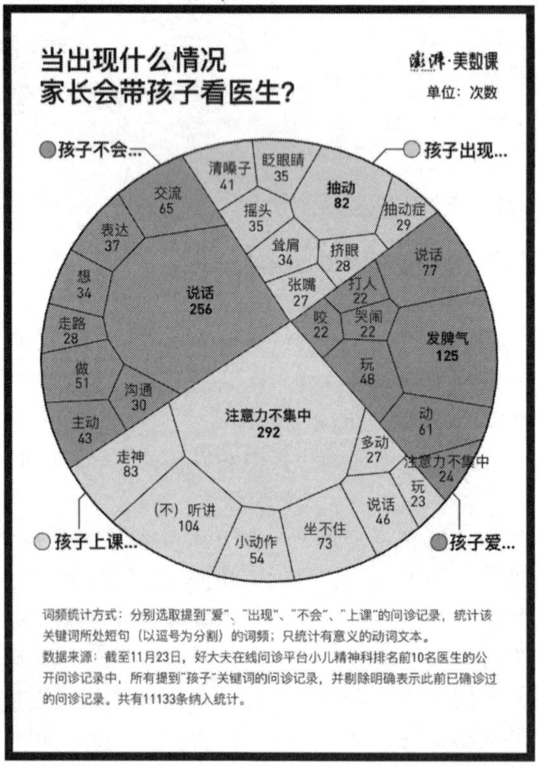

图7-52 沃伦诺伊图示例（来源：澎湃《美数课》栏目）

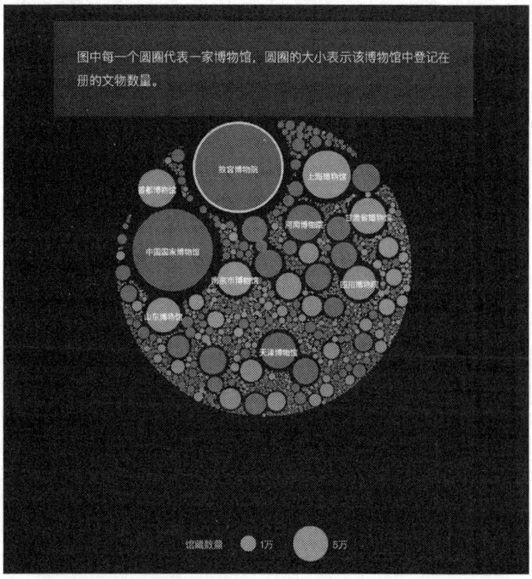

图 7－53 圆堆积图示例（来源：财新）

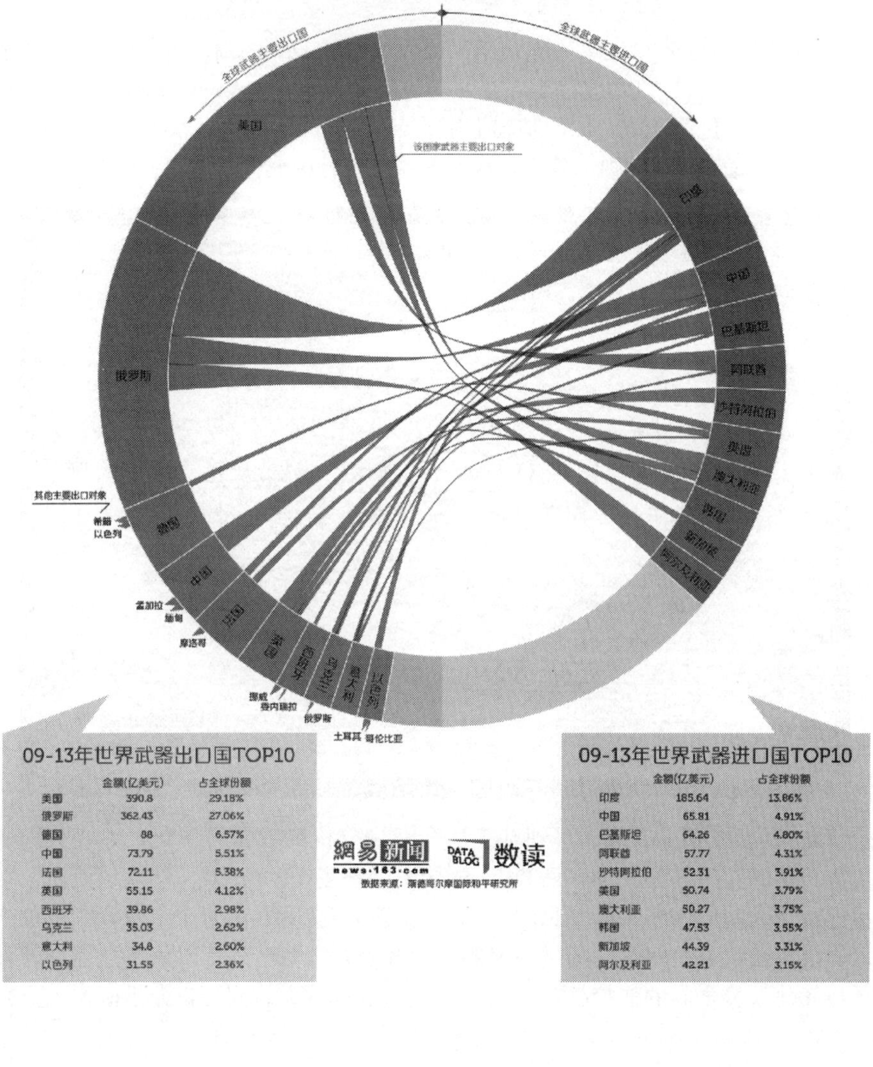

09-13年世界武器出口国TOP10

	金额(亿美元)	占全球份额
美国	390.8	29.18%
俄罗斯	362.43	27.06%
德国	88	6.57%
中国	73.79	5.51%
法国	72.11	5.38%
英国	55.15	4.12%
西班牙	39.86	2.98%
乌克兰	35.03	2.62%
意大利	34.8	2.60%
以色列	31.55	2.36%

09-13年世界武器进口国TOP10

	金额(亿美元)	占全球份额
印度	185.64	13.86%
中国	65.81	4.91%
巴基斯坦	64.26	4.80%
阿联酋	57.77	4.31%
沙特阿拉伯	52.31	3.91%
美国	50.74	3.79%
澳大利亚	50.27	3.75%
韩国	47.53	3.55%
新加坡	44.39	3.31%
阿尔及利亚	42.21	3.15%

图 7－54 弦图示例（来源：网易《数读》栏目）

弦图还可以简化为只显示节点和链接的图形，强调数据之间的相通之处（见图7-55）。

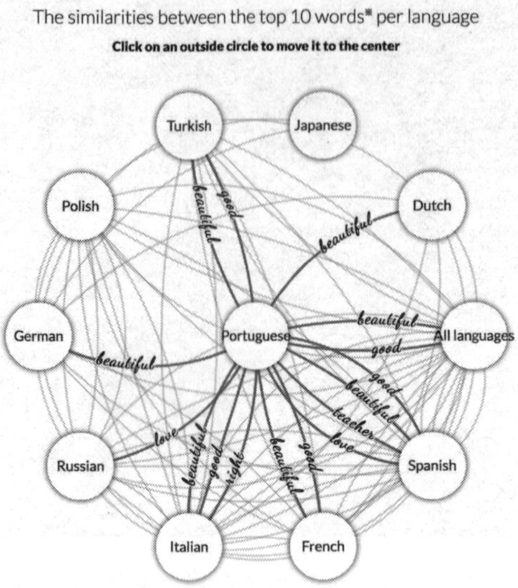

图7-55 简化版弦图示例

资料来源：BREMER N. Beautiful in English. [2024-06-26]. http://www.beautifulinenglish.com/.

节点-链接图也被称为网络图，用来显示事物之间的关系，节点通常用圆形指代，节点之间的链接可以是定向的也可以是不定向的。1933年设计师哈里·贝克（Harry Beck）在伦敦地铁地图的基础上用节点-链接图的形式对原图做了改动后，意外获得了非常简洁清晰的视觉效果，成为地铁图设计的典范（见图7-56）。

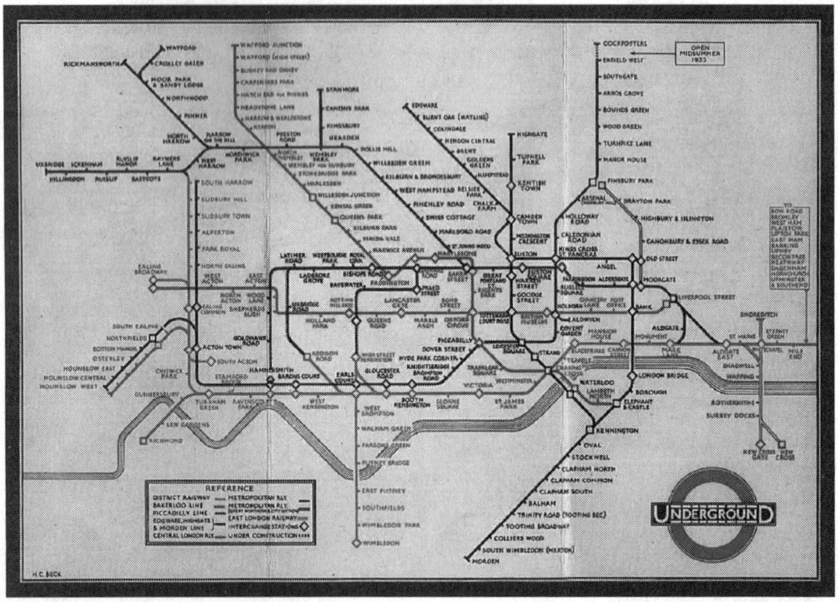

图7-56 哈里·贝克设计的伦敦地铁图

节点-链接图还适合用于呈现基于社会网络分析的数据可视化，如《美国众议院日益严重的党派偏见》中采用节点-链接图展现了1949—2011年众议院民主党和共和党成员之间的网络关系（见图7-57，文前彩色插图）。每个节点代表一位众议员，如果两位议员之间存在超过一定阈值的共识，则两者之间以线条连接。若某位议员与其他议员之间的连接越多，则他所处的节点越大。同理，如果两位议员存在的共识越多，则连接这两位议员之间的线条越粗。由此图，我们发现自20世纪90年代开始，美国两党议员之间的共识越来越少，其阵营的交织不再明显，分歧越来越显著。①

（四）文本数据的可视化

文本数据的可视化在生活中较为普遍，比如思维导图、流程图、知识结构图等。对文本数据进行可视化需要对文本的词汇、语法或语义等不同级别进行信息挖掘。目前常见的文本数据挖掘多集中于词汇级，语法级和语义级的挖掘相对较少。词云图在文本数据的可视化中使用最为普遍，但因为词云展示的数据意义过于有限，越来越多媒体开始弃用这种可视化形式，探索更多表达文本数据的图形。如澎湃《美数课》栏目对历年政府工作报告中的词汇做分析后所做的图形就在一定程度上结合了时序数据的可视化模式（见图7-58）。而在图7-59中，设计师借鉴南丁格尔玫瑰图②的设计思路，对文本数据的呈现做了新的探索。再如《布丁》用叠嶂图呈现不同年份报纸标题所包含的词语使用频率的起伏变化（见图7-60），而文字墙设计中文字本身成为视觉符号，当它们大片呈现在可视化图形中并以一定规律排列时，能产生一种独特的审美效果（见图7-61）。

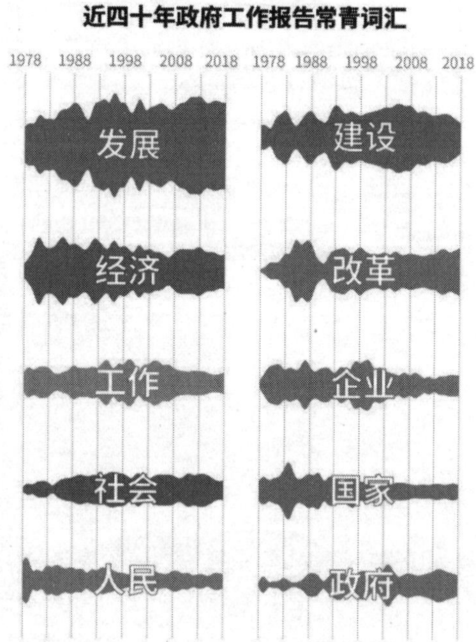

图7-58 文本数据可视化示例（来源：澎湃《美数课》栏目）

① ANDRIS C, LEE D, GUNNING C E, et al. The rise of partisanship in the U. S. House of representatives. (2015-04-21) [2024-06-26]. https://www.mamartino.com/projects/rise_of_partisanship/.

② 南丁格尔玫瑰图得名于英国护士与统计学家弗洛伦斯·南丁格尔，她曾为了统计和分析军医院的季节死亡率绘制了一种圆形的直方图，该图因而得名。

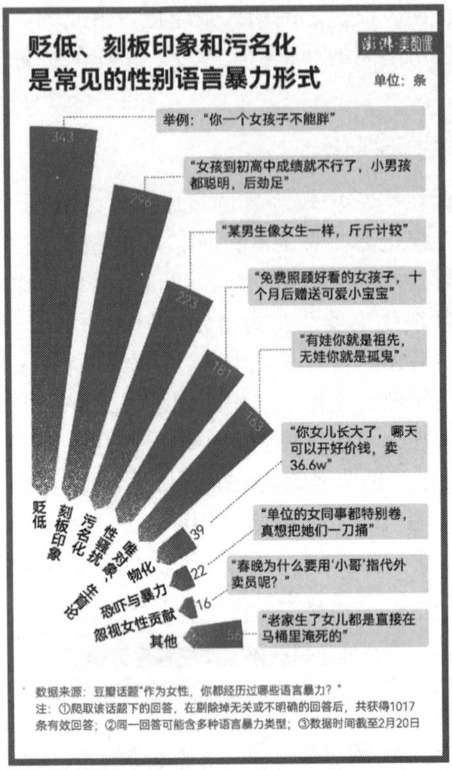

图 7-59　借鉴南丁格尔玫瑰图呈现文本数据（来源：澎湃《美数课》栏目）

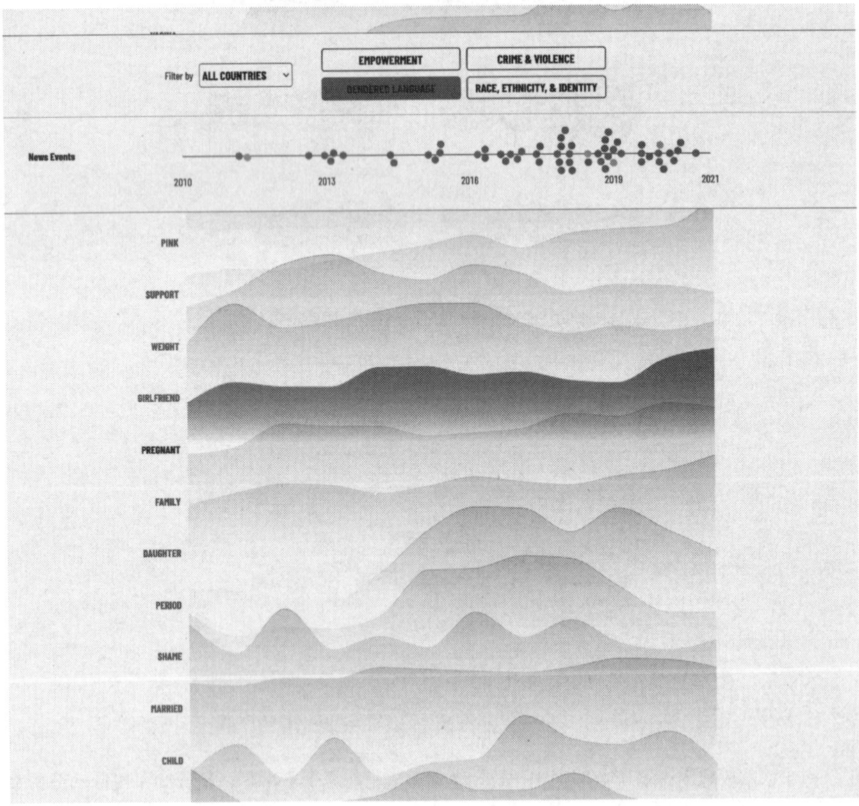

图 7-60　用叠嶂图呈现文本数据（来源：《布丁》）

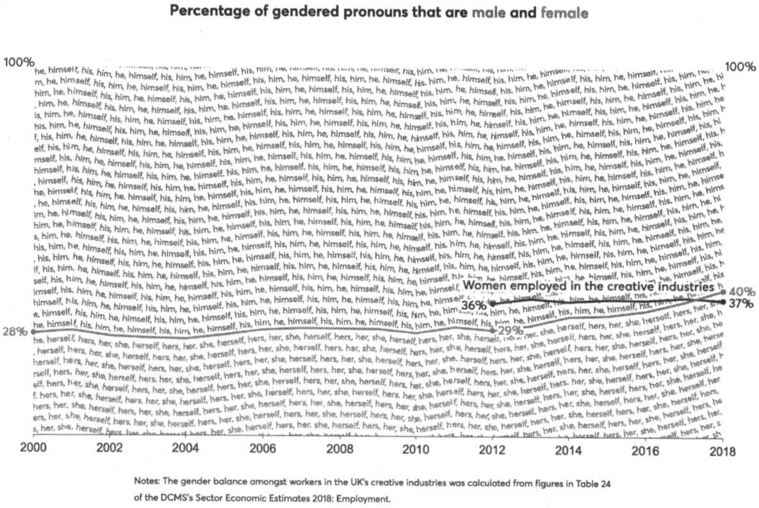

图7-61 用文字墙呈现文本数据

资料来源：SLEEMAN C. She said more：measuring gender imbalances in reporting on the creative industries. [2024-06-26]. https://data-viz. nesta. org. uk/measuring-gender-imbalances-reporting-creative-industries/index. html.

(五) 跨媒体数据的可视化

跨媒体数据以图像、音频、视频、网络日志等数字形式存在，这类数据的可视化相对复杂，也有更多突破一般统计图表的创意空间。如澎湃《美数课》栏目的《爆款新春歌曲调配指南》分析了12首年代不同的经典新春歌曲，归纳出五条规律。① 作品中以花作为主视觉元素，将歌曲的规律蕴藏于花瓣、花心的设计中，简洁而美观（见图7-62）。

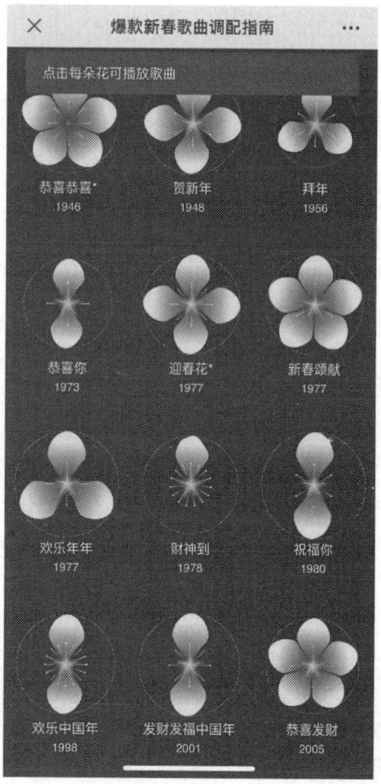

图7-62 用"花"的造型展现音频数据（来源：澎湃《美数课》栏目）

① 爆款新春歌曲调配指南.（2021-02）[2024-01-26]. https://h5. thepaper. cn/html/zt/2021/02/xcgq/index. html.

而在《经济学人》网站刊发的作品《重新想象一场比赛：6 支球队、百万粉丝、无数故事》中，Signal Noise 机构与西门子合作使用精确的音频检测技术，创建了一个 3D 声景，映射了德国安联球场内的噪声。① 球迷可以通过收听比赛关键时刻捕获的数千个数据点来“观看”五场 2018—2019 赛季足球俱乐部拜仁慕尼黑队的比赛。作品中，设计师将球场和看台设计成可以旋转的 3D 景观，看台上升起的一根根闪亮的灯柱代表相应位置球迷发出的声量，声量越高，灯柱长度越长，色彩亮度越高。当读者点击左上角的开始按钮时，画面右半边是一段动画，展示围绕球场的灯柱是如何高低起伏，发出或高或低的声量的（见图 7-63，文前彩色插图）。创作者将这一 3D 声景称为“数字孪生”（digital twin），并表示“数字孪生是对象、系统或体验的数字表示。一些数字孪生可以很大，例如建筑物、工厂甚至城市，但它们也可以很小且个人化，例如足球比赛中的球迷。数字孪生使我们能够记录和测量行为、建模和预测结果，或者就足球而言，可以更好地了解球迷与其球队之间的动态，甚至球迷与个别球员之间的动态”②。

《纽约时报》2022 年 4 月 30 日发布的作品《〈塔克·卡尔森之夜〉中的世界末日世界观》获得了新闻设计协会 2023 年度在线新闻类的银奖，评委认为：“作品的形式和技术水平令人印象深刻，特别是考虑到这是一个政治故事。……使用视觉和图形来探索这些名言，创造了身临其境且有效的讲故事体验，很难想象还有更好的方法。它虽然可能不会深入探讨潜在的故事主题，但是在此类演示中利用视频的最佳范例。”③ 在这个作品中，《纽约时报》团队对福克斯电视台黄金时段节目《塔克·卡尔森之夜》（Tucker Carlson Tonight）中的 1 150 集视频数据展开调查，对主持人卡尔森的言论做了许多数据分析，发现这位极右翼主持人在节目中传播了许多极端思想和阴谋论，而这档节目一度是 25 岁至 54 岁关键年龄段中收视率最高的有线电视新闻节目，经常吸引超过 300 万的夜间观众。④ 这个作品的开篇采用了大量视频镜头组接排列在一起的画面，伴随卡尔森的名言音频的播放，相应的视频片段被放大凸显（见图 7-64），而作品中其他可视化设计也令人印象深刻（见图 7-65）。

你怎么看

你还看过哪些令你耳目一新的跨媒体数据的可视化形式？

三、流程

流程是指在做数据可视化设计时需要按照一定的顺序来设置视觉元素的位置，从而使数据的呈现具有合理的布局，受众的视觉路线能以符合视觉规律的方式被流畅地引导。

---

① Reimagine the game：6 teams，millions of fans，countless stories. [2024-01-26]. https：//reimaginethegame. economist. com/en/dashboard.

② How Siemens mindsphere is helping to predict the future. [2024-01-26]. https：//reimaginethegame. economist. com/en/reimagine.

③ Results：awards from previous competitions. [2024-01-26]. https：//snd. org/best-of-design-competitions/results/.

④ YOURISH K，CAI W，BUCHANAN L，et al. Inside the apocalyptic worldview of “Tucker Carlson Tonight”.（2022-04-30）[2024-01-26]. https：//www. nytimes. com/interactive/2022/04/30/us/tucker-carlson-tonight. html.

图 7-64 《〈塔克·卡尔森之夜〉中的世界末日世界观》网页截图（来源：《纽约时报》）

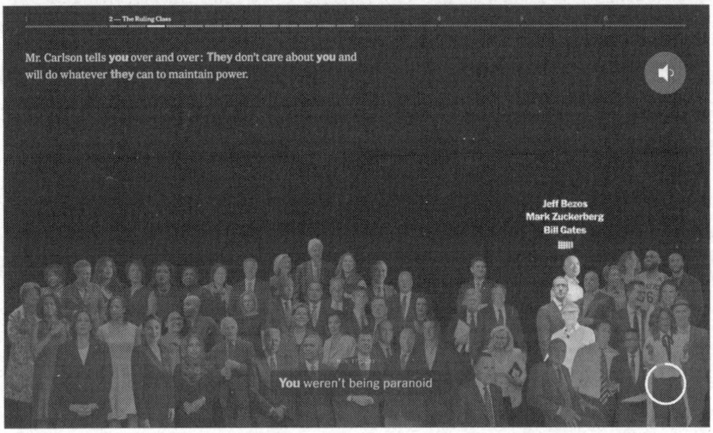

图 7-65 《〈塔克·卡尔森之夜〉中的世界末日世界观》中的可视化设计截图（来源：《纽约时报》）

概念 流程是指在做数据可视化设计时需要按照一定的顺序来设置视觉元素的位置，从而使数据的呈现具有合理的布局，受众的视觉路线能以符合视觉规律的方式被流畅地引导。

（一）时间

“时间”是指按照时间顺序来配置画面/页面中视觉元素的一种常见流程形式，这种设计尤其适合展现那些带有时序数据或是采用时间顺序推进叙事的作品。

例如，设计师佩德罗·希门尼斯（Pedro Jiménez）设计的平面媒体信息图《广播的历史》就是比较典型的例子（见图 7-66，文前彩色插图）。因为这个作品的主题是对广播发展历史的回顾，所以整个版面的设计依循时间顺序的流程。这张信息图由三个板块构成，整个作品中主要的视觉中心部分是八位在广播发展历史中的知名人物的素描头像和简介。环绕这八个人的线条代表一条时间线，其上还叠加了一条起伏的花线，花线一方面形似电磁波，另一方面可以补充底线中无法标示的年份节点。环绕这两条线的是一系列文字块，介绍广播发展历史中的重要年份和里程碑事件。作品底部是一个介绍无线电接收设备变迁的板块，同样以时间顺序来设计。作品右边则是一列对电磁波中波浪特征、电磁频谱和如何传输信息进行解释的信息图。

概念 “时间”是指按照时间顺序来配置画面/页面中视觉元素的一种常见流程形式，这种设计尤其适合展现那些带有时序数据或是采用时间顺序推进叙事的作品。

而在《华盛顿邮报》的网页作品《低空飞行“展示武力”》中，可视化部分以时间顺序作为流程设计，主要考虑的是与该作品的调查文案的叙事方式保持一致（见图 7-67，文前彩色插图）。该报利用飞行跟踪数据、图像和视频，重建了两架华盛顿陆军国民警卫队直升机的飞行高度和轨迹。它们于 2020 年 6 月 1 日当晚停在唐人街抗议乔治·弗洛伊德被杀案的人们聚集的街道上空。根据该报创建的 3D

模型，两架直升机采取低空飞行策略，并在抗议者上空盘旋，甚至低空俯冲，用旋转叶片向下冲的空气猛击示威者，以这种方式震吓抗议者。①

这个作品的文案采用的就是递进式结构，并以时间线来串联，在文案中多处标注了具体的时间节点，同时其可视化设计也服务于这一时间顺序，在每个时间节点都有一张还原当时的街景和飞机飞行轨迹的动态地图，并结合了拍摄的现场视频，展示那个夜晚直升机如何通过低空飞行进行武力展示，以震吓和驱散抗议人群。

（二）空间

概念 “空间”是指利用空间数据来设计或是将视觉元素设置到某一主题相关的物体的内外部结构中来组织的一种流程形式。一般采用地图来做数据可视化设计的作品都隶属“空间”流程，此外，“空间”流程也适合用来呈现一些人们感兴趣却又难以企及的物体的结构。

“空间”是指利用空间数据来设计或是将视觉元素设置到某一主题相关的物体的内外部结构中来组织的一种流程形式。一般采用地图来做数据可视化设计的作品都隶属“空间”流程，此外，“空间”流程也适合用来呈现一些人们感兴趣却又难以企及的物体的结构。例如图 7－39《南华早报》的信息图作品就以空间架构作为可视化设计的流程，通过拆解“鞋盒屋”的方式来展现香港糟糕的住宅状况。

而《纽约时报》对 2021 年 1 月 6 日发生的美国国会暴乱事件进行解释的信息图同时结合了“时间”和“空间”两个流程形式，对当时暴乱发生的时间、暴徒如何攻进国会大厦等内容做了清晰的可视化呈现（见图 7－68）。

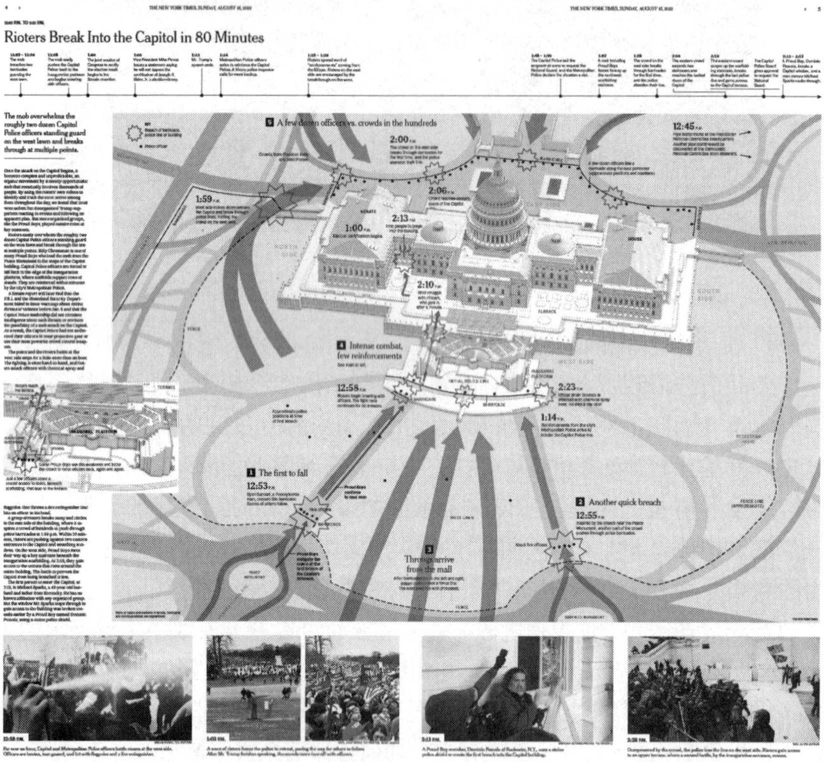

图 7－68　对美国国会暴乱事件的可视化呈现（来源：《纽约时报》）

相比前两个可视化设计，帝都绘与北京市建筑设计研究院有限公司合作的作品

① HORTON A, TRAN A B, STECKELBERG A, et al. A low-flying “show of force”.（2020－06－23）［2024－01－26］. https://www.washingtonpost.com/graphics/2020/investigations/helicopter-protests-washington-dc-national-guard/.

《大兴机场开通一年多了，但我还没机会去看它》是基于移动端开发的可视化设计作品。① 这张手绘风格的信息长图需要旋转手机横屏观看，它对大兴机场的建筑设计细节做了详尽的呈现，并设计了一些交互环节，受众点击图中的放大镜标识，就能看到更深入的文字解释，以让读者充分了解大兴机场的建筑特色（见图 7－69）。

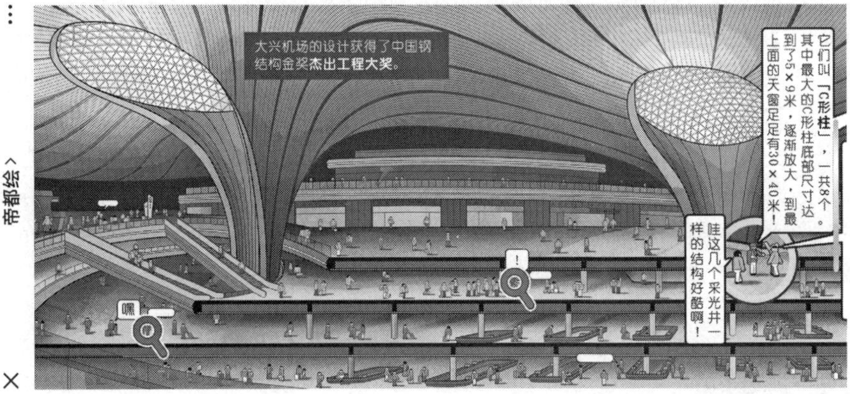

图 7－69 《大兴机场开通一年多了，但我还没机会去看它》局部截图（来源：帝都绘）

（三）逻辑推导

“逻辑推导”是一种依托人们对事物认识理解的规律来组织可视化设计要素的流程形式。这种流程形式依循人们对事物的认知逻辑展开，这些认知逻辑可以是演绎推理式，也可以是归纳推理式。

例如，2021 年 5 月 18 日，深圳华强北赛格大厦发生楼体摇晃，《南华早报》以此为主题，制作了《建筑物为什么会摇晃》信息图（见图 7－70，文前彩色插图）。这张信息图综合使用了“空间”和“逻辑推导”两种流程形式，从“风”“温度”和“地下振动”三个角度切入，尝试从科学角度探寻这栋摩天大楼发生摇晃背后的建筑学原因，并在此基础上指出该大楼目前没有“调谐质量阻尼器”。这一安装在结构内部的装置可用于在地震或强风等强大横向力袭来时减小振动幅度。作品中运用了演绎推理的逻辑推导，从一般规律出发，将赛格大厦的特征与一般的摩天大楼出现摇晃的原因做比较，从而推导出赛格大厦出现晃动背后可能的原因。

概念 “逻辑推导”是一种依托人们对事物认识理解的规律来组织可视化设计要素的流程形式。这种流程形式依循人们对事物的认知逻辑展开，这些认知逻辑可以是演绎推理式，也可以是归纳推理式。

另一张出自卢克·贾尼斯特（Luke Jaaniste）的信息图《体育获胜的所有方式》（All the Ways of Winning in Sports）则运用了归纳推理的逻辑展开，图中对大量体育运动的获胜方式做归纳，最终发现它们分别与力量、速度、准确性、领地、灵活等要素相关。② 作者据此进行运动聚类，信息图采取类似火车轨道图的设计，在黑灰色背景上铺设一根根彩色线条，通过这些不同色彩的线条引导读者探索哪些运动以何种方式获胜（见图 7－71，文前彩色插图）。

（四）系统结构

“系统”是指由相互联系、相互作用、相互依赖和相互制约的若干要素或部分

① 王亦知，门小牛，张博浩，等．大兴机场开通一年多了，但我还没机会去看它．（2020－10－30）[2024－01－26]．https：//mp. weixin. qq. com/s/HvDg9OhSyHZrD52UCHGUCg.

② 该作品曾获 2019 年“信息之美”奖休闲、游戏和运动类的金奖，参见 https：//www. informationisbeautifulawards. com/showcase/3913-all-the-ways-of-winning-in-sports。

组成的具有特定功能的有机整体，“系统结构”是对这类有机整体之间各要素关系做梳理和呈现的流程形式。

概念 “系统”是指由相互联系、相互作用、相互依赖和相互制约的若干要素或部分组成的具有特定功能的有机整体，“系统结构”是对这类有机整体之间各要素关系做梳理和呈现的流程形式。

以澎湃《美数课》栏目的作品《一图读懂缅北家族关系网》为例，作品创作者通过整理相关资料，梳理出缅北果敢自治区的几大家族之间复杂的社会网络。[①] 这相当于对缅北诈骗团伙的系统结构做了拆解（见图7-72，文前彩色插图）。

另一个来自《国家地理》杂志的作品《自然的实验室》，对特普伊斯岛的自然生态系统做了可视化呈现（见图7-73，文前彩色插图）。特普伊斯岛高耸于南美洲稀树草原和雨林之上数千英尺，基本上仍未受到人类的影响。在过去的几十年里，科学家们发现了生活在特普伊斯高处和隐蔽内陆地区的大量特有植物和动物物种。这个作品以特普伊斯岛的图片作为主视觉，将对该地的地貌、气候、植被、动物展开介绍的文字和视觉元素围绕主视觉板块布局于相应位置，使读者更有沉浸的阅读体验，能全面了解这个神秘之地的生态系统。

你怎么看

在数据可视化设计过程中，选择不同的“流程”布局时需考虑哪些因素？

四、形式

功能和流程考虑更多的是设计时的模块完整性和架构合理性。与之相比，“形式”是在数据可视化过程中更外在的设计呈现，好的数据可视化设计需要用富有表现力的形式来呈现，这种形式不仅关乎微观层面的视觉符号设计，而且关乎作品整体的视觉形象塑造。

（一）设计整体形象

概念 “形式”是在数据可视化过程中更外在的设计呈现，好的数据可视化设计需要用富有表现力的形式来呈现，这种形式不仅关乎微观层面的视觉符号设计，而且关乎作品整体的视觉形象塑造。

数据可视化设计的整体形象需与作品主题匹配，好的作品形象设计可以使作品的内容和形式达到统一协调感，带给受众更沉浸的阅读体验。要设计契合主题的整体形象，需着力两个方面：其一是从作品的配色方案上下功夫，其二则是精心设计主视觉图案。

如前所述，色彩是一种直观的视觉变量，它对受众的视觉刺激是直接的，在一定程度上，受众看一个作品，给其视觉印象最深刻的往往是作品的配色。所以在设计作品时，需要先确定作品的配色方案。一般来说，我们会从主题涉及的内容中寻找匹配的色彩。例如，网易《数读》栏目的作品《麦当劳 vs 肯德基，谁才是中国人最爱》就选择了黄色、红色作为主要的配色来设计整个作品中的图表（见图5-8），这两个颜色恰恰是麦当劳和肯德基品牌的核心色彩，这样的设计使作品中的图表生趣盎然，与报道主题形成了很好的呼应。[②]

而财新《数字说》栏目的作品《直面乳腺癌 在致命之前》则采用粉色作为主要的彩色来设计，因为“粉红丝带”是全球乳腺癌防治运动的标识，这种配色使页面更加简洁，作品主题更加鲜明。[③]

---

① 卫瑶，张舒艺，李心玉，等．一图读懂缅北家族关系网．(2023-11-17)［2024-01-26］．https://mp.weixin.qq.com/s/Xxe4t66iQQeNb3lqsFtAKg.

② 叶榆北，卜卜脆，起司司，等．麦当劳 vs 肯德基，谁才是中国人最爱．(2023-04-23)［2024-01-26］．https://mp.weixin.qq.com/s/2F1gnqSshdZ6VyfCZaD0bQ.

③ 李靖华，孙茜，刘佳昕，等．直面乳腺癌 在致命之前．(2019-10-25)［2024-01-26］．https://datanews.caixin.com/mobile/interactive/2019/breast-cancer/.

当然，未必所有的主题都能找到明确的匹配色彩，有些主题比较抽象，或者涉及的主题并无鲜明的色彩标签，这时需要考虑选择相对适合的配色。例如在一些较为严肃和沉重的主题作品中，一般采用深色背景搭配简单醒目的亮色图表作为主要的配色方案，而在一些相对活泼和轻松的主题作品中，底色可以选择白色、浅米、浅蓝、浅灰等相对轻巧的色彩，图表配色可以更加灵活。

除了配色方案以外，作品的主视觉设计也影响作品给人的整体印象。在信息图中，主视觉占据作品视觉中心的部分。例如，《中国日报》2020 年 9 月 21 日第 6—7 版刊发的信息图中，主题是讲述粮食浪费的严重性及其对环境和粮食生产供应形势的巨大影响，因而作品中部设计了一个正在倾倒盘中粮食的场景，盘中用饼图形式示意了浪费的粮食的类型分布，而从盘中下坠的类型则包括水果蔬菜、谷物、肉类等多种（见图 7 - 74，文前彩色插图）。

而在前述《国家地理》杂志信息图《自然的实验室》中，主视觉直接由所报道的对象特普伊斯岛的图片构成，并在这张背景图片上结构所有的设计元素（见图 7 - 73）。

在交互可视化设计中，主视觉是读者从打开作品网址到作品正文出现前所触及的视觉部分，因为它是作品给读者的第一印象，将决定读者是否愿意继续滑动页面浏览正文。目前大多数交互可视化设计的作品在主视觉部分采用较为简洁的设计，以与主题相关的图片为背景，在图片上方做压图标题。但也有一些媒体开始尝试更有创意的设计。例如澳大利亚广播公司的作品《撬开黑箱》讲述算法黑箱带来的偏见对社会的影响，以及人们应该如何做来促使算法的透明化。①

这个作品设计的有趣之处在于打开网址，首先映入眼帘的是一个黑箱，黑箱下面有一行话“这个黑箱里有一个关于你的决定”，这让读者有了很强的代入感，忍不住好奇地滑动页面往下看。这时，页面上又会出来一行文字“但是你不被允许看到箱子的内部，即使你可以看见内部，它也不会给你多少提示”。滑动页面继续出现一行文字“在你的线上线下生活中，有无数个类似的黑箱在做关于你的决定”。当再次滑动页面时，画面中的一个黑箱变成了多个黑箱，伴随文字“其中一些是非常良性的，比如推荐你接下来应该看什么电影”。随着鼠标滑动，页面中的黑箱上出现了很多知名互联网公司的标识（见图 7 - 75），同时文字内容依次写道：

> “但是还有一些黑箱决定了你看到怎样的新闻，你要和谁约会以及你能够借到多少钱。”
>
> “他们还决定你能否找到工作、你是否是潜在的入店行窃者以及你应该走哪条路线去商店。”
>
> “在极端情况下，它们被用来‘预测’青少年怀孕并削减残疾人的福利权利。”
>
> “这些箱子都包含算法和决策机器，它们正在渗透到对我们所有人的生活产生越来越重要影响的领域。”（画面回到一个黑箱正对屏幕的设计）
>
> “准确理解这些算法在做什么似乎是不可能的，更不用说控制它们了。”

---

① FELL J，SPRAGGON B，LIDDY M. Wrenching open the black box.（2022 - 12 - 14）[2024 - 01 - 07]. https：//www. abc. net. au/news/2022-12-12/robodebt-algorithms-black-box-explainer/101215902.

“然而，正如你将看到的，有一些富有创意且强大的方法可以照亮这些黑箱。问题是，只有它们的所有者（主要是公司和政府）允许我们使用它们，我们才能使用它们。”（画面是黑箱的上盖被打开，里面被照亮）

图 7－75 《撬开黑箱》作品截图（来源：澳大利亚广播公司）

画面停留在上一个黑箱盖被打开的场景，作品标题《撬开黑箱》呈现在图片下方。整个作品开头部分的视觉和文字相辅相成，交互式设计别致且富有探索的趣味，促成了丝滑顺畅的叙事。

再如，路透社的作品《睡眠之旅》的主视觉设计也令人印象深刻。[①] 这个作品采用插画设计，打开网址先看到的是夜晚的天空，画面中有大片云朵、被云遮住的月亮和点点星辰。滑动页面往下走，可以看到云在不断上移，而月亮始终悬挂空中。然后，画面中出现了作品的标题，标题下是一片静谧的夜景，远处有山峦，近处是丛林，丛林中一条蜿蜒曲折的道路，道路两旁是一间间房屋，点缀着发光的路灯（见图 7－76）。再继续下滑页面，画面从远拉近，从其中一间房屋的窗口进入，透过窗帘，定格在一个正在窗边床上熟睡的人身上。此时作品才真正进入主题，依次出现了作者、发表时间和正文板块。这个设计很有创意，从天空、远景直至拉近到丛林、房子、窗户和睡着的人，整个过程如同拿着摄像机从远至近地拍摄，而这个用插画展现的舒适安静的睡眠环境像童话故事般令人向往。谁不希望拥有这样美好的睡眠环境呢？这个设计为“睡眠”这种老生常谈且略显枯燥的科普话题注入了一丝活力，唤起了受众内心深处对拥有良好睡眠的渴望和关注，使他们继续读下去变得更加顺理成章。

① LAPID N，SCARR S，ARRANZ A，et al. Journey into sleep.（2023－04－08）[2024－01－07]. https://www.reuters.com/graphics/HEALTH-SLEEP/mopakyjmnpa/.

图 7 - 76 《睡眠之旅》作品截图
（来源：路透社）

在移动互联网时代，很多交互式设计的数据可视化作品为了受众转发更加便利，会制作作品的海报，将网址以二维码形式印在海报中，这种海报也形成了作品的主视觉。如澎湃《美数课》栏目的作品《爆款新春歌曲调配指南》和《听见“无声”的世界》就设计了两张风格迥异的海报（见图 7 - 77）。

（二）精选视觉素材

除了给人第一印象的配色和主视觉设计，在可视化设计中，形式还与丰富多样的视觉素材相关。选择富有特色的视觉素材意味着我们创作的数据可视化作品拥有更鲜明的视觉风格。当下，数据可视化领域的视觉素材种类很多，除了常规的信息图表之外，更多作品采用手绘插画、照片、视频、3D 建模和实物等视觉素材，探索不同的表达风格。

对于一家媒体而言，既可以一种视觉素材为主，形成容易被识别的品牌形象，例如前文多次提及的《南华早报》，它的数据可视化作品多采用手绘插画作为视觉素材，有非常鲜明的机构烙印；也可以探索多种视觉素材的表达，不断创新和丰富可视化设计的语言，如路透社的数据可视化作品的视觉素材种类跨度很大，作品各具特色，风格差别较大。

图 7－77 澎湃《美数课》栏目的两个作品海报

不同的视觉素材赋予作品不同的视觉风格，手绘插画能使相对艰涩的主题显得更具亲和力。例如，财新《数字说》栏目尝试用这种形式设计和解读改建后的工人体育场“新”在哪里（见图 7－78）。[①] 手绘插画还能模仿手书效果、展现质朴生活的一面，如澎湃《美数课》栏目以手绘插画形式呈现对凉山小伙致谢的数据解读（见图 7－79）。[②]

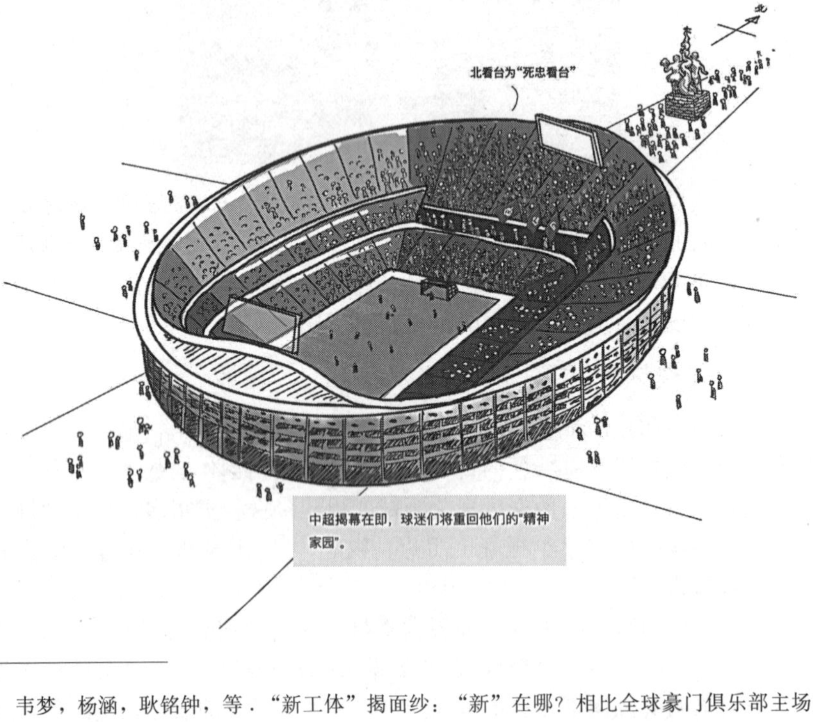

图 7－78 《“新工体”揭面纱：“新”在哪？相比全球豪门俱乐部主场如何》（来源：财新《数字说》栏目）

① 韦梦，杨涵，耿铭钟，等．“新工体”揭面纱：“新”在哪？相比全球豪门俱乐部主场如何．[2024－01－26]. https：//datanews. caixin. com/interactive/2023/Beijing-Workers-Stadium/.

② 王亚赛，陈良贤，杜海燕，等．凉山小伙致谢刷屏背后，寒门学子有多难?.（2022－06－21）[2024－01－26]. https：//mp. weixin. qq. com/s/EdV7hljEkbJ0AlUGgsjHaA.

图 7－79 《凉山小伙致谢刷屏背后，寒门学子有多难?》作品中的手绘插画（来源：澎湃《美数课》栏目）

照片、视频让设计看起来更具还原现场的张力。例如《朝日新闻》报道福岛核事故十周年的信息图设计中采用了大量史料照片作为视觉素材，使读者能对该事故发生十年以来的相关变化有更直观的了解，作品的新闻性更强（见图 7－80，文前彩色插图）。在《香港鞋盒屋的生活》中，设计师不仅采用了大量手绘插画作为视觉素材，还在展现这些“鞋盒屋”的设计中融入了照片元素（见图 7－81），令读者对鞋盒屋逼仄恶劣的居住环境更能感同身受。[①] 在一些与人物相关的报道中，运用人物照片作为视觉素材，相比列举人名能达到更好的视觉效果，可以迅速拉近作品与受众之间的距离。如美国非营利机构 ProPublica 的作品《美国最高收入群体和他们的纳税情况》关注的对象都是人们耳熟能详的知名人物，因而在作品的可视化设计中就融入了很多人物的头像（见图 7－82），避免了枯燥的人名堆积。[②] 而在作品

① ARRANZ A，DUHALDE M，LEE K，et al. Life in Hong Kong's shoebox housing.（2022－06－07）[2024－01－23]. https：//multimedia. scmp. com/infographics/news/hong-kong/article/3180601/subdivided-flats/index. html.

② KIEL P，NGU A，EISINGER J，et al. America's highest earners and their taxes revealed.（2022－04－13）[2024－01－26]. https：//projects. propublica. org/americas-highest-incomes-and-taxes-revealed/.

《低空飞行“展示武力”》中，在可视化地图之外融入的视频素材起了记录和证实的作用（见图7-67），为文本叙事给予了视觉证据支持。

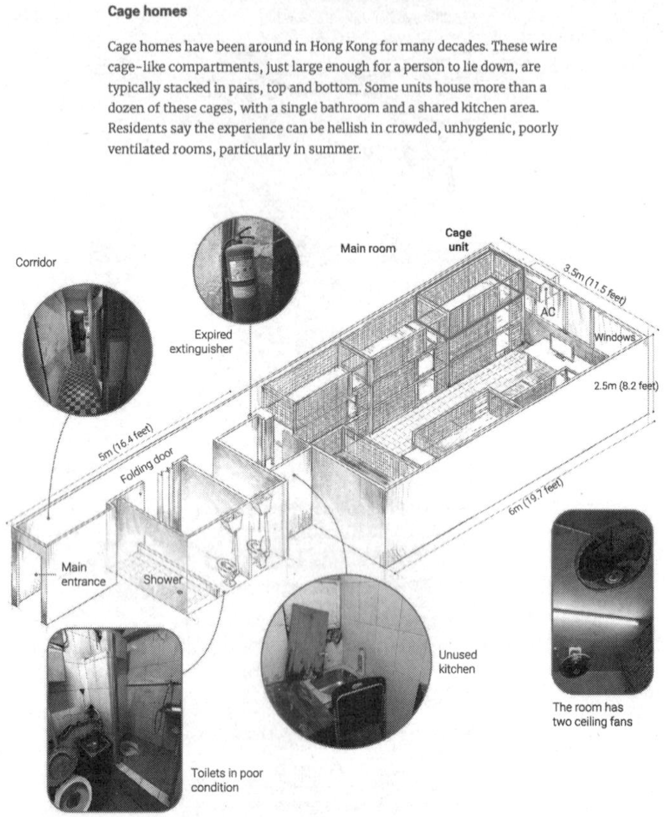

图7-81 《香港鞋盒屋的生活》中对照片素材的运用（来源：《南华早报》）

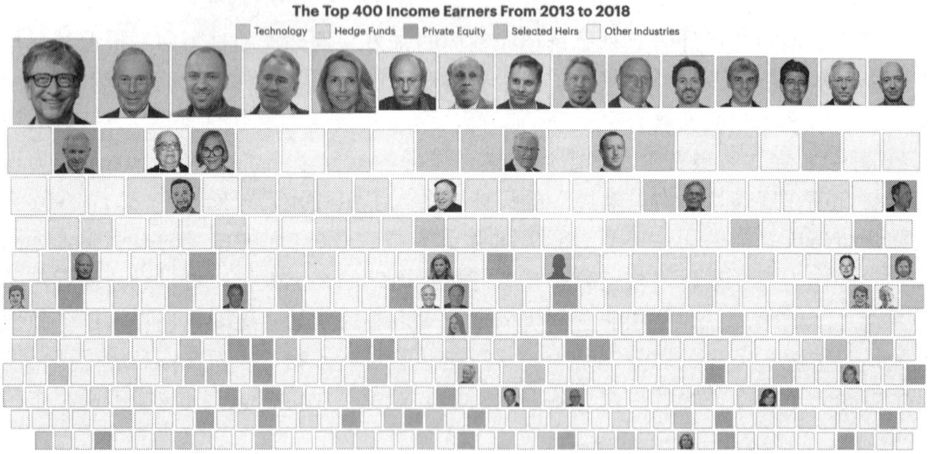

图7-82 《美国最高收入群体和他们的纳税情况》中对照片素材的运用（来源：ProPublica）

3D建模是指利用三维制作软件通过虚拟三维空间构建出具有三维数据的模型，基于这种技术生成的3D模型能动态还原未被或难以被拍摄录制的新闻现场，或者搭建起一个能够从不同角度观看的虚拟三维空间景观。在缺乏现场照片和视频时，通过这种方式，可以使曾经发生过的事件以可视化方式在数字空间中再度演绎。

如《悉尼先驱晨报》的报道《利斯莫尔灾难剖析》中，设计师结合地形数据、卫星图像、数字高程模型和图像重建了3D空间景观，将澳大利亚现代历史上最大的洪水之一淹没利斯莫尔城的情景再现（见图7－83）。① 而第3章谈及的案例《边境的愤怒：揭露梅利利亚死亡事件的真相》中，记者进入了事发的核心地带——奇诺区边境哨所，拍摄了哨所的内部和布局，并使用这种材料以及LiDAR（光探测和测距，也称激光雷达，是一种光学检测技术，用于测量和其他物体之间的距离）数据作为参考，构建了过境点和整个周边区域的详细3D模型（见图7－84）。建成后，记者还使用该模型请被访的幸存者进一步确定自己当时所处的位置。这里的3D模型不仅被用来作为报道视频的一部分，还成为助力记者核查事实的重要证据。

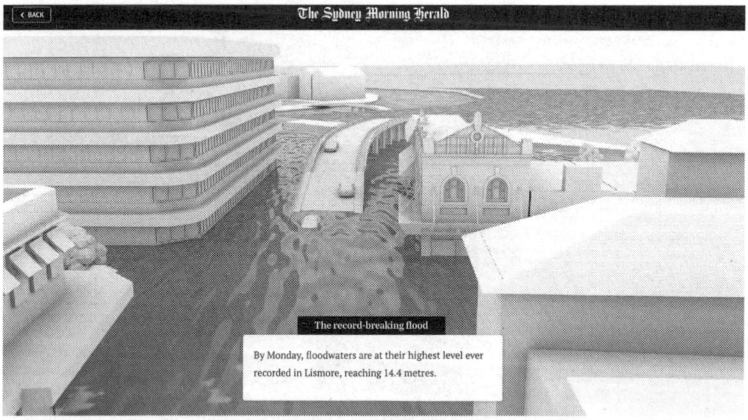

图7－83 《利斯莫尔灾难剖析》的3D模型素材的运用（来源：《悉尼先驱晨报》）

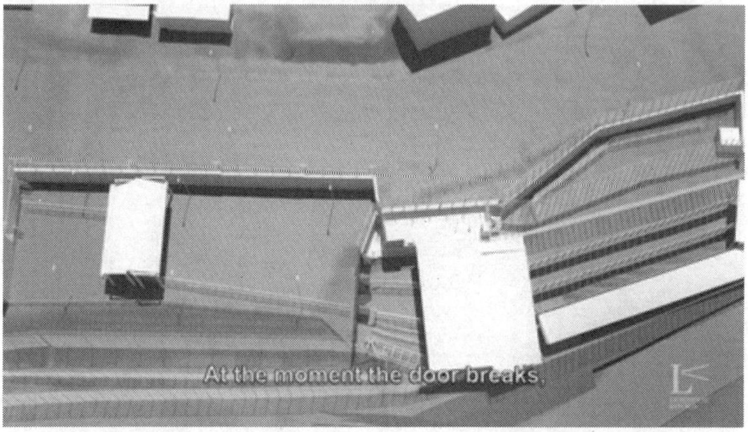

图7－84 《边境的愤怒：揭露梅利利亚死亡事件的真相》中对3D模型素材的运用（来源：《灯塔报道》）

相比前面所说的这些视觉素材，实物的可视化让设计更贴近生活。它以人们熟悉的日常事物作为可视化的素材，打破了人们的认知常规，能给读者带来意外与惊喜。以德国《时代周报》（*Die Zeit*）报道德国造纸行业的信息图为例（见图7－85），这张信息图中所有的图表都是以不同材料的纸张构成的，这样既呼应主题，又给设计带来了特殊的质感。而在彭博社的报道《泰勒·斯威夫特凭借轰动的ERAS巡演跻身亿万富翁行列》中，设计师捕捉到巡演中一个显著的细节：粉丝们受到斯威夫特歌曲的启发，在巡演期间制作和交换友谊手链。于是整个作品的可视

① THE VISUAL STROIES TEAM，GILMORE H. Anatomy of the Lismore disaster.（2022－06－30）[2024－01－26]. https：//www.smh.com.au/interactive/2022/lismore-flooding/.

化以手链的串珠作为基础素材展开。[1] 例如图 7－86 反映了斯威夫特音乐作品的估价与其他知名歌手之间的对比，圆堆积图被以不同大小的手链取代，手链串珠上则印有这些歌手的名字。

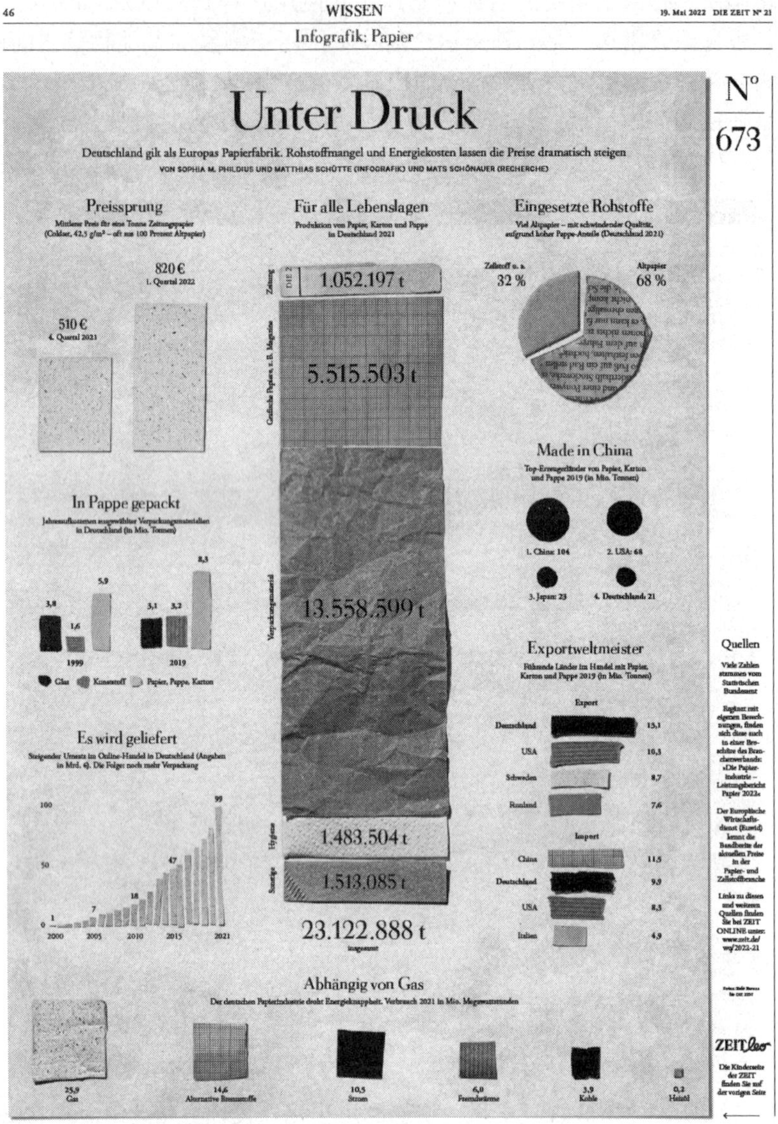

图 7－85　实物素材在可视化设计中的运用（来源：《时代周报》）

在一些视频类数据新闻中，这种实物素材的合理运用可以拉近受众和作品的距离，令人感到亲切可感而不艰涩难懂，在一定程度上降低了数据新闻的接受门槛。例如第 4 章列举的中央广播电视总台报道中对望谟县幼儿园的采访镜头让孩子们按照身高排列，天真活泼的孩子们构成了一张独特的柱形图（见图 4－4）。试想如果将这张条形图中的孩子替换为常规的色块，这个设计就流于平庸了。

① PENDLETON D，BALLENTINE C，PATINO M，et al. Taylor Swift vaults into billionaire ranks with blockbuster ERAS tour.（2023－10－27）［2024－01－28］. https：//www. bloomberg. com/graphics/2023-taylor-swift-net-worth-billionaire/.

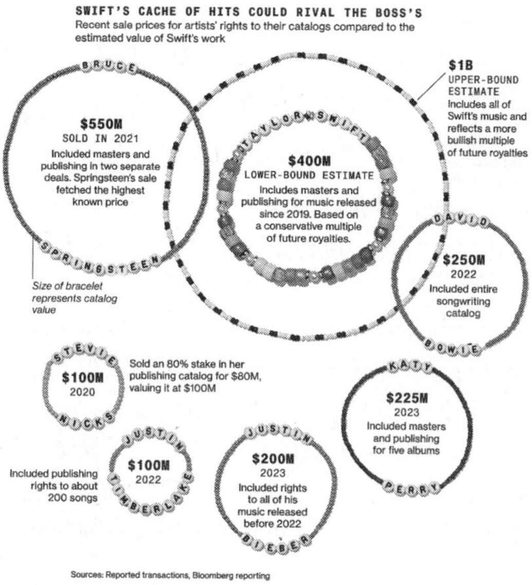

图7-86　实物素材在可视化设计中的运用（来源：彭博社）

还有一些数据可视化作品，用实物素材与其他素材结合来做设计。如新加坡《海峡时报》的报道《超越标签：您的环保衬衫真的绿色吗?》中有一组动画，用来描述环保衬衫如何经历“原材料—织物—组装—零售和使用—服装寿命结束”的过程。[①] 在这组动画中，实物素材与其他视觉素材形成了巧妙的融合，创造了颇具新意的视觉效果（见图7-87）。

图7-87　实物素材在可视化设计中的运用（来源：《海峡时报》）

也有一些个人或机构，他们运用实物素材来做系统的数据可视化项目。如“数据烹饪”项目（https：//data-cuisine.net），这是一项用烹饪手段或食用图表来表示数据的实验研究，并通过创建数据菜单的方式来展现不同地区的数据文化，而每一个数据菜单都是以食物作为视觉素材的。又如“日常橡皮泥可视化”项目

① CHAI A，KER B，LYN B，et al. Going beyond the label：is your eco-friendly shirt really green?. (2022-11-17)[2024-01-26]. https：//www.straitstimes.com/multimedia/graphics/2022/11/fast-fashion-greenwashing-environmental-impact/index.html.

(https://www.amycesal.com/day-doh-viz-all/)，设计师埃米·塞萨尔（Amy Cesal）发现橡皮泥作为可视化素材和以往的素材相比具有很强的可塑性，能激发创意，于是她尝试用手机和橡皮泥制作实物的可视化作品，创建了这个有趣的项目。

（三）打磨设计细节

除了设计整体视觉形象，精选设计素材，好的可视化往往还需要对细节的打磨。一个完整的可视化设计好比一座建筑，它由各种建筑材料搭建而成，每一个细节都需要精雕细琢，不能马虎草率。一个有问题的细节会成为作品的硬伤，反之，一个独具创意的细节则会给作品增色，提升整个作品的审美格调。

这种细节可能是进行可视化设计时某个点睛之笔，如《经济学人》在报道《日本的樱花开得越来越早》时，将散点图中的点以樱花替代，让普通的统计图表变得“生机盎然”（见图7-88，文前彩色插图）。① 澎湃《美数课》栏目的作品《〈繁花〉拍出的这些上海腔调，侬晓得伐?》中的图表为了尽可能呼应热播电视剧集的主题，加入了不少剧中人物肖像和剧照元素，并采用了接近该剧画面的配色，很容易引发观众的共鸣（见图7-89）。②

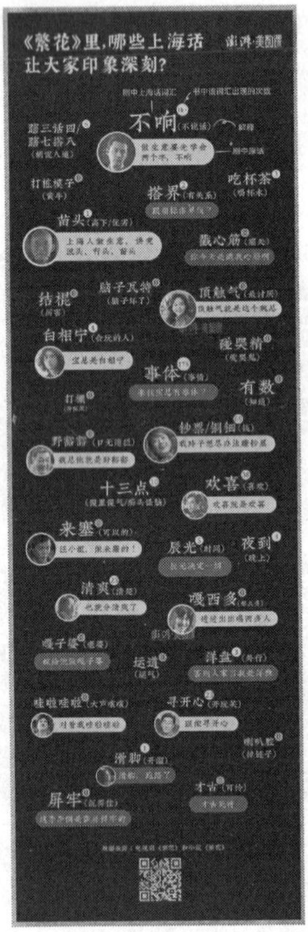

图7-89 《〈繁花〉拍出的这些上海腔调，侬晓得伐?》作品中的图表融入剧中人物肖像的设计（来源：澎湃《美数课》栏目）

---

① Japan's cherry blossoms are emerging increasingly early.（2017-04-07）[2024-01-26]. https://www.economist.com/graphic-detail/2017/04/07/japans-cherry-blossoms-are-emerging-increasingly-early.

② 王亚赛，陈志芳，孔家兴，等.《繁花》拍出的这些上海腔调，侬晓得伐?.（2024-01-09）[2024-01-26]. https://mp.weixin.qq.com/s/wC2tVqNtvp9SVPzGKVVADg.

一些别出心裁的设计会给受众带来探索的乐趣，让受众有耐心和好奇心继续阅览下去。澎湃《美数课》栏目在交互可视化作品的下载页面中所做的设计总能让人感受到编辑的贴心，简洁的图案和提示语彰显设计对受众的友好性，如《听见“无声”的世界》打开时的下载页面（见图 7－90）。[①] 再如路透社的报道《昆虫的崩溃》中，除了页面背景中设计得栩栩如生的昆虫之外，设计师还在页面里设计了若干只爬行的昆虫，这种逼真的视觉效果令人叹为观止（见图 7－91）。[②] 而在《华盛顿邮报》的《咖啡与茶的对决：谁将获得世界最健康饮料的称号?》中，设计师将两种饮料做了拟人化的视觉处理，分别用一粒咖啡豆和一片茶叶来替代，长着手脚的咖啡豆和茶叶变成了擂台选手（见图 7－92），文案小标题的切换变成了“第一轮……”“第二轮……”对决，吸引读者不断下滑页面，期待看到最终的对决结果。[③]

图 7－90 《听见“无声”的世界》作品的下载页面（来源：澎湃《美数课》栏目）

① 吕妍，杜海燕，陈志芳，等．听见“无声”的世界．(2022－09－25)［2024－01－26］. https：//h5. thepaper. cn/html/interactive/2022/09/hearingloss/index. html.

② JANICKI J，DICKIE G，SCARR S，et al. The collapse of insects. (2022－12－06)［2024－01－26］. https：//www. reuters. com/graphics/GLOBAL-ENVIRONMENT/INSECT-APOCALYPSE/egpbyk-dxjvq/.

③ O'CONNOR A，STECKELBERG A，POTTS G. Coffee vs. tea smackdown：which beverage will caim the world title for healthiest drink? . (2022－10－04)［2024－01－26］. https：//www. washingtonpost. com/wellness/interactive/2022/coffee-vs-tea-nutrition-health/.

图 7-91 《昆虫的崩溃》作品中的网页截图，画面右下角的虫子会在页面上“爬行”（来源：路透社）

图 7-92 《咖啡与茶的对决：谁将获得世界最健康饮料的称号?》作品截图（来源：《华盛顿邮报》）

好的数据可视化设计不仅呈现出整体的美感，还会在细节中时不时带给受众以惊喜，使受众在接收知识的同时还能享受满足审美的愉悦快感。当然，要做到这些，需在日常工作中更多地涉猎、思考、积累。数可视创始人兼 CEO 黄志敏认为，相比国外的数据新闻，中国媒体在设计和经验上略有欠缺，“设计本身需要形成风气和长时间积累，中国的媒体设计水平相比美国有很大差距。设计不像写代码，需要一定的过程，只能在不断实战中积累经验”①。财新数据新闻中心前主任黄晨也强调了积累的重要性，“必须有储备有基础。即使是我们，大家会觉得我们已经是中国最好的数据新闻团队之一了，仍然需要不断学习、不断充电。我们会定期查看各个主流的国外媒体，看它们最好的作品。看的原因是什么？你需要积累。最差的是，我平常不看，但我今天要做东西，于是现去找。……这其实跟学习语言很像，你要先有输入才有输出，我今天去看这些案例不是为了做其中任何一个选题，只是

你怎么看

除了作者列举的细节，你觉得可视化设计中还需要打磨哪些细节？

① 参见 2018 年 5 月对黄志敏的采访，2024 年 1 月重新回访和确认。

因为我需要了解。你看得越多，你在库里积存的这种工具就会越多。当你要用的时候，你就知道选哪一种方式比较好”①。

【知识窗】 常用的数据可视化工具包

Excel：虽然可视化功能并不强大，但是由于Excel很普及，从而成为很多人快速了解可视化的理想工具。Excel可以制作各种基本的统计图表，即使不能采用Excel设计最终的作品，也不妨用之来做设计之初相互沟通用的草图。

Tableau：可以快速上手的数据可视化软件，包含大量图表类型，且可以呈现一定的交互效果。

Adobe Illustrator：基本能满足静态信息图设计和包装的所有需求。

Echarts：百度开发的可视化图表库，一款可视化开发库，底层用的是JavaScript封装，所以可以在网页HTML中嵌入Echarts代码显示交互式信息图表。

R：一款结合了数据分析和可视化的开源工具，图形功能强大，拥有几千种软件包，可实现交互可视化的设计。

Processing：一款计算机程序语言，是Java语言的延伸，并支持许多现有的Java语言架构，其创始人来自美国麻省理工学院媒体实验室旗下的美学与运算小组。Processing是可视化领域最常见的开源编程语言之一。其兄弟项目Processing. js是Processing的Web版本，可用来创作数据艺术作品、交互式动画、视频游戏等。

D3（Data Driven Documents）：一个用于网页作图、生成互动图形的JavaScript函数库。它是Protovis的开发者之一迈克·博斯托克开发的可视化框架。它的最大特点就是能把数据和文档对象模型（DOM）结合，从而对文档进行数据驱动的操作和交互。目前D3已经成为最流行的可视化库之一。

QGIS：开源的GIS桌面工具，用于地理数据可视化，免费、实用，初学者易于上手。

网页前端开发的套件：HTML、CSS和JavaScript。HTML是用来描述网页的一种语言，目前已发展到HTML5（简称H5）。它引入了简化的标记、新的语义和媒体元素。CSS（层叠样式表）定义如何显示HTML元素，是HTML5的样式标准。JavaScript是脚本语言，可为网页提供各种动态功能，HTML5的很多新特性都需要JavaScript来充分加以利用。

在线可视化网站：这类网站提供大多数常见的可视化模板和使用范例，其中一些还能根据显示屏的大小来配比尺寸，导出不同格式的图形或代码。它们使用方便，对初学者比较友好。这其中知名的中文网站有数可视开发的花火数图（Hanabi，https：//hanabi. data-viz. cn）、镝次元开发的镝数图表（https：//dycharts. com/appv2/#/pages/home/index）等。外文网站有Flourish（https：//flourish. studio）、PlotDB（https：//plotdb. com）、Datawrapper（https：//www. datawrapper. de）、RAWGraphs（https：//rawgraphs. io）、Infogram（https：//infogram. com）等。

【本章小结】

本章从数据可视化的角度讲授数据新闻的设计。数据可视化并不是新闻领域生

① 参见2018年5月对黄晨的采访，2024年1月重新回访和确认。

成的概念，对它的理解也是仁者见仁。本章从不同的定义入手，分析数据可视化的内涵，并阐释它的历史由来。正如本书第1章中所提及的，虽然当下数据可视化中的大多数基础概念和理论体系来自西方社会的实践，但早在近代中国，就有了数据可视化的探索轨迹，这方面仍有待相关的系统研究来跟进和梳理。

除了介绍数据可视化的定义和发展历史，本章的另一个要点是从数据可视化的理论出发，分析数据可视化的构成要素。这些构成要素犹如解开数据可视化密码的钥匙，它不仅对于设计者存在引导价值，而且对于受众如何看懂可视化作品有很大的帮助。

本章的后半部分着重探讨了数据可视化如何应用于新闻报道以及数据可视化的设计要点。在新闻报道中，数据可视化是服务于新闻传播的，作为一种设计手段而非设计目的而存在。因而从设计师的角度要注意平衡视觉表达和其承载内容之间的张力，要让设计与内容水乳交融、相得益彰。这有时是一个复杂难解的问题。如果设计的部分比重太少，就可能对当下越来越快节奏的受众不太友好；但是如果设计很饱和，也就可能挤压掉文案的内容，增加打开和下载的时间，使阅览感受不那么丝滑，甚至让受众产生形式大于内容的感觉。如果设计保守无创新，那么受众可能觉得乏味无趣；如果设计的创意过于大胆前卫，那又可能增加阅读和理解的门槛，将受众拒之门外……

各种不同的可视化类型无所谓孰优孰劣，设计师需要结合选题特征、报道目标、媒体自身的情况和目标受众的使用习惯去选择恰当的可视化类型和形式。对于一般的记者、编辑，掌握可视化设计的基本技能是必要的。这能提升数据新闻报道的效率，也能丰富新闻从业者的媒体素养和技能。可视化的工具繁多，尤其是伴随计算机技术的发展和开源软件的更新，即使没有计算机学的基础和艺术学科的背景也能运用一些工具做数据可视化设计。可以预见，掌握基本的数据可视化知识和能力将成为未来新闻从业者必备素养之一，不要犹豫，赶紧学起来吧！

【本章学习与思考】

1. 如何看待受众对数据可视化的回避现象，这带给设计者怎样的启示？
2. 如何看待数据可视化的设计成本？哪些因素会影响设计成本？
3. 目前，大多数人已经习惯通过移动端阅览新闻，是否还有必要设计面向PC端的大屏交互可视化作品？请说明理由。
4. 为你在前几章完成数据采集、分析和文案写作的作品做数据可视化设计。

参考文献

艾廷华．动态符号与动态地图．武汉测绘科技大学学报，1998（1）：47－51.

白红义，雷悦雯．作为策略性仪式的新闻透明性：一种新职业规范的兴起、实践与争议．全球传媒学刊，2022（1）：129－145.

白雪．周鸿祎：互联网思维是常识的回归．中国青年报，2014－10－08.

科瓦齐，罗森斯蒂尔．新闻的十大基本原则：新闻从业者须知和公众的期待．刘海龙，连晓东，译．北京：北京大学出版社，2011.

卜卫．计算机辅助新闻报道：信息时代记者培训的重要课程．新闻与传播研究，1998（1）：11－21.

陈昌凤．数据新闻及其结构化：构建图式信息：以华盛顿邮报的地图新闻为例．新闻与写作，2013（8）：92－94.

陈建云．采访权与政府信息公开：从我国首例记者起诉政府部门信息不公开案件谈起．新闻记者，2006（10）：70－73.

陈阳．精确新闻是否精确：对我国精确新闻现状的反思．青年记者，2010（1）：23－26.

陈为，沈则潜，陶煜波，等．数据可视化．2版．北京：电子工业出版社，2019.

程柏冰，等．数据新闻十年访谈录｜任远：不会做新闻的数据工程师不是好艺术家.（2022－05－03）[2024－03－15]. https：//mp. weixin. qq. com/s/tvIM6k3TbpXNjC0sp07f4w.

邓发云．信息检索与利用．2版．北京：科学出版社，2013.

段宏庆．中国媒体如何推进信息公开．中国改革，2011（9）：55－58.

段书晓．信息图表与近代中国的世界像．新闻传播，2016（18）：4，6.

樊大彧．精确新闻：透过数据解读真相．北京青年报，2011－07－05.

方洁，高璐．数据新闻：一个亟待确立专业规范的领域：基于国内五个数据新闻栏目的定量研究．国际新闻界，2015（12）：105－124.

方勇．王列辉教授团队参与新华社“从太空看‘一带一路’”制作．（2023－11－09）[2024－03－13]. https：//mp. weixin. qq. com/s/u1fjcZHWS5fq9VXH6xDXrA.

迈耶．精确新闻报道：记者应掌握的社会科学研究方法：第4版．肖明，译．北京：中国人民大学出版社，2015.

复旦大学数字与移动治理实验室．中国地方公共数据开放利用报告：城市（2023年度).（2023－11－01）[2024－01－16]. http：//ifopendata. fudan. edu. cn/report.

高强，张凤荔，王瑞锦，等．轨迹大数据：数据处理关键技术研究综述．软件学报，2017（4）：959－992.

郭晓科．大数据．北京：清华大学出版社，2013.

韩卫国，王劲峰，王海起，等．基于数据可视化的交通流量分析．武汉理工大学学报（交通科学与工程版），2004（5）：668－670.

胡斌．精确新闻：一种新的报道理念．青年记者，1997（2）：5－7.

惠一蘅，方洁，董晨宇．“解读”抑或“留白”：数据新闻语图结构的认知效果研究．传媒观察，2024（2）：72－82.

斯蒂尔，等．数据可视化之美：通过专家的眼光洞察数据．祝洪凯，李妹芳，译．北京：机械工业出版社，2011.

姜秀珍．中国的改革开放与精确新闻报道．现代传播，1997（1）：73－78.

李泓江，杨保军．“液态”理论的旅行及其对新闻学研究的启示．社会科学战线，2019（9）：254－261.

李艳红．在开放与保守策略间游移：“不确定性”逻辑下的新闻创新：对三家新闻组织采纳数据新闻的研究．新闻与传播研究，2017（9）：40－60，126－127.

林思婕，陆奕钒，周钰千，等．数据新闻和传统新闻，没那么不同｜专访 Alberto Cairo.（2023－02－22）[2024－03－15]. https：//mp. weixin. qq. com/s/Omg56TO8SCgSObeeszfaRw.

刘丽群，吴柯达，李轲．数据新闻可视化信息回避行为研究．出版科学，2021（3）：102－114.

刘晓洋，钟泽琪．自评估：使政府信息公开运转起来：基于国家中心城市 2008—2017 年政府信息公开年度报告的分析．甘肃行政学院学报，2021（3）：60－70，126.

卢淑华．社会统计学．5 版．北京：北京大学出版社，2021.

罗彦杰．数位汇流下的国际新闻叙事变迁：以《苹果日报》“动新闻”为例.（2013－07－12）[2024－01－01]. http：//www. tcataiwan. org/paperdetail. asp?HP_ID=1479.

萨尔加尼克．计算社会学：数据时代的社会研究．赵红梅，赵婷，译．北京：中信出版集团，2019.

迈尔-舍恩伯格，库克耶．大数据时代．盛杨燕，周涛，译．杭州：浙江人民出版社，2013.

孟鸿志，张运昊．大数据时代政府信息公开制度的变革与走向．法学论坛，2021（4）：90－99.

木村博之．图解力：跟顶级设计师学作信息图．吴晓芬，顾毅，译．北京：人民邮电出版社，2013.

YAU N. 鲜活的数据：数据可视化指南．向怡宁，译．北京：人民邮电出版社，2012.

厄舍．互动新闻：黑客、数据与代码．郭恩强，译．北京：中国人民大学出版社，2020.

邱南森．数据之美：一本书学会可视化设计．张伸，译．北京：中国人民大学出版社，2014.

任远．做数据新闻的体会．（2013－12－21）[2018－12－10]. http//datanews. blog. caixin. com/?p=29.

沈浩，谈和，文蕾．数据新闻记者的数据素养．青年记者，2014（21）：17－18.

TAN P-N，STEINBACH M，KUMAR V. 数据挖掘导论：完整版．范明，范宏建，等译．2 版．北京：人民邮电出版社，2011.

黑斯蒂，等．统计学习基础：数据挖掘、推理与预测．范明，柴玉梅，昝红英，等译．北京：电子工业出版社，2004.

克莱默．统计数据的真相．隋学礼，译．北京：机械工业出版社，2008.

王光宏，蒋平．数据挖掘综述．同济大学学报（自然科学版），2004（2）：246－252.

文卫华，李冰．大数据时代的数据新闻报道：以英国《卫报》为例．现代传播，2013（5）：139－142.

向帆．词意辨析：可视化、视觉化、Visualization 及信息图形．装饰，2017（4）：24－29.

徐笛，马文娟．中国内地数据新闻从业者调查：基本构成、所需技能与价值认知．新闻记者，2017（9）：22－33.

徐静，杨洪，黄贤金．基于不同数据来源统计耕地面积差异及相关研究//深化土地制度改革 促进城乡统筹发展：2014 年中国土地学会学术年会论文集．北京：地质出版社，2015.

徐涛，苏希杰．《纽约时报》实验．第一财经周刊，2013（4）.

许致远，张慧．应急管理场景中的手机信令数据应用探索．移动通信，2022（10）：77－81.

杨延杰，尹丹，刘紫玟，等．基于大数据的流空间研究进展．地理科学进展，2020（8）：1397－1411.

伊达千代．色彩设计的原理．悦知文化，译．北京：中信出版社，2011.

袁卫，庞皓，曾五一，等．统计学．3 版．北京：高等教育出版社，2009.

章戈浩．作为开放新闻的数据新闻：英国《卫报》的数据新闻实践．新闻记者，2013（6）：7－13.

章永宏，黄琳．重建客观：中国大陆精确新闻报道研究．北京：中国书籍出版社，2013.

张淮颖．网络新闻中的超链接与受众感知可信度：一项基于眼动实验的研究．厦门：厦门大学，2020.

张文霖，刘夏璐，狄松．谁说菜鸟不会数据分析：入门篇．北京：电子工业出版社，2013.

支庭荣，张蕾．传播学研究方法．广州：暨南大学出版社，2008.

中国信息通信研究院．全球开源生态研究报告（2022 年）.（2022－09）[2024－01－22]. http：//www. caict. ac. cn/kxyj/qwfb/bps/202209/P020220916644891972234. pdf.

钟炜菁，王德，谢栋灿，等．上海市人口分布与空间活动的动态特征研究：基于手机信令数据的探索．地理研究，2017（5）：972－984.

朱蕊．多源空间矢量数据一致性处理技术研究．郑州：解放军信息工程大学，2012.

ABELLÁN A. State of data journalism survey 2021：11 surprisinng findings.（2022－02－16）[2024－01－22]. https：//datajournalism. com/read/blog/data-journalism-survey-2021#small.

ABELLÁN A. Top 10 insights fromour 2022 state of data journalism survey.（2023－02－15）[2024－01－22]. https：//datajournalism. com/read/blog/keypoints-data-journalism-2022.

ANDERSON C W, BELL E J, SHIRKY C. Post industrial journalism: adapting to the present. (2017 - 07 - 11) [2024 - 01 - 24]. https://academiccommons.columbia.edu/doi/10.7916/D8N01JS7.

APPELGREN E, LINDÉN C-G, VAN DALEN A. Data journalism research: studying a maturing field across journalistic cultures, media markets and political environments. Digital journalism, 2019, 7 (9): 1191 - 1199.

BERMAN J J. Principles of big data: preparing, sharing, and analyzing complex information. Elsevier, 2013.

BOUNEGRU L, CHAMBERS L, GRAY J. The data journalism handbook: how journalists can use data to improve the news. (2012 - 03) [2024 - 03 - 28]. https://datajournalism.com/read/handbook/one.

BOUNEGRU L, GRAY J. The data journalism handbook: towards a critical data practice. Amsterdam University Press, 2021.

BRADSHAW P. How to be a data journalist. (2010 - 10 - 01) [2024 - 03 - 30]. https://www.theguardian.com/news/datablog/2010/oct/01/data-journalism-how-to-guide.

BRADSHAW P. 6 ways of communicating data journalism (the inverted pyramid of data journalism part2). (2011 - 07 - 13) [2024 - 03 - 29]. https://onlinejournalismblog.com/2011/07/13/the-inverted-pyramid-of-data-journalism-part-2-6-ways-of-communicating-data-journalism/.

BUNZ M. Time for a press award for crowdsourced journalism? . (2010 - 03 - 29) [2024 - 04 - 04]. https://www.theguardian.com/media/pda/2010/mar/30/digital-media-crowdsourcing-crowd-sourced-journalism.

CAIRO A. The truthful art: data, charts, and maps for communication. New Riders, 2016.

CHAPARRO-DOMÍNGUEZ M-Á, DÍAZ-CAMPO J. Data journalism and ethics: best practices in the winning projects (DJA, OJA and Sigma awards). Journalism practice, 2023, 17 (6): 1321 - 1339.

CLEVELAND W S, MCGILL R. Graphical perception: theory, experimentation, and application to the development of graphical methods. Journal of the American statistical association, 1984, 79 (387): 531 - 554.

CRAIG D, KETTERER S, YOUSUF M. To post or not to post: online discussion of gun permit mapping and the development of ethical standards in data journalism. Journalism & mass communication quarterly, 2017, 94 (1): 168 - 188.

CRESSWELL J. Oxford dictionary of word origins. 3rd ed. Oxford University Press, 2021.

DASU T, JOHNSON T. Exploratory data mining and data cleaning. Hoboken, NJ: John Wiley & Sons, Inc. , 2003.

DE-LIMA-SANTOS M-F, MESQUITA L. Data journalism beyond technological determinism. Journalism studies, 2021, 22 (11): 1416 - 1435.

DEMERS D P, SUZANNE N. Precision journalism: a practical guide. SAGA Publication, 1987.

DIAKOPOULOS N, STARK J. Algorithmic accountability reporting: on the investigation of black boxes. (2014-01-01) [2024-01-22]. https: //towcenter. columbia. edu/news/algorithmic-accountability-reporting-investigation-black-boxes.

DIBIASE D, MACEACHREN A, KRYGIER J. Animation and the role of map design in scientific visualization. Cartography and geographic information science, 1992, 19 (4): 201-214.

DUNCAN P. "Numbers you can tell stories with": a decade of Guardian data journalism. (2021-09-13) [2024-03-28]. https: //www. theguardian. com/membership/datablog/2021/sep/13/numbers-you-can-tell-stories-with-a-decade-of-guardian-data-journalism.

EUROPEAN JOURNALISM CENTRE. Data-driven journalism: what is there to learn? A paper on the data-driven journalism roundtable held in Amsterdam on 24 August 2010. (2010-08-24) [2024-03-28]. http: //mediapusher. eu/datadrivenjournalism/pdf/ddj _ paper _ final. pdf.

EUROPEAN JOURNALISM CENTRE. The state of data journalism 2022. [2024-03-12]. https: //datajournalism. com/survey/2022/.

FRIENDLY M. Milestones in the history of thematic cartography, statistical graphics, and data visualization. (2008-10-16) [2024-04-13]. https: //www. usu. edu/math/symanzik/teaching/2009 _ stat6560/downloads/friendly _ milestone. pdf.

GROSKOPF C. The quartz guide to bad data. (2015-12-15) [2024-02-12]. https: //qz. com/572338/the-quartz-guide-to-bad-data/.

HAHN O, STALPH F. Digital investigative journalism: data, visual analytics and innovative methodologies in international reporting. Passau: Palgrave Macmillan, 2018: 44-45.

HASSAN N A, HIJAZI R. Open source intelligence methods and tools: a practical guide to online intelligence. Springer, 2018.

HEPP A, LOOSEN W. Pioneer journalism: conceptualizing the role of pioneer journalists and pioneer communities in the organizational re-figuration of journalism. Journalism, 2021, 22 (3): 577-595.

HERMIDA A, YOUNG M L. Data journalism and the regeneration of news. Routledge, 2019.

HOWE J. The Rise of Crowdsourcing. (2006-06-01) [2024-04-04]. https: //www. wired. com/2006/06/crowds/.

HOWE J. Crowdsourcing: a definition. (2006-06-02) [2024-04-04]. http: //crowdsourcing. typepad. com/cs/2006/06/crowdsourcing _ a. html.

HURLEY K. Think like a data journalist. (2012-11-14) [2024-03-29]. https: //www. theguardian. com/news/datablog/2012/nov/14/think-like-data-journalist.

JURICH J. Teaching data journalism: a survey & model curricula. (2016-03-12)

[2024 - 01 - 16]. https://gijn.org/stories/teaching-data-journalism-a-survey-findings-model-curricula/.

KARLSSON M. Rituals of transparency: evaluating online news outlets' uses of transparency rituals in the United States, United Kingdom and Sweden. Journalism studies, 2010, 11 (4): 535 - 545.

KASICA S, BERRET C, MUNZNER T. Dirty data in the newsroom: comparing data preparation in journalism and data science. CHI'23: proceedings of the 2023 CHI conference on human factors in computing systems. (2023 - 04 - 19) [2024 - 01 - 20]. https://www.cs.ubc.ca/group/infovis/pubs/2023/dirty-data-in-the-newsroom/dirty-data-in-the-newsroom.pdf.

KERNER S M. Data validation. (2022 - 01) [2024 - 01 - 22]. https://www.techtarget.com/searchdatamanagement/definition/data-validation.

KOUSSOULAKOU A, KRAAK M J. Spatio-temporal maps and cartographic communication. The cartographic journal, 1992, 29 (2): 101 - 108.

LEWIS S C, USHER N. Trading zones, boundary objects, and the pursuit of news innovation. Convergence: the international journal of research into new media technologies, 2016, 22 (5): 543 - 560.

LUBIANCO J. How a journalism agency specializing in Brazil's freedom of information act managed to get 27 years of pension payments released. (2021 - 07 - 21) [2024 - 01 - 22]. https://latamjournalismreview.org/articles/journalism-brazil-freedom-of-information-act-pensions/.

LORENZ M. Status and outlook for data-driven journalism//EUROPEAN JOURNALISM CENTRE. Data-driven journalism: what is there to learn? A paper on the data-driven journalism roundtable held in Amsterdam on 24 August 2010. (2010 - 08 - 24) [2024 - 03 - 28]. http://mediapusher.eu/datadrivenjournalism/pdf/ddj_paper_final.pdf.

MACEACHREN A M. How maps work: issues in representation & design. New York: Guilford Press, 1994.

MACKINLAY J. Automating the design of graphical presentations of relational information. ACM transaction on graphics, 1986, 5 (2): 110 - 141.

MCCORMICK B H, et al. Visualization in scientific computing. Computer graphics, 1987, 21 (6): 1 - 14.

MCINTOSH T. Unlocking laws to set information free: GIJN's global guide to FOI and RTI. (2019 - 02 - 19) [2024 - 01 - 22]. https://gijn.org/resource/unlocking-laws-to-set-information-free-gijns-global-guide-to-foi-and-rti/.

MENDEL T, ARTICLE 19. The public's right to know: principles on freedom of information legislation. Article 19, 1999.

MENDEL T. Freedom of information: a comparative legal survey. UNESCO, 2003.

MEYER P. The new precision journalism. [2024 - 03 - 28]. https://carolinadatadesk.github.io/pmeyer/book.

MUNZNER T. Visualization analysis & design. New York: CRC Press, 2015.